烟台经济技术开发区

年鉴

Yantai Economic Technological Development Area Almanac

2020

烟台经济技术开发区党史地方志研究中心　编

方志出版社
Publishing House of Local Records

图书在版编目（CIP）数据

烟台经济技术开发区年鉴. 2020 / 烟台经济技术开发区党史地方志研究中心编. -- 北京 ：方志出版社，2020.12

ISBN 978-7-5144-4386-8

Ⅰ. ①烟… Ⅱ. ①烟… Ⅲ. ①技术开发区—烟台—2020—年鉴 Ⅳ. ①F127.523-54

中国版本图书馆CIP数据核字（2020）第246558号

烟台经济技术开发区年鉴（2020）

编　　者：烟台经济技术开发区党史地方志研究中心
责任编辑：王　俊
出 版 者：方志出版社
地址　北京市朝阳区潘家园东里9号（国家方志馆4层）
邮编　100021
网址　http://www.zgfzcb.cn
发　　行：方志出版社图书经销中心
电话（010）67110500
经　　销：各地新华书店
印　　刷：山东黄氏印务有限公司
开　　本：889×1194　1/16
印　　张：28.25
字　　数：650千字
版　　次：2020年12月第1版　2020年12月第1次印刷
印　　数：0001～1000册
ISBN 978-7-5144-4386-8　定价：268.00元

《烟台经济技术开发区年鉴（2020）》编审委员会

主　　审：牟树青　刘建民

主　　任：刘丛杰

副 主 任：张洪海

特邀编审：范宇明　云　霞　王　磊

主　　编：蔡海林

执行主编：马　彦

副 主 编：郑祖增　韩正黎

编　　务：韩志健　马　彦　郑祖增　马双军　韩正黎
杨　光　张巧梅　刘永清　郭传义　夏　盛

名片 开发区

DEVELOPMENT ZONE
BUSINESS CARD

◇ 中国（山东）自由贸易试验区烟台片区

◇ 中韩（烟台）产业园

◇ 全国模范劳动关系和谐工业园区

◇ 国家生态工业示范园区

◇ 国家循环经济试点示范园区

◇ 国家新型工业化产业示范基地

◇ 国家火炬生物与新医药特色产业基地

◇ 国家外贸转型升级基地

◇ 国家知识产权试点示范园区

◇ 国家专利导航产业发展试验区

◇ 国家应急产业示范基地

◇ 中国（烟台）跨境电子商务综合试验区

◇ 联合国绿色工业园区

◇ 国家级经济技术开发区绿色发展最佳实践园区

◇ 国家级经济技术开发区综合发展水平考核评价第 8 名

◇ ISO 14000 国家示范区

◇ 全国首批书香城市

◇ 世界老年旅游大会永久会址

数字开发区

DIGITAL DEVELOPMENT ZONE 2019

2019年

◎年末户籍人口数 27.25 万人

◎生产总值同比增长 7.5%

第一产业增加值同比下降 9.2%

第二产业增加值同比增长 5.8%

第三产业增加值同比增长 11.1%

第一二三产业比重 1.0：59.0：40.0

◎财政总收入 320.5 亿元

一般公共预算收入 105 亿元

◎固定资产投资增长 9%

◎社会消费品零售额 174.7 亿元

◎进出口总额 1307.2 亿元

出口总额 734 亿元

◎居民人均可支配收入 60445 元

居民人均消费支出 37243 元

8 月 9 日，中国（山东）自贸试验区烟台片区（李刚　摄）

中国(山东)自由贸易试验区烟台片区
CHINA (SHANDONG) PILOT FREE TRADE ZONE YANTAI AREA

工委党校“忠诚　干净　担当”宣传墙（李刚　摄）

2月13日，全区年度总结表彰暨经济工作会议（赛家豪　摄）

6 月 28 日，全区庆祝建党 98 周年暨“七一”表彰大会（党群工作部　供图）

9 月 11 日，全区“不忘初心、牢记使命”主题教育工作会议（党群工作部　供图）

10 月 31 日，第十届华商科技创新合作交流会（党群工作部　供图）

8月31日，烟台市委书记张术平（左）和市委副书记、市长陈飞为中国（山东）自贸试验区烟台片区揭牌（赛家豪　摄）

7月25日，工委书记、管委主任牟树青（左）和中科院领导为中科院烟台产业技术创新与育成中心揭幕（党群工作部　供图）

6月21日，工委副书记、管委副主任刘建民代表烟台开发区管委签署与华为技术有限公司战略合作协议（党群工作部　供图）

3月22日，工委书记、管委主任牟树青（前排左三）调研重点项目及大棚房拆迁治理（党群工作部 供图）

9月21日，工委书记、管委主任牟树青（右二）到潮水镇走访老党员（党群工作部 供图）

3月25日，工委副书记、管委副主任刘建民（前排左一）检查企业安全生产工作（党群工作部 供图）

8月，中国（山东）自贸试验区烟台片区企业服务专区（李刚　摄）

3月4日，全区“三重”工作、“10+1”推进工作会议（党群工作部　供图）

5 月 25 日，第二届世界老年旅游大会（党群工作部　供图）

9 月 16 日，2019 年全国帆船冠军赛在烟台开发区举办（党群工作部　供图）

海滨怡景（党群工作部　供图）

5 月 31 日，万华烟台工业园厂区（党群工作部　供图）

5 月 4 日，上汽通用东岳基地第 500 万辆整车下线（党群工作部　供图）

7月，富士康烟台科技工业园生产车间（党群工作部　供图）

8月，城市展示中心（李刚　摄）

3 月 30 日，市民在天地广场举办广场舞活动（许晓冰　摄）

YEDA
首届烟台市民文化节
台开发区分会场开幕式

11月，图书流动服务车开进幼儿园（党群工作部　供图）

3月17日，大季家街道芦洋村开展义务植树活动（党群工作部　供图）

12月7日，长江路人工清雪（王志恒　摄）

10月30日，八角街道海韵社区食堂试营业（八角街道　供图）

7月，市民在柳林河公园散步休闲（党群工作部　供图）

4月3日，参加航天科普展的区中小学生与烟台籍航天员王亚平在一起（赛家豪　摄）

6月12日，公安人员向快递小哥宣传文明道路交通安全和防诈骗知识（公安分局　供图）

7月23日，建筑工人在金沙江路提升改造工程中抢赶工期（赛家豪　摄）

1月8日，台芯电子科技人员进行产品分析（邢玉静　摄）

9月2日，八角渔港渔民喜收渔获（邢玉静　摄）

1月10日，工人在西部厂区附近紧急抢修（夏胤杰　摄）

1 月 1 日，金沙滩新年马拉松赛开跑（党群工作部　供图）

新年馬拉松
NEW YEAR MARATHON
永辉体育
YONGHUI SPORT
M1841
M1780
M1942
M1184
M1941

5 月 21 日，霞映海滨（高振声　摄）

6 月 7 日，福莱山公园一角（路君尚　摄）

5 月 20 日，柳林河新景（韩志健　摄）

编辑说明

一、《烟台经济技术开发区年鉴（2020）》记述区域内自然、政治、经济、文化、社会等各领域年度发展情况，旨在为宣传开发区、研究开发区、建设开发区服务，方便党政机关、社会各界和人民群众查阅信息。

二、本卷年鉴以马克思列宁主义、毛泽东思想、邓小平理论、“三个代表”重要思想、科学发展观、习近平新时代中国特色社会主义思想为指导，坚持辩证唯物主义和历史唯物主义的立场、观点和方法，遵循实事求是原则，与时俱进、科学客观地记述经济和社会发展状况。

三、本年鉴记述时限为2019年1月1日至2019年12月31日，个别内容适当上溯下延。

四、本卷年鉴采用分类编辑法，主体内容分为类目、分目和条目3个层级。设有特载、专记、大事记、概貌、党务 政务、人民团体、法制 军事、工业、海洋与海洋经济、农业、对外经济贸易、国内贸易、旅游、交通运输 邮政快递、信息通信、产业园区 国企综合运营平台、金融、财政 税务、城区建设、公用事业、生态环境保护和综合治理、经济管理、综合行政管理、教育、科学技术、文化 体育、卫生 健康、社会生活、镇街、荣誉榜、附录、附表等32个类目。

五、本卷年鉴大部分内容由全区各部门、单位提供，区党史地方志研究中心整理编纂；部分内容由区党史地方志研究中心自行编纂。所用区内统计资料由统计部门提供，正文中数据由各部门、单位提供，区外统计资料由区党史地方志研究中心自行收集整理。

六、为提高年鉴的资料性和参考性，本卷年鉴在附录中收录部分域外资料信息，包括世界、中国各省市自治区、烟台市及其他国家级经开区等有关资料。

各单位供稿人员名单（排名不分先后）

审稿人：

姜志璞　胡昆佐　陈学文　王龙庆　高鹏志　乔志勇　孙仁敏　李洪家　张　苏　周世忠　王仲浩
梁文君　牟　晓　段玉明　崔大为　由树春　王荣光　郭少东　万同海　王　森　李永芹　王宏铭
任相锋　李笑冬　陈晓丽　孙　健　王　强　李　斌　张　镧　韩鹏伟　刘剑飞　陆建明　李陆勇
滕　亮　丁　江　王　筠　韩洪展　高荣骞　朱为强　徐晓成　徐希水　王仲达　邓朴盛　王小莉
王永波　耿　峰　刘　平　张笑晨　王俞森　王志利　娄笑萍　王春华　闫孟先　邢英琴　李　萍
张　强

供稿人：

栾　娈　王俊涛　徐敬浩　张培洲　陈善文　李　遥　王童岩　刘学良　张元鹏　周渊浩　陈义明
张庆波　牟文珂　贾　佳　赵　娟　苏义茗　曹仁亮　辛伟伟　王培彬　张倩倩　刘新新　胡顺鑫
孙春晓　陈丽竹　刘　鹏　吴欣雨　李　杰　由树春　朱先俊　田立宗　贾　真　马　腾　谢建坤
薛梦青　高小雯　范尊才　王显晖　朱亚森　盛晓文　许　光　董　斌　杜孟亚　李林青　韩鹏伟
赵秀梅　门晓燕　刘　鹏　王　辉　于　晓　张明超　杨　洋　王世红　孙明增　姜　轮　伯　玥
张一帆　王　静　王　飞　刘　旭　时晓妍　刘焕芝　李同辉　王崇宝　吴　杰　袁陶陶　贾琳英
陈　锋　姜　楠　王　伟　牟晓菲　宋勋勋　孙志远　孙　航　李　宁　王　娜　侯昭丞　吕春燕
孙东伟　高承华　汪晓清　陈广江　田　涛

摄影：

冯立新　徐敬浩　刘相全　李少文　王忠全　张　超　高继庆　李　斌　李昕洋　于晓燕　郑　瑶
孙渲东　丛燕锋　谢建坤　王　玮　金仁川　夏婷婷　张丛林　林肖肖　龙金英　苏义茗　张　超
孙经超　姜雪丹　周晓妮　马英杰　孙　萌　仲崇乾　孙　静　王　晶　徐青艳　林喜波　杨　晨
石浩康　温鹏飞　王文琳　张德新　张展铭　孙明达　乔敏瑞　谢树亮　姜典涛　李一非　王　铖
陈全忠　林甲林　矫志伟　于　琦　李　良　于晓丽　刘沛鑫　吕　达　艾洪新　韩祥祝　高永乐
李　超　王鲁超　曲佳晨　刘　珽　井　磊　张国锋　季树斌　王润泽　张　钰　李笑龙　汪凯翔
林晓彤　周旭洋　杜中修（制图）　薛　岩　鞠建伟　刘　辉　初名录　隋承剑　于　波　纪立夏
包　鹏　王杰龙　夏　明　孙菊红　石晓霞　孙溪盛　于　蔚　陈　兵　刚现东　吴厚鹏　赛家豪
刘笑冰　刘少宁　胡晓波　姜力丹　侯晓彬　王　畅　高　超　杨圣鹤　夏胤杰　徐天成　侯泽昊
宋作涛　李　鸣　仲昭良　孟　菲　林君圣　袁　媛　刘学良　李林晓　于鹏洲　梁　迪　季恩亮
姜福宣　陈秋海　刘明科　肖　宇　张崇刚　于晓光　李　俊　于文强　娄爱光　邢文广　刘林杰
孙迎辉　孙平俊　胡为燕　蔡淑安　刘家进　王志恒　张　群　王寿浩　刘金平　随亚南　王　斐
舒兴大　曲仁忠　徐炳礼　初建勋　胡成华　姜旭秋　迟明昊　刘禹锡　高振声　邢玉静　汤芝娜
路君尚　李　刚　韩志健　许晓冰　丁建东　华　丽

目 录
Content

特 载

Features

抢抓重大机遇 打响三大战役 以更高水平开放引领更高质量发展…………………… 3
Seize major opportunities and wage the three major battles to lead a higher quality development through the higher level openness
在全区抢抓重大机遇、打响三大战役 加快自贸区建设推进会议上的主持讲话……… 8
Speech at the promotion meeting of seizing major opportunities and wage the three battles in the whole zone to accelerate the construction of the free trade zone
承前启后 继往开来 抢抓自贸区建设新机遇 开创高质量发展新局面………… 10
Build on past successes to further advance our cause, and seize the new opportunities in building the free trade zone to create a new prospect for the high-quality development
创新引领发展 合作共赢未来 加快构建政产学研协同创新最优生态……………… 17
Innovation leads the development, and win-win cooperation wins the future to accelerate the construction of an optimal ecosystem for the government-industry-university-research collaborative innovation

专 记

Special Notes

自贸区建设…………………………………… 23
Construction of the Free Trade Zone
概况 …………………………………… 23
指导思想 ………………………………… 23
战略定位及发展目标 …………………… 23
区位布局和功能划分 …………………… 23
主要任务和措施 ………………………… 23
起步推进 ………………………………… 23
园区体制机制改革……………………………… 24
Reform of the park system and mechanism
概况 …………………………………… 24
上收下沉 ………………………………… 24
精简整合 ………………………………… 24
下辖机构 ………………………………… 24

烟台八角湾国际人才港（烟台八角湾中央创新区）…… 25
Yantai Bajiao Bay International Talents Port (Yantai Bajiao Bay Central Innovation Zone)
概况 …… 25
总体定位 …… 25
招才引智 …… 25
招商引资 …… 26
项目建设 …… 26
基础配套 …… 27
烟台八角湾海洋经济创新区…… 27
Yantai Bajiao Bay Marine Economic Innovation Zone
概况 …… 27
总体思路 …… 27
科创载体建设 …… 27
潮水园区 …… 28
重点项目推进…… 28
Promotion of key projects
概况 …… 28
项目建设体制机制创新 …… 28
“三重”项目推进 …… 28
项目建设提速推进 …… 29
设施配套推进 …… 29
“百日攻坚”活动 …… 29
城市更新…… 29
Urban renewal
概况 …… 29
更新项目建设 …… 30
开工准备项目 …… 31
“三闲”处置 …… 31
西港区规划建设…… 31
Planning and construction of Xigang District
概况 …… 31
港区规划 …… 32
LNG 作业区 …… 32
干散货作业区 …… 32
通用泊位作业区 …… 32
液体化工作业区 …… 33
原油作业区 …… 33
地区经济协作…… 33
Regional economic cooperation
概况 …… 33
德州乐陵扶贫协作 …… 33
合作共建栖霞开发区 …… 34
援助新疆喀什疏勒齐鲁工业园 …… 34
援助重庆巫山双龙镇 …… 34

大事记

Chronicle of Events

一月…… 37
January
二月…… 37
February
三月…… 37
March
四月…… 38
April
五月…… 38
May
六月…… 39
June
七月…… 39
July
八月…… 40
August
九月…… 40
September
十月…… 41
October

十一月…………………………………………… 41
November
十二月…………………………………………… 42
December

概　貌

General Situation

综　述…………………………………………… 45
Overview
概况 …………………………………………… 45
区划沿革 ……………………………………… 45
自然环境 ……………………………………… 45
人口　民族 …………………………………… 45
国民经济和社会发展………………………… 45
National economic and social development
概况 …………………………………………… 45
体制机制改革 ………………………………… 46
新旧动能转换 ………………………………… 46
双招双引 ……………………………………… 46
科技创新 ……………………………………… 46
海洋经济 ……………………………………… 47
乡村振兴 ……………………………………… 47
工业　建筑业 ………………………………… 47
农业 …………………………………………… 47
服务业 ………………………………………… 48
交通运输　邮电 ……………………………… 48
旅游 …………………………………………… 48
固定资产投资 ………………………………… 48
房地产 ………………………………………… 48
国内贸易 ……………………………………… 49
对外贸易 ……………………………………… 49
招商引资 ……………………………………… 49
财政 …………………………………………… 49
金融 …………………………………………… 50
居民生活 ……………………………………… 50
教文卫体 ……………………………………… 50
资源　环境 …………………………………… 51

党务　政务

Party Affairs and Government Affairs

综合事务…………………………………………… 55
Integrated affairs
概况 …………………………………………… 55
体制机制改革协调推进 ……………………… 55
综合协调 ……………………………………… 55
文秘调研 ……………………………………… 56
电子政务和大数据管理 ……………………… 56
法治政府建设 ………………………………… 56
督查督办 ……………………………………… 57
政务值班 ……………………………………… 57
机要保密 ……………………………………… 57
项目专员协调服务 …………………………… 58
政务接待 ……………………………………… 58
民生服务 ……………………………………… 59
档案管理 ……………………………………… 59
地方志 ………………………………………… 59
机关事务管理 ………………………………… 60
纪检监察…………………………………………… 60
Discipline inspection and supervision
概况 …………………………………………… 60
体制改革 ……………………………………… 60
党风政风监督 ………………………………… 60
廉政教育 ……………………………………… 61
信访举报 ……………………………………… 61
处置问责 ……………………………………… 61
干部队伍建设 ………………………………… 62
组　织…………………………………………… 62
Organizations

概况 …… 62
基层党的建设 …… 63
机关党的建设 …… 64
村级党的建设 …… 65
园区党的建设 …… 65
干部管理 …… 66
规范干部选聘管理 …… 66
镇街干部队伍建设 …… 66
干部教育培训 …… 66
年轻干部培养 …… 67
军转干部安置 …… 67
关心下一代 …… 67
老干部管理与服务 …… 67
招才引智 …… 67
事业单位监督管理 …… 68
绩效考核 …… 68
公务员日常管理 …… 68

宣　传 …… 68
Publicity
概况 …… 68
新闻宣传 …… 69
志愿服务活动 …… 69
文明城市创建 …… 70
烟台开发时报 …… 70
烟台开发区电视台 …… 70

党　校 …… 71
Party schools
概况 …… 71
党校项目建设 …… 71
党员干部培训 …… 71
服务全区工作 …… 72

统　战 …… 72
Unified front
概况 …… 72
民主党派工作 …… 72
党外代表人士工作 …… 72
新的社会阶层人士工作 …… 73
港澳台地区和海外统战工作 …… 73
侨务工作 …… 73
民族工作 …… 74
宗教工作 …… 74

外　事 …… 75
Foreign affairs
概况 …… 75
出访 …… 75

人民团体

People's Organizations

区总工会 …… 79
District Federation of Trade Unions
概况 …… 79
工匠孵化行动 …… 79
劳动竞赛 …… 79
企业民主管理 …… 79
职工服务体系 …… 80
评先树优活动 …… 80
维护职工合法权益 …… 80
职工文体活动 …… 81

共青团区委 …… 81
District Federation of Trade Unions
概况 …… 81
成人礼仪式 …… 81
入团仪式 …… 81
中日韩青年创新创业论坛 …… 81
青年企业家活动 …… 82
青年志愿者活动 …… 82
青年联谊活动 …… 82
希望工程 …… 82

区妇联 …… 83
District Women's Federation

概况 …… 83
创业就业培训 …… 83
文化公益活动 …… 83
权益保障 …… 83
家庭建设 …… 83
工商联 …… 84
Federation of industry and Commerce
概况 …… 84
村企共建 …… 84

法治 军事

Rule of Law and Military Affairs

公 安 …… 87
Public security
概况 …… 87
户政管理 …… 88
出入境管理 …… 88
打击刑事犯罪 …… 88
打击经济犯罪 …… 89
打击毒品犯罪 …… 89
打击食药环犯罪 …… 89
治安管理 …… 90
网络安全管理 …… 90
交通管理 …… 90
边防管理 …… 91
公安队伍建设 …… 91
检 察 …… 92
Procuratorate
概况 …… 92
侦查监督 …… 92
公诉 …… 92
控告申诉检察 …… 93
民事行政和公益诉讼检察 …… 93
刑事执行检察 …… 93
案件管理 …… 94
队伍建设 …… 94
法 院 …… 94
Court
概况 …… 94
体制机制改革 …… 94
刑事审判 …… 95
扫黑除恶专项斗争 …… 95
民商事审判 …… 95
信访 …… 95
诉讼服务中心建设 …… 96
行政审判 …… 96
轮巡问民 …… 96
执法监督 …… 96
依法执行 …… 96
队伍建设 …… 97
潮水法庭 …… 97
综合治理 …… 97
Comprehensive governance
概况 …… 97
社会治安综合治理 …… 97
维护社会稳定 …… 98
普法宣传教育 …… 98
公共法律服务 …… 98
人民调解 …… 99
法律援助 …… 99
军 事 …… 99
Military affairs
概况 …… 99
国防工程管理 …… 99
国防动员 …… 99
兵员征集 …… 100

工 业

Industry

综 述……………………………………… 103
Overview
概况 ……………………………………… 103
中小企业 ………………………………… 103
工业结构………………………………… 103
Industrial structure
通用、专用及交通运输设备制造业 … 103
电子及通信设备制造业 ……………… 103
食品加工制造业 ……………………… 103
化学原料及化学制品制造业 ………… 103
纺织纤维制造业 ……………………… 103
医药制造业 …………………………… 103
新材料产业 …………………………… 103
新光电产业 …………………………… 103
电力、热力、燃气及水生产和供应业… 104
工业经济管理…………………………… 104
Industrial economy management
先进制造业奖补政策 ………………… 104
技术改造投资管理 …………………… 104
社会责任考评 ………………………… 104
工业企业选介…………………………… 104
Introduction to selected industrial enterprises
烟台泰和新材集团有限公司 ………… 104
烟台华润锦纶有限公司 ……………… 105
斗山工程机械（中国）有限公司 …… 105
烟台首钢电装有限公司 ……………… 105
万华化学集团股份有限公司 ………… 105
大丰工业（烟台）有限公司 ………… 105
烟台艾迪精密机械股份有限公司 …… 106
上汽通用东岳基地 …………………… 106
富士康（烟台）科技工业园 ………… 106
烟台现代冰轮重工有限公司 ………… 106
乐金电子部品（烟台）有限公司 …… 106
LG 伊诺特电子公司 ………………… 107
大宇造船海洋（山东）有限公司 …… 107
欧瑞传动电气股份有限公司 ………… 107
烟台中金数据系统有限公司 ………… 107
烟台睿创微纳技术股份有限公司 …… 107
乐金显示（烟台）有限公司 ………… 108
烟台首钢丰田工业空调压缩机有限公司 …………………………………………… 108
现代汽车研发中心（中国）有限公司… 108
烟台创为新能源科技股份有限公司 … 108
张裕葡萄酒城（张裕工业园）………… 108

海洋与海洋经济

Marine and Marine Economy

综 述……………………………………… 111
Overview
概况 ……………………………………… 111
机构改革 ………………………………… 111
经略海洋规划 …………………………… 111
渔 业……………………………………… 112
Fishery
概况 ……………………………………… 112
海洋捕捞 ………………………………… 112
工厂化养殖 ……………………………… 112
育苗生产 ………………………………… 112
水产品加工销售 ………………………… 113
海洋牧场………………………………… 113
Marine ranching
概况 ……………………………………… 113
增殖放流 ………………………………… 113
海水养殖 ………………………………… 113
国家海洋水产养殖综合标准化示范区… 114

清理海上违规养殖 …………………… 114
海洋管理与监督……………………………… 114
Marine management and supervision
概况 ………………………………… 114
海洋环境保护 ………………………… 114
渔政渔港监督 ………………………… 115
海洋监察 …………………………… 115
“亮剑 2019”渔政执法行动 ………… 115
渔船检验 …………………………… 116
违禁渔具整治 ………………………… 116
海洋休渔 …………………………… 116
渔业安全生产 ………………………… 116
围填海历史遗留问题处置 …………… 116
台风利奇马预防 ……………………… 117
国家海洋督查 ………………………… 117
海洋资源与环境研究………………………… 117
Marine resources and environment research
概况 ………………………………… 117
研究成果选介 ………………………… 117
研究基地建设 ………………………… 119
技术服务与公益活动 ………………… 119

农 业

Agriculture

综 述……………………………………… 123
Overview
概况 ………………………………… 123
农民专业合作组织 …………………… 123
农村集体产权制度改革 ……………… 123
涉农资金整合 ………………………… 123
农村人居环境综合整治 ……………… 123
脱贫攻坚……………………………………… 124
Poverty alleviation
概况 ………………………………… 124
工作专班 …………………………… 124
行业扶贫 …………………………… 124
社会扶贫 …………………………… 124
项目扶贫 …………………………… 124
种植业………………………………………… 124
Planting
概况 ………………………………… 124
高标准农田建设 ……………………… 124
畜牧业………………………………………… 125
Animal husbandry
概况 ………………………………… 125
重大动物疫病防控 …………………… 125
养殖环境治理 ………………………… 125
生猪养殖 …………………………… 126
生猪定点屠宰 ………………………… 126
检验检疫 …………………………… 126
科技推广 …………………………… 126
林 业………………………………………… 126
Forestry
概况 ………………………………… 126
植树造林 …………………………… 126
有害生物防控 ………………………… 126
沿海防护林建设与保护 ……………… 127
森林防火 …………………………… 127
农业机械……………………………………… 127
Agricultural machinery
概况 ………………………………… 127
农机应用 …………………………… 127
安全管理 …………………………… 127
执法检查 …………………………… 127
水 利………………………………………… 128
Water conservancy
概况 ………………………………… 128
水库 ………………………………… 128
河道 ………………………………… 128
防汛抗旱 …………………………… 128

全域治水三年攻坚行动 …………………… 129
小型水库管理体制改革 …………………… 129
最严格水资源管理制度落实 ……………… 129
农村饮水安全 …………………………… 130

对外经济贸易

Foreign Economic And Trade

招商引资………………………………… 133
Attract Investment
概况 …………………………………… 133
招商推介 ……………………………… 133
“10+1”项目引进 ……………………… 133
项目选介 ……………………………… 133
大招商体制改革 ……………………… 134
外商投资企业服务大使 ………………… 135
中小企业双向投资平台建设 …………… 135
社会化招商引资奖励办法 ……………… 136
对外贸易………………………………… 136
Foreign trade
概况 …………………………………… 136
进口贸易 ……………………………… 137
出口贸易 ……………………………… 137
国际贸易分析 ………………………… 138
进出口产品结构 ……………………… 139
高新技术进出口 ……………………… 139
贸易方式 ……………………………… 140
出口企业选介 ………………………… 140
境外投资合作…………………………… 141
Overseas investment cooperation
概况 …………………………………… 141
境外园区建设 ………………………… 141
投资项目选介 ………………………… 142
海　关…………………………………… 143
Customs
概况 …………………………………… 143
企业监管 ……………………………… 143
业务改革 ……………………………… 143
服务自贸区建设 ……………………… 144
企业服务 ……………………………… 144
食品安全 ……………………………… 144
非洲猪瘟防控 ………………………… 144

国内贸易

Domestic Trade

电子商务与物流………………………… 149
E-commerce and logistics
概况 …………………………………… 149
现代物流 ……………………………… 149
物流企业选介 ………………………… 149
会展经济………………………………… 150
Exhibition economy
概况 …………………………………… 150
国际会展中心 ………………………… 150
产业政策 ……………………………… 150
第四届中国研究型医院学会肝病专委会学术年会暨中国研究型医院学会肝病专委会第二届青年肝病医师论坛 … 151
第二届中国虚拟现实创新创业大赛“业达杯”全国总决赛 ……………… 151
2019（第五届）中国医疗器械供应链峰会暨第四届医院内部物流会议 ……… 152
中日韩青年创新创业论坛 ……………… 152
中国服务贸易开放与发展新年论坛 … 152
城乡商品供应…………………………… 152
Urban and rural commodity supply
超级市场 ……………………………… 152
大型超市选介 ………………………… 152
农贸市场 ……………………………… 153

住宿和餐饮业………………………………… 153
Hotel and catering services
概况 ………………………………………… 153
结构与特色 ………………………………… 153
粮食与物资储备……………………………… 153
Food and material reserves
概况 ………………………………………… 153
粮食宏观调控 ……………………………… 153
粮油质量监管 ……………………………… 153
粮油工业经济 ……………………………… 153
粮食清仓查库 ……………………………… 153
仓储建设 …………………………………… 154
粮食储备 …………………………………… 154
应急物资储备 ……………………………… 154

旅　游

Tourism

综　述…………………………………………… 157
Overview
概况 ………………………………………… 157
文化旅游发展规划 ………………………… 157
旅游市场推介促销 ………………………… 157
旅游资源 …………………………………… 157
乡村旅游 …………………………………… 158
世界老年旅游大会 ………………………… 158
旅游资源开发………………………………… 158
Development of tourism resources
概况 ………………………………………… 158
金沙滩景区提升 …………………………… 158
景点建设规划 ……………………………… 158
旅游管理与监督……………………………… 159
Tourism management and supervision
概况 ………………………………………… 159
旅游安全管理 ……………………………… 159
景区景点选介………………………………… 160
Introduction to selected tourist attractions
概况 ………………………………………… 160
金沙滩海滨公园 …………………………… 160
张裕国际葡萄酒城 ………………………… 160
磁山温泉小镇 ……………………………… 160
马家沟生态旅游度假区 …………………… 161
西夫拉姆酒堡 ……………………………… 161
磁山地质公园 ……………………………… 161
烟台欣和食品企业工业旅游 ……………… 161

交通运输　邮政快递

Transportation and Postal Service

公路建设与管理……………………………… 165
Highway construction and management
概况 ………………………………………… 165
国省公路养护 ……………………………… 165
农村公路建设与管理 ……………………… 165
路政运政管理………………………………… 165
Road transport administration
概况 ………………………………………… 165
路政管理 …………………………………… 166
交通运输安全管理 ………………………… 166
运输市场整治 ……………………………… 166
执法检查 …………………………………… 167
邮政快递……………………………………… 167
Express mail service
概况 ………………………………………… 167
邮政 ………………………………………… 167
快递 ………………………………………… 168

信息通信

Information Communication

综　述…………………………………………… 171
Overview
　概况 ………………………………………… 171
　工业企业信息化建设 ……………………… 171
电子政务和大数据………………………………… 171
E-government and big data
　概况 ………………………………………… 171
　政务建设 …………………………………… 171
中国联通………………………………………… 171
China Unicom
　概况 ………………………………………… 171
　队伍建设 …………………………………… 171
中国移动………………………………………… 172
China Mobile
　概况 ………………………………………… 172
　网络建设 …………………………………… 172
　信息化建设与应用 ………………………… 172
　党建工作 …………………………………… 172
中国电信………………………………………… 172
China Telecom
　概况 ………………………………………… 172
　网络建设 …………………………………… 172
　云网融合 …………………………………… 173
广电网络………………………………………… 173
Broadcast and television network
　概况 ………………………………………… 173
　基础建设 …………………………………… 173

产业园区　国企综合运营平台

Integrated Operation Platform of State Owned Enterprises in Industrial Park

综　述…………………………………………… 177
Overview
　概况 ………………………………………… 177
　园区平台特色 ……………………………… 177
留学人员创业园区………………………………… 177
Incubator Park for Overseas Students
　概况 ………………………………………… 177
　双招双引 …………………………………… 177
　平台活动 …………………………………… 178
　管理与服务 ………………………………… 178
　基层党建 …………………………………… 179
保税港西区………………………………………… 179
Bonded Port West Area
　概况 ………………………………………… 179
　发展实绩 …………………………………… 179
　企业选介 …………………………………… 179
中韩（烟台）产业园……………………………… 180
China-Korea (Yantai) Industrial Park
　概况 ………………………………………… 180
　发展实绩 …………………………………… 180
　交流活动 …………………………………… 180
烟台中日产业园…………………………………… 181
Yantai China-Japan Industrial Park
　概况 ………………………………………… 181
　核心区规划 ………………………………… 181
　拓展区规划 ………………………………… 181
　园区建设 …………………………………… 181
烟台化学工业园…………………………………… 181
Yantai Chemical Industrial Park

概况 …… 181
项目建设 …… 181
公用工程建设 …… 182
安全生产管理 …… 182
烟台业达经济发展集团 …… 183
Yantai Yeda Economic Development Group
概况 …… 183
指导思想与设立宗旨 …… 183
国有资本整合重组 …… 183
主要业务板块 …… 183
投融资平台建设 …… 184
队伍建设 …… 184
业达城市发展集团 …… 185
Yeda Urban Development Group
概况 …… 185
设立宗旨与指导思想 …… 185
目标定位与发展思路 …… 185
重点项目建设 …… 185
闲置资产盘活 …… 186
合作混改 …… 186
党建引领 …… 186

金　融

Finance

综　述 …… 189
Overview
概况 …… 189
金融招引 …… 189
金融创新与服务 …… 189
金融服务自贸区 …… 190
资本市场服务 …… 190
基金发展 …… 191
金融风险防控 …… 191
地方金融监管 …… 191
银　行 …… 191
Bank
概况 …… 191
存贷款 …… 192
效益 …… 192
威海市商业银行股份有限公司烟台分行 …… 192
中国民生银行股份有限公司烟台分行 …… 192
渤海银行股份有限公司烟台分行 …… 193
中信银行股份有限公司烟台分行 …… 193
广发银行股份有限公司烟台分行 …… 193
天津银行股份有限公司烟台分行 …… 193
浙商银行股份有限公司烟台分行 …… 194
青岛农村商业银行股份有限公司烟台分行 …… 194
日照银行股份有限公司烟台分行 …… 194
德州银行股份有限公司烟台分行 …… 194
韩亚银行（中国）有限公司烟台分行 …… 195
齐鲁银行股份有限公司烟台分行 …… 195
招商银行股份有限公司烟台分行 …… 195
青岛银行股份有限公司烟台分行 …… 195
中国工商银行股份有限公司烟台开发区支行 …… 196
中国农业银行股份有限公司开发区支行 …… 196
中国银行股份有限公司烟台开发区支行 …… 196
中国建设银行股份有限公司烟台开发支行 …… 196
交通银行股份有限公司烟台开发区支行 …… 197
恒丰银行烟台开发区支行 …… 197
中国光大银行股份有限公司烟台开发区支行 …… 197
烟台银行股份有限公司开发支行 …… 197
华夏银行股份有限公司烟台开发区支行 …… 197
中国农业发展银行烟台市开发区支行 …… 198
烟台农村商业银行股份有限公司开发区支行 …… 198

中国邮政储蓄银行股份有限公司烟台市开发区支行 …………………………… 198

兴业银行股份有限公司烟台开发区支行… 198

浦发银行股份有限公司烟台开发区支行… 198

山东长岛农村商业银行股份有限公司开发支行 ………………………………… 198

企业银行（中国）有限公司烟台开发区支行 ………………………………… 199

青岛银行股份有限公司烟台开发区科技支行 ………………………………… 199

潍坊银行股份有限公司烟台自贸区支行… 199

证　券……………………………………… 199

Securities

概况 ……………………………………… 199

中泰证券股份有限公司烟台长江路证券营业部 ………………………………… 199

招商证券股份有限公司烟台长江路证券营业部 ………………………………… 199

中信证券（山东）有限责任公司烟台长江路证券营业部 ………………… 199

新时代证券股份有限公司烟台长江路证券营业部 ………………………………… 200

天风证券股份有限公司烟台长江路证券营业部 ………………………………… 200

中银国际证券股份有限公司烟台长江路证券营业部 ………………………… 200

国盛证券有限责任公司烟台长江路证券营业部 ………………………………… 200

浙商证券股份有限公司烟台长江路证券营业部 ………………………………… 200

民生证券股份有限公司山东第二分公司 ………………………………………… 200

期　货……………………………………… 200

Futures

概况 ……………………………………… 200

一德期货有限公司烟台营业部 ……… 200

中州期货有限公司烟台分公司 ……… 200

长安期货有限公司山东分公司 ……… 201

保　险……………………………………… 201

Insurance

概况 ……………………………………… 201

华海财产保险股份有限公司 ………… 201

华海财产保险股份有限公司烟台中心支公司 ……………………………… 201

阳光财产保险股份有限公司烟台中心支公司 ……………………………… 201

中煤财产保险股份有限公司烟台中心支公司 ……………………………… 201

鼎和财产保险股份有限公司烟台中心支公司 ……………………………… 201

光大永明人寿保险有限公司烟台中心支公司 ……………………………… 202

太平养老保险股份有限公司烟台中心支公司 ……………………………… 202

中国人民财产保险股份有限公司烟台开发区支公司 ……………………… 202

中国平安财产保险股份有限公司烟台开发区支公司 ……………………… 202

中国太平洋财产保险股份有限公司烟台开发区支公司 ……………………… 202

中国人寿保险股份有限公司烟台开发区支公司 ……………………………… 202

地方新型金融组织………………………… 202

New local financial organizations

概况 ……………………………………… 202

烟台银桥融资担保有限公司 ………… 203

山东东方融资担保有限公司 ………… 203

烟台正海典当有限公司 ……………… 203

山东融汇典当有限公司 ……………… 203

烟台开发区金桥银通小额贷款有限公司… 203

烟台开发区易通民间资本管理有限公司 …………………………………………… 203

烟台开发区万川民间资本管理有限公司 …… 203
烟台开发区磁山金隆民间资本管理有限公司 …… 203
烟台开发区宏源民间资本管理有限公司 …… 203

财政　税务

Public Finance and Taxation

综　述 …… 207
Overview
概况 …… 207
财政管理体制改革 …… 207
财　政 …… 207
Public finance
概况 …… 207
财政预算 …… 207
预算绩效管理 …… 208
财政收入 …… 208
财政支出 …… 208
财政监督 …… 209
财源建设 …… 209
减税降费政策落实 …… 210
民生政策资金管理 …… 210
基建资金管理 …… 210
投资评审管理 …… 211
住房公积金管理 …… 211
政府采购管理 …… 211
基层财政管理 …… 212
机关事业单位会计核算 …… 212
会计事务管理 …… 212
税　务 …… 212
Taxation
概况 …… 212
税费改革 …… 213
税收征管 …… 213
税收执法 …… 213
税源培植 …… 213
深耕税费种管理 …… 214
落实减税降费政策 …… 214
纳税服务 …… 214
税法宣传 …… 215

城区建设

Urban Construction

综　述 …… 219
Overview
概况 …… 219
“放管服”改革 …… 219
工程建设项目审批制度改革 …… 219
流程再造与制度供给 …… 219
城区规划 …… 220
Urban planning
概况 …… 220
大交通衔接计划 …… 220
规划编制 …… 221
建设用地规划与调整 …… 221
自然保护区调整 …… 221
古现中心区规划 …… 221
大季家火车站以南区域规划 …… 221
基础设施建设 …… 222
Infrastructure construction
概况 …… 222
基础设施规划设计 …… 222
道路工程 …… 222
电力工程 …… 223
公益事业工程建设 …… 223
污水工程建设 …… 223

绿化工程 …… 223
山体修复 …… 223
湿地保护河湖治理 …… 224
人防设施建设 …… 224
城市品质示范区建设 …… 224
建筑业管理 …… 224
Construction industry management
概况 …… 224
建筑施工管理 …… 225
建筑企业资质管理 …… 225
招投标管理 …… 225
建筑业安全管理 …… 226
建筑施工企业选介 …… 226
建筑工人工资保障与清欠 …… 228
建筑工程设计 …… 228
建筑业资质培训 …… 228
房地产业 …… 228
Real estate
概况 …… 228
住房保障体系 …… 228
房地产开发项目管理 …… 229
房地产行业管理 …… 229
房产交易 …… 229
房屋中介管理 …… 229
老旧小区提升改造 …… 230
“大棚房”专项整治 …… 230
棚改 …… 230
物业管理 …… 230

公用事业

Public Utility

自来水 …… 235
Tap water
概况 …… 235
供水保障 …… 235
水质安全 …… 235
重点工程建设 …… 236
供水服务 …… 236
安全管理 …… 236
供　电 …… 237
Power supply
概况 …… 237
电力供应 …… 237
一户一档 …… 237
电网项目建设 …… 237
供　热 …… 238
Heat supply
概况 …… 238
供热 …… 238
供热设施建设与改造 …… 238
热电设备及改造 …… 238
环保设施提升改造 …… 239
供热服务 …… 239
燃　气 …… 239
Fuel gas
概况 …… 239
天然气供应 …… 239
液化石油气供应 …… 239
排　水 …… 240
Drainage
概况 …… 240
管道检测清淤工程 …… 240
规范排水许可管理 …… 240
泵站安全运行保障 …… 240
建成区道路防汛 …… 241
污水处理厂 …… 241
公共交通 …… 241
Public transport
概况 …… 241
线路调整 …… 242

运营线路设置 …… 242

市容环境 …… 243

City appearance and environment

概况 …… 243

市政环卫综合市场化改革 …… 243

道路与市政设施维护 …… 243

环卫设施建设与管理 …… 244

道路保洁管理 …… 244

道路清雪防滑 …… 245

环境卫生管理 …… 245

环境质量提升 …… 245

市容环境整治 …… 245

园林绿化 …… 246

Landscaping

概况 …… 246

绿地管理 …… 246

公园广场绿化 …… 246

病虫害防治 …… 248

生态环境保护和综合治理

Ecological Environment Protection and Comprehensive Governance

生态环境管理 …… 251

Ecological environment protection

概况 …… 251

第二次全国污染源普查 …… 251

“四减四增”污染防治 …… 251

国家生态工业示范园区建设 …… 251

建设项目环境管理 …… 251

排污许可证管理 …… 252

清洁生产审核 …… 252

环境统计 …… 252

生态保护与环境治理宣传教育 …… 252

环境信访 …… 252

环境监测监察 …… 253

Environmental monitoring and surveillance

概况 …… 253

督察整改 …… 253

大气环境质量 …… 253

水环境质量 …… 254

声环境质量 …… 254

水污染治理 …… 254

Water pollution control

概况 …… 254

化工企业集聚区地下水污染防治 …… 255

入海排污口排查 …… 255

农村生活污水治理 …… 255

大气污染治理 …… 255

Air pollution control

概况 …… 255

挥发性有机物治理 …… 255

扬尘污染治理 …… 256

机动车尾气治理 …… 256

重污染天气应急管理 …… 257

固体废物和危险废物治理 …… 257

Solid wastes and hazardous wastes control

概况 …… 257

危废治理专项行动 …… 257

辐射污染防治 …… 258

Prevention and control of radiation pollution …

概况 …… 258

辐射安全管理 …… 258

土壤污染治理与修复 …… 258

Treatment and remediation of soil pollution

概况 …… 258

监测治理 …… 259

经济管理

Economic Management

综　述…… 263
Overview
概况 …… 263
管理体制改革 …… 263
服务经济 …… 263
发展改革与宏观调控…… 263
Development reform and macro regulation
概况 …… 263
规划引领与政策供给 …… 263
平台引建和科创融合 …… 263
经济稳定和民生协调发展 …… 263
全省第二批新旧动能转换优选项目 …… 264
国土资源管理…… 264
Land resources management
概况 …… 264
耕地保护 …… 264
地籍管理 …… 264
不动产登记管理 …… 264
建设用地管理 …… 264
地质矿产资源管理 …… 265
执法监察监测 …… 265
地理信息管理与服务 …… 265
土地资产经营 …… 266
土地保障 …… 266
国有资产监督管理…… 266
State-owned assets supervision and administration
概况 …… 266
国资国企改革 …… 266
国有资本管理 …… 267
国有资本运营 …… 267
国有资产分类管理 …… 268
国有企业监督管理 …… 268
审　计…… 269
Audit
概况 …… 269
预算执行审计 …… 269
乡镇财务决算审计 …… 269
经济责任审计 …… 269
专项审计和审计调查 …… 270
固定资产投资及效益审计 …… 270
审计业务培训 …… 271
农村审计监督 …… 271
统　计…… 271
Statistics
概况 …… 271
全国第四次经济普查 …… 271
新增单位纳统工作 …… 271
加强统计基层基础建设 …… 271
做好经济运行分析，为各级领导当好参谋 …… 271
质量技术监督…… 272
Quality and technology supervision
概况 …… 272
推进质量强区建设 …… 272
标准化管理 …… 272
产品质量管理 …… 273
计量监督管理 …… 273
质量技术认证管理 …… 274
食品药品监督管理…… 274
Food and drug supervision and management
概况 …… 274
食品生产经营监督管理 …… 275
食品安全联合整治行动 …… 275
开展校园周边食品安全专项整治行动 …… 276
保健食品生产经营监督管理 …… 276
餐饮服务食品监督管理 …… 277

药品医疗器械化妆品监督管理 ……… 277
药品专项整治 …………………………… 278
医疗器械专项检查 ……………………… 278
化妆品专项检查 ………………………… 278
全面落实“四个最严”要求 ………… 278
净化网络餐饮市场 ……………………… 279
特种设备安全监督管理………………… 279
Safety supervision and management of special equipment
概况 ……………………………………… 279
涉氨特种设备专项检查 ……………… 279
电站锅炉安全及节能整治 …………… 279
大型游乐设施安全隐患专项排查 …… 279
化工特种设备专项整治 ……………… 280
气体充装特种设备安全检查 ………… 280
电梯安全大检查 ………………………… 280
节假日期间特种设备监督检查 ……… 280
厂车安全专项监督检查 ……………… 280
安全生产宣传活动 ……………………… 280
物价管理………………………………… 280
Price control
概况 ……………………………………… 280
行政事业性收费 ………………………… 281
公共事业性收费 ………………………… 281
物业服务收费管理 ……………………… 282
教育收费管理 …………………………… 282
价格认证 ………………………………… 282
安全生产监督管理……………………… 283
Safety production supervision and management
概况 ……………………………………… 283
安全生产责任体系建立 ……………… 283
安全生产专项整治活动 ……………… 283
双重预防体系建设 ……………………… 284
安全生产行政监督执法 ……………… 284
安全文化建设 …………………………… 284
安全教育培训 …………………………… 285
烟草专卖………………………………… 285
Tobacco monopoly
概况 ……………………………………… 285
市场管理监督 …………………………… 285
破网打源 ………………………………… 285
宣传教育 ………………………………… 285

综合行政管理

Integrated Administration

人力资源管理…………………………… 289
Human resource management
概况 ……………………………………… 289
推动创业创新 …………………………… 289
九大中专毕业生专场招聘会 ………… 289
人力资源服务 …………………………… 289
招才引智 ………………………………… 289
和谐工业园区 …………………………… 290
事业单位招聘 …………………………… 290
档案管理 ………………………………… 290
薪酬制度改革 …………………………… 290
人才市场 ………………………………… 290
人才管理与服务 ………………………… 291
专业技术职务评聘 ……………………… 291
劳动与仲裁监察 ………………………… 291
行政审批服务…………………………… 291
Administrative approval services
概况 ……………………………………… 291
“极简审批”环境构建 ………………… 291
争创“极速办理”新速度 …………… 292
推行“极优服务”新举措 …………… 292
优化自贸区政务服务 ………………… 293
投资建设审批 …………………………… 293
商事登记审批 …………………………… 294
社会事业审批 …………………………… 294

审批机构管理 …… 294
政务服务 …… 295
公共资源交易 …… 295
市场监督管理…… 295
Market supervision and management
概况 …… 295
“放管服”改革 …… 295
省市管理权限下放承接 …… 295
市场主体信用监管体系建设 …… 296
“双随机一公开” …… 296
“互联网＋监管”事项目录清单认领 …… 296
文明市场创建 …… 296
商标广告管理 …… 297
企业品牌战略 …… 297
商品市场交易监管 …… 298
消费者权益保护 …… 298
网络交易监管 …… 298
执法监督 …… 298
综合行政执法…… 298
Comprehensive administrative law enforcement
概况 …… 298
城市管理行政执法 …… 299
城乡规划行政执法 …… 299
国土资源行政执法 …… 299
文化旅游市场行政执法 …… 299
道路交通运输行政执法 …… 300
市场监管行政执法 …… 300
水政行政执法 …… 300
应急管理…… 301
Emergency management
概况 …… 301
应急队伍管理 …… 301
城市公共安全体系构建 …… 301
城市安全风险辨识评估 …… 301
应急预案编制 …… 301
突发事件预警 …… 302
应急演练 …… 302
宣传整治活动 …… 302
灾害民生综合保险 …… 302
自然灾害应急救援 …… 302
地震观测 …… 302
消防救援…… 303
Fire rescue
概况 …… 303
火灾防控与救援 …… 303
消防装备建设 …… 303
救援服务 …… 303
救援演练 …… 303
宣传教育 …… 304

教　育

Education

综　述…… 307
Overview
概况 …… 307
管理体制改革 …… 308
教师队伍建设 …… 308
教育信息化 2.0 行动计划 …… 308
学生资助 …… 309
特殊教育 …… 309
学前教育…… 309
Preschool education
概况 …… 309
公益性与普惠性 …… 309
居住区配套园专项整治 …… 309
教育内涵发展 …… 310
小学教育…… 310
Primary education
概况 …… 310
校舍建设 …… 310

党支部品牌创建 …… 310
心理健康教育 …… 310
中学教育 …… 310
Secondary education
概况 …… 310
校舍建设 …… 310
教师专业发展 …… 311
课程和教学研究 …… 311
德育活动机制 …… 311
学生社团活动 …… 311
高考 …… 311
教育招生考试 …… 311
基层党建 …… 312
职业教育与成人教育 …… 312
Vocational and adult education
概况 …… 312
烟台船舶学校 …… 312
烟台工程职业技术学院 …… 312
成人教育 …… 313

科学技术

Science and Technology

科技管理 …… 317
Technology management
概况 …… 317
科技产业融合发展 …… 317
科技项目 …… 317
科技攻关 …… 317
科技成果 …… 318
科技市场 …… 318
高新技术企业 …… 319
科技人才队伍 …… 319
知识产权 …… 319
Intellectual property
概况 …… 319
知识产权服务体系 …… 319
专利成果 …… 320
知识产权质押贷款 …… 320
知识产权保护 …… 320
知识产权宣传教育 …… 320
气 象 …… 321
Meteorology
概况 …… 321
主要气象要素变化 …… 321
主要气象事件及其影响 …… 321
应急气象响应 …… 322
气象宣传普及 …… 322
水 文 …… 323
Hydrology
概况 …… 323
水文测站管理 …… 323
基层水文服务体系建设 …… 323
地表水文动态 …… 323
水情信息服务 …… 323
水生态监测工作 …… 324
水质监测 …… 324

文化 体育

Culture and Sports

文 化 …… 327
Culture
概况 …… 327
基层文化建设 …… 327
首届市民文化节 …… 327
农村公益文化 …… 327
中华人民共和国成立 70 周年暨建区 35 周年文化活动 …… 328
扫黄打非 …… 328

图书馆…… 328
Library
概况 …… 328
全民阅读推广活动 …… 328
分馆及流通站建设 …… 329
图书流动服务 …… 329
网络服务平台 …… 329
队伍建设 …… 329
社会志愿服务 …… 330
文化馆…… 330
Culture Center
概况 …… 330
群众文化活动 …… 330
文化艺术展览 …… 330
文化艺术培训 …… 331
数字化服务 …… 331
文化志愿服务 …… 331
非物质文化遗产保护传承 …… 331
青少年宫…… 331
Youth Palace
概况 …… 331
校外培训 …… 331
活动开展 …… 332
赛事 交流 …… 332
公益行动 …… 333
体 育…… 333
Sports
概况 …… 332
体育设施建设 …… 333
体育公共服务 …… 333
2019 烟台金沙滩新年马拉松赛 …… 334
全民健身 …… 334
全国体育赛事 …… 335
体育产业 …… 335
体育彩票销售与管理 …… 336

卫生 健康

Hygiene and Health

综 述…… 339
Overview
概况 …… 339
法规政策落实 …… 339
医务人员培训 …… 339
基层医卫建设 …… 340
医疗费用控制 …… 340
处方点评 …… 340
健康信息化平台建设 …… 340
健康公共服务 …… 340
老年健康服务体系建设 …… 341
医养结合 …… 341
医 院…… 341
Hospitals
概况 …… 341
建立健全现代医院管理制度 …… 341
推进区域医疗共同体建设 …… 341
推行临床路径管理 …… 341
综合医院 …… 342
中医医院 …… 342
基层医疗 卫生服务…… 342
Primary health care services
概况 …… 342
社区卫生服务 …… 342
农村卫生服务 …… 342
专业公共卫生服务…… 342
Professional public health care services
概况 …… 342
疾病防控 …… 342
传染病防治 …… 343
专科疾病防治 …… 344

职业病防治 …………………………… 344
计划免疫 ……………………………… 344
妇幼保健 ……………………………… 344
计生服务 ……………………………… 345
急救中心 ……………………………… 345
健　康……………………………………… 345
Health
爱国卫生运动 ………………………… 345
家庭医生服务 ………………………… 346
“一二三四奔健康”专项行动 ……………346
健康知识普及教育 …………………… 346

社会生活

Social Life

社会保障…………………………………… 349
Social security
概况 …………………………………… 349
养老保险 ……………………………… 349
医疗保险 ……………………………… 349
失业保险 ……………………………… 349
工伤　生育保险 ……………………… 349
专项资金监督管理 …………………… 349
居民最低生活保障 …………………… 350
民　政……………………………………… 350
Civil affairs
概况 …………………………………… 350
行政区划及地名管理 ………………… 350
市民社区食堂建设 …………………… 350
社会福利 ……………………………… 350
优抚双拥 ……………………………… 350
烈士陵园管理 ………………………… 351
残疾人管理服务 ……………………… 351
婚姻登记管理 ………………………… 351
殡葬管理与服务 ……………………… 351
慈善事业 ……………………………… 351
养老服务体系建设 …………………… 352
退役军人事务…………………………… 352
Veteran affairs
概况 …………………………………… 352
退役军人安置 ………………………… 352
退役军人信息采集 …………………… 352

镇　街

Towns Streets

福莱山街道……………………………… 355
Fulaishan Street
概况 …………………………………… 355
基层党建 ……………………………… 355
精神文明建设 ………………………… 355
社会保障 ……………………………… 356
主题教育 ……………………………… 356
城市更新 ……………………………… 356
创业就业 ……………………………… 357
物业管理 ……………………………… 357
综合治理 ……………………………… 357
安全生产 ……………………………… 358
科普志愿服务 ………………………… 358
关爱帮扶 ……………………………… 358
古现街道………………………………… 358
Guxian Street
概况 …………………………………… 358
基层党建 ……………………………… 358
精神文明建设 ………………………… 359
社会保障 ……………………………… 359
主题教育 ……………………………… 359
创业就业 ……………………………… 360
经济发展 ……………………………… 360
项目建设 ……………………………… 360

拆迁安置 ………………………………… 361
文体活动 ………………………………… 361
支持教育 ………………………………… 361
卫生健康 ………………………………… 361
社区服务 ………………………………… 362
环境整治 ………………………………… 362
大季家街道……………………………… 362
Dajijia Street
概况 ……………………………………… 362
基层党建 ………………………………… 363
精神文明建设 …………………………… 363
社会保障 ………………………………… 363
主题教育 ………………………………… 364
创业就业 ………………………………… 364
经济发展 ………………………………… 365
项目施工 ………………………………… 365
文体活动 ………………………………… 365
卫生健康 ………………………………… 365
社区服务 ………………………………… 366
环境整治 ………………………………… 366
八角街道………………………………… 366
Bajiao Street
概况 ……………………………………… 366
基层党建 ………………………………… 366
精神文明建设 …………………………… 367
社会保障 ………………………………… 367
主题教育 ………………………………… 368
经济发展 ………………………………… 368
项目建设 ………………………………… 368
社区整改 ………………………………… 369
文化活动 ………………………………… 369
创业就业 ………………………………… 369
社区食堂 ………………………………… 370
环境整治 ………………………………… 370
海参合作社 ……………………………… 371
潮水镇…………………………………… 371
Chaoshui Town
概况 ……………………………………… 371
扶贫脱贫 ………………………………… 371
公益活动 ………………………………… 372
镇村整治 ………………………………… 372
支部大院建设 …………………………… 373
安全治理 ………………………………… 373
便民服务 ………………………………… 373
党支部领办合作社 ……………………… 373

荣誉榜

Honor Roll

烟台经济技术开发区管委关于表彰扎根烟台开发区创业二十年优秀企业、扎根烟台开发区创业二十年 特殊贡献企业家的决定 ……………………………………………… 377
Yantai Economic & Technological Development Zone Management Committee's decision on commending excellent enterprises and entrepreneurs with special contributions who have rooted in Yantai Development Zone for the entrepreneurship of twenty years
烟台经济技术开发区管委关于表彰 2019 年度全区履行社会责任优秀企业、新旧动能转换卓越贡献企业、“牡丹花奖”企业暨功勋人物的决定…………………… 379
Yantai Economic & Technological Development Zone Management Committee's decision on commending excellent enterprises that fulfill social responsibilities, outstanding enterprises that contribute to replacing old growth drivers with new ones, and the winner of the "Peony Award" of the whole development zone in the year of 2019

烟台经济技术开发区管委关于表彰 2019 年度全区金融机构履行社会责任先进集体和先进个人的决定 ………………………… 383
Yantai Economic & Technological Development Zone Management Committee's decision on commending the advanced collectives and individuals of financial institutions in the whole development zone that fulfill social responsibilities in the year of 2019
中共烟台市委开发区工委 烟台经济技术开发区管委关于表彰 2019 年度全区先进集体和先进个人的决定 …………………… 388
Decision of Yantai Economic & Technological Development Zone Working Committee under Yantai Municipal Party Committee of CPC and Yantai Economic & Technological Development Zone Management Committee on commending advanced collectives and individuals in the whole development zone that fulfill social responsibilities in the year of 2019

附 录

Appendix

国务院关于印发 6 个新设自由贸易试验区总体方案的通知 ………………………… 397
Notice of the State Council on printing and distributing the overall plan for the establishment of six pilot free trade zones
中国（山东）自由贸易试验区总体方案… 397
Overall plan of China (Shandong) Pilot Free Trade Zone
国务院关于同意新设 6 个自由贸易试验区的批复 …………………………………… 401
Reply of the State Council on approval of the establishment of six new pilot free trade zones
中国（山东）自由贸易试验区四至范围… 402
Four boundaries of China (Shandong) Pilot Free Trade Zone

附 表

Attached Table

附表 1 2019 年世界部分国家 GDP 排名表 …………………………………………… 405
附表 2 2019 年世界部分国家（地区）人均 GDP 排名一览表 ………………… 405
附表 3 2019 年全国国内生产总值（GDP）完成情况统计表 ………………… 406
附表 4 2019 年各省市自治区 GDP 排名一览表 …………………………… 406
附表 5 2019 年山东省生产总值（GDP）完成情况统计表 ………………… 407
附表 6 2019 年山东省各地市 GDP 排名一览表 …………………………… 408
附表 7 2019 年烟台市生产总值（GDP）完成情况统计表 ………………… 408
附表 8 2019 年烟台市各县市区 GDP 排名一览表 …………………………… 409
附表 9 2019 年国家级经开区综合发展水平前 30 名一览表 ………………… 409

索 引

Index

…………………………………………… 411

特　载

Features

抢抓重大机遇　打响三大战役
以更高水平开放引领更高质量发展

工委书记、管委主任牟树青在自贸区建设推进会议上的讲话

（2019年9月2日）

今天这次会议，主要是深入落实省、市自贸试验区建设部署要求特别是8月31日召开的烟台片区建设动员大会精神，动员全区上下解放思想、开拓进取，积极抢抓自贸区建设重大机遇，全面打响四新四化、双招双引、城市更新“三大战役”，强力推动产业培育、创新驱动、城市品质、营商环境“四大升级”，奋力在新一轮自贸区建设中率先突破、走在前列。

建设自贸区是中央和省、市赋予开发区的重大政治责任，也是开发区继1984年成为全国首批国家级开发区之后，获得的又一次最重要的历史机遇。全区上下必须进一步提高政治站位、强化责任担当，把握新机遇、展现新作为、开启新征程。

获批建设自贸区为我们继续先行先试、保持开放优势开辟了广阔空间。自贸区是集金融、投资、贸易、科创等领域开放与创新于一体的综合改革区，是全面对标国际通行规则、检验综合监管能力的压力测试区，是全面提升治理能力、大幅提高行政效率的政府再造区，对地方和企业来说，意味着更大的改革授权、更开放的发展环境、更多的投资机会。自贸区带来了制度创新的政策红利，改革创新的空间更大，全国深化改革、扩大开放仍需试验的事项可以率先探索、先行先试，企业投资、对外贸易亟需突破的体制障碍可以大胆改革、创新突破，最终实现以开放倒逼改革、以改革促进发展。自贸区带来了双招双引的磁场效应，“外商投资准入前国民待遇＋负面清单”管理制度下，法无禁止即可为，负面清单之外皆可为。特别是随着服务业扩大开放，原来受到较多管制的创新类金融服务、航运服务、商务服务、文化娱乐、医药健康等行业都将迎来发展机会，对民营资本、海外投资形成强大虹吸效应。自贸区带来了贸易升级的重大利好，高开放度、高自由化、高通关速度、低交易成本等特点，配合保税港区、空港、海港等功能，借助烟台临近日韩的地理区位优势，有利于加速人流、物流、资金流、信息流自由流通，促进货物贸易、服务贸易集聚发展，引进更多先进制造、科技金融服务、航运服务、贸易服务等业态，加快由货物贸易向服务贸易升级。

一系列顶层设计为我们深化园区改革、再造体制优势指明了前进方向。5月28日，国务院发布了《推进国家级经济技术开发区创新提升打造改革开放新高地的意见》，促进国家级开发区开放创新、科技创新、制度创新，打造改革开放新高地。7月23日，省委印发《推动开发区体制机制改革创新促进高质量发展的意见》，支持开发区探索创新、先行先试，打造科技创新的引领区、深化改革的试验区、对外开放的先行区、新旧动能转换的集聚区、高质

量发展的示范区。国家和省级意见的出台，明确了开发区改革发展的新方位，为开发区破解发展瓶颈制约、继续示范引领提供了制度保障。我们必须坚决落实各级改革部署，保持改革永远在路上的定力，坚持以新发展理念指导改革发展，坚定不移以改革破阻力、激活力、增动力。

市委、市政府的重视支持为我们保持战略定力、拓展发展优势提供了强大信心。市委、市政府对开发区发展始终高度重视、寄予厚望，张术平书记要求开发区“在新时代发展中继续保持优势，在全国同类开发区竞争中实现位次前移，加快建设烟台市现代化经济中心”；陈飞市长勉励开发区“做大做强、做高做新、做优做美”。市级层面的决策部署，也都将开发区置于重要位置、给予重点支持。重大战略布局集中落地开发区，机场、港口、高铁以及自贸区、保税港区、中韩产业园等功能兼备，叠加优势全国少有。全市战略规划中，把八角湾中央创新区、空港新区纳入中心城区重点推进的六大板块。资源要素配置优先保障开发区，国土空间规划修编、自然保护区调整、自然岸线修测及重点项目用地等给予最大倾斜，保障了项目建设、双招双引的持续突破。有市委、市政府的正确领导和大力支持，有明确的方向和目标，我们更要有坚定的信心和必胜的勇气，奋发有为、拼搏进取，不断为全市大局做出新贡献。

良好的发展基础为我们抢抓重大机遇、增创领先优势提供了坚实支撑。经过 35 年的发展，经过历届工委管委、几代人的创业积累，开发区已经具备了非常好的基础，发展变化日新月异。去年以来，工委管委立足已有良好基础，紧盯建设烟台市现代化经济中心的战略定位，确立了“一年大突破、三年大提升、六年大变样”的奋斗目标，超前谋划未来发展的项目支撑，100 多个新项目开工建设，一批投资过十亿的大项目签约落地。全面实施城市更新、“三闲”处置，3—5 年完成 78 个地块更新改造。规划启动以国际人才港为主体的八角湾中央创新区、以蓝色种业硅谷为引领的八角湾海洋经济创新区，中科院产业技术创新与育成中心、哈工程研究生院、腾讯新工科研究院、华为人工智能创新中心等高端项目集中落地，中韩、中加两大海外离岸创新孵化基地挂牌启动。一系列新项目、新板块的推进实施，将带动全区产业发展、城市品质、科技创新全面跃升，一定会开创全区经济社会发展新局面。

厚积方能薄发，奋斗成就未来。开发区聚集了一大批敢领风气之先、勇立时代潮头的优秀企业家、科学家，锤炼了一支敢打硬仗、能打胜仗的优秀干部队伍，积蓄了持续前进的澎湃动力。开发区的今天，成就于改革开放的时代大潮，因积淀和传承而美好；开发区的明天，也必将获益于自贸区这一更高层次的开放平台，因奋斗和创造而更加精彩！

推进自贸区建设，既要借鉴经验、后发赶超，又要结合实际、精准发力。全区上下要紧紧围绕承接自贸区、服务自贸区，全面打响“三大战役”，以四新四化做强特色优势产业，以双招双引集聚创新发展动能，以城市更新搭建高端优质载体，强力推动产业培育、创新驱动、城市品质、营商环境“四大升级”，强势崛起高水平开放新高地、高质量发展引领区。

建设自贸区，要坚持二三产业协同，强力推动产业培育升级，崛起现代产业新高地。开发区当前的发展，同时具有工业化后期和后工业化的特征，正在加快从二产主导转向科技创新引领、二三产业并重。要借助自贸区的开放优势，坚持“四新促四化”“二产带三产”，狠抓产业转型、业态培育，促进动能集聚、结构升级。要持续强化制造业领先优势，深入实施先进制造业卓越集群计划，重点突破高端装备制造、新材料、新一代信息技术、节能环保、生物医药等烟台片区五大特色优势产业，带动先进制造业做高做新。要积极推广智能制造和服务型制造，促进大数据、云计算、物联网等信息技术与制造业交互融合，催生协同创新、智能生产、个性定制等新模式，实现产业模式和企业形态根本转变，不断向研发、设计等价值链中高端跃升。同时，还要继续做大做强传统制造业，支持服装、食品等重点行业持续稳定发展。要大力支持区内现有企业发展，推动企业拉长产业链、“老树发新枝”，决不能只抓外来新项目、忽视本地老企业。要全面增创服务业后发优势，推动生产性服务业向专业化和高端化延伸、生活性服务业向精细化和高品质转变，更好地发挥服务业对制造业的增能提速作用。要统筹谋划服务业空间布局、载体建设，集中做强现代金融、现代物流、科技服务、商务会展等优势产业，着力培育数字经济、平台经济、分享经济、体验经济、时尚经济等新兴业态，促进服务业国际化、特色化、集聚化发展。要培育壮大文化、旅游、健康、养老等幸福产业，推动“食、游、购、娱、展、演”等业态混序发展，避免“业态纯化导致功能退化”，更好地聚集人气、繁荣消费。要积极推动自贸区、保税港区、空港、海港等“区港联动”，大力引进船舶代理、货运代理及航运融资、保险、咨询等业态，加快发展航运服务业，为建设面向东北亚的航运中心提供有力支撑。

建设自贸区，要集聚国际创新要素，强力推动创新驱动升级，增创未来竞争新优势。习近平总书记强调，“科技创新、制度创新要协同发挥作用，两个轮子一起转。”自贸区是制度创新的高地，是创新要素自由流动的洼地，要积极推动各类科技创新政策优先落地，强化政策集成效应，促进创新要素交易和跨境流动，构建更有活力的开放创新生态。要突出企业创新主体地位，支持企业与国内外高校院所共建创新创业共同体、技术转移中心，打造差异化思维的研发协同地、产业化目的地，让创新更快产出、企业更加成功。要拓展国际创新合作，高标准打造八角湾中央创新区、海洋经济创新区、业达智谷等创新载体，加快建设中韩、中加、中俄、中德、中日等海外离岸创新孵化基地，提高创新创业转化率、存活率、成长率、成功率，打造国家科技成果和国际技术转移转化示范区。要强化科技金融扶持,优化“初创—高企—瞪羚—独角兽”科技企业培育链条，推行“投、保、贷、补”联动机制，支持科技企业快速成长、裂变增容。要深化产才融合发展，以“八角湾英才计划”为引领，努力构建商务成本低、生活成本低、环境品质优、工作品质优“两低两优”的人才环境，让人才来了可以留下、累了可以休息、创业可以成功，让开发区成为人才扬帆起航之地、成就梦想之地。

建设自贸区，要加快城市有机更新，强力推动城市品质升级，打造产城融合示范区。城市是一个有机体，不断新陈代谢才能健康成长。自贸区面向全球、接轨国际，对城市品质提出了更高要求，为城市更新注入了新的动力。要紧紧围绕促进高质量发展、创造高品质生活，统筹推进硬件升级、产业导入、业态培育、人气聚集，以城市有机更新促进城市能级跃升。要追求国际范的城市气质，坚持国际视野、世界标准，系统设计城市肌理、城市格局、城市色彩、建筑风貌、景观标识等，既凸显地域特色、时代特征，又融入开放特色、国际元素，形成开放包容、多元共融的城市品位。要加强国际文化交流和整体宣传推介，大力招引国际组织、全球活动，引进国际高端教育、医疗资源，培育国际人士喜闻乐见的时尚活动、休闲业态，打造无差别的国际化工作生活环境。要塑造现代化的城市形态，科学布局生产、生活、生态空间，统筹推进 F-1 政务服务区、F-6 金融聚

集区、古现文旅小镇等大规模区片开发，扎实组织拆旧建新、留白增绿等小尺度精细建设，加快国际会展中心、旅游文化中心、扬帆广场、后沙广场建设，全面提升城市承载功能和整体形象，打造国内有影响力的最佳旅游目的地、国际会展承办地。要培育高品质的城市生活，伦敦金融城有句名言，“便捷创造价值”，认为有人闲聊的地方就是产生生意的地方。要改变城市发展重“城”轻“市”的观念，不断拓展城市的市场、交易、贸易功能，鼓励建设酒吧、咖啡馆、创意书店、休闲娱乐等设施，把有钱有闲的人聚集起来，让消费场所产生创意、做成生意。要结合金沙滩旅游度假区综合环境提升，积极导入文化、旅游、体育、餐饮、演艺等时尚经济业态，引进更多年轻人愿意参与的“炫”“酷”活动，系统复制“波兹曼”模式，让有风景的地方兴起新经济，彰显国际范、现代化、高品质的城市气质。

建设自贸区，要对标国际规则标准，强力推动营商环境升级，激发开放发展新活力。营商环境是重要软实力，也是核心竞争力、潜在生产力。区域竞争到最后，就是比拼便利化，核心是营商服务便利化。要营造便捷高效的政务环境，把企业及群众感受放在营商环境提升第一位，推行极简审批、极速办理、极优服务，探索推进拿地即开工、自我声明制、不见面审批，力争更多审批服务事项达到全国最快水平，跑出更高效率的自贸区加速度，打造全国法治化、国际化、便利化程度最高的一流营商环境。要营造开放便利的投资环境，聚焦企业单位遇到的困难问题，围绕投资管理简化、监管职能优化、贸易通关便利化，加强系统集成式制度创新，争取创出一批可复制、可推广的全国首创经验。要营造公平竞争的市场环境，加大知识产权保护力度，健全信用信息共享和失信惩戒机制，探索“互联网＋监管”模式，确保放权更彻底、管理更到位、服务更优化。要营造宽松有序的发展环境，积极构建“亲”“清”新型政商关系，做到有求必应、无事不扰。开发区是企业家的舞台，要让企业家唱主角；各级干部都是剧务，要全方位为企业家服务，真正让企业家放开手脚创新创业、心无旁骛做大做强，在开发区这个大舞台上实现价值、收获成功。

面对前所未有的重大战略机遇期，各级干部必须强化担当精神、开放视野，在思想上、行动上、作风上全面做好准备，拿出不一般的精神、不一般的干劲、不一般的担当，汇聚形成改革发展的强大气场和整体合力。

抢抓新机遇，要深化思想大解放，掀起头脑革命新风暴。习近平总书记指出，“改革开放的过程就是思想解放的过程。没有思想大解放，就不会有改革大突破”。自贸区承担首创性改革、引领性开放、开拓式创新的重任，必须以解放思想为先导，推动思想大破冰、观念大转变、思维大革新。要强化放眼全球、登高望远的开放视野。推进自贸区建设，必须放在世界经济深度调整的大背景下审视，放到全国开放发展大格局中定位，不能好高骛远但必须志存高远。青岛市早在 2000 年召开的全国保税区工作会议上，就提出建设自由贸易港区的设想。谋划任何工作都要放眼量、有远见，认真研究世界经济新格局、产业转移新动向、科技发展最前沿，对新事物、新知识、新业态、新技术保持开放，对看准的东西，不要犹豫、大胆探索，勇敢向前冲。要强化敢为人先、敢闯新路的创新意识。坚决摒弃惯性思维，学会在头脑里面“搞建设”，大力破旧立新，决不能身体进入新时代、思想留在旧时代。小平同志曾讲过，“没有一点‘闯’的精神，没有一点‘冒’的精神，没有一股气呀、劲呀，就走不出一条好路，走不出一条新路，就干不出新的事业。”要敢当第一个吃螃蟹的人、敢走别人不一样的路，以狮子般的闯劲逢山开路、遇河架桥，争取更多从 0 到 1 的创新突破，推动更多从 1 到 100 的发展跨越。要强化自我突破、争创一流的成长心态。人最大的挑战是自己，最大的局限是思想局限，最可贵的是自我超越。要敢与最强者比拼、与最快者赛跑，坚决摒弃固步自封、自我设限，勇于自我加压、向内突破，摆脱“跟跑”状态，追求“领跑”姿态，干就干成一流、做就做成极致。

抢抓新机遇，要倡导行动大担当，激活干事创业强磁场。自贸区建设是一项系统工程，优化营商环境、推进制度创新都是长期任务，需要全区各部门单位、每名干部密切配合、协同发力。要主动担当不懈怠。保持强烈的事业心、进取心，处处留心、能够发现问题，事事研究、能够解决问题。每个人都要争当起而行之的行动者，不当坐而论道的清谈客，决不能没有政策等政策、政策来了等经验。要直面困难不逃避。有突破困难的信心，才能获得良机；有接受失败的勇气，才会获致成功。面对越来越大的竞争压力，面对抓改革、稳增长、保稳定的困难矛盾，每个人都要争当攻坚克难的奋斗者，不当怕见风雨的泥菩萨。人生如行船，无论何时何地，都要张满信心的风帆；人生如战场，无论是安是危，都要鼓舞奋发的斗志。要奔着问题去、迎着困难上，敢啃硬骨头，敢碰硬钉子，越是艰难越向前，以顽强之志破局改革之困、以创新之策破解发展之难。要团结协作不推诿。团结出凝聚力，团结出战斗力。建设自贸区、发展开发区是全体开发区人的共同事业，需要全区上下齐心协力、共同努力。领导之间、部门之间、同志之间要互相补位、互相支持，而不是互相抱怨、互相推诿。只有把抱怨环境的心情，化为上进的力量，才是成功的保证。遇到困难不能总是抱怨形势不好、抱怨别人不支持，而应该反思自己做得好不好、配合是否到位，真正做到心往一处想、拧成一股绳。

抢抓新机遇，要狠抓作风大改进，开创改革发展新局面。习近平总书记指出，“良好的精神状态，是做好一切工作的重要前提。”要事不隔夜高效干。2018 年海南一获批自贸区，就在全省发出号召，“一天当三天用”“不惜脱一层皮”。我们也要有这种精神，今天再晚也是早，明天再早也是晚。对确定的任务，要立说立行、雷厉风行，能早一天不晚一时、能快一分不慢一秒，真正做到快速高效、快马加鞭。要锲而不舍持续干。没有比脚更长的路，没有比人更高的山。抢抓重大机遇、打响“三大战役”，既需要摧城拔寨的冲劲，更需要久久为功的韧劲。要发扬钉钉子精神，持之以恒推进工作，确保件件有落实、事事见成效。西方有句谚语说得非常好，“能够登上金字塔尖的生物只有两种，一种是鹰、一种是蜗牛。”每个干部能力不一样、特点不一样，不要求每个干部都有搏击长空的能力，但是只要有鹰的那种一飞冲天的雄心壮志，有蜗牛那种坚持不懈的韧劲，都能达到成功的目标。要扑下身子务实干。抓工作要看过程，更要看结果。所有工作都要坚持实字当头，用进度说话，用数据说话，用事实说话，用结果说话。要大力倡导“一线工作法”，能到现场就不在会场，推动问题在一线解决、政策在一线落实，决不能决心在嘴上、行动在会上、落实在纸上。要坚持凭实绩、凭担当用干部，健全容错纠错和奖惩工作机制，对推诿派、逍遥派、应付派、糊涂派坚决说不，旗帜鲜明地为敢于担当者担当、对敢于负责者负责。

同志们，未来已来、时不我待！抢抓机遇、只争朝夕！全区上下要以自贸区建设为新的战略支点，齐心协力、撬动未来，共同担负起时代赋予的责任和使命，奋力在全市新一轮高质量发展中体现开发区担当，做出开发区贡献！

在全区抢抓重大机遇、打响三大战役加快自贸区建设推进会议上的主持讲话

工委副书记、管委副主任刘建民在自贸区建设推进会议上的讲话

（2019 年 9 月 2 日）

8 月 26 日，国务院批复山东自贸区成立，山东自贸区分为济南、青岛、烟台三个片区，其中烟台片区 29.99 平方公里，全部都在开发区，这是山东、烟台和开发区对外开放史上的大事、盛事，是一次千载难逢的重大机遇和利好。26 日下午，国新办召开新闻发布会；30 日上午，山东自贸区揭牌仪式在济南举行，集中签约了重点项目并召开新闻发布会，市政府也在北京举办政策推介会；31 日上午，市委市政府在我区举行挂牌仪式，召开建设动员大会，举行项目集中入驻、集中开工系列活动。

今天这次会议，主要是深入落实国家、省、市部署要求，动员全区上下立足新起点、抢抓新机遇、开启新征程，全面打响四新四化、双招双引、城市更新“三大战役”，强力推动产业培育、创新驱动、城市品质、营商环境“四大升级”，奋力在新一轮自贸区建设中创新突破、走在前列，谱写新时代高质量发展新篇章。

参加今天会议的有：工委、管委领导班子成员；管委项目专员；各镇街，直属各部门、企事业单位，中央、省、市属驻区各单位负责人；驻区金融机构，规模以上工业、重点进出口、四新经济企业，城市更新企业负责人；以及新闻媒体的朋友。

同志们，着眼自贸区建设快速推进，工委管委立足全局、审时度势、面向未来，经过深入研究谋划，作出了在全区开展“三大战役”的战略决策。刚才，四位工委管委分管领导分别进行了具体安排部署，既有形势分析，又有工作动员，还有政策推介，讲得生动形象、透彻到位，各部门单位要认真领会、抓好落实。同时，希望广大企业抓住难得的历史机遇，用好用足用活各类政策，积极投身到“三大战役”中来，与开发区携手并肩、共赢发展。

刚才，牟书记站在“体现开发区担当、作出开发区贡献”和“强势崛起高水平开放新高地、高质量发展引领区”的高度，客观分析了自贸区带来的政策红利、磁场效应、重大利好和发展机遇，号召全区上下全面打响“三大战役”、强力推动“四大升级”，进一步坚定信心，担当作为，汇聚形成改革发展的强大气场和整体合力。全区上下要认真学习领会，迅速把思想认识统一到会议部署和牟书记讲话要求上来，把工作干劲凝聚到抢抓机遇、只争朝夕上来，以全新的精神风貌和昂扬的斗志激情，投身到加快自贸区建设的伟大进程中。

下面，结合贯彻这次会议以及前段时间市委市政府召开的“双招双引”调度会、海洋经济发展会议精神，抓好当前工作，再强调几点：一要聚焦“三大战役”，落实好“八大行动计划”。“三大战役”和“八大行动计划”是我们加快自贸区建设的行动纲领和工作指南，牟书

记刚才在讲话中进行了全面安排部署，“八大行动计划”也汇编成册印发给了大家，目标任务已经明确，关键在于落实。“八大行动计划”各牵头部门，要切实履行好牵头抓总作用，及时将目标任务细化、量化，逐一分解落实；各责任部门要针对承担的任务，迅速制定推进方案，明确目标、卡实责任、抓好落实；工委办公室要将“三大战役”和“八大行动计划”列入全区重点工作督查，全程跟踪督导，及时调度反馈。二要强化经济运行调度，抓好企业运营。尽管我们迎来了自贸区建设的重大机遇，但我们面临的发展形势依然严峻。现在已经是9月份了，能否圆满完成今年的各项目标任务已经进入了关键期。经发科技局、财政金融局、招商合作局等职能部门要全面加强经济运行调度，逐个行业、逐个领域、逐个企业进行分析，认真研究制定对策；各级各部门要深入落实“进解促”有关措施，采取“一对一”“面对面”形式，走进重点企业项目，千方百计解决制约企业发展和项目建设的实际困难问题，以优质高效的服务促进企业发展；广大企业要全面分析自贸区政策利好，抢抓自贸区建设重大历史机遇，将自贸区建设与企业发展紧密结合起来，乘风借力，顺势扬帆，进一步转型升级、开拓市场、做大做强。三要全力以赴招大引强、招好选优。全市“双招双引”调度会指出，越是经济下行压力大，越是新旧动能转换任务重，越要充分认识“双招双引”的重要性，自觉把“双招双引”作为经济工作的有力抓手和永恒主线，靠“双招双引”增加投资、集聚后劲，靠“双招双引”优化结构、提高质量。陈飞市长在自贸区建设动员大会上指出，近年来开发区形成了抓工业、抓总量、抓GDP的思维，在自贸片区落地后，要立足新的工作要求，转变思维，优化打法，加快学习，尽快适应新的工作。我们以往的招商引资，往往注重的是制造业项目的引进，注重的是规模和体量。我们要认真按照陈飞市长的要求，借助自贸区成立的重大机遇，深入研究自贸区政策特点，进一步转变招商引资思维，在抓好传统优势产业项目招引的同时，在新技术、新产业、新模式、新业态引进上狠下功夫。招商合作局、中韩产业园管理中心要精心组织好赴日韩开展自贸区新闻发布和招商推介活动，力求取得实效；组织部、经发科技局、财政金融局等部门，要借助自贸区成立的有利时机，广泛宣传推介，积极引进各类科创平台、金融机构和高端人才；各级各部门也要将自贸区成立与“双招双引百日集中走访行动”有机结合起来，多渠道搜集信息，全方位开展好“双招双引”活动。四要更加聚焦聚力海洋产业。这次自贸区建设，赋予山东发展海洋特色产业的重要使命。市委海洋发展委员会第二次会议，也做出产业强海、生态护海、科学管海，努力在新的起点上推动海洋经济高质量发展的具体部署。海创办、农海、经发科技、规划、环保等部门要强化规划引领，高起点、高标准建设海洋经济创新区，大力支持涉海骨干企业做优做强，打造海洋高端装备制造产业集群，进一步培育壮大海洋生物医药产业，形成海洋经济新的增长极。五要强力突破项目建设。坚持目标导向、问题导向，深入开展“项目建设百日集中攻坚”行动，集中解决和化解一批阻碍项目开工建设的重点难点问题，确保列入计划项目应开尽开。同时，要组织好三季度项目观摩活动，超前谋划准备好明年开工项目。六要切实防控风险，确保和谐稳定。持续开展安全生产专项整治行动，扎实做好污染防治、社会治安、安保维稳、扫黑除恶、金融风险防范等工作，确保社会大局和谐稳定，以优异成绩迎接建区35周年和新中国成立70周年。

承前启后　继往开来
抢抓自贸区建设新机遇　开创高质量发展新局面

牟树青在“竞速自贸新时代、打造开放新高地”攻坚动员大会上的讲话

（2020 年 3 月 19 日）

今天这次会议，主要是深入贯彻全省重点工作攻坚年动员大会和全市重点工作攻坚动员大会精神，聚焦省委“九大改革攻坚行动”和全市“六场硬仗”，动员全区上下以习近平新时代中国特色社会主义思想为指导，承前启后、继往开来，抢抓自贸区建设新机遇，开创高质量发展新局面。

一、2019 年是开发区建区 35 周年，是接续“一年大突破”、攻坚“三年大提升”、奠基“六年大变样”的关键之年。全区上下坚定贯彻习近平新时代中国特色社会主义思想，持续深化改革、开放、创新，积极拥抱“自贸区时代”，各项事业在机遇挑战中高歌奋进、加速跨越。

过去一年，全区经济发展量质并进，新旧动能转换全面起势。我们积极应对经济下行压力加大的考验，地区生产总值增长 7.5%，分别高于全省、全市 2 个百分点；规模以上工业增速达到 8.8%，分别高于全省、全市 7.6 个和 3.8 个百分点；固定资产投资增长 9%，分别高于全省、全市 17.4 个和 4 个百分点；20 个项目入选省新旧动能转换重大项目库、总数达到 35 个、占全市 1/2；战略性新兴产业产值增长 8%，其中生物医药产业增长 37.5%，先进结构材料、生物医药两大产业集群入选全国首批 66 个国家级战略性新兴产业集群。在复杂多变的经济形势下，继续保持了高基数上的较快发展，充分体现了开发区在全市当好龙头、走在前列的使命和担当，展现了强大的发展韧性和潜力。

过去一年，实体经济基础不断夯实，产业发展实力持续提升。我们坚持不懈抓项目，新开续建二产项目 93 个、总投资近 900 亿元；在建三产项目 107 个，三产投资增速达到 8.9%。新引进华润化学、一汽宝雅、西港区 LNG 等 20 个过十亿元项目，实际使用外资 6.36 亿美元、增长 12.1%，总量占全市 1/3。完成 4208 亩土地利用总体规划局部调整，盘活闲置土地 5000 亩，争取土地指标 6800 多亩。开工项目数量、完成投资总额、土地保障水平再创历年新高，为产业转型升级提供了充足后劲。

过去一年，科技创新资源加速集聚，核心竞争力进一步增强。我们持续优化创新生态，八角湾中央创新区、临空经济区列入烟台城区九大重点开发片区，海洋经济创新区总部基地投入运营，创新驱动发展的战略框架全面拉开。中科院产业技术创新与育成中心总部基地投用，中科院兰化所签约，全省四个之一的省重点实验室即将挂牌，新增合作院所 18 家、近两年增量相当于前三年总和、总数达到 164 家，新增市级以上创新平台 19 个、总数达到 228 个。中韩、中加、中俄等海外离岸创新平台落地，创出境内外双基地孵化新模式。首开烟台与诺贝尔奖获得者合作先河，新增省级以上高层次

人才50人。新增高新技术企业51家、总数突破200家、占全市1/4，培育2家省级准独角兽企业、全市独有。通过聚焦产业链布局创新链、围绕创新链打造人才链，促进了产业、人才、科技、资本“四个集聚”，人才引领、创新驱动、企业赋能、产业升级的发展步伐更加坚定。

过去一年，产城融合力度不断加大，城市品质全面跨越升级。我们统筹推进基础设施升级、社会事业布局和城市更新，完成金沙江路、中古路等7条道路改造提升和19条道路绿化升级，柳子河公园入选首批15个“山东省最美绿道”；卧牛山水厂到区内的新输水管线完工投用，彻底消除了困扰多年的爆管断水隐患；建成第八初级中学等3所学校、3所幼儿园，办学条件走在全市前列；全面启动古现、八角驻地改造，开工扬帆广场、后沙广场、业达城市广场等8个城市更新项目，工委党校改建即将完工，国际会展文旅中心加快推进，城市品质持续跃升；积极配合推进机场二期、环渤海潍烟高铁、城市轨道交通，年内即将开工。开发区的交通越来越好、环境越来越美、人气越来越高，宜居宜业指数不断提升，赢得了社会各界的高度评价，让我们越来越有自豪感。

过去一年，改革开放取得新突破，自贸区建设实现强势开局。我们扎实推进新一轮体制机制改革，“大部制”“管委会+”等改革有序落地，建立起“全员聘用、择优选聘、末位淘汰、奖优罚劣”的用人激励机制，重组成立经发集团、城发集团两大国企平台公司，在全省率先组建国际人才集团，推行拿地即开工、亩均效益评价等改革，以深化改革激发干事激情。结合自贸区建设，推出优化政务服务20条、惠企新政60条、人才服务12条等政策，80%以上的审批服务事项全国最快，自贸区挂牌4个月注册企业2000家，以开放倒逼改革、以改革促进发展的信心更加坚定，高质量发展的导向更加鲜明，进一步释放了全社会的发展活力。

过去一年，全面从严治党纵深推进，干部作风面貌焕然一新。我们坚决落实全面从严治党要求，扎实开展“不忘初心、牢记使命”主题教育，各级干部在改革发展中经受了锤炼和考验。面对体制机制改革任务，全体干部讲政治、讲大局，坚持改革、发展两不误，心往一处想、劲往一处使，表现出高度的事业心、责任感。围绕保障重点项目建设，相关镇街部门迎难而上、合力攻坚，奋战两个多月实现老城区196处旧改遗留问题全部清零，仅用10天完成艾迪精密智能制造产业园3家企业、1处房屋搬迁，17天拿下国际高性能材料创新中心项目剩余66户搬迁，10天拆除安置小区涉及官庄村51处遗留房屋，多年想启动而没启动的三十里堡村500多处房屋基本完成拆迁，生物医药园、八角河公园等18处遗留问题彻底解决，展现了开发区干部“敢啃硬骨头、能打胜仗”的精气神。聚焦群众忧心事烦心事，下决心解决了1万多户群众十多年无法办理不动产证、500多户居民二十多年没有集中供暖等历史遗留问题，赢得了群众充分肯定。服从大局不懈怠、直面困难勇担当、服务群众守初心，成为开发区干部的不懈追求和鲜明底色，汇聚起加快发展、奋勇向前的强大力量。

过去一年涌现出一大批为全区发展做出突出贡献的优秀企业、功勋人物、先进集体和先进个人，我代表开发区工委、管委，向受到通报表彰的先进单位和个人，表示热烈的祝贺！向广大企业家和全区干部群众，向所有关心支持开发区发展的各界朋友，表示衷心的感谢！

过去一年的发展，为新一年工作奠定了坚实基础。建区30周年，我们落成了福莱塔；建区35周年，我们规划建设时光塔，开工了扬帆广场、后沙广场。从福莱塔到时光塔，见证了时光的距离；从后沙广场到扬帆广场，定义了城市的过去和未来。立足新的起点，我们仍然面临着巨大压力和挑战，但也拥有难得的机遇和条件，特别是获批建设自贸区，标志着从“开发时代”进入“自贸时代”、从外向型经济迈向开放型经济，意味着更高水平、更深层次的开放平台，开辟了更加广阔、更加辽远的发展空间。我们必须抢抓机遇、乘势而上，再攀高峰、再创辉煌。

二、春节以来，我们经历了一场特殊的战役和考验，面对突如其来的新冠肺炎疫情，广大党员干部迅速进入战时状态，充分发扬连续作战、迎难而上的斗争精神，始终保持敢打能拼、战则必胜的决胜姿态，与全区群众共抗疫情、与广大企业共渡难关、与外籍朋友共担风雨，全区各方面工作在关键时刻经受了淬炼，实现了疫情防控和经济社会发展统筹推进、有序发展。

疫情防控是一场大战，也是检验社会治理体系的一次大考，更是对每个人的一次历练。开发区外来人口多、大企业多、对外商务活动多，疫情防控任务重、压力大、情况复杂。

面对疫情“动员令”，我们坚持早谋划、早部署、早行动，1月23日第一时间成立指挥部，下设社会随访、交通联防、经济运行、舆论宣传等12个工作组，并根据“防输入防扩散、保企业复工复产、防境外疫情输入”三个阶段的防控重点，先后增设保障企业开复工、重点社区联合工作组、入境人员健康服务等33个工作专班，动员近千名机关干部和社区村居一线同志参与，建立起“快速反应、高效指挥、统筹联动”的战时机制。指挥部统筹调度，卫生防疫、公安、交通、应急、经发、招商等部门分兵把口，各镇街、社区、村居坚守阵地，全区各部门单位密切配合，保障了防控措施的精准落实，在实战中锤炼了应急指挥体系、提升了快速反应能力。

面对疫情“黑天鹅”，我们聚焦企业困难，连续推出保障企业开复工七条举措、帮扶困难企业八项措施、扩大中小微企业信贷投放十条意见、服务外资企业八条措施等务实举措，帮助企业复工复产、共渡难关，预计疫情期间为全区企业降本减负5.5亿元；我们紧盯群众关切，强化联防联控、群防群治，狠抓社区管控、物资供应、民生保障、城市运行，发现解决了一些管理机制和能力上的短板不足，为进一步完善社会治理体系积累了经验；我们积极应对周边国家疫情变化，专门成立涉外人员工作专班，区级领导带头走访联系外资企业，统筹企业、镇街、部门、社区、专班等力量，全面加强来区外籍人员的管控服务，确保管控措施和服务保障“双到位”、居家观察人员和社区居民“双满意”、与外资企业的感情和社区治理水平“双提升”。韩国驻青岛领事馆总领事专程来区，对我区暖心服务韩籍人员表示感谢；汉高乐泰大中华区总裁等世界500强企业高管专门致信，感谢管委支持服务企业复工复产。

面对疫情“试金石”，广大医务工作者不惧风险、勇敢逆行，深入企业、社区、村居一线指导防疫，业达医院3名同志主动请缨、驰援湖北，彰显了医者仁心的大爱和担当。公安、疾控、交通等工作人员冲在一线连续作战，680多名志愿者活跃在防疫各条战线，扎牢了防范疫情输入的“铁桶阵”。全体镇街村居干部和社区工作者昼夜值守、任劳任怨，连续几十天坚守岗位、辛苦付出，承受了最大的风险和压力，守住了最后的防线和阵地。社会各界积极参与疫情防控，艾睿光电、舒朗、万华等17家企业迅速投入防疫物资生产，富士康、LG、斗山、宇光、大丰、赛龙等21家外资企业和外籍友人主动奉献爱心，共有近500家企业捐款捐物。广大干部群众展现出的“不畏风险、冲锋在前”的战斗意志、“团结协作、无私奉献”的担当精神、“闻令而动、雷厉风行”的务实作风，疫情防控期间形成的“全面动员、合力攻坚”的战时机制、“系统谋划、无缝管控”的治理体系、“精准施策、暖心服务”的稳企举措，为今后做好各项工作提供了坚强保障，更加坚定了我们对未来发展的信心。

当前，疫情防控的战役还没有结束，特别是防范境外疫情输入仍然不能松劲，需要全区各级各部门齐心协力、继续努力，不获全胜、决不收兵。我们要把疫情防控中焕发的精气神，转化为加快发展的新动力，以一往无前的大无畏精神，应对一切挑战、战胜一切困难，夺取最终胜利、赢得更大胜利；我们要把疫情防控中形成的好经验，固化为促进发展的新体系，强化联系外资企业、帮扶困难企业、支持中小企业等工作机制，提升社区物业管理和基层治理能力，构建更加完善的社会治理体系；我们要把疫情防控中形成的战时机制，细化为提升工作的常态制度和应急保障，针对责任空档、工作短板，理顺部门职责分工，强化部门协作配合，真正做到“全区一盘棋”“拧成一股绳”，凝聚团结奋进的强大合力，坚决夺取疫情防控和经济社会发展的“双胜利”。

三、2020年是全面建成小康社会和“十三五”规划收官之年，是决胜“三年大提升”、冲刺2024年建区40周年目标的关键之年。全区上下要抢抓自贸区建设新机遇，瞄准“建设烟台市现代化滨海新区”的战略目标，大力实施“五大跨越提升计划”，全力推进十大“牛鼻子”工程，推动城市能级和核心竞争力全面跃升。

立足开发区在全市发展中的特殊地位、特殊优势和特殊使命，把握和定位新一年的发展，我们必须坚持与时俱进、登高望远，用发展的眼光看发展，进一步完善提升发展战略体系，加快由“烟台市现代化经济中心”向“烟台市现代化滨海新区”跨越；我们必须坚持脚踏实地、开拓奋进，一切从实际出发、一步一个脚印，聚力“三年大提升”，接续奋战后三年，确保实现2024年建区40周年目标任务；我们必须坚持扭住关键、精准出击，抓住十大“牛鼻子”工程，引领产业能级、项目投资、创新驱动、城市品质、营商环境全面跨越提升。

一要大力实施产业能级跨越提升计划，打造高质量发展引领区。高质量发展的核心是经济结构高级化，关键靠高能级产业来支撑。要坚持临港、临空“两大经济区”双极引领，推动临港经济区强势崛起、临空经济区聚势爆发，打造集聚高端项目、做强新兴产业的新动能板块，带动先进制造业优势更优、战略性新兴产业强项更强、现代服务业特色更特。

加快构建以战略性新兴产业为引领、先进制造业为主导、现代服务业为支撑的现代产业体系，我们要特别注重把握好以下几个关系：一要把握好“二产与三产”的关系，我们发展服务业一定要依托制造业、服务制造业，离开了制造业这个立区之本，服务业就成了“无本之木”；有了服务业支撑保障，制造业才能增能提速。要立足制造业优势，持续做强现代金融、高端物流、科技服务、商务会展等服务业，推动二三产业融合发展、互促共进。二要把握好“新与旧”的关系，培育新动能、珍惜旧动能，新兴产业要培育壮大，传统产业也要做大做强；引进新企业、不忘老企业，决不能喜新厌旧、“招来女婿气走儿”。要大力推广“零增地”技改、智能化改造、“工业上楼”，推动“腾笼换鸟”“老树发新枝”，不断提升经济密度、亩均效益。三要把握好“高与低”的关系，低端制造不等于旧动能、落后产能，不能一味地发展高端制造、简单地不要低端配套，既要善待机床这样的“工业之母”，也不能亏待螺母这样的“产业之盐”。四要把握好“强与弱”的关系，对自我发展能力强、发展势头强劲的企业，要积极搞好服务，促进强者更强、强者恒强；对正在转型升级、面临一些困难的企业，决不能轻易放弃，要给予更多关怀、更多支持、更多温暖。帮助一个困难企业重整行装走出困境，并不比培育一个新企业更难。五要把握好“大与小”的关系，坚持抓大扶小、聚合链条、做强集群，强化大企业龙头作用，带动中小企业沿链聚合、走“专精特新”发展之路，促进大企业群峰竞秀、“小巨人”异军突起。六要把握好“内与外”的关系，一手抓外资、一手抓内资，以“外来物种”嫁接“本地基因”，激活“鲶鱼效应”，优化集群生态，促进外资企业与本土企业共生共荣。七要把握好“国企与民企”的关系，促进国企民企优势互补、互利共赢，夯实实体经济根基，构筑更具竞争力的现代产业体系。

二要大力实施项目投资跨越提升计划，引爆高质量发展强动能。项目为王不能只喊在嘴上，必须落在地上。要全面强化专业园区特色优势、集聚效应，集中攻坚总投资千亿元的 34 个重大在谈项目，促进中韩、中日“两大产业园”突破升级，带动国际招商产业园率先破题，掀起新一轮深化日韩合作新热潮，奋力在拓展欧美招商领域上实现新突破，构筑开放发展强磁场、双招双引新高地。要保持攻坚姿态、攻坚节奏，强力推进总投资 1686 亿元的 253 个项目，突出抓好 35 个省重点、28 个市重点，推动 100 亿元的一汽宝雅新能源汽车、80 亿元的深蓝海洋渔业、62 亿元的国际高性能材料创新中心、50 亿元的荣昌新药产业化等 91 个过 5 亿元项目加快落地，确保 3 月底前 25 个新项目集中开工、全年新开工项目 138 个，开工项目数量和完成投资超过去年、全市第一。为降低疫情影响，要进一步加大项目攻坚推进力度，做好要素保障、手续办理等前期工作，争取把原计划下半年开工的项目尽量往前提，以高质量、大规模投资增量支撑高质量发展。要统筹安排基础设施投资，优先保障重大项目配套需要，确保政府投资发挥最大效益，更好地发挥投资关键作用。要加大社会事业投资，扎实办好教育、卫生、供水、供暖、住房、乡村振兴等为民服务实事，让群众更多更好地共享发展成果。要充分发挥经发集团、城发集团两大国企平台作用，增强投融资能力，提升城市开发运营水平。要加强要素保障，坚持资金、政策跟着项目走，促进投资上规模、提强度、增效益，崛起新动能集聚爆发的投资热土。

三要大力实施创新驱动跨越提升计划，增强高质量发展竞争力。创新力量源于优良生态、需要肥沃土壤。“思想长在土里，进步就会四处开花。”要坚持八角湾中央创新区、八角湾海洋经济创新区“两大创新区”协同联动，环磁山国际科研走廊、环东岛国际科教走廊“两大科创走廊”互促共赢，带动创新要素加速聚集，促进教育链、人才链与产业链、创新链有机衔接，依托制造业优势、实现“在这里生产、在这里创新”，依托制造业配套能力、实现“在这里创新、在这里生产”。要突出企业创新主体地位，立足与清华大学、上海交大等 164 家高校院所的合作基础，加快构建以企业为主导、产学研紧密结合的创新体制，做到需求由企业提出、投入向企业集中、人才向企业集聚、科研在企业展开、成果在企业转化。要加强重大创新平台建设，推动中科院产业技术创新与育成中心孵化基地、中科先进材料与绿色化工产业技术研究院及省重点实验室尽快落地，建成中科院研究所与地方合作的成功典范。要狠抓人才引进培养，既要栽好“梧桐树”、更要打造“生态林”，除了抢人才、抢团队，更要抢机构、抢平台，引来机构和平台，就会带来人才和团队。要发挥资本市场的关键作用，依托上交所、深交所两大资本市场服务基地，助推更多企业登陆科创板、创业板、主板，以资本力量加速创新发展。要深化创新合作，探索在北上广深等先进地区设立孵化“飞地”，加快建设中韩、中加、中俄等境内外创新孵化双基地，链接锁定优质项目，实现区外孵化、区内转化，打造未来竞争新优势。

四要大力实施城市品质跨越提升计划，增创高质量发展新优势。城市竞争力来自吸引力，提升城市品质既是高质量发展的重要方面，也是塑造城市核心竞争力的必然要求。近几年开发区的变化有目共睹，整个城市越来越有国际范，必须进一步提高追求，让城市“颜值”更高、更有“气质”。要统筹推进古现、八角“两大文旅新城”，加快建设国际会展中心、旅游文化中心等项目，抓紧启动华侨城古现文旅小镇、张裕绿城葡萄酒小镇，带动城市品质提升、服务业态繁荣。要突出抓好城市更新，加快推进瑞银信、华海保险总部、国奥综合体、大拇指广场、F6金融聚集区、三十里堡村改造等重点板块、重点项目，再添城市形象新亮点。要注重公共空间塑造，加快业达城市广场、扬帆广场、后沙广场等建设，精心设计绿廊、步道、雕塑、灯光、小品，用艺术和科技扮靓城市，打造现代化滨海新区的标志性工程、休闲旅游新地标。要狠抓基础设施升级，突出主次干道、重要路段、重点项目周边，加快泰山路、长江路西段等综合改造提升，确保改造一条道路、建成一条绿廊、造就一条城市景观带、带动一片产业聚集区。要深化金沙滩旅游度假区综合环境提升，集中打造“烟台之夜”系列项目，导入文化、旅游、体育、演艺等时尚经济，打造全市有影响力的夜间经济品牌。要大力引进国际高端教育、医疗资源，探索设立自贸区免税商品展销中心，更好满足中高端服务消费需求，进一步集聚人气、繁荣消费、便利生活。

五要大力实施营商环境跨越提升计划，汇聚高质量发展新势能。从“开发时代”迈向“自贸时代”，代表发展能级、开放水平进入新时代。营商环境只有更好，没有最好。“只有政府解放思想，企业才能解放生产力。”政府和企业都需要有开放的思维。要继续解放思想、深化改革，全面落实省委“九大改革攻坚行动”部署，鼓励各级干部树立充满想象力的思维和开放性思维，支持各部门单位大胆想、大胆改、大胆闯，始终当好改革的促进派、实干家，而不是改革的反对派、空想家，以改革解除体制机制束缚、释放市场主体活力。营商环境不是优惠政策越多越好，公开透明比什么都重要。要强化法治意识、契约精神，放大自贸区带动作用，努力构建法治化、市场化、国际化程度最高的一流营商环境，不断提升要素虹吸功能。要突出规范化、便利化，全方位简流程、减材料、减时限，力争更多审批事项达到全国最快水平。要依托国际人才集团，聚焦人才落户、安居、创新、创业等全链条，提供“金牌保姆式”服务，以有温度、有热度的服务吸引人才、留住人才、成就人才。要强化金融创新，大力发展产业链金融，发挥大企业资源优势，赋能中小企业发展。金融一定要为企业服务，把“水龙头”拧大一些，只有帮助企业发展好，金融机构才有钱赚，否则就会一损俱损。要优化企业服务、规范政商交往，坚持“亲清”、杜绝“围猎”，企业不能引诱干部违规违纪，干部也不能向企业伸黑手，为企业发展创造良好环境、提供服务保障。

四、新时代的征程已经全面开启，面对新起点、新机遇、新任务，全区上下要进一步强化担当、锤炼作风、凝聚合力，用奋斗致敬过去、用实干开创未来。

一要强化政治意识，从严管党治党、正风肃纪。始终把政治建设摆在首位，把不忘初心、牢记使命作为永恒课题、终身课题，深入贯彻习近平新时代中国特色社会主义思想，不断增强“四个意识”、坚定“四个自信”、做到“两个维护”。要聚焦基层党建质量大提升，加强村居班子和党员队伍建设，狠抓软弱涣散党组织整顿，提升基层党组织组织力、凝聚力、战斗力。要纵深推进党风廉政建设，逐级卡实“一岗双责”，持续深化市委巡察反馈问题整改，严格执行财经纪律、廉政纪律，强化工程招投标、项目决策评审等机制，以严格要求保护干部，营造风清气正的政治生态。

二要保持昂扬斗志，持续拼搏进取、奋勇争先。宏观经济形势复杂多变，经济发展面临很大压力挑战。有挑战才能激发斗志，“天冷不能怪环境，过冬还得靠自己。”心中火热、忘我燃烧，才能带来光明和希望。任何情况下，都要做最坏的打算、做最好的准备。全区干部要始终保持一流的精神状态、坚持一流的工作标准、追求一流的工作效能、创造一流的工作成效，以赢的姿态跑好每一天每一步，当好全区发展的战斗员、服务员、宣传员、守护员，推动开发区不断从成功走向更大成功。广大企业要辩证看待形势，经济波动就是经济调整的过程，危机中蕴含机遇，关键是要借机增强自身免疫力，困难时候“多抓几把稻草，才不至于沉沦”。要善于在周期性调整中抢滩突围，在科技发展中寻找商业机会，靠创新增强竞争实力，确保始终挺立时代潮头、立于不败之地。

三要锤炼务实作风，奋力攻坚克难、真抓实干。任何成功的战略，都经不起执行上的拖拖拉拉。要坚持“起步就吹响冲锋号、开局就发起大决战”，紧盯既定目标，聚焦“三重”工作，围绕自贸区建设，充分发扬疫情防控工作中展现出来的境界作风，强化团结协作、舍我其谁的责任担当，保持敢打硬仗、战无不胜的斗争精神，撸起袖子加油干，只争朝夕、不负韶华。要脚踏实地、扎实苦干，发扬“攀岩”精神，找准着力点、选好落脚点，每走一步、踩实一步，一步一步向上走，安全登上最高峰。要倡导“迎着困难上、奔着问题去”，敢啃最硬的骨头、争挑最重的担子，在应对困难挑战中比拼作风，在攻坚急难任务中展现作为、彰显担当。工委管委将继续树牢讲担当、重担当的鲜明导向，让敢担当的人有机会、让有作为的人有地位。

四要树牢底线思维，坚决防范风险、筑牢保障。要坚守安全生产底线，全面卡实安全监管责任、属地管理责任、企业主体责任，保持一失万无的警醒，筑牢万无一失的防线。要坚守生态环保底线，打好污染防治攻坚战、持久战，严守生态保护、永久基本农田、城镇开发边界“三条红线”，守护绿水青山，收获金山银山。要坚守风险防控底线，积极防范化解金融风险，严控政府债务，确保持续健康发展。要坚守社会稳定底线，持续深化社会综合治理，深入开展扫黑除恶专项斗争，积极化解历史遗留问题，构建更加安全、稳定、和谐的社会环境，为新一轮高质量发展提供坚强保障。

同志们，新一年的目标已经明确，前进的号角已经吹响。全区上下要坚持以习近平新时代中国特色社会主义思想为指导，深入落实中央决策部署和省、市工作要求，进一步坚定信心、振奋精神，用汗水浇灌收获，以实干笃定前行，奋力开创新一轮高质量发展新局面，为建设烟台市现代化滨海新区而努力奋斗！

创新引领发展　合作共赢未来 加快构建政产学研协同创新最优生态

工委书记、管委主任牟树青在政产学研协同创新推进会议上的讲话

（2020 年 3 月 31 日）

创新是引领发展的第一动力。习近平总书记指出，“要深入推进科技和经济紧密结合，推动产学研深度融合，实现科技同产业无缝对接，不断提高科技进步对经济增长的贡献度。”一棵树的未来，不在于长得有多快，而在于扎根有多深；一个地区、一个企业的未来，不在于发展有多快，而在于创新实力有多强。速度为王已经谢幕，重视创新才有未来。企业家要做大做强、走得更远，离不开科学家、银行家的支持。一个地区企业家、科学家、银行家的数量越多、合作越紧密，经济发展就越有活力。科技和金融是开发区腾飞的两个翅膀，也是企业生存发展的重要支撑。2 月 20 日，我们召开了政银企对接会议，鼓励银行家支持企业家，推动政银企协同发力、共渡难关。今天我们召开政产学研平台建设推进会议，目的是帮助企业家链接科学家，进一步整合政府、企业、大学、科研院所资源优势，进一步优化创新生态、厚植创新“土壤”、深耕创新“园圃”，为本地企业激活创新“基因”，为高校院所催化创新“种子”，为区域发展集聚创新“动能”。

思想长在土里，进步就会四处开花。烟台开发区作为全国首批国家级开发区、全省三个自贸片区之一，改革创新的基因与生俱来、融入血脉。特别是近年来，我们把创新摆在事关未来的战略位置，把政产学研合作作为创新发展的主线，连续制定出台了创新型开发区建设、高新技术企业培育、企业上市、高端研发机构引进等创新政策，全区 95% 以上的重点科技企业建成产学研联合体，区内企业与清华大学、上海交大、同济大学、哈工程等 160 多家高校院所建立合作，与 20 位院士、200 多位高层次专家稳定合作，实施产学研合作项目 1100 多项，抗肿瘤新药、生物 3D 打印、电子材料等 211 项创新成果国际领先。这些工作成果，凝聚着众多创新创业者的智慧和心血，展现了政产学研合作的成效和前景，更加坚定了我们推动创新发展的信心和决心。在此，我代表烟台开发区工委、管委，向信任开发区、落户开发区的高校院所，向扎根开发区、贡献开发区的广大企业家和专家教授，致以崇高的敬意和衷心的感谢！

吃老本不可能跑出高质量发展的“加速度”，不创新不可能再造改革开放“新优势”。经过长期持续努力，开发区创新环境不断优化，近两年新增合作院所 35 家、相当于前三年总和，去年新增市级以上创新平台 19 个、总数达到 228 个，新增高新技术企业 51 家、总数突破 200 家、占全市 1/4，尽管政产学研合作具备了一定基础，但与先进地区相比，仍然存在差距。比如，全区累计获得中国专利金奖 2 项、优秀奖 13 项、省专利奖 12 项，位居国家

级开发区前列，但万人有效发明专利拥有量仅为国家级开发区平均水平，反映出企业创新需求与科研成果供给不平衡、技术研发与技术应用不匹配。差距就是动力，也是潜力。重大结构性问题，需要结构性响应。推进政产学研平台建设，就是要打破“散户投资不足下的市场失灵”，促进创新资源更加精准配置，缩小原始创新与后续商业开发的缺口，推动产业、人才、科技、资本“四个集聚”，用创新合作汇聚强劲而持久的发展动力。

一、我们要打开视野、革新理念，构建更加务实的政产学研合作生态。要获得新生，必须要有新的出路；要寻求新的出路，必须要有新的思维；要树立新的思维，必须冲破旧的束缚。推动政产学研合作，必须保持开放性思维，以全新的理念、模式、机制，构建创新生态链、优化产业生态圈。我们规划建设八角湾中央创新区、海洋经济创新区“两大创新区”和环磁山国际科研走廊、环东岛国际科教走廊“两大科创走廊”，就是要贯通产业链与创新链、教育链，为区内企业对接创新资源搭建互动平台，让知识生产、研发创新、技术转化、人才培养这个“摩天轮”持续地转下去，不断释放知识溢出效应，促进创新要素自由流动、创新活力迸发喷涌。要创新政产学研合作模式，用好“1+N”创新政策体系，加快由“政府给优惠、校院企报项目”的传统激励模式，向“政府搭平台、企业提需求、校院供项目”的创新合伙人关系转变，让高校院所和企业更有积极性、更有获得感。要强化市场化运作，促进校、企、院、地共同投入、共担风险、共享收益，打造校企院地发展共同体，打通技术实现路径、价值实现路径，让高校院所在开发区更好地展示创新实力，让创新人才尽情施展创新才华、实现人生价值。同时，我们也恳请广大企业家、科学家充分发挥自身影响力和资源优势，帮助我们引进更多的大院大所、高端研发机构、国际科技组织、产教融合项目，不断增创开发区发展新优势。

二、我们要放大优势、聚合资源，搭建更加多元的政产学研平台载体。深化政产学研合作不仅仅是谋求科研和技术的突破，更重要的是为技术成果寻找应用场景、加快商业转化。烟台开发区有雄厚的产业基础、完善的制造业配套体系，有一大批重视创新的优秀企业家，对创新满怀激情、对人才充满渴望。我们要精准对接企业创新需求，依托制造业优势，促进“在这里生产、在这里创新”，帮助企业获得技术支持，不断拓展制造创新网络；依托制造业配套能力，推动“在这里创新、在这里生产”，为高校院所、科研机构技术转化找到应用场景，火速催生新兴产业、改造提升传统产业，把科技进步转化为实实在在的收获。要支持共建面向主导产业的研发平台，聚焦新一代信息技术、生物医药、智能制造、新材料、新能源、海洋经济等十大卓越产业集群，不断深化与中科院、清华大学、上海交大等高校院所的战略合作，力争到 2024 年国家级科技平台达到 18 个、省级科技平台达到 200 个。要支持共建产业创新平台，发挥中科先进材料与绿色化工研究院、山东省先进材料与绿色制造实验室、明石创新创业共同体等示范效应，统筹布局一批新型产业技术研究院，提高创新策源和知识创造能力。要支持共建产业技术转化平台，依托中科院烟台产业技术创新与育成中心、中技所烟台科技成果转化服务中心等机构，支持科研人员参与企业技术研发，引导科技成果向科技型中小企业转移转化，增强企业竞争实力，年内新认定高新技术企业、国家科技型中小企业 600 家以上，到 2024 年高新技术企业突破 400 家、国家科技型中小企业突破 800 家，崛起新一轮科技产业竞争新极点。

三、我们要创新机制、畅通渠道，打造更加灵活的人才培养交流体系。人才是创新的根基，创新驱动实质上是人才驱动。推进政产学研平台建设的意义，不仅仅在于催化和壮大既有产业，更重要的是可以为产业集群培养人才、输送人才，以群英荟萃的“一池春水”涵养经济发展的“步步莲花”。要完善创新人才交流机制，支持科研人员在高校院所与企业间双向流动，鼓励兼职兼薪、在岗创业、成果转让、技术入股，吸引更多具有“塔尖效应”的顶尖人才，焕发人才创新创业新活力。要继续深化与中科院等科研院所的人员双向交流任职，鼓励专家教授来区挂任管委会“科技副主任”，支持科研人员带着技术成果到开发区创办企业，实现引进一批高层次人才、创办一批高科技企业、做强一批高新技术产业。要深化产才融合示范区建设，支持企业与高校联合培养产业技术人才，加强与腾讯新工科研究院、青软实训等机构的战略合作，推行订单培养、人才收割等模式，实现人才培养与产业发展有机融合、互促共进。要依托国际人才集团，强化全球化视野、市场化思维、专业化取向，面向海内外广纳英才，提供全链条服务、全要素支撑，让人才来了愿意留下、留下就不想离开。大有可为的时代呼唤大有可为的人，今天的开发区，比任何时候都更加渴求人才，也比以往任何时候都更有条件成就人才。我们热烈欢迎各类人才带着技术、带着智慧、带着创意，来这里寻找机会、实现梦想，让开发区成为人才扬帆起航之地、成就梦想之地！

四、我们要优化服务、提升效率，构建更加完善的创新服务促进网络。创新需要用心呵护。全区各部门单位、广大干部都要主动服务创新、参与创新，在不熟悉的专业领域支持专业人士的工作，以专业的政务服务助力专业人士的成功。要创新政产学研平台建设推进机制，经发科创局负责统筹调度，定期组织召开由高校院所、企业和相关部门参与的联席会议，研究解决政产学研深度融合的重大问题。要强化创新投入保障，探索建立专项引导基金，放大财政杠杆效应，撬动社会资本参与，强力支持共建创新平台、人才引进培育、成果就地转化。要搭建信息交流平台，定期收集发布产才、产研、产融对接需求，促进企业、科研院所、科技金融等高效互动。要强化科技服务支撑，大力引进培育法律服务、人才服务、技术交易、智库咨询等中介服务机构，以专业服务放大创新价值。要强化科技金融支持，创新科技型中小企业融资服务，大力推广科信贷、投保贷、信保贷、知识产权质押贷款等金融创新产品，支持更多科创企业借力多层次资本市场，实现金融与科技共生共荣。要依托自贸区知识产权保护分中心、知识产权巡回法庭，实施最严格的知识产权保护，为科技创新“打破手铐、穿上铠甲”。各部门单位都要结合自贸区建设，聚焦创新创业各环节，强化“用户思维”，优化“客户体验”，共同构建有利于国内外创新要素资源集聚的软硬环境，共同打造接轨国际、国内领先的政务服务、科创平台和创业环境，把烟台开发区打造成为近悦远来的人才高地、创新中心、创业热土。

“水深则鱼悦，城强则贾兴。”良好的创新环境，必定激发全社会的创新活力；不断提升城市品质，才能吸引更多人才、聚集更多企业、实现更大发展。当前，新一轮科技革命和产业变革正在重构全球创新版图、重塑全球经济结构，站在正在聚集的风暴之上，我们要坚定不移推进创新合作，继续叫响“企业家第一、科学家至上”，大力倡导崇尚创新、宽容失败的创新氛围，全面促进各类创新要素聚集裂变，加快构建以企业为主体、市场为导向、产学研深度融合的创新体系，努力走出一条具有烟台开发区特色的创新驱动发展之路。

八角湾，海纳百川，广迎八方来客！金沙滩，群英荟萃，共谱金色华章！让我们扎根开发区这片创业热土、创新沃土，依托自贸区这个开放高地、改革洼地，树立“创新再出发”的雄心壮志，进一步深化务实合作，政产学研携手并肩、共迎挑战、共赢未来！

专　记

Special Notes

自贸区建设

【概况】8月2日，国务院批准设立中国（山东）自由贸易试验区;8月30日，中国（山东）自由贸易试验区烟台片区在济南揭牌；8月31日，烟台市委书记张术平、市长陈飞共同为中国（山东）自由贸易试验区烟台片区挂牌，标志着烟台自贸片区建设启动。烟台片区位于烟台经济技术开发区范围内，东起泰山路，南至嘉陵江路，西至台北路，北至黄河路、八角中心大街，面积29.99平方公里。其中包括中韩（烟台）产业园、烟台保税港西区两个国家级园区。

【指导思想】以习近平新时代中国特色社会主义思想为指导，全面贯彻中共十九大和中共十九届二中、三中全会精神，统筹推进“五位一体”总体布局和协调推进“四个全面”战略布局，坚持稳中求进工作总基调，坚持新发展理念，坚持高质量发展，以供给侧结构性改革为主线，主动服务和融入国家重大战略，更好服务对外开放总体战略布局，解放思想、大胆创新，把自贸试验区建设成为新时代改革开放的新高地。

【战略定位及发展目标】以制度创新为核心，以可复制可推广为基本要求，全面落实中央关于增强经济社会发展创新力、转变经济发展方式、建设海洋强国的要求，加快推进新旧发展动能接续转换、发展海洋经济，形成对外开放新高地。经过三至五年改革探索，对标国际先进规则，形成更多有国际竞争力的制度创新成果，推动经济发展质量变革、效率变革、动力变革，努力建成贸易投资便利、金融服务完善、监管安全高效、辐射带动作用突出的高标准高质量自由贸易园区。

【区位布局和功能划分】烟台片区重点发展高端装备制造、新材料、新一代信息技术、节能环保、生物医药和生产性服务业，打造中韩贸易和投资合作先行区、海洋智能制造基地、国家科技成果和国际技术转移转化示范区。

【主要任务和措施】（提要）

（一）加快转变政府职能

1. 打造国际一流营商环境

（二）深化投资领域改革

2. 深入推进投资自由化便利化

3. 完善投资促进和保护机制

（三）推动贸易转型升级

4. 提升贸易便利化水平

5. 培育贸易新业态新模式

6. 持续优化贸易结构

（四）深化金融领域开放创新

7. 扩大人民币跨境使用

8. 促进跨境投融资便利化

9. 探索实施金融创新

（五）推动创新驱动发展

10. 加强创新能力建设

11. 推进医疗医药行业发展

12. 健全知识产权保护和运用体系

13. 优化外籍及港澳台人才发展环境

（六）高质量发展海洋经济

14. 加快发展海洋特色产业

15. 提升海洋国际合作水平

16. 提升航运服务能力

（七）深化中日韩区域经济合作

17. 探索三国地方经济合作

18. 推进区域合作交流便利化

【起步推进】自贸区挂牌4个月，注册企业

2000 余家，推出优化政务服务 20 余条、惠企新政 60 余条、人才服务 12 条等政策措施，80% 以上审批服务事项全国最快。以深化改革激发干事激情，进一步释放全社会发展活力。

园区体制机制改革

【概况】 为深入贯彻落实省委再造开发区体制机制优势、促进开发区高质量发展的重要决策，烟台开发区以管理体制创新为核心，坚持市场化改革取向和去行政化改革方向，积极稳妥剥离社会事务管理职能，推动管委会聚焦经济发展、“双招双引”、科技创新、改革开放等主责主业。在剥离社会事务管理职能上。立足自身实际，通过“市级上收、下沉镇街”等方式，积极稳妥剥离开发区管委会 36 项社会事务管理职能。

【上收下沉】 为深入贯彻落实省委再造开发区体制机制优势、促进开发区高质量发展的重要决策，剥离社会事务管理职能。立足自身实际，通过“市级上收、下沉镇街”等方式，积极稳妥剥离开发区管委会 36 项社会事务管理职能。“上收”方面：根据 2019 年 11 月 29 日《中共烟台市委机构编制委员会办公室关于设立烟台市教育局开发区分局等机构的通知》，设立烟台市教育局开发区分局、烟台市卫生健康委员会开发区管理办公室、烟台市应急管理局开发区分局、烟台市市场监督管理局开发区分局，均为正科级规格，分别为市教育局、市卫生健康委员会、市应急管理局、市市场监督管理局的派出机构，由市主管部门和开发区管委双重管理，以市主管部门管理为主。开发区体育管理职能由市体育局统一管理。“下沉”方面：将社区治理、基层信访维稳、征地搬迁、物业管理、就业扶持、创业指导、技能培训、基层行政审批、居民保险代缴、村居绿化、村居环境管理、烈士陵园管理、婚姻登记服务、残疾人服务和康复、慈善、社会福利、老年人助养、烈属养老、孤残儿童收养、流浪乞讨未成年人救助保护、公证、园林公园管理、金沙滩旅游度假区管理、相关市政管理、基层综合执法、基层水利、基层护林防火、渔业技术推广、农业渔业执法、动物疾病预防与控制、文化公共服务等 31 项社会事务管理职能，通过下放、委托等方式，交由所属镇街按照属地原则承担。

【精简整合】 在优化工作机构和职能上。按照“机构精简化、功能板块化、管理扁平化、工作协同化”原则，精简整合开发区内设机构，优化部门设置，有序推进机构整合归并，工委管委内设机构精简 1/2 以上。在部门设置中，进一步突出经济管理、双招双引、科技创新、改革开放等职责，除了管委会日常管理职能外，着力打造三大经济管理服务体系。一是组建经发科创局，整合原发改、经信、科技、商务、统计等 6 大领域职能，从产业定位、规划布局到政策制定、扶持服务等产业培育全流程工作，实现“产业 + 科技 + 创新”一个部门统筹、服务企业一个口子对外；二是组建招商局，整合管委会原直属专业招商机构及其他与招商相关的职能，以政策叠加放大招商体制的优势；三是组建建设交通局，整合原建设、自然资源、规划、交通等职能，推进国土空间规划、规划选址、建设施工等业务一体化运作，进一步打通部门间的政策壁垒、资源壁垒。

【下辖机构】 机构改革后，省、市规定烟台开发区工委、管委部门限额 10 个。根据前期提报的改革试点方案，截至 2019 年 12 月 31 日，工委管委下辖机构设置为：工委（管委）办公室、工委党群工作部、经济发展和科技创新局、招商局、海洋经济发展局、人力资源和社会保障局（挂人民武装部牌子）、财政金融局、建设交通局（挂自然资源和规划局牌子）、综合行政执法局、行政审批服务局。纪工委仍按有关规定设置。另有5个直属事业单位，分别为：工委党校（挂行政学校、社会主义学院牌子）、烟台化学工业园管理服务中心（挂烟台国际综合物流园区管理服务中心、烟台资源再生加工示范区管理服务中心牌子）、烟台八角湾国际人才港推进服务中心、中韩（烟台）产业园管理服务中心、重点项目工程推进中心。根据改革实施意见，除随管委剥离社会事务管理职能调整划转外，主要为管委提供支持保障的事业单位，与工作部门综合设置，不再保留事业单位建制。

烟台八角湾国际人才港（烟台八角湾中央创新区）

【概况】 2018年4月22日，烟台八角湾国际人才港建设管理领导小组成立；11月，烟台八角湾国际人才港推进服务中心成立。烟台八角湾国际人才港实行建设管理领导小组办公室和推进服务中心两个机构“双轨”运行机制，共同推进烟台八角湾国际人才港建设。八角湾人才港占地面积14.2平方公里。2019年，烟台八角湾国际人才港按照建设高品质创新湾区的定位，牢牢把握人才、教育、科研三大主攻方向，聚焦“双招双引”和项目建设两大着力点。哈尔滨工程大学烟台研究生院一期工程主体封顶，新开工2个重点项目，新签约9个优质教育科研项目，新完成8个工程设计方案，为打造全区高质量发展新引擎奠定基础。

【总体定位】 烟台八角湾国际人才港（烟台八角湾中央创新区），是烟台市中心城区重点建设的九大片区之一，是山东自由贸易试验区烟台片区、中韩（烟台）产业园、山东新旧动能转换综合试验区政策叠加的主阵地。片区通过系统规划、综合开发、政府主导、市场运作，统筹打造教育链、人才链、产业链、创新链四大链条。规划中央商务区、科教基地、创新创业园、人才社区、城市综合服务、星级酒店群、会展文旅等功能版块，配置教育、医疗、居住、科技、体育、商业等城市功能，集聚战略性新兴产业、现代服务业、楼宇经济等业态，建设与制造业基础高度融合的国际化人才集聚洼地、创新型产业孵化基地和新旧动能转换先导基地。

【招才引智】 按照“层次高、质量优、占地小、产业契合度好”的招引方向，推进科教平台类项目洽谈工作，基本构建起涵盖研究生教育、本科教育、职业教育、国际教育、科研院所多层次人才培养体系。华东师范大学附属烟台双语学校、烟台大学开发区科教园区、山东省农科院胶东半岛创新中心、青软实训烟台新兴产业产教融合基地、华为（烟台）人工智能创新中心、慧科教育新工科产业基地、国家核电核岛装备产业计量测试中心、山东建筑大学产学研基地（烟台）、烟台中科先进材料与绿色化工产业技术研究院等9大科教科创平台相继签约。

3月19日，烟台开发区与烟台大学签订共建烟台大学开发区科教园区实施协议

落户八角湾国际人才港（烟台八角湾中央创新区）的科教园区、科创平台、研发中心项目已达 10 余个，人才集聚高地的基础框架已全面拉开。哈尔滨工程大学烟台研究（生）院是首个落户项目。以哈工程院区为主体申报的深海工程装备、海洋特种材料 2 个工信部重点实验室成功获批，累计落户近百名教授团队及科研人员，与全市 34 家企业、学校建立产学研合作关系，累计获批上级各类科研经费 1000 余万元。

【招商引资】 全年外出招商 30 余次、走访企业 80 余家、项目洽谈 200 余次，推动引入社会资本投资运营哈尔滨工程大学烟台研究生院国际交流中心、八角湾创新创业园、八角湾市民运动中心等重点项目，与 5 家公司达成初步合作意向。12 月，烟台八角湾国际人才港推进服务中心与韩国民俗村集团就哈尔滨工程大学烟台研究（生）院国际交流中心运营项目签订合作协议，韩方将按四星级酒店标准投入 700 万美元用于装修及附属设施和经营管理。

【项目建设】 重点推进哈尔滨工程大学烟台研究（生）院、山东省农业科学院胶东半岛创新中心 2 个项目建设，完成烟台八角湾国际会展中心、烟台大学开发区科教园区等 6 个项目方案设计、手续办理等前期工作。

哈尔滨工程大学烟台研究（生）院　项目

哈尔滨工程大学烟台研究（生）院项目一期主体封顶

总占地面积 42 公顷，其中一期工程占地面积 15.5 公顷、建筑面积 14.7 万平方米。至年底，一期工程 8 个建筑单体主体施工全部完成，装饰装修及基础配套设施完成约 60%。

山东省农业科学院胶东半岛创新中心　占地 5.4 公顷，总建筑面积 7.2 万平方米，其中一期工程建设 1.8 万平方米的综合科研楼。主要布局特色果蔬、葡萄与葡萄酒技术研发中心等板块，组建“3 个 100”人才创新团队，提升胶东半岛农业科技含金量，促进产业转型升级。12 月，工程开工建设，至年底，完成项目立项、规划、土地等手续办理和场地平整，基槽开挖。

烟台八角湾国际会展中心　占地 14 公顷、总建筑面积 20 万平方米，由美国 AECOM 公司担纲方案设计，建筑以“云浪·银贝”为主题，将成为八角湾黄金海岸线的新地标。中心分为会展区和会议区，会展区设有 8 个展厅、3299 个展位，层高 16 ~ 24 米，可满足各种类型的展览需求和活动需要。会议区为 3 层建筑，设置会议室 30 余个，包括大型多功能厅（兼具大剧院功能）、中小型会议室，可同时容纳 4000 余人。至年底，完成 EPC 总承包施工及监理单位招标和方案、施工图设计工作。

烟台八角湾旅游文化中心　占地 11.27 公顷、总建筑面积 35 万平方米，主要建设星级酒店群和旅游共享中心，建造集星级酒店、旅游集散、商务办公、休闲娱乐、商业餐饮于一体的多业态服务综合体，将建成国内一流的休闲旅游度假胜地。至年底，威斯汀、凯悦嘉轩、雅乐轩 3 个星级酒店完成方案、施工图设计及建设用地规划许可证、不动产登记证办理工作，旅游共享中心完成建设用地规划许可证办理。

烟台八角湾产业文化中心　占地 4.86 公顷、建筑面积 4.2 万平方米，由美国 Gensler

国际著名设计公司担纲方案设计，将建成优秀企业展示平台、双招双引推介载体、文化艺术交流之窗。至年底，已完成方案、施工图设计及布展设计、施工单位招标等工作。

烟台大学开发区科教园区　占地66.67公顷，其中一期占地40.67公顷、建筑面积42万平方米（含地下5万平方米），拟采取PPP方式进行建设。至年底，完成方案设计，选定PPP咨询单位。

烟台开发区职业中专新校区　占地30公顷，其中一期工程占地面积17公顷、建筑面积14.2万平方米。至年底，完成施工、监理单位招标和施工图设计、审查等工作。

烟台卫生健康职业学院　占地56公顷，其中一期工程占地面积33公顷、建筑面积19.2万平方米（含地下2.2万平方米）。至年底，完成施工、监理单位招标，施工图设计基本完成。

【基础配套】 八角河公园改造提升工程，项目总投资3.5亿元，总长度3.5公里，改造及景观绿化面积70万平方米，以打造“滨海新城区的蓝色轴线、中央创新区的绿色地标”为愿景，将现状脏乱差的河道改造成靓丽的景观河。3月16日开工建设，至年底，完成堆坡造型、河道整治，栽植乔灌木7000余株、地被300万余株。八角湾4座桥梁工程，项目总投资2.2亿元，4座桥梁总长度约400米，横跨八角河公园。至年底，完成方案设计工作。

烟台八角湾海洋经济创新区

【概况】 2018年4月，烟台八角湾海洋经济创新区成立，加挂烟台八角湾蓝色种业硅谷牌子，是开发区着眼于高质量经略海洋，在烟台市建设海洋经济大市和自贸区海洋经济创新中继续走在前列而谋划建设的重点片区。项目位于开发区潮水区片，规划总面积8.4平方公里，匡算总投资380亿元。目标是建成全国首家以蓝色种业为特色、以海洋科创为引擎、以海洋新兴产业为方向的国家级海洋经济高质量发展示范区，形成融合海洋新兴产业、科技创新、文化旅游、科普教育、生活体验、绿色生态等功能，全方位支持海洋创新创业和产业发展的样板和典范。

【总体思路】 以海洋科技创新为核心，以5家国家级水产原良种场为抓手，以集聚海洋高端人才、科研院所、产业资本等创新要素为主攻方向，以海洋文化、科普、旅游、民俗等功能为辅助支撑，以突破发展海洋新兴产业为根本目标，坚持国际视野、世界标准、国内领先、烟台特色，坚持政府引导、企业主体、市场化运作，快速形成海洋科创引擎、种业发展新高地和海洋经济创新发展示范区。

【科创载体建设】 海洋经济创新区科创载体包括创新区总部基地、创新孵化园、潮水新片区三部分构成。烟台八角湾海洋经济创新区总部基地（中国山东自贸区烟台片区海洋经济创新中心），占地面积1万平方米，属盘活“三闲”资源项目，原为山东省海洋与渔业厅所属省海监总队、省渔业互保协会业务用房，建筑面积9500平方米。基地接收原房产后，按照海洋科创功能要求，投入3000多万元对其进行改造，将其打造成全市海洋“双招双引”服务新平台、海洋科创新基地和经略海洋成果展示新中心。烟台八角湾海洋经济创新区创新孵化园（中国科学院烟台产业技术创新与育成中心），占地面积2公顷，建筑面积2.7万平方米，其中8米单层厂房3000平方米、4.5米层高孵化厂房

2 万平方米，属改造提升项目。以上两个项目建成，将形成总部基地、创新孵化园、潮水新园区“三位一体”发展格局。依托基地建设的全省唯一的建筑面积 1170 平方米的经略海洋专题规划展厅建成并对外开放。中科院烟台产业技术创新与育成中心、山东自贸区烟台片区海洋经济创新中心、西安交通大学智能传感技术与系统研究院、中俄海洋技术创新中心及总投资 100 亿元的烟台深蓝、泛海海工等 7 个项目入驻创新孵化园孵化。

【潮水园区】 潮水园区核心区 3.4 平方公里，规划海洋公共创新平台、蓝色种业创新示范区、国际科创社区、海洋文旅展示区、配套支撑服务区五大分区。两处产业园面积 3.2 平方公里，用于承接承载海工装备、海洋高端制造、海洋生物医药与制品、海洋新能源新材料、海洋生态环保、涉海高端服务等新兴高端产业项目，为创新区未来升级发展提供空间。

重点项目推进

【概况】 2019 年，重点项目推进中心紧盯“一年大突破、三年大提升、六年大变样”目标，将自贸区建设作为加快高质量发展高水平开放新高地的战略支点，全年推进重点项目 93 个，其中新建项目开工 42 个，续建项目 48 个全部复工并且已建成 30 个。4 个项目列入省重点项目，占全市 40%。在全市高质量发展观摩评比中，项目观摩数量和质量名列第一，省、市重点项目考核全市第一。

【项目建设体制机制创新】 以项目“早开工、早建成、早投产、早见效”为目标，挖掘项目建设提速、管理效能提升的潜能，创新项目建设体制机制，通过采取公开招标和工程抵扣、优化挡土墙方案等措施，节省投资 3 亿多元。推行“拿地即开工”改革，建立项目“拿地即开工”推进机制，再造项目开工前的审批服务流程，实现符合条件的项目从拿地到“建设施工许可”压缩至 10 个工作日以内。建立重点项目督查考核机制，出台《全区重点项目考核专项办法》，采取日常调度与现场督查相结合的方式，跟踪考核项目节点完成情况，全年累计出具《督查通知单》17 份，对未能按计划完成的相关责任部门，明确解决时限，确保项目的按计划推进。建立“三重”项目“动态调整”工作机制，指定专人负责，对新签约项目信息进行登记备案，已登记备案项目档案 130 余宗，对年度推进的开工项目实行动态管理，对因受国家政策等因素影响暂时无法开工的项目，在项目名单中予以调整。

【“三重”项目推进】 以“全面实施重点项目攻坚年行动”为主线，树立“项目为王、效率至上”的工作理念，高标准谋划推进机制创新、方法举措创新和责任落实创新。全年累计推进重点项目 93 个，总投资 847 亿元。其中，计划开工项目 45 个，总投资 335 亿元；续建项目 48 个，总投资 512 亿元。截至 2019 年底，45 个计划开工项目已开工建设 42 个；48 个续建项目全部复工并且已建成 30 个，完成年度项目推进总目标。其中 4 个省重点、16 个市重点项目作为全市和全区的“三重”项目，坚持问题导向，逐个项目倒排工期，全力以赴抓开工、保进度、促投产，省市重点项目完成投资 100 亿元，超年度投资计划 28.5%，年终考核全市第一。其中万华乙烯、万润环保材料、宝能物流、正海生物、正海磁材、业林印染纺织、玲珑智能研发基地、万华节能研发中心、通用 CVT 变速器扩产、新一代 9BYB 多功能车、万

10 月，万华节能研发中心项目建设

华研发中心总部基地 11 个项目提前 3 ～ 4 个月完成年度建设计划。

【项目建设提速推进】 4 月 3 日，辖区在全市率先推行“拿地即开工”试运行机制。5 月 8 日，先后两批共 11 个项目纳入试运行。其间，招商、行政审批、规划、建设、国土、消防等部门密切配合，超前容缺受理，待土地落实后，补齐所缺手续，快速办理相关批文。烟台韩晔机械有限公司在土地证办理后 7 个工作日内办结施工许可并顺利开工建设，实现了“拿地即开工”的运行机制。3 月，相继组织开展市、区两级项目集中开工活动，在全市高质量观摩考核中获得全市第一。7 月，全区重点项目半年观摩，将项目开工建设推向高潮，到 6 月底列入集中开工的 16 个项目全部开工建设。通过 7—9 月的百日攻坚、8 月 31 日自贸区集中开工活动，进一步扩点、增面，百日攻坚活动期间 12 个项目开工建设。11 月 13 日，按照市、区两级要求组织开展四季度“稳投资、促增长”集中开工活动，列入集中开工的 14 个项目全部调整计划，加快进度、加大投资，年度项目建设圆满收官。

【设施配套推进】 全年完成设施配套投资 4.8 亿元。提前做好场地平整，协调完成万华三期、长江汽车、宝源生物等项目土地征用 267 公顷；组织协调各办事处完成万华乙烯北区、万华三期、华新丽华、宏瑞汽车等重点项目场地平整土方量 2500 多万立方米，累计工程造价 4 亿多元。组织召开项目推进专题会、现场会 60 余次，为万华乙烯项目、尼龙 12、华新丽华、欣和食品、宏瑞汽车、卡力农业、宝源生物等 10 余个省市重点项目协调解决问题 50 多个。全面做好设施配套，完成基础设施投资 3605 万元，协调推进项目水、电、暖、蒸汽等基础设施配套 36 项，电力、通信、光缆、绿化、天然气搬迁 70 余项。

【“百日攻坚”活动】 从 7 月份开始，利用 3 个多月时间，在全区开展“项目建设百日集中攻坚”行动，集中解决一批阻碍项目开工建设的重点难点问题，加快重点项目的落地建设速度，对 7—9 月计划开工项目，倒排工期、压茬推进，确保项目按期开工建设。加快已开工和续建项目建设，以“见设备”为标准、以“见产品”为目标，快速推进 18 个新开、48 个续建项目土建和设备安装。定期跟踪调度项目建设进度和投资完成情况，确保年内竣工 30 个以上。17 个省市重点项目考核保持全市第一。

城市更新

【概况】 2018 年 4 月 11 日，烟台开发区城市更新工作办公室成立。2019 年 2 月 18 日，加挂烟台开发区“三闲”处置工作办公室牌子，并作为常设临时机构，全面实施城市更新战略和推进“三闲”处置工作。是年，推进重点项目 8 个、准备启动项目 6 个，处置闲置土地 71 宗共 408 公顷，盘活闲置厂房（楼宇）19 处共 14.37 万平方米。

【更新项目建设】 全年开工建设项目 8 个。

党校项目 位于天山路与金沙江路西北角，占地 2.16 万平方米。原有长期闲置厂房建筑面积 1.27 万平方米。党校项目是城市更新首个“示范工程”。项目利用原有闲置厂房，建设行政办公、教学培训、政企共享平台和其他配套设施，建设集党员干部培训、企业家论坛、人才沙龙、城市书房于一体的特色党校、高端智库。2018 年 11 月 12 日，党校项目开工奠基，至 2019 年底，主体工程全部完工。

扬帆广场 项目位于海滨路城市展示中心西侧，原有 4 栋高层烂尾楼和 2 宗闲置土地，严重影响海滨路整体形象。规划在该区域建设集运动、娱乐、文化为一体的市民休闲广场，新扩建面积 10 万平方米，总投资 1.7 亿元。6 月 30 日开工建设，至年底，动感地带种植土换填完成 73%，道路铺装碎石完成 99%，混凝土构筑物结构施工完成 65%，累计完成投资 6740 万元。

扬帆广场工地围挡公益广告

后沙广场 20 世纪 90 年代初建造的秦始皇东巡宫，建筑面积 3650 平方米，因不适应新时期文化旅游要求，且年久失修、长期闲置，存在安全隐患。更新规划拆除原建筑，建设 1.2 万平方米城市休闲广场。总投资 3000 万元。6 月 30 日开工建设，至年底，下沉广场清水混凝土施工完成，广场石材铺装完成 95%，累计完成投资 1210 万元。

万泰 · 金沙汇 项目位于泰山路以东、海滨路南侧，占地面积 2.6 万平方米。原建筑为 6 栋多层楼房，建筑面积 1.4 万平方米，建设整体档次不高，与海滨路景观形象不适应，且常年闲置。规划建设一栋 21 层英迪格超五星级酒店和一栋 16 层高档商务办公酒店，总建筑面积 7.6 万平方米，配套建设 100 米宽休闲广场，总投资 8000 万元，引进旅游、体育、康养等新兴业态。8 月 8 日开工，1 号楼施工至 4 层，2 号楼封顶，完成投资 5500 万元。

8 月 23 日，万泰 · 金沙汇项目现场

恒达祥合院 项目位于珠江路和漓江路交会处，占地面积 1.7 万平方米，原为恒达工业园一栋 6 层厂房，建筑面积 1.8 万平方米。常年闲置、管理不善、建筑物外观陈旧、公共设施老化。规划拆除原建筑，将地块与城市有机地联系起来，将城市公园空间延续到社区。项目总建筑面积 5.1 万平方米，总投资 3.6 亿元，其中建设一栋 22 层、一栋 15 层、一栋 16 层剪力墙结构住宅，沿街 2 层网点；一栋 4 层框架结构的社区卫生服务中心。4 月开工，至年底完成投资 1.58 亿元，1 号楼—3 号楼和商业网点房主体结构封顶。

海信 · 岱岳府 项目位于泰山路以东、金沙江路以北，占地面积 3.67 万平方米，建筑面积 3 万平方米，有烂尾楼 1 栋，部分厂房常年闲置，环境杂乱。通过引进海信地产，打造高品质社区，建设高层住宅9栋，总建筑面积10万平方米，配套建设社区居家养老服务中心和卫生服务站设施，总投资8亿元。9月开工，至年底，1、3、4、7、8号楼进行主体浇筑，完成投资2000万元。

亚东文创园　项目位于黄河路与松花江路交会处，原为烟台亚东标准件有限公司厂区，占地面积1.1万平方米，有建筑物6栋，建筑面积5385平方米，公司解散多年。亚东标准件公司是中国经济技术开发区第一家建成投产的境外投资企业，具有重要纪念意义。规划本着“新旧共融、平衡发展、留住城市记忆”的原则，在保留原有建筑的基础上，融入文化建筑设计理念，打造独具匠心的工业博物馆和文化创意产业基地，树立工业旅游新地标。项目9月开工建设，至年底，展厅A、C、E栋完成主体改造工作，进行内部施工改造；B栋基础施工完成，正在进行主体施工，完成投资2000万元。

八角B-15小区二期　项目位于B-15小区，总建筑面积12.3万平方米，总投资5.09亿元，含8栋住宅楼和1个地下车库。原项目处于停滞状态。6月开工建设，至年底完成投资1.3亿元。项目建成后，可解决居民的住房需求，改善居民的生活质量和居住环境。

【开工准备项目】　开工准备项目6个。业达城市广场项目，完成清表，基础施工图出图；三十里堡地块改造项目，拆迁工作启动，剩余14户17套房未拆除；西上海汽车片区改造项目，完成土地证办理和施工图审核；富饶工贸改造项目，进行土地使用权收回补偿谈判、土地出让评估、出让条件研究等准备工作；首钢东星改造项目，进行土地使用权收回补偿协议签订、土地出让条件研究等准备工作；卓悦公司改造项目，进行土地招拍挂准备工作。

【“三闲”处置】　借鉴外地先进做法，结合烟台开发区实际，制定《关于推进“三闲”处置工作实施意见》，明确部门分包的工作思路。7月，管委召开全区动员大会，各分包部门积极行动，逐宗提出盘活处置方案，全区上下形成“三闲”处置工作氛围。至年底，闲置土地完成处置71宗共408公顷，其中万华节能、伟通置业等16宗共76公顷供而未用土地已开工建设；骅达冷链、浩华新材等50宗293公顷批而未供土地完成供地；韩美制药、恒信达西伯利木业5宗共39公顷土地收回。闲置厂房（楼宇）盘活19处，总建筑面积14.37万平方米。

西港区规划建设

【概况】　1991年，交通部和山东省人民政府联合批复《烟台港总体布局规划》，将开发区柳林河口至龙洞嘴一段岸线（21.8公里）规划为预留港口发展岸线，城区至龙洞嘴海岸线作为港口发展预留区。西港区的具体规划布置，以现代化的规划思想，确定按“大陆域、窄港池、长岸线、大纵深”的原则进行规划设计，保证港口长远发展的超前性和连续性。烟台港西港区位于辖区大季家东北海域，东部岸线自八角港东岛嘴五哥石起，经芦洋湾至龙洞嘴，长约7公里；北部岸线从龙洞嘴至九曲河口，长约8.5公里。陆域面积约50平方公里（含临港工业区26平方公里），其中港口作业区面积约24平方公里。东侧海域平均水深-15米，北侧深水槽区域平均水深-22.5米，最大水深达到-28米。附近海域岸线平直，港阔水深，泥沙运动微弱，是我国北方不可多得的深水港址，是山东省北部沿海最适合开通30万吨级及以上深水航道的港口岸线。2019 年，西港区工程顺利推进，全年营运码头达到 23 个，完成港口货物吞吐量 1.08 亿吨，同比增长 35.8%。完成港口危险货物监管平台建设，实现危险货物作业审批无纸化，全年完成审批单 1212 次，同比增长 43.1%，参与重大危险源、应急预案、试运行等备案审查会议 10 次。

西港区总体规划图

【港区规划】 西港区规划码头岸线总长 27.9 千米，陆域面积 33.3 平方公里，可形成各类码头泊位 70 个，年综合通过能力 2.5 亿吨。规划 LNG（液化天然气）作业区、通用作业区、液体散货作业区、干散货作业区、原油作业区等 5 个码头功能区，预留集装箱作业区和铁路轮渡区，码头作业区后方规划物流区、公用配套设施等功能用地。西港区重点发展矿石、煤炭、原油、液化天然气等大宗物资专业化运输和液体化工品、化肥等货物运输。未来结合需要，发展集装箱运输，积极拓展临港产业和现代化物流服务功能。

【LNG 作业区】 规划 LNG 作业区码头岸线长度 2900 米，陆域面积约 407 万平方米，可形成 26 万立方米 LNG 接卸泊位 6 个，5 万立方米 LNG 加注泊位 1 个，年综合通过能力 3200 万吨。烟台港西港区保利协鑫 LNG 接收站项目，选址位于西港区 LNG 作业区西侧，一期建设规模为 500 万吨 / 年，拟建设 26.6 万立方米 LNG 船接卸泊位 1 个、5 万立方米转水泊位 1 个，20 万立方米 LNG 储罐 5 个及配套气化设施。中石油烟台港西港区 LNG 项目，选址位于西港区 LNG 作业区东侧，与保利协鑫 LNG 接收站项目毗邻，工程建设规模为 650 万吨 / 年，拟建设 26.6 万立方米 LNG 船接卸泊位 1 个、20 万立方米 LNG 储罐 4 个及配套气化设施。2019 年，西港区保利协鑫 LNG 接收站项目完成立项核准，中石油西港区 LNG 项目完成预可研编制工作，上报中石油集团公司待审查批复。

【干散货作业区】 干散货作业区包括西港区一期工程和顺岸通用散货泊位工程。西港区一期工程项目，建设 30 万吨级矿石接卸泊位和 15 万吨级煤炭接卸泊位各 1 个，泊位总长度为 755.9 米，设计年通过能力 1976 万吨。顺岸通用散货泊位工程项目，建设 2 个 10 万吨级散货泊位，码头岸线总长度为 1128 米，设计年通过能力 950 万吨。建设 20 万吨级通用散货泊位 1 个，设计年通过能力 676 万吨。2013 年 6 月开工，2017 年 4 月竣工。

【通用泊位作业区】 西港区顺岸通用泊位工程，建设 3 个 5 万吨级通用泊位，总长 775 米，设计年通过能力 480 万吨。2008 年 3 月开工，

2015 年 3 月 6 日，烟台港西港区顺岸通用泊位工程

2013年3月完工，主要接卸货种为铝矾土、焦炭、煤炭、木材及钢材等。建设10万吨级通用泊位1个、7万吨级通用泊位2个，码头岸线总长791米，设计年通过能力714万吨。2016年6月开工建设，2019年底主体工程完工。

【液体化工作业区】 包括液体化工码头、油品码头和液化泊位3个工程项目。西港区液体化工码头项目，建设3万吨级泊位1个，可同时停靠两艘5000吨级船舶，码头长度450米。设计年通过能力190万吨。初期罐区容量为16.6万立方米。2006年6月开工，2010年6月试运行，2010年10月竣工交付烟台港泰山石化有限公司运营。主要接卸石脑油、燃料油、液碱、苯类、醇类等货物。西港区油品码头工程项目，建设5万吨级、10万吨级油品泊位各1个，码头长637米。2008年3月开工，2012年4月完工，2015年投入运行，主要运营液态烃类的原料与产品。西港区液化泊位工程项目，建设4个10万吨级油品和液体化工泊位，岸线总长1603米，设计年通过能力890万吨。2012年8月开工，2017年9月完工。

2011年4月3日，烟台港西港区液体化工码头

【原油作业区】 包括西港区30万吨级原油码头工程和西港区至淄博重质液体化工原料输送管道工程项目。30万吨级原油码头工程，建设30万吨级原油泊位1个及相应配套设施。泊位长430米。设计年通过能力1625万吨，其中，接卸能力1470万吨、装船能力155万吨。油品年吞吐量1600万吨。2015年6月开工，2016年7月完工即投入试运行，后交付中海油烟台港油品码头有限公司运营。西港区至淄博重质液体化工原料输送管道工程，途经烟台市、潍坊市、淄博市、东营市、滨州市5个地级市、14个县级行政区和山东省潍北农场，线路总长度452.5公里，包括一条干线（295.1公里）、五条支线（157.4公里）、10座场站，全线采用加热密闭输送。管道设计输送1500万吨燃料油。重质液体化工原料输送管道工程与30万吨级原油码头工程相匹配。油品码头、仓储罐区、原油管道三者相互连通，形成一个完整的综合油品储运一体化体系，构建出一条“船舶—码头—罐区—管道—炼厂”完整的原油物流链条，打造山东半岛蓝色经济区全新的能源大通道，对完善环渤海区域油品运输体系，建设中国北方重要的能源储备基地具有重要的战略意义。

地区经济协作

【概况】 2019年，地区经济协作和对口帮扶，以脱贫攻坚为目标，配合对口帮扶地区经济和社会发展计划，开展互访交流，不断拓展合作领域。通过开展教育扶贫，培养农村致富带头人，投资工程建设等方式，深入推进东西扶贫协作工作。

【德州乐陵扶贫协作】 2019年，援建乐陵市西段乡中心小学，解决西段乡9个贫困村158户贫困户子女的上学难问题。组织中国农业大学、职业学院为乐陵举办农村带头人培训班，共培训200多名当地农村致富带头人。引荐烟台农科院与乐陵对接，乐陵实验种植188亩“烟薯25”红薯新品种后，取得亩产2500公斤的大丰收，投入产出比1∶4，不仅解决了产量下降困境，也为扶贫协作提供新路径。引进山东中硕农业发展有限公司与中广核20MW光伏农业大棚项目，总投资2.6亿元，带动乐陵667户贫困户就业。推荐开发区渤聚通大数据公司为乐陵免费开发“乐陵精准扶贫商城”，为当地10多家企业提供免费信息化建设服务。

【合作共建栖霞开发区】 截至2019年，烟台开发区与栖霞互访6次，中古路重修工程于2019年底大修完工，拉近了两区交流合作的距离。烟台开发区援助的第一批100万元基础设施配套费已拨付到位。

【援助新疆喀什疏勒齐鲁工业园】 烟台开发区援助新疆喀什疏勒齐鲁工业园的首笔50万元资金已拨付到位，主要用于当地环卫车辆的购置。

【援助重庆巫山双龙镇】 烟台开发区向重庆巫山双龙镇援助扶贫资金150万元，帮助双龙镇建成扶贫产业项目2个（投资41万元的石上生花民俗展览馆及旅游接待设施项目、投资29万元的石上生花停车场及旅游综合配套设施项目），在建产业项目3个（投资30万元打造100亩脆李示范基地项目、投资30万元打造白坪村村旅游产业扶贫千平艺术草坪、投资20万元打造10个有机肥示范基地项目），其中有机肥示范基地项目由宝源生物公司承建；向双龙镇洞桥村捐赠过冬衣物500公斤，为当地贫困户送去温暖。

大事记

Chronicle of Events

一月

1 日　2019 烟台金沙滩新年马拉松赛鸣枪开跑，来自全国各地近 4000 名运动员冲出起跑线。比赛设有半程马拉松和 10 公里、5 公里享跑，线路安排在海滨路。此赛事是建区后规模最大、规格最高、参赛人数最多的体育赛事。

是日　烟台开发区与烟台市区同步，公交实行一元一票制，成为全国第二个实现“一元公交”主城区全覆盖的城市。“市民卡”及其他享受政府公交乘车优惠政策人群，执行原政策不变。

5 日　万华化学“乙苯共氧化法高效绿色制备环氧丙烷成套技术”项目通过中国石油和化学工业联合会成果鉴定。该项目成果整体技术进入国际领先行列。项目预计 2021 年建成投产。

7 日　烟台市消防救援支队开发区大队举行授衔、换装仪式。公安分局、应急管理局负责人及消防救援大队各级指战员共 60 余人参加活动。仪式上，区消防救援大队教导员宣读授予消防救援衔命令，全体消防救援人员庄严宣誓。

8 日　烟台八角湾蓝色种业硅谷海益苗业有限公司参与的“扇贝分子育种技术创建与新品种培育”项目荣获国家技术发明二等奖，该奖项是国家年度水产领域唯一获奖项目。

10 日　全球最大 PMMA（聚甲基丙烯酸甲酯）树脂生产装置在万华投产，并生产出合格产品。该装置设计产能 8 万吨 / 年。

11 日　烟台市人民政府、中科院海岸带所、烟台开发区管委共建“中国科学院烟台产业技术创新与育成中心”协议签约仪式在东方海天酒店举行。市委常委、常务副市长王中，中科院海洋所、海岸带所所长王凡，区工委书记、管委主任牟树青出席仪式。

二月

26 日　全球最大的企业级软件公司甲骨文公司与山东渤聚通云计算有限公司签约，甲骨文聚通云业务创新基地正式落户烟台开发区。项目计划分两期建设，总投资 8000 万元，建成运营后可为 3000 家企业提供云业务服务。

三月

1 日　金沙江路改造工程启动，改造后的金沙江路由双向四车道拓宽为双向六车道。建设内容包括道路、电力隧道、绿化、交通设施等，改造范围东起长江路与黑龙江路交叉口，西至长江路与峨眉山路交叉口，总长度 7.5 公里。

6 日　古现街道《河北村志》编修启动仪式在区党史地方志研究中心举行。此次编修《河北村志》，主要全面记录乡村振兴战略背景下，河北村产业转变、民风传承、村居治理、生活富裕的成功经验和发展历程，对弘扬鲁莱文化、留存村风民俗、记录城乡变迁具有重要意义。

8 日　区老年大学新校区正式启动，地址位于珠江路 28 号科技大厦东南侧。老年大学占地面积 7800 平方米，室内建筑面积 3900 平方米，设置 10 间教室，可同时满足 1000 多名学员交流学习。

12 日　全市推进项目集中开工活动暨泰和新材集团高分子新材料产业园开工仪式在开发区举行。烟台市委常委、市政府常务副市长王中出席活动，开发区工委书记、管委主任牟树青致辞。预计年可实现销售收入 60 亿元，利润总额 12 亿元。

18 日　推进项目开工现场观摩活动在烟台

开发区举行。集中观摩全区筛选的28个新开续建项目，现场调度解决影响项目推进的关键问题。

20日 烟台开发区招商合作管理局在上海举行招商推介会，重点针对长三角地区知名世界500强企业及科研院所“双招双引”。经积极推介，与多家企业达成投资意向。

是日 烟台业达国际人才集团在开发区业达智谷揭牌，同步启动“人才业达”云服务系统。这是全省最早成立的人才集团之一。

23日 烟台经济技术开发区获评“全国模范劳动关系和谐工业园区”称号，万华化学集团股份有限公司荣获“全国模范劳动关系和谐企业”称号。

30日 首届烟台市民文化节开发区分会场暨“文化服务日”活动启幕。首届烟台市民文化节以“礼赞新中国·奋进新时代”为主题，以“春之声、夏之舞、秋之韵、冬之乐”四个篇章贯穿全年。

是日 山东省体育产业高峰论坛在开发区举行。此次论坛将助推全区乃至全市体育产业新发展，成为展示城市文化的靓丽名片。

31日 山东省委书记刘家义到烟台开发区调研海洋经济发展情况。烟台市委书记张术平和市委常委、秘书长于松柏参加活动。区工委书记、管委主任牟树青陪同调研。

是日 2019烟台国际金沙滩半程马拉松暨烟台市迎春长跑开发区第二十届沙滩健步行鸣枪开跑。来自中、韩、日、美、英等国家5500余人参赛，项目包括半程马拉松、10公里健康跑、2公里沙滩亲子欢乐跑和沙滩健步行。

是月 总投资22.9亿元，一期投资10亿元的宝能烟台国际物流中心开工建设。项目达产后，年可实现营业收入40亿元、利税4.5亿元，新增就业3000人。此中心将打造山东省规模最大“冷链及自动化仓储物流集群”和烟台市规模最大、功能最全的综合供应链园区。

是月 全球新能源领军品牌Tesla(特斯拉)超级充电桩落户烟台华安国际大酒店。共设立6个超级充电桩，是特斯拉在烟威地区首批投入使用的超级充电桩。

四月

12日 烟台开发区“三闲”资源盘活工作新闻发布会召开，确定亚东文创园、党校新校区、后沙广场等8处具有代表性的闲置资源盘活成为城市亮点。

同日 烟台开发区对外发布《关于建立项目“拿地即开工”推进机制的实施意见(试行)》。

16日 北京师范大学烟台分子材料基因组工程研究院启动仪式及成果推介会在开发区举行。研究院由北京师范大学、开发区管委、烟台显华化工科技有限公司三方共建，是国内首个分子材料基因组工程创新研究平台。

24日 烟台大学法学院科研教学实践基地在烟台开发区揭牌。

五月

6日 “猎户座”大型货轮在烟台西港区矿石码头接卸，装载着非洲几内亚26.28万吨铝矾土。该船长327米，宽55米，是全球首条30万吨级铝矾土船，也是世界迄今接卸最大的铝矾土船。

7日 全球首家Hsp90α肿瘤标志物检测示范实验室——烟台普罗吉医学检验实验室在烟台开发区揭牌成立。该实验室主要依托国际首创自主创新肿瘤标志物Hsp90α检测产品，为广大群众提供肿瘤预防、预测、诊断、治疗、预后和复发检测的全程分子检测服务。

8日 “拿地即开工”试运行项目签约仪式

举行。韩晔机械、欣和食品、宇皓新材料、巴迪生物、荣昌生物等项目单位签订《自愿申请加入项目“拿地即开工”推进机制承诺书》。

16日　第22次全国环氧树脂应用技术学术交流会暨学会长三角地区分会第三届学术交流会在开发区召开。中国合成树脂协会理事长郑垲等近300人出席活动。

23日　烟台化学工业园入选2019中国化工园区30强，排名第27位。

24日　第二届世界老年旅游大会在烟台开发区开幕，来自世界46个国家和地区的1200名嘉宾参会。大会由省文化和旅游厅、省发展和改革委员会、烟台市人民政府主办。会议主题是“老年游学·点亮世界”，会期7天。

31日　2019“新动能”产才交流大会在烟台开发区金海岸希尔顿酒店举行。市委副书记、市长陈飞出席并致辞，市委常委、组织部部长于涛主持会议，区工委书记、管委主任牟树青作推介发言。中国科学院院士葛昌纯、日本工程院院士李颉、澳大利亚科学院院士查尔斯·雷伊·麦凯，50多位国家特聘专家、高端人才以及高校院所和企业代表等300余人参会。

六月

1日　烟台开发区开始全面推广住宅竣工交付第三方评估检测工作，属全省首创。

12日　中关村数字电视产业（烟台）园开园暨牡丹IEC智慧工程中心揭牌仪式在业达科技园举行。

20日　山东省“推广万华、潍柴改革创新经验，深化国有企业改革发展研讨会”在烟台开发区举行。

21日　烟台市人民政府与华为软件技术有限公司战略合作暨助推烟台重大项目合作协议签约仪式在东方海天酒店举行。烟台开发区管委与华为项目方代表签订“烟台开发区—华为人工智能创新中心”合作意向书，双方计划在人工智能创新中心、人才培养、5G产业等领域开展合作。此中心是华为在烟台设立的唯一一个人工智能创新中心。

25日　中日韩青年创新创业论坛在烟台开发区开幕。此论坛是“青年企业家创新发展国际峰会2019”子活动之一，日韩政府机构、商协组织、企业代表，国内优秀青年企业家代表，以及烟台市青年企业家、与日韩有合作意向的企业代表等近300人参加活动。

28日　王懿荣发现甲骨文120周年研讨会在古现街道举行，20多名国内著名专家和学者参会。

是月　烟台开发区对外发布高标准启动后沙广场和扬帆广场两个现代休闲广场项目，为最美品质海岸再增新颜值。

七月

15日　烟台开发区召开工委扩大会议，传达贯彻省委十一届九次全会、市委十三届八次全会精神，部署推进开发区体制机制改革创新工作。

18日　加拿大生物科技创新中心揭牌仪式在烟台开发区荣昌生物医药园举行。该中心由烟台开发区管委与加拿大不列颠哥伦比亚大学脑研究中心、烟台业达国际生物医药创新孵化中心有限公司共同设立，由烟台业达国际生物医药创新孵化中心有限公司负责运营。

19日　《烟台开发时报》美术编辑李亚当选中国美术家协会会员。

22日　烟台开发区芯片核心企业睿创微纳在上海证券交易所科创板上市，成为科创板山东第一股。

25 日　中国科学院烟台产业技术创新与育成中心第一届理事会（推进委员会）第一次会议暨启动仪式在东山宾馆举行。下午，首期 2 万平方米创新孵化载体在开发区揭牌。此中心由烟台市政府、中科院烟台海岸带所、开发区管委三方共建。

30 日　万华化学境外全资下属公司万华化学（匈牙利）控股有限公司收购瑞典国际化工 100% 股权，总收购金额约合人民币 9.25 亿元。

八月

4 日　国内首家以新材料科技服务为主题，结合科技、文明、美学、时尚的创新空间——烟台科技品创馆在开发区业达智汇谷正式启用。此馆由上海交通大学—烟台先进材料联合创新研发中心，携手烟台绿丞新材料科技服务有限公司共同打造的城市科创信息交流中心。

7 日　烟台资本市场服务基地揭牌暨深交所烟台资本市场服务基地签约及揭牌仪式在开发区举行。是继 2018 年 10 月上交所烟台资本市场服务基地挂牌后，开发区设立的第二家资本市场服务基地。

8 日　开发区管委整合业达海洋和业达热电集团，组建烟台业达经济发展集团有限公司，为管委直属国有企业，业务涵盖能源供应、金融控股和创新创业三大板块。

15 日　由中国有色金属学会半导体材料学术分会、中国电子学会电子材料分会主办、中国科学院半导体研究所承办的“第十三届全国分子束外延（MBE）学术会议”在烟台开发区举行，来自海内外知名专家、学者及企业家代表共 300 余人参会。

16 日　烟台京师材料基因组工程研究院第一次学术委员会暨材料基因组创新研讨会在开发区召开。此院成立于 6 月，总投资 1.5 亿元，由北京师范大学、烟台开发区管委、烟台显华光电材料研究院有限公司共同建设，是国内第一个分子材料基因组工程创新研究平台。

18 日　荣昌生物医药大学科技园获批，系省内首家非大学建设生物医药大学科技园。

31 日　中国（山东）自由贸易试验区烟台片区正式挂牌，标志着烟台自贸片区建设启动。烟台市委书记张术平，市委副书记、市长陈飞共同为烟台片区挂牌。烟台片区位于烟台经济技术开发区范围内：东至泰山路，南至嘉陵江路，西至台北路，北至黄河路、八角中心大街。共 29.99 平方公里，其中包括中韩（烟台）产业园、烟台保税港西区两个国家级园区，是烟台改革突破、创新发展的又一国家级重大开放平台和创新高地。

是月　烟台吉恩生物科技有限公司携手烟台大学生命科学学院完成国内首个小麦近饱和突变基因库构建。该基因库以全国种植面积最大的超级小麦品种——“济麦 22 号”为受体，构建含有 3200 多个 M2 突变系的 TILLING 群体，并获得 9500 多个表型突变系，对加快小麦功能基因组学研究和种子育种步伐、保障国家种子和粮食安全具有重要意义。

九月

2 日　中国（山东）自由贸易试验区烟台片区政务服务中心正式启动运行。

11 日　烟台开发区工委召开全区“不忘初心、牢记使命”主题教育工作会议，标志着主题教育工作全面启动。

16 日　2019 全国帆船冠军赛在烟台开发区开赛。此次比赛由中国帆船帆板协会主办，是全国最高水平专业赛事之一，包括奥运会 5 个级别项目，来自全国各地 21 支省市代表队参赛。

29 日　烟台市首个知识产权巡回法庭——青岛知识产权法庭烟台巡回审判庭在开发区法院揭牌成立。该法庭的成立，利于最大限度延伸司法服务触角，为开发区创建一流营商环境提供更高水平司法服务和保障。

是月　古现街道被评为“国家卫生乡镇”，是全区首个国家级卫生乡镇。

是月　成立烟台业达城市发展集团有限公司，是管委直属重点国有企业，承担管委交办的城市开发建设和服务保障类事项的履责能力。

十月

11 日　2019 能源年会暨人才交流大会在开发区举办。60 多位国家重点人才工程专家和海内外高层次人才，以及部分驻烟高校院所、重点企业、投融资机构、中介服务机构、创业园区代表等近 300 人参会。

是日　第三届齐鲁教育论坛暨山东省教育学会班主任发展专业委员会成立大会在开发区举行，是自贸区烟台片区首次承办的省级高端教育论坛。全省各地市的校长、骨干班主任等近 600 人参加。

12 日　万行韩国风情步行街在开发区授牌，标志着全市首条韩国风情步行街正式开街。该步行街位于万行爱琴海购物公园东侧，北起沭河路、南至秦淮河路，全长 350 余米，规划面积近 2 万平方米。街区定位韩国特色餐饮、零售、酒吧、金融等配套为主的风情街。

16 日　由烟台发往哈萨克斯坦的“齐鲁号”欧亚班列 44 节车厢，满载着机械设备、建材、汽车配件、日用品等近 2000 万元的货物，经阿拉山口出境，10 天后到达阿拉木图站，“烟台开发区制造”也随之走向“一带一路”沿线城市。

20 日　烟台开发区举行庆祝新中国成立七十周年暨建区三十五周年“爱国情　业达梦”主题活动，动员全区上下激发爱国热情、焕发干事创业激情，继续发扬艰苦奋斗精神，共同追逐业达梦想，戮力同心扬帆八角湾，继往开来建功新时代。

24 日　中国银行烟台自贸区支行揭牌，系山东自贸区烟台片区成立后首家获得营业执照和金融许可证的金融机构，是中国银行为自贸区量身打造的专业金融服务机构，标志着山东自贸区烟台片区金融开放创新拉开序幕。

25 日　俄罗斯科学院远东分院、哈尔滨工程大学、烟台开发区管委三方签订具有战略合作意义的“中俄海洋技术创新中心”协议。合作范围包括先进材料与应用化学、海洋生物医药、先进光学应用、海洋信息与检测、医疗设备开发、现代渔业装备、海洋声学应用和水下智能机器人等八大领域。

31 日　第十届“华商企业科技创新合作交流会”在开发区召开。美国、德国、马来西亚等 37 个国家和地区 260 多名华商精英、高层次人才、知名侨领参会。签约合同投资额 49.2 亿元，达成近百项合作意向。

是月　张裕葡萄酒城设计的张裕 c 咖二两半白兰地从全国 2000 余件参赛作品中脱颖而出，获得省文旅创新设计金奖。

十一月

5 日　由韩国 C&M 株式会社投资的新能源汽车电子生产基地项目在开发区签约。是山东自贸区烟台片区获批后，首个落户的韩资世界 500 强项目。项目总投资 2000 万美元，主要开展新能源汽车电机等相关零部件生产。

6 日　烟台开发区工委被全国普法办授予

“全国普法先进集体”荣誉称号。烟台开发区紧紧围绕法治城市建设目标，以开展“法德共进”活动为总抓手，增强全区居民的法治理念和道德素养，促进文明城市提升。

7 日 2019 医药创新与发展国际会议在烟台金海岸希尔顿酒店开幕。此次会议由烟台市政府、中国药学会、中国医药创新促进会主办，来自国内外政府机构、科研院所、有关企业代表和专家学者近 2000 人出席。会上，多个医药产业合作项目集中签约。

9 日 烟台开发区召开体制机制改革向纵深全面推进全区领导干部会议。

17 日 烟台开发区在韩国首尔颁出首张海外营业执照。政务服务走出国门实现跨国审批首创性探索，致力打造全国法制化、国际化、便利化程度最高的一流营商环境。辖区 80%以上审批服务事项达到全国最快水平。

22 日 烟台开发区海洋经济发展局正式揭牌。主要承担经略海洋、海洋产业发展、文化旅游产业发展和监督、乡村振兴、水利资源开发与利用等职能。

是月 烟台留学生创业园区入选 2019 年度山东省数字经济园区（试点），成为烟台市唯一入选省级示范数字经济园区。

是月 2019 中华鲁菜传承与繁荣研讨会在山东省城市服务技师学院举行。在该研讨会上，古现街道被授予“中国鲁菜名镇”称号。

十二月

1 日 开发区电动自行车登记挂牌正式启动。集中办理时间是 2019 年 12 月 1 日至 2020 年 5 月 31 日结束，逾期未挂牌将不得上路行驶。

10 日 烟台开发区与韩国民俗村集团签订哈尔滨工程大学烟台院区国际交流中心框架投资协议，由此拉开国际大型投资运营商进驻八角湾中央创新区的序幕，扩大山东自贸区烟台片区与韩国文旅产业合作“朋友圈”。

21 日 中国服务贸易开放与发展新年论坛在烟台开发区开幕。该论坛由中国服务贸易协会主办，共有国内外协会组织、科研院所、高校、企业等近 600 人参加。

概　貌

General Situation

综　述

【概况】 2019年，全区上下以习近平新时代中国特色社会主义思想为指导，认真贯彻落实中共十九大和中共十九届二中、三中、四中全会精神以及习近平总书记视察山东、视察烟台重要讲话精神，坚持以新旧动能转换为引领，牢牢盯住“建设烟台市现代化滨海新区”战略目标不动摇，抢抓自贸区建设新机遇，持续深化改革、开放、创新，各项事业在机遇挑战中高歌奋进、加速跨越，为决胜全面建成小康社会打下坚实基础。

【区划沿革】 1984年10月20日，国务院批准设立烟台经济技术开发区，为全国首批14个国家级经济技术开发区之一，管辖区域由福山区划出，面积22.68平方公里，辖4个行政村。1985年3月20日，烟台开发区开工建设。1992年4月27日，福山区福山镇10个村划入烟台开发区管辖，区域面积扩大到36平方公里。2002年9月19日，福山区古现街道、大季家街道划入烟台开发区管辖，区域面积扩大到228平方公里。2017年6月30日，蓬莱市潮水镇（含解宋营镇24个村）划入烟台开发区管辖，区域面积扩大到358.77平方公里。2019年末，辖区有福莱山、古现、大季家、八角4个街道和潮水镇，管辖185个村，29个城市社区（其中5个社区在筹建中）。

【自然环境】 烟台开发区地处烟台市东北部，东邻芝罘区，南连福山区，西与蓬莱市接壤，北濒黄海。辖区总面积358.77平方公里，海岸线长61.3公里，管辖海域面积501.5平方公里。无居民海岛5座，面积1051平方米（全部位于潮水辖区海域）。有河流17条，均为季节河流，总长109.1公里，流域面积579.1平方公里。主要河流有大沽夹河、柳子河、柳林河、黄金河、旱夹河、峰山河、平畅河、五十堡河等。辖区属低山丘陵区，地势西南高、东北低，地形多平坦，地质结构稳定。境内有磁山、福莱山、岗嵛山、将山、哄君顶、九目山、南峰山、女王山、北辰山、峰山、金果山、富阳山等大小山脉10余座。最高山磁山，海拔528.9米。辖区属暖温带季风气候，四季分明，舒适宜人。年平均气温13.6℃，较上年和常年同期分别偏高0.5℃和0.8℃。年平均降水量363.3毫米，比上年同期偏少40.5%，比多年平均偏少47.7%。辖区自然资源丰富，有渔业资源200余种，矿产资源10余种。

【人口　民族】 年末，全区有户籍数9.84万户，户籍人口272503人。在户籍人口中，男性133821人，女性138682人，性别比为97：100（女性为100）。全年出生人口4082人，出生率15.26‰，同比提高0.23个千分点；死亡人口1351人，死亡率5.05‰，同比下降0.75个千分点，人口自然增长率10.21‰。累计登记流动人口192204人。户籍人口中，以汉族为主，266827人，占全区户籍总人口97.9%；少数民族27个，5676人，占2.1%。

国民经济和社会发展

【概况】 全年全区生产总值按可比价格计算，同比增长7.5%。其中，第一产业增加值下降9.2%；第二产业增加值增长5.8%；第三产业增加值增长11.1%。三次产业结构为1.0：59.0：40.0。按年平均户籍人口计算，全区人均生产总值增长3.6%。按年平均常住人口计算，全区人均生产总值增长 3.1%。全年新增就业再就业 2.6 万人，失地农民就业率 99%，年末城镇登记失业率 1.8%。

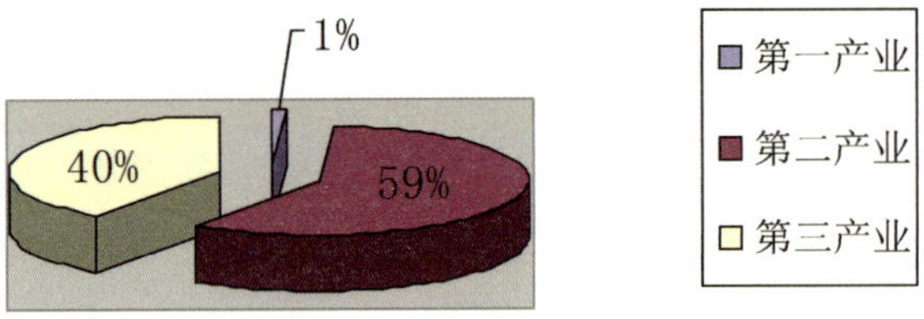

2019 烟台开发区生产总值结构图

【体制机制改革】 扎实推进全区新一轮体制机制改革，"大部制""管委会+"等改革有序落地，全面建立"全员聘用、择优选聘、末位淘汰、奖优罚劣"的用人激励机制，重组成立经发集团、城发集团两大国企平台公司，在全省率先组建国际人才集团，推行拿地即开工、亩均效益评价等改革。以深化改革激发干事激情，进一步释放全社会发展活力。

【新旧动能转换】 "四新经济"（即新技术、新产业、新业态、新模式）投资占固定资产投资比重 81.8%，比上年提高 12.7 个百分点。全年规模以上工业战略性新兴产业产值增长 8%，增幅高于规模以上工业总产值 7.2 个百分点，占规模以上工业总产值比重 40.1%，同比提高 1.1 个百分点。其中，新一代信息技术产业产值增长 10.2%；新材料产业产值增长 1.8%；生物产业产值增长 37.5%；高端装备制造业产值增长 3.1%；节能环保产业产值增长 6.8%。全年规模以上工业高新技术产业产值增长 2.1%；占规模以上工业总产值比重 70.5%，分别高于全市、全省 22.2 和 30.3 个百分点。年末，全区在册市场主体 53284 户，增长 5.6%。其中，企业 28416 户，增长 7.8%；个体工商户 24600 户，增长 3.3%；农民专业合作社 268 户，下降 8.2%。年内新增省级准独角兽企业 2 家，全市唯一。新增瞪羚企业 3 家，累计 8 家。新增国家级制造业单项冠军企业 1 家、省级 2 家，累计国家级 3 家、省级 4 家。

【双招双引】 全年引进总投资过 10 亿元项目 23 个，引进世界 500 强、中国 500 强、民营 500 强等三类 500 强项目 14 个。全年合同利用市外资金 560 亿元，增长 16.7%，实际到位市外资金 170 亿元，增长 47.8%。年内，全区共引进各类人才 8555 人（大专以上学历或者中级以上职称），其中硕士以上学历 909 人。全年引进省级以上高层次人才 50 名，首开烟台与诺贝尔奖获得者合作先河。新培育入选山东省"一事一议"顶尖人才 1 人、泰山产业领军人才 9 人、齐鲁乡村之星 1 人、齐鲁金融之星 2 人。至年底，全区拥有兼职院士 18 人，自主培育山东省"一事一议"顶尖人才 1 人，泰山学者和泰山产业领军人才 68 人。

【科技创新】 全年财政性科技投入 13.9 亿元，占一般公共预算支出 15.1%。新增高新技术企业 51 家，累计 200 家，占全市 1/4。新增省级企业技术中心 4 家，累计国家级 5 家、省级 29 家、市级 27 家。新增国家级工程实验室 1 家、省级 1 家、市级 2 家，累计国家级 2 家、省级 11 家、市级 15 家。新增山东省院士工作站 1 家，累计 12 家。年末，国家级工程技术研究中心 2 家、省级 15 家、市级 16 家。省级企业重点实验室 3 家。国家备案科技型中小企业 450 家。全年新获山东省科学技术奖 3 项，其中科技进步一等奖 1 项、科技进步三等奖 2 项。全年发明专利申请量 1413 件，发明专利授权量 371 件。全年国际专利申请量（PCT）55 件，累计 178 件。年末拥有有效发明专利 1744 件，占全市 24.3%，每万人有效发明专利拥有量 45 件。引进中科院烟台产业技术创新与育成中心、腾讯烟台新工科研究院、西安交通大学（烟台）智能传感器产业技术研究院、烟台中科先进材料与绿色化工产业技术研究院等科技创新平台11个，新增合作高校院所18家，达成产学研合作40项。

【海洋经济】 经略海洋战略框架全面拉开，形成以规划面积8.4平方公里的八角湾海洋创新园区、14.2平方公里的八角湾国际人才港（烟台八角湾中央创新区）为“龙头引领”，以区内涉海科研院所、科创孵化平台为“协同驱动”，以开发区陆域、海域为“空间承载”的海洋开发利用总体格局。全年海洋经济实现产值583.8亿元，同比增长11%。其中，海洋生物医药、海水淡化与综合利用、海洋化工、海洋交通运输等战略新兴产业实现产值288.6亿元，同比增长39%。海洋牧场发展迅速，全区拥有国家级海洋牧场示范区2处，规划建设海洋牧场总面积633公顷。

【乡村振兴】 截至年末，累计培育省级龙头企业3家、市级龙头企业13家，标准化果蔬种植基地4处，农产品电商示范企业3家，省级农业“新六产”示范主体2家。党支部领办合作社、标准化示范种植基地3处。省级以上水产健康养殖示范场5处、省级以上海洋牧场2处。全面建立区、镇（街道）、村（居）三级管理网络和“户收、镇（街道）运、区处理”城乡生活垃圾收运处理体系，农村生活垃圾无害化处理率100%。加快推进改厕工作，累计改厕1.15万户，改厕率86.5%，300户以上自然村新建装配式公厕5个。年末，全区185个村全部接通电、有线电视、宽带和自来水。

【工业　建筑业】 全年实现工业增加值875.2亿元，增长7.1%。规模以上工业增加值增长8.8%。分门类看，制造业增长8.6%，电力、热力、燃气及水生产和供应业增长22%。全年规模以上工业中，化学原料和化学制品制造业增加值增长46%，计算机、通信和其他电子设备制造业下降0.1%，汽车制造业增长3%，专用设备制造业增长15.3%，通用设备制造业下降60.4%，食品制造业下降6.8%，医药制造业增长39.2%，纺织服装、服饰业下降7.5%，金属制品业增长3.5%，农副食品加工业下降30.1%。高技术制造业增加值占规模以上工业增加值比重29.8%，比上年提高3.4个百分点。全年规模以上工业营业收入下降9.7%；规模以上工业企业实现利润168.6亿元，下降10.5%。全年规模以上工业成本费用利润率和营业收入利润率分别为7.7%和7.1%。全年规模以上电子信息和机械汽车两大主导产业分别实现营业收入796.4亿元和662.3亿元，分别下降20.5%和13.9%，占全区工业61.7%。工业总产值亿元以上的企业154家，10亿元以上30家，20亿元以上16家，50亿元以上8家，100亿元以上4家。

全年建筑业增加值73.9亿元，下降10%。全区具有资质等级的总承包和专业承包建筑业企业完成建筑业总产值69.9亿元，下降6%。竣工产值26.2亿元，下降16.8%。房屋施工面积217万平方米，下降23.5%；房屋竣工面积94.3万平方米，下降5%。

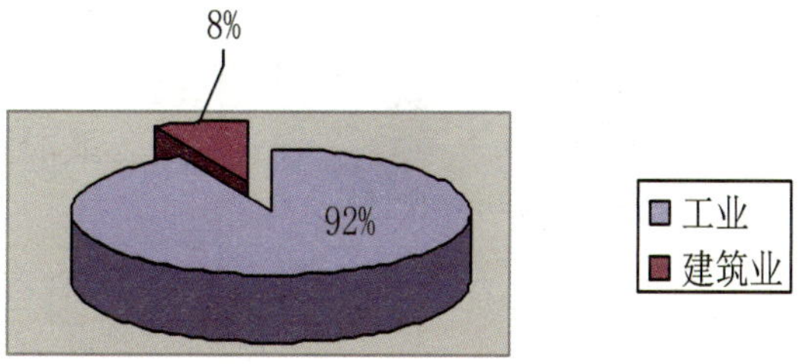

2019年烟台开发区第二产业结构图

【农业】 全年实现农林牧渔业总产值30.7亿元，下降10.7%。其中：农业产值3.2亿元，下降20.2%；林业产值0.01亿元，增长62%；

牧业产值2亿元，下降10.7%；渔业产值22.7亿元，下降9.6%。渔业产值占农林牧渔业总产值的74.2%。

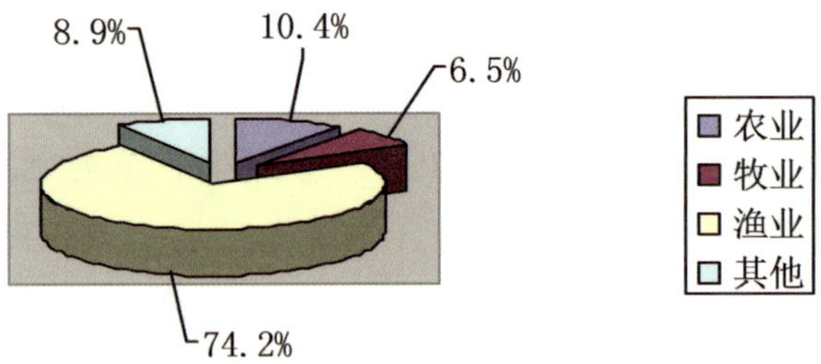

2019年烟台开发区第一产业总产值结构图

【服务业】 服务业增加值占地区生产总值比重为40%，比上年提高1.8个百分点。全年批发和零售业增加值233.6亿元，比上年增长9.9%；交通运输、仓储和邮政业增加值43.4亿元，增长10.4%；住宿和餐饮业增加值14.6亿元，增长9.8%；金融业增加值44.2亿元，增长14.2%；房地产业增加值67.3亿元，下降6.8%。全年规模以上服务业企业实现营业收入131.6亿元，增长13.1%。现代服务业发展加快，规模以上互联网和相关服务业营业收入比上年增长48.5%，软件和信息技术服务业增长11.1%，商务服务业增长22.9%，科技推广和应用服务业增长180.9%。

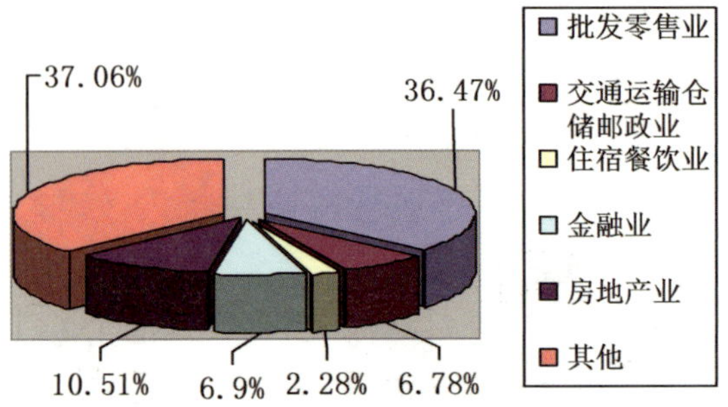

2019年烟台开发区服务业增加值结构图

【交通运输 邮电】 全区公路通车里程715.5公里，其中高速公路通车里程28.5公里。年末，全区有生产用码头泊位25个，其中30万吨级码头泊位2个、10万吨级以上码头泊位11个、万吨级以上泊位19个，造船专用泊位4个。全年全社会公路货物运输量790万吨，下降11.6%。全社会旅客运输量82.2万人次，下降10.1%。港口货物吞吐量10856.5万吨，增长35.7%。全年民航旅客吞吐量1005.3万人次，增长19.2%。民航货邮吞吐量5.7万吨，增长10.9%。年末，公交营运车辆397辆，营运线路28条，线路总长度858.8公里，客运周转量5356.6万人次，营运出租汽车72辆。年末，民用汽车保有量7.96万辆，增长9.8%；民用轿车保有量7.49万辆，增长8.9%。本年新注册轿车7066辆。

全年完成邮电业务总量5.66亿元，增长1.5%。其中：邮政业务总量5043万元，增长57.6%；电信业务总量5.16亿元，下降1.9%。年末固定电话用户6.8万户，下降19.2%；移动电话用户66.1万户，增长0.5%，其中3G和4G移动电话用户54.7万户，增长1.5%。年末宽带用户17.7万户，下降6.1%。

【旅游】 全年实现旅游收入53.1亿元，增长7.5%。全年接待海内外游客687.8万人次，增长6%。年末经营国内旅游和入境旅游的旅行社15家，A级旅游景区5处，旅游星级饭店5家，其中五星级2家，四星级2家，三星级1家。

【固定资产投资】 全年固定资产投资增长9%。按经济类型分，国有经济投资下降13.9%，集体经济投资增长11倍，股份制经济投资增长3倍，个体私营投资下降9.2%，外商投资下降34.6%。按产业分，第二产业投资增长9.1%，其中工业投资增长22%；第三产业投资增长8.9%。基础设施投资增长1.1%，民间投资增长30.1%。

【房地产】 全年房地产开发投资49.9亿元，

下降28.4%。其中：住宅投资42.6亿元，下降29.6%；办公楼投资2.4亿元，下降7.7%；商业营业用房投资2.4亿元，下降17.2%。全年商品房销售面积163.9万平方米，下降2.6%，其中住宅销售面积160万平方米，增长3.4%。商品房销售额173.6亿元，增长10.4%，其中住宅销售额169.3亿元，增长15.2%。商品房施工面积943.8万平方米，下降23.2%，其中住宅施工面积727.9万平方米，下降25.5%。商品房竣工面积82.4万平方米，下降32.7%，其中住宅竣工面积60.5万平方米，下降33.5%。

【国内贸易】 全年社会消费品零售额174.7亿元，增长8%。按经营地统计，城镇消费品零售额168.6亿元，增长7.8%；乡村消费品零售额6.1亿元，增长14.5%。全年批发零售业增加值233.6亿元，增长9.9%。年末实有批发零售业企业和个体工商户2.44万家。全年住宿餐饮业增加值14.6亿元，增长9.8%。年末实有住宿餐饮业企业和个体工商户4380家。在限额以上企业商品零售额中，粮油食品类比上年增长10.6%，饮料类增长8.7%，烟酒类增长12.9%，服装、鞋帽、针纺织品类增长25.7%，化妆品类下降11.2%，金银珠宝类下降23%，日用品类下降10.3%，家用电器和音像器材类下降2.5%，中西药品类增长44.8%，通信器材类增长23.7%，石油及制品类下降4%，建筑及装潢材料类增长10%，汽车类增长13.3%。

【对外贸易】 全年货物进出口总额1307.2亿元、下降18.1%。其中：进口573.2亿元，下降19.4%；出口734亿元，下降17.1%。进出口总额占全市45%，占全省6.4%。高新技术产品出口179.1亿元，下降38.7%，占出口总额的24.4%；机电产品出口605.8亿元，下降21.7%，占出口总额的82.5%；加工贸易出口508.6亿元，下降26.2%，占出口总额的69.3%。出口总额排名前三位国家分别是美国、日本、韩国，其中对美国出口183.9亿元，下降41.8%，占全区出口总额的25.1%；对日本出口156.8亿元，下降8.1%，占出口总额的21.4%；对韩国出口67.5亿元，下降10.2%，占出口总额的9.2%。

【招商引资】 全年新引进外商投资项目94个。其中：千万美元以上项目38个，总投资27.3亿美元，下降16.1%；合同利用外资17.3亿美元，增长42.6%，占全市的28.8%；实际使用外资6.36亿美元，增长12.1%，占全市的32.8%。世界500强投资企业累计85家。至年末，累计引进外商投资项目1773个；累计合同利用外资147亿美元，实际使用外资87.7亿美元，外资到位率（实际使用外资占合同利用外资的比重）59.6%。

【财政】 全年财政总收入320.5亿元，增长3.7%，其中一般公共预算收入105亿元，下降3.7%。税收收入占一般公共预算收入比重82.7%，比上年回落6.4个百分点。一般公共预算支出92亿元，增长11.2%。民生支出63.6亿元，占一般公共预算支出的69.1%。其中，教育支出12.8亿元，增长11.8%；社会保障和就业支出4.3亿元，增长8.1%；卫生健康支出3.9亿元，增长12.2%；节能环保支出2.6亿元，增长40.9%；城乡社区支出13.2亿元，增长26%；农林水支出7.3亿元，下降11%。全年税收收入290.4亿元，下降1.9%。其中，第二产业税收收入108.7亿元，下降17.1%；第三产业税收收入61.5亿元，增长2.9%。海关代征119.9亿元，增长14.4%。

【金融】 全年实现金融业增加值44.2亿元，增长14.2%。年末，全区金融机构37家，其中市级分行14家。年末，金融机构本外币各项存款余额1829.3亿元，比年初增加397.2亿元，增长22.6%，其中居民储蓄余额455.4亿元，比年初增加93.7亿元，增长21.1%。金融机构本币各项存款余额1410.1亿元，比年初增加315.6亿元，增长21.9%。金融机构本外币各项贷款余额1161亿元，比年初增加169.6亿元，增长15.3%，其中本币贷款余额932.7亿元，比年初增加165.2亿元，增长19.1%。全年证券期货市场交易额1923.1亿元，增长37.6%。年末累计开户数17.2万户，增长17.3%，其中当年开户数2.5万户。全年新增境内上市企业1家，累计9家，新增"新三板"挂牌企业1家，累计22家，新增区域股权交易市场挂牌企业9家，累计60家，累计融资281亿元。年末，全区保险机构38家，其中保险法人机构1家。全年保费收入17.1亿元，增长22.8%。其中，财产险保费收入5.8亿元，与上年基本持平；人身险保费收入11.3亿元，增长39.2%。全年支付各类赔款及给付4.8亿元，增长40.4%。其中，财产险赔付3.4亿元，增长24.5%；人身险赔付1.4亿元，增长104.5%。

【居民生活】 全年全区居民人均可支配收入60445元，增长7.8%。居民人均消费支出37243元，增长6.5%。居民家庭食品消费支出占消费总支出（恩格尔系数）比重30%。全区参加城镇职工基本养老保险人数25.51万人，参加城乡居民社会养老保险人数2.35万人。参加基本医疗保险人数36.39万人，其中，参加职工基本医疗保险人数24.76万人，参加居民基本医疗保险人数11.63万人。参加失业保险人数16.69万人，参加工伤保险人数16.94万人，参加生育保险人数16.84万人。46797名退休人员按时足额领取养老金，企业退休人员养老金实现"十五连调"，月人均养老待遇提高到2258元。居民基础养老金每人每月165元。失业金领取标准提高到每人每月1528元。城市低保平均标准提高到每人每月615元，人均月补助水平为490元；农村低保平均标准提高到每人每月440元，人均月补助水平319元。全区城乡最低生活保障救助1454人，发放低保金713.1万元。其中：城市低保864人，发放484万元；农村低保590人，发放229.2万元。发放农村分散供养特困人员生活补助资金55.5万元，城乡医疗救助金147.6万元。

全年新开工建设安置小区2个、住宅2394套，交付安置小区1个、安置房2078套、30万平方米。全年城镇棚户区住房改造开工2个，安置住房2007套，占全市总任务55%。获得保障性安居工程专项奖补资金3884万元，棚改专项债券8.5亿元，任务总量、奖补资金争取率全市第一。公租房实物配租2681套，发放廉租住房租赁补贴74户。完成11户农村危房改造。

年末，拥有收养性社会福利机构5个，床位1243张，收留抚养老年人520人。临时救助困难家庭19户，发放救助金9.1万元，爱心救助困难学生39人，发放救助金7.8万元。全年接收爱心捐款300万元。区慈善总会募集善款1万元，实施救助项目6个，发放救助金9万元，物资折款6万元，救助困难群众20人次。设立慈善义工管理中心1个、义工工作站6个，注册义工2228人，星级慈善义工超过500人，全年提供志愿服务6万余小时。

【教文卫体】 年末，实有各级各类学校、幼儿园85所，其中普通高校1所，职业学校2所，中小学31所，幼儿园51所。招收学生2.3万人，在校学生7万人，毕业学生1.7万人，专任教师4576人。小学学龄儿童净入学率、九年义务教育巩固率和初中应届毕业生升学率均达到100%。

年末，有剧场、影剧院7个。公共图书馆1个，图书总藏量41.3万本，增长13.8%。新建城市书房2个，新增图书流通站4个，开展阅读流动服务62次。开展重大活动、品牌活动、特色活动600余场次，线上线下惠及群众25余万人次，获“山东省文化和旅游系统先进集体”等多个省、市级荣誉。推广公共文化产品50余项，惠及市民10万人次，数字服务突破30万人次。新增文化志愿者500余人，服务群众20万余人次。

年末，各类医疗卫生机构270所，其中，医院、卫生院16所，妇幼保健机构1所，社区卫生服务站18所，村卫生室40所，门诊部16所，口腔诊所37所，中医诊所23所，其他诊所、医疗机构（医务室、卫生所）119所。拥有医疗卫生机构床位1668张，卫生技术人员2624人，其中，医生1223人，护士1401人。

举办多项全国性体育赛事，丰富群众文化生活。其中烟台国际金沙滩半程马拉松系列活动创造了“一会一展一赛”的体育新模式。全国沙滩手球锦标赛吸引全国22支（其中2支香港代表队）省级男、女沙滩手球队包含国家队成员近400名选手参加。成功举办帆船“两赛一会”系列活动，包括全国帆船冠军赛、全国青少年帆船联赛、帆船产业高峰论坛。全年体育彩票总销量达1.8亿余元（含手机在线），目标任务完成率114.4%，同比增幅13.2%。

【资源　环境】 全年全社会用电量83.41亿千瓦时，增长8.8%。其中工业用电72.44亿千瓦时，增长9.4%。

全年环境空气质量指数（AQI）优良天数287天，空气质量优良天数比例78.6%。二氧化硫年均浓度8微克/立方米，达到国家环境空气质量一级标准；二氧化氮年均浓度29微克/立方米，达到国家环境空气质量一级标准；细颗粒物（PM2.5）年均值34微克/立方米，达到国家环境空气质量二级标准；可吸入颗粒物（PM10）年均浓度73微克/立方米。全区降水pH年均值6.6，未出现酸雨（$pH < 5.6$的雨水为酸雨）污染。全区区域环境噪声昼间平均等效声级为昼间56.0分贝，夜间48.5分贝，达到声环境质量国家标准，道路交通噪声年均值为昼间67分贝，夜间52.6分贝，达到道路交通声环境质量一级标准。

党务　政务

Party Affairs and Government Affairs

综合事务

【概况】2019 年，工委办公室紧紧围绕“规范、高效、创新”和“六服务、四满意”目标定位，拼搏实干、团结奋进，当参谋抓协调、强服务抓落实，较好发挥了智囊、表率和骨干、中坚作用。在发挥参谋助手作用方面实现了新作为，累计撰写讲话、致辞、汇报、发言等综合文稿 200 余篇、140 余万字，编发信息简报 210 余期、上报信息 1000 余条，被中共中央办公厅、国务院办公厅、商务部及省、市采用 500 余条，创历年新高。在推动重点工作督查落实方面实现了新作为，优化全区 208 项“三重”工作调度机制，全年纳入“三重”范围推进的重点项目 113 个，数量为历年最多，42 个新开工项目，开工率 65%，30 个竣工项目，竣工率 63%，项目推进质量创历年最好水平。在牵头推行新一轮体制机制改革上实现了新作为，抢抓全省开发区体制机制创新改革契机，坚持市场化导向，统筹相关部门大力推进“党工委（管委会）+”、瘦身强体、全员聘任、绩效考核、流程再造等改革举措，在全省国家级开发区中率先实施《关于推动开发区体制机制改革创新促进高质量发展的意见》。在深化制度创新、打造一流营商环境方面实现了新作为，牵头组建全区流程再造领导小组和工作专班，明确关于涉企审批、为民服务、城市管理、项目落地、自贸区“五大领域”50 个方面任务，逐项卡实责任。在民生服务、提升群众满意度方面实现了新作为，牵头抓好群众满意度大走访，组织全区机关干部完成 18 万户居民的走访任务，总体测评满意率达到 98.9%。在助力全区“双招双引”工作方面实现了新作为，招商引资项目全年完成 3660 万美元，创办公室历史新高。招才引智实现新突破。

【体制机制改革协调推进】2019 年，是省市“改革落实年”，也是烟台开发区作为全省新一轮体制机制改革创新试点深化改革的关键一年。工委办公室组织协调干部、编办、人社、经发、招商等职能部门，围绕省市工作推进的三个阶段有针对性地开展工作。3—7 月前期调研阶段，围绕省市推进开发区体制机制改革创新调研，集中调度相关材料 21 次 60 多份资料，平均每周两次每天一篇材料。在省委试点方案起草阶段，按照工委安排，成立工作专班，积极开展了前期的调研工作，配合省委改革专班、市委改革专班等多次现场调研活动。列为全省试点后，联合组织部、编办等部门，提出多套试点方案，反复与市委改革专班沟通协调，按要求完成方案修改，及时上报省委备案。在试点实施阶段，按照工委要求有序推进改革试点。一方面按照省编办、人社关于编制、薪酬的实施细则，对方案做了进一步修改完善；另一方面，牵头制定实施国企改革方案和三年行动计划，统筹推进“党工委（管委会）+”、瘦身强体、流程再造与制度创新、产业集聚、招商机制、合作共建开发区等改革任务。制定印发《关于贯彻落实市委〈进一步深化市场化改革扩大高水平开放加快体制机制创新的决定〉的通知》，确定落实措施 153 项，其中制度创新事项 54 项，进一步丰富支持支撑辖区经济社会发展的制度体系。

【综合协调】组织省市区三级重点项目集中观摩、全市全区重点项目集中开工以及全区经济工作会议等重大会议活动 10 余次，构建起“策划—协调—督导”的全链条、全过程筹备体系。实施“拿地即开工”改革，推动韩晔机械、宇浩新材料等多个项目试运行，成为破解项目建设制约瓶颈、加速项目开工建设的重大制度创新。会同人社局，全力推进市民社区食堂建设，先后建成八角海韵、万科、蜜橙等 8 个社区食堂，更好服务广大居民群众和社区老年群体，受到群众广泛欢迎。协助业林纺织项目解决 10 多个建设问题，完成固定资产投资 7500 万元。跟踪推进万华控股八角电厂、中美环测、珠海三角洲智能制造产业园、智能健身等 4 个项目，加快项目建设进度。

【文秘调研】 各文字和配套处室紧扣工委管委工作重点和总体发展思路，以文辅政，开展调查研究，累计撰写讲话、致辞、汇报、发言等综合文稿 200 余篇、140 余万字。其中上报综合性材料、文件 60 余份，为争取上级政策支持提供了有效保障。信息处编发信息简报 210 余期、上报信息 1000 余条，被中共中央办公厅、国务院办公厅、商务部及省、市采用 500 余条，创历年新高。综合处完成全市会议发言、全区大会讲话、工作情况汇报等各类文稿 70 余篇、30 余万字，包括全区年度总结表彰暨经济工作会议讲话、全市高质量发展总结表彰大会发言、自贸区建设推进会主旨讲话、庆祝新中国成立 70 周年暨建区 35 周年活动致辞等重要文稿。起草把关重要政务活动新闻通稿 60 余篇、会议纪要 40 期。

【电子政务和大数据管理】 年内完成基站建设 350 个，全市数量最多、进度最快，实现自贸片区信号全覆盖。围绕优化营商环境，联合市大数据局启动省内首个“亮证”试点，年底召开新闻发布会。创新实施提醒函、承诺书、备案库、200 项政策文件 100% 解读等措施，省、市首个启动标准化试点，对网站全部存量信息（1.6 万条）统一标准规范，增量信息严把关口。年内政务新公开数量 9000 余条（是全市第二名的 2.3 倍），一批典型做法在省市复制推广，其中省政府专刊交流经验 13 次，数量多于历年总和。开拓思路推进政务外网建设，全市第一个实现 1 万多个网络终端集中规范管理，年均节约财政资金近千万元。整合第三方免费资源，创新组建网络运行调度监控中心，制定政务云使用、政务信息系统评审、大数据安全、政务公开全流程操作等 20 余项管理制度。组织区内数字经济研讨交流和授课 5 次。

【法治政府建设】 全年审查各类政府合同 200 份、备案 150 份，提出修改意见 1200 条、标的金额 400 亿元。研究制定辖区《重大行政决策程序规定》，规范重大行政决策程序，推动全区科学、依法、民主决策。进一步做好行政规范性文件合法性审核，制定《关于进一步做好行政规范性文件合法性审核工作的通知》《关于公布行政规范性文件制定主体做好“三统一”工作的通知》文件，明确制发主体、审核范围、审核内容及制定办法，并向社会公布。参与“羲龙”公寓群访、西区土地流传、鑫广绿环涉案废物处置等 25 个疑难复杂问题处置，全程参加大棚房拆除、“三闲”处置等全区重大工作，提出法律意见建议。提升执法队伍素质，加强业务培训，举办全区行政执法人员培训班，400 名一线执法人员参加培训。组织全区执法部门分管负责人和处室负责人到法院视频旁听全省行政诉讼案件庭审，提高各部门依法行政水平和出庭应诉能力。组织各类培训 50 余场次，参训达 4000 余人次。行政执法监督，一是强力推进行政处罚（强制）上网运行工作，组织全区执法部门对行政处罚与行政强制权力事项清单、业务流程图、执法所用文书等事项进行梳理和录入，共梳理录入行政处罚事项 2941 项，行政强制权力事项 124 项上网运行。坚持每半年组织一次执法案卷评查、抽查，评查结果纳入全区法治政府建设考核，并反馈各部门主要负责人。全年累计评查两次，抽查案卷200本、发现问题1000余个，均及时反馈并跟踪整改落实。落实行政执法监督公示制度，发挥管委门户网站行政执法公示专栏作用，公示综合执法等各类重要执法信息110条，接受社会监督。建立完善监督建议书制度，在办理行政复议案件、开展行政执法监督过程中，针对综合执法局、审批服务局等部门存在的执法程序不规范、适用法律错误等问题，下达监督建议书，督促部门整改落实，切实提高依法行政水平。行政复议应诉工作有新举措，针对大季家街道未按要求参加季翔物业诉讼案件出庭应诉的情况，提请工委管委领导对其负责人进行了约谈；针对西蒙西轴承有限公司对行政审批局变更工商登记不服、沈阳天航电气有限公司对财政金融局投诉处理答复不服等提起的复议案件，组织听证审理5次，邀请第三方专家参加点评，取得了较好效果。全年收到行政复议申请19起，受理18起、办结16起、纠错7起、纠错率44%。

【督查督办】 督查工作把握“抓督查就是抓落实”的定位，全面强化“敢想、敢为、敢当”的工作理念，积极做好“三重”、督查、配套服务等工作。研究制定《关于发挥“10+1”调度推进机制作用全力抓好全区“三重”工作落实的意见》，进一步优化“三重”工作“10+1”推进调度机制。组织召开专题会议4次，编发通报10期，开展现场督查22次，强力推进了全区重点项目早落地、快见效，重点工程早动工、快建设，重大事项早运筹、快突破。做好与市“三重”工作专班的对接协调，统筹调度推进辖区承担的36项全市“三重”工作任务。将工委管委议定事项和领导批示交办事项作为工作重中之重，全部做到了“定责任、定时限”，纳入督查台账管理，实行每月调度、半年考核。全年将164项重要工作纳入工委管委议定和领导批示交办事项督查，下发《督查通知书》30个，编发《督查通报》31期，《督查专报》57期。针对森林防火、防汛抗旱、招商引资等全区性、阶段性的重点工作，开展20余次专项督查。联合海发局、生态环境分局等部门，对扬尘污染、重点项目建设、市容市貌、农村人居环境整治等4个专题，开展10余次现场督查。

【政务值班】 突出“重点”，着力加强政务值班体系建设。创新推出政务值班轮训制度，从镇街、部门中抽调年轻干部到总值班室，通过以干代训的方式，学习政务值班、信息报送等工作，提升部门人员专业素质和业务能力，推动部门工作迈向制度化、规范化。把值班检查作为督导部门值班工作的重要抓手，加大重要节日、重大活动时期值班检查力度，认真落实“日报告”“零报告”制度。全年完成现场检查7次、电话检查13次。耐心接听群众电话，热情接待客人来访，展示良好的窗口形象。全年接听来电1.5万余次，接待来客来访600余人次。着力抓好信息报送工作。在全区层面，召开全区紧急敏感信息报送工作会议，与各镇街、各部门负责人签订信息报送承诺书，建立部门信息员队伍，将信息员队伍延伸到基层。全年处理突发事件信息28件，其中上报市委市政府5件。着力提升综合协调能力，修订《全区性会议审批单》、完善电视电话会议办理程序，进一步理顺会前报批、会中服务、会后总结等全过程事项。全年办理上级各类会议、重要事项810件次，区内会议活动82件次，办理领导交办事项200件次，办理工委管委领导请假报批207件次，部门请假报批193件次。

【机要保密】 机要保密机构主要负责工委管委

机要、文管、文件精简压缩等基础性工作，负责全区电子政务内网建设、党政专用通信视频会议系统调试和保密管理等工作。按照市委办、市府办提高文件质量、压缩发文数量有关要求，全年发文 46 件，完成市委、市政府要求全年文件压减 30% 的任务。提升政务内网建设水平，完成区级中心机房和 8 个部门节点接入区建设，年底前电子公文交换、视频会商、安全邮件等业务应用具备使用条件。提升通信服务保障能力，顺利完成中机、省机和市机多次通信测试演练，圆满完成全国和省市“两会”、中华人民共和国成立 70 周年等重大活动关键节点的机要值守工作。及时接收、办理、传阅紧急重要电报，共计 346 份，确保政令畅通。加快推进党政专用通信建设，做好视频会议系统的试运行工作，与市级对口视频系统定期进行线路、设备测试。按市委两办前期部署，安装并调试接通市委、市政府两个视频会议系统，并进行视频会议线路保障 20 余次。建设完成开发区管委小型视频会议系统，保障与 5 个镇（政府）街道（办事处）进行视频会议。不断强化保密监督检查，全年开展两次保密综合检查，对 32 家区直部门进行全面检查，检查内容涵盖保密工作责任制落实情况、涉密载体、定密、互联网和计算机、手机微信等。对于检查发现的一般性问题现场开具《检查情况表》，共计 64 份；对存在较大失泄密隐患的 16 个部门，分别制作《保密检查情况反馈单》，进行整改落实。以区保密局名义下发《关于立即开展手机、微信群、邮箱等涉密敏感信息清理活动的通知》，要求各部门、单位立即开展一次全面排查清理活动，彻底排查存在的失泄密风险隐患，切实加强相关教育培训、彻底消除隐患，严防发生失泄密和泄露敏感内部工作信息等问题。

【项目专员协调服务】 项目专员协调服务机构是管委项目专员办公室专职服务机构。搭建交流平台，组织项目专员每周至少召开一次碰头会，每月至少召开一次全体例会，实现项目专员之间信息互通共享、项目同步推进。延伸工作触角，全面掌握专员分包项目的进展情况，为领导决策提供参考。全年项目专员外出“双招双引”15 人次，对接各类项目 20 余个，引进泰山学者 1 名，注册成立烟台领军防务装备研究院公司一个。建立项目专员、分包项目、分管单位联动协调机制，对特别重要或棘手的工作，协调打破原有分包界限，凝聚合力、推动落实。全年安排项目专员参加各类接待、培训、会议等政务活动 30 余次。建立项目专员会务、文秘、行政管理、后勤保障等各项工作制度，推动议事规则、工作请示汇报、请假、考勤制度以及差旅等管理制度的落实。加强项目专员临时党支部党建工作，全年共组织项目专员参加各类党务会议、活动 300 多人次，督促完成网络党课 500 余学时。

【政务接待】 全年接待中外来宾 750 余批、1 万余人次，同比增长 25%，创历史新高。先后接待全国各地党政考察团以及各级领导到区调研、检查 200 余批、3500 余人，其中接待全国人大常委会副委员长武维华、顾秀莲、吉炳轩，全国政协副主席梁振英，省委书记刘家义等省部级以上领导 30 余次；接待各类客商、专家学者到区考察、访问共 400 余批、4500 余人。其中接待上汽通用王永清总经理、富士康董事长刘扬伟、康佳集团总裁周彬等全球商务高层 20 余次。先后组织、协调各类峰会论坛等重大活动 20 余次、全区性会议 180 余次、一般性会议 2000 余次，数量是上年的 1.5 倍。组织协调第二届世界老年旅游大会、中日韩创新创业论坛、全国台企联活动、医药创新发展大会等高规格活动。服务保障了经济工作会议、重点项目观摩、自贸区成立、“1020”系列活动等全区性重要会议、活动。

【民生服务】 全年受理民生服务事项6.13万件，较上年增长41.13%。其中：省市级12345政务服务热线交办事项2.10万件，办结率100%；督导“网上民声”答复事项5595件；微信自助咨询和投诉受理4948件；交办事项4.08万件。民生服务受理群众满意率91.33%，比上年提高0.8个百分点。4—12月，辖区满意率在市12345政务服务热线满意率通报中位居全市前列。强化责任，优化工作机制，促进热线工作提档升级。组织召开专项协调会议30余次，电话协调上千次，通过主动认领、协调讨论等形式，解决停车场建设管理、非市政道路维护等一系列疑难问题。研判预警，对反映集中的群众诉求，分析判断存在集体上访隐患的，及时向区信访办和属地街道发出预警，提前介入，争取将隐患矛盾化解在萌芽阶段。全年发出预警40余次，有效化解澎湖山庄上调物业费、黄河路270号厂房断电、悠哉悠哉游泳馆倒闭、中建悦海和园存在异味等隐患。统筹推进“网上民声、民生热线”两个活动开展，紧盯线上群众反映问题，全年督导答复事项8252件。

【档案管理】 发挥爱国主义教育基地、档案安全保管基地、档案利用服务中心、政府公开信息查阅中心和电子档案备份管理中心五位一体的功能，不断提高档案保管利用服务能力。完成全区2015年前的档案数字化加工工作，当年完成5087盒，累计完成1.59万卷（盒），馆藏档案数字化率在全省处于领先地位。2016—2018年机构改革前全区共有39个全宗，涉及改革的有23个全宗，其中已经移交档案馆的15个部门，单位之间已作移交的8个部门。未涉及的16个全宗一并列入2019年度改革前机构档案收集工作。完成近两年主要领导参加活动的影像资料电子档案70多G的收集整理归档工作以及工委办公室各处室历年应归档档案的收集工作。为政府和社会各界提供查阅利用各类档案1200余卷次，其中为第二轮区志编写查阅利用档案30余人次，300余卷次。10月，完成开发区档案馆接入山东省档案目录中心平台工作。

【地方志】 全面启动二轮区志修编，为全省第一家启动新一轮志书修编。聘请史志专家指导，起草二轮区志篇目。5月15日，印发《烟台开发区二轮区志编纂实施方案》；6月5日，召开全区二轮区志编纂动员大会。印发10万余字的《修志业务应知应会手册》，采取集中授课的方式对所有撰稿员进行业务培训。7—9月，派出60余人次到建设交通局等20余个重点承编单位进行现场督导培训，进一步提高各单位撰稿水平。年底，完成把关稿件15篇、10万余字，解决修志问题40余个。统筹推进2019卷年鉴编纂，借鉴上年度年鉴编纂经验，提前研判申请书号，推动年鉴编纂进度全市领先。评国优省优，高标准修编基层志书。40万字的《八角村志》历时一年半的润色打磨，获评山东省齐鲁名村志，为烟台市唯一一部。30万字的《金东社区志》在获评齐鲁名村志基础上，又积极参评中国名村志，先后进行12次增删修改，通过国家和省、市审核。在全市史志机构中第一家与高等院校开展合作，1月份与鲁东大学签订合作协议和实习生培养合同，暑期试点培养实习生6名；与兰玲等3名教授领衔的研究团队合作修编40万字的《河北村志》，并通过齐鲁名村志初审。按照中国名镇志标准指导修编100万字的《古现街道志》，完成初稿，继续按照计划分篇目补充资料、修改完善。指导潮水镇78个村编写村庄简志，已完成30万字、400余张图片等历史文化资料的征集整理工作。为全区代言，以更高标准做好对上供稿。完成《中国开发区年鉴》《山东年鉴》《山东开发区年鉴》《山东商务年鉴》《烟台年鉴》等上级志鉴书籍供稿10余篇，约10万字。在《山东开放40年》《山东改革开放实录》《山东改革开放亲历记》《烟台改革开放实录》等专著发表文章4篇、约10万字，获得省、市一致好评。在国家级刊物发表《关于开发区等特殊区域修编志书的创新思考》《基层建设方志馆的必要性探索》等文章2篇。1篇论文荣获全省方志论文一等奖，烟台唯一，并代表烟台市在全省方志理论研讨会上作典型发言。

【机关事务管理】 物业管理成效进一步提升，全年组织学习培训40余次，各类演练10余次，提高保卫人员的安全责任意识及各项安保技能。全年设备设施安全巡查700余次，维修及处理各类隐患425项，完成路面石板维修和B2层设备间、空调管路、供排水系统、中水、门控、监控及报警系统等设备检修维护保养。完成行政中心12层东西两会议室内的投影设备升级改造，南门、东西门、G层大厅等重点部位监控图像存储设备更新（图像留存时间由25天增加至90天）及在南门增加天眼系统。办公室财务工作适逢新政府会计制度实行和开发区园区体制改革，制定出台《关于规范因公出差订票的意见》《关于公务用车租赁的规范意见》和《关于加强办公用品管理的意见》，进一步完善了经费开支、经费申请、设备物品采购、办公用品领用审批流程。机关食堂继续以“方便干部生活，让大家满意”为宗旨，全年营业收入955万元，净利润91万元，同比增加55万元。其中：酒店营业收入为479万元（餐饮380万元，平均毛利率32%，客房99万元）；食堂营业收入360万元，平均毛利率40%，净利润86万元，营业收入同比增加34万元，毛利率同比增长11个百分点，净利润同比增加63万元；超市全年营业收入116万元，净利润5万元，平均毛利率17%。日平均接待就餐人员600多人次，推出新饭菜60余种。

纪检监察

【概况】 2019年，全区纪检监察机关坚守政治机关定位，忠实履行党章和宪法赋予的职责和使命，扎实推进全区纪检监察工作高质量发展。全年共处置问题线索245件、立案154件，对6名县处级、12名乡科级干部立案审查，处理92人。

【体制改革】 抓住改革有利契机，积极与上级纪委和区组织人事部门沟通对接，增设内设机构5个，实现信访、案件监督管理、审查调查、审理、干部监督等重要职能全部分设。加强监督执纪一线人员力量，增加编制7个、接收转隶干部6人、选调公安优秀年轻干警1人，深入推进职能、人员、业务、思想、理念深度融合和纪法衔接。

【党风政风监督】 创新强化“三重”（重大事项决策、重要干部任免、重要项目安排）工作“10+1”推进机制，将“1”调整为“作风大改进”，定期通过实地察访等方式对其他10个领域“三重”工作推进情况进行监督检查，每月汇总分析情况、每两个月向工委进行专题汇报。建立纪检监察、督查、民生服务热线、重点项目推进中心等部门协同配合的问题线索发现和移送机制，召开企业家座谈会，开通微信“作风建设随手拍”,收集问题线索25条。拍摄制作《作风改进在路上》专题片，对典型问题提出整改意见和建议。针对专题片曝光的问题，下达监察建议书2件，督办单12件，责成有关部门限期整改，并聚焦重点问题专项治理。2019年摄制《作风改进在路上》专题片3期、曝光问题14个。在区电视台开设“业达清风”专栏，宣传展示各部门单位作风大改进工作成效。全年核查违反中央八项规定精神问题线索15件，处理11人。组织全区各部门深入开展自查自纠，整改问题80件，查处违纪问题10起，处理10人。组织召开市委巡察反馈问题整改推进专题会议，督促各镇街按要求制定上报整改方案并抓好组织实施，推动有关部门单位制定整改措施32项、建立健全相关制度39项，接收问题线索59件，立案49人、处理20人。

【廉政教育】 紧盯时政热点和全区中心工作，有针对性地编发《廉政教育卡》12期。5月，开展“一片、一书、一镇尺”家风教育活动，组织全区党员领导干部集中观看《刘士合、张建华、日照港集团腐败警示录》，向全区各部门单位副职以上领导干部发放《家风传承读本》和镇尺。组织召开区级廉政教育大会3场，邀请省委党校教授到区授课。编发《违纪违法典型案件警示录》，分层面组织全区各部门单位观看《亮剑》《明察暗访看作风》等警示教育片。以“业达清风”微信公众号为引领，整合全区各部门政务微信公众号，建立“廉政宣教微矩阵”。定期发布纪检工作动态，解读党风廉政建设和反腐败工作政策规定、重大举措，通报重要案件。是年，“业达清风”微信公众号累计点击量突破5万余人次，实现了廉政教育信息的有效传播。8月，面向社会各界开展“不忘初心，廉洁自清”廉政文化作品征集活动，共征集到书法、绘画等各类廉政文化作品300余幅。举办廉政电影主题放映月和“农村公益廉政电影”下乡活动，在市民活动集中的广场、社区和农村放映。9月，投资800余万元，开始筹建1200平方米的廉政教育馆。12月底，基础建设已完成。

【信访举报】 开通微信“微举报”专栏，建成“信、访、网、电、微”五位一体信访举报平台，多渠道收集问题线索，及时掌握群众关注的热点难点问题及可能引发的苗头隐患，为全区党风廉政建设和反腐败工作提供参考依据。共受理信访举报294件。严把信访举报线索的接收、登记、存储、流转以及办理关，对初信初访件，提出分办意见，及时按程序分流转办，快查快结，及时化解。对重信重访问题，结合信访部门开展的重点积案化解工作，与信访部门、街道办事处联合行动，逐一建立台账，逐项推动解决。对纪检监察业务外的信访诉求，说清政策，引导信访人向有关职能部门反映。针对信访问题比较突出的镇街和村庄，着力构建区镇联动、分级负责的一体化责任落实体系，推动信访责任落实在基层，问题解决在基层。在专项治理活动期间，结服初信初访22件、信访老户31件，群众上访率呈下降趋势。

【处置问责】 全年处置问题线索245件，同比增长26%；立案154件，同比增长22%。8月，通过提请上级监委指定管辖的方式，对1名科级干部进行留置。建立“案件质量管理员”制度，开展“案件质量提升月”活动，对办案人员进行集中培训，打造“铁案工程”。建立健全相关制度11项、制定应急预案4个，邀请市国家安全部门对谈话室等重要场所涉密安全进行检测，加强对谈话的全过程监督。制发《履行主体责任措施清单》，每半年进行一次全面检查考核，年底组织全区各部门单位开展书面述责述廉，对履责不到位的 4 个党组织、20 名党员干部实施党内问责。运用监督执纪“四种形态”（1. 党内关系要正常化，批评和自我批评要经常开展，让咬耳扯袖、红脸出汗成为常态；2. 党纪轻处分和组织处理要成为大多数；3. 对严重违纪的重处分、作出重大职务调整应当是少数；4. 严重违纪涉嫌违法立案审查的只能是极少数。）处置 140 人。为全区 596 名科级以上领导干部（其中处级 121 名，市管干部 15 名）建立廉政档案。11 月，制定出台《关于激励干部在自贸区建设中担当作为实施容错纠错的办法（试行）》，明确推进自贸区建设中先行先试、突破常规，出现探索性失误或者未达到预期效果等 10 种情形，可以从轻、减轻处理或者予以免责，对容错的单位和个人综合考核、提拔使用、评先树优、工资绩效等不受影响，同时明确容错纠错启动具体工作程序和责任分工，确保广大干部因主动担当、改革创新而出现的工作失误，能够历史、全面、客观、公正地得到评价，依法依规予以保护。

【干部队伍建设】 2 月，举办全区纪检监察干部“学纪法、促融合、强本领”专题培训班，邀请法院、党校的专家授课。3 月，通过选派年轻骨干参加上级“以干代训”和分批组织镇街纪检干事到委机关轮训等方式，不断提升纪检监察干部队伍的整体素质。围绕提升支部党员政治理论水平和业务知识，从《中国共产党纪律处分条例》《监察机关监督执纪工作规定》以及主题教育应知应会知识中精选 700 多个知识点，在线出题、限时作答，帮助全体党员提升综合素养、夯实履职基础。4 月，新设立干部教育监督管理室，配齐专职工作人员，查处纪检监察干部违规违纪问题 2 件，坚决防止“灯下黑”。建立纪检监察干部廉政档案，内容涵盖基本信息、廉洁自律、诫勉问责、信访举报等 8 大类、27 小项的廉政内容。制定委机关工作人员绩效考核办法，建立科学的管理评价体系，将业绩与待遇直接挂钩，激励干部担当作为、干事创业。6 月，首次与外地高校合作举办培训班，分两批次组织委机关全体干部和镇街纪委书记赴中国政法大学开展专题培训，内容涵盖党规党纪、业务技巧、心理疏导等方面。9 月，按照“守初心、担使命，找差距、抓落实”总要求，编印《纪工委“不忘初心，牢记使命”主题教育学习材料汇编》，通过举办专题读书班、观看专题教育片等形式集中学习 20 余次。围绕党的政治建设、全面从严治党、理想信念等 8 个方面，结合全区重点工作和纪检监察、审计工作情况，开展交流研讨。

组　织

【概况】 2019 年，全区基层党组织 1280 个。其中，机关事业单位 202 个（党委 21 个、总支 6 个、支部 175 个），国有企业 74 个（党委 7 个、总支 5 个、支部 62 个），行政村 185 个（全部为支部），城市社区 90 个（21 个总支、69 个支部），非公企业 430 个（党委 5 个、总支 5 个、支部 420 个），社会组织 279 个（党委 1 个、总支 1 个、支部 277 个），其他 20 个（党委 1 个，总支 1 个，支部 18 个）。全区党员总数 19228 名。其中，机关事业单位 3639 名，国有企业 1134 名，农村 6908 名，社区 2155 名，非公企业 3887 名；35 周岁及以下党员占 22.98%；大专及以上学历的党员占 53.89%；女党员 4967 人，占 25.83%。中华人民共和国成立前入党老党员 74 名，其中抗日战争时期入党的 8 名，解放战争时期入党的 66 名。全年发展新党员 249 名。

2019 年烟台开发区党组织情况一览表

表 1

类别		单位	2018	2019
基层党组织	基层党组织总数	个	908	1280
	其中：机关事业单位	个	200	202
	国有企业	个	78	74
	农村	个	185	185
	城市社区	个	89	90
	非公有制企业	个	232	430
	社会组织	个	59	279
	其他	个	65	20
党员分布	党员总数	人	18685	19228
	其中：机关事业单位	人	3481	3639
	国有企业	人	1196	1134
	农村	人	6753	6908
	城市社区	人	3006	2155
	非公有制企业	人	3250	3887
	其他	人	1017	1505

2019 年烟台开发区工委管委干部情况一览表

表 2

类别	单位	2019
工委管委领导	人	15
其中：工委管委领导	人	11
挂职工委委员及管委副主任	人	4
聘任制部门单位中层以上干部	人	595
其中：工委管委项目专员	人	15
部门正职	人	11
部门副职	人	61
副调研员	人	2
部门专员	人	24
中层干部	人	424
部门协理	人	58
未实行聘任制部门单位科级以上干部	人	256
其中：正县级领导干部	人	3
副县级领导干部	人	14
四级调研员	人	2
科级干部	人	237

【基层党的建设】 2019 年，全区聚焦“守初心、担使命，找差距、抓落实”总要求，坚持主题教育与自贸区建设、园区体制机制改革、市委巡察整改“三个结合”，实现“规定动作保质

保量、自选动作用心用力、对外宣传有声有色”。围绕学懂弄通习近平新时代中国特色社会主义思想，开展“初心是什么、使命干什么、担当比什么”主题研讨，引导党员、干部对照党章党规和群众期盼、对照先进典型和身边榜样，找差距、摆问题。在“两新”组织（是指新经济组织和新社会组织的简称。新经济组织，是指私营企业、外商投资企业、港澳台商投资企业、股份合作企业、民营科技企业、个体工商户、混合所有制经济组织等各类非国有集体独资的经济组织。新社会组织，是指社会团体和民办非企业单位的统称）创新“音乐党课”“初心学堂”，在村居社区推广组织力提升“三个一”（一个党支部带好一个班、一名党员带好一个宿舍、一名入党积极分子帮助一名同学）工作法，在机关创新“百字感言”等特色活动。建立领导班子“四个一”（即聚焦一个重点问题、完成一份调研报告、制订一个整改方案、完善一套评价）调研机制，各级党组织聚焦履行党建主体责任、优化营商环境等 13 个方面的突出问题，形成调研成果 130 多个。工委管委领导带头落实“四个对照”“四个找一找”（“四个对照”是指：对照新时代中国特色社会主义思想和党中央决策部署，对照党章党规，对照人民群众新期待，对照先进典型、身边榜样。“四个找一找”是指：找一找在增强“四个意识”、坚定“四个自信”、做到“两个维护”方面存在哪些差距，找一找在知敬畏、存戒惧、守底线方面存在哪些差距，找一找在群众观点、群众立场、群众感情、服务群众方面存在哪些差距，找一找在思想觉悟、能力素质、道德修养、作风形象方面存在哪些差距）要求，扎实开展“六对照六查摆”（查摆不适应、不到位、不够好的问题，对照实施“三大战略”“四大突破”的目标；查摆在谋发展、促发展、保增长方面不适应、不到位、不够好的问题，对照焦裕禄精神；查摆在问政于民、问需于民、问计于民，解民忧，保民生，促民富方面不适应、不到位、不够好的问题，对照依法行政的要求；查摆在规范审计、公正审计、廉洁审计、文明审计方面不适应、不到位、不够好的问题，对照班子建设、队伍建设的新目标；查摆在机关作风建设、制度建设、民主法制建设、文化建设等方面的不适应、不到位、不够好的问题，对照争先创优的目标；查摆在解放思想、开拓创新、艰苦创业、团结奋进方面的不适应、不到位、不够好的问题，确保分析检查阶段取得实实在在的效果）活动，走遍 185 个村、22 个城市社区和 110 多家重点企业，收集意见 200 余条；组织广大党员、干部走访 1.8 万家市场主体、4 万户居民，发现问题 2000 多个，研究解决突出问题 1437 个。中央主题教育官网、人民网等主流媒体和省市主题教育简报先后 26 次刊发烟台开发区做法，在全市名列前茅。举办村、社区党组织书记培训班、党务干部培训班、党员发展对象培训班 4 个班次；开展“总书记最感动我的一句话”微党课活动，组织党员谈体会、谈感想，累计播出 15 集；精心制作《我是中国共产党党员》《凝聚》等 5 部党建宣传片，原创视频《党员徽章的正确佩戴方式》被人民网、共产党员网、鲁祖轩等新媒体平台转发。举办庆祝建党 98 周年暨“七一”表彰大会，在全区范围内评选表彰一批先进基层党组织和先进个人，年内 2 名党支部书记获评全省优秀党务工作者和优秀共产党员称号，1 名党支部书记获评全市优秀共产党员称号。

【机关党的建设】 制定印发《关于进一步加强和改进新时代全区机关党的建设的意见》，在讲政治守规矩、严肃政治生活、转变工作作风、促进改革发展 4 个方面用力，推动党建业务深度融合。举办突破项目交流研讨会，在《开发时报》设立专栏，择优刊发书记抓基层党建突破项目。组织50多个部门、单位到社区报到，建立“双报到”（机关（部门或企事业单位）的党员，其组织关系在机关（部门或企事业单位），同时，又到其家庭所在地的社区居委党组织“报到”，报告社区居委党组织自己是共产党员，由社区党组织登记在册）联系、“双认领”（认领“两长四员”、业主委员会委员等服务岗位，认领居民群众“微心愿”）服务、“三张清单”（权力清单、责任清单和负面清单）对接等五项运行机制，凝聚社区共建合力。

9月5日，烟台开发区“双报到、双认领”工作启动仪式

【村级党的建设】 组织召开专题研讨会，立足区情特点和产业优势，从果蔬销售、乡村旅游、商贸市场等方面精准谋划、靶向施策，全年培育党支部领办合作社示范村19个。以潮水镇为重点，开展农村“支部大院建设行动”，探索制定《村级组织职责和管理制度汇编》《村党支部分类管理细则》等15个指导性文件，举办潮水镇农村“支部大院建设行动”观摩会，促进农村党建整体提升。按照中央《关于加强和改进乡村治理的指导意见》，把受过刑事处罚的18名村干部清出队伍。出台发展农村党员规范文件，实施优秀后备人才“递进培养计划”，建立农村党组织书记后备人才库。工委管委领导带头分包、整治软弱涣散村，推动农村党组织建设及党员素质提升。

【园区党的建设】 实施“业达红”园区党建工程，创新“四项组建法”，通过“派员帮建”“区域共建”“行业统建”“龙头带建”，不断扩大党组织覆盖率。实施“青蓝工程”新老结对行动；举办6期“素养提升”培训班，培育“一人多岗、一专多能”的“全科社工”。开展“先锋领航”好书记、“红领英才”好党务、“红心工匠”好党员“三好”评比活动，有3人获评省、市优秀党务工作者和优秀共产党员。开展助企扶企“进解促”行动，每名县级领导干部联系服务2家企业，选派30名部门中层干部担任“第一书记”，帮助解决注册办税、活动场所等难题310多个。搭建“党建引领人才”“党建引领招商”等平台，引进培养150多名省级以上高层次人才，同时设立“人才e站”、开办“创客学院”，提供一站式人才服务。依托“企业居委会”“商户居委会”，把党费缴纳、企业核名注册等3大类17小项的党务、政务和社会服务打包派送。成立全省首家上市企业党建联盟，着力打造创新型党建共赢模式，凝聚起上市公司发展合力。实施“红心赋能”党建引领城市基层治理工程，构筑起“红心领航”“红心共管”等五大体系，配套出台物业企业考核、业委会组建等规范性制度文件6个，有15家物业企业建立党组织，各方协商解决停车位规划、物业费欠缴等城市基层治理难题930个。实施“党建引领、红心闪耀”品牌打造工程，培育“红心园区”“红心社区”等特色品牌10多个。承接全省基层党建工作重点任务研讨班和全省互联网党建现场观摩2场省级党建现场会。打造城市商圈“红色联盟”经验做法，在全国城市基层党建创新案例评选中获“优秀案例”称号。

【干部管理】2019年，烟台开发区在“全员聘用，双轨管理”干部聘用制管理模式下，完成104名干部的编内职务调整工作，其中涉及生态环境分局、法院、5个镇街等部门单位提拔任用47人；完成46名干部的聘任职务调整，其中涉及职务理顺24人，聘用岗位变动3人；完成公安分局146名干部的转隶和档案移交工作。截至年底，工委管委领导班子成员11名，挂职工委委员及管委副主任4名；聘任制工委管委项目专员15名；聘任制部门中，有中层以上干部580名，其中部门正职11名，部门副职61名；未实行聘任制的部门，有副科级以上干部168名，其中正县级领导干部3名，副县级领导干部13名；镇街层面，有副科级以上干部88名（不含挂职干部），其中党政领导班子成员36名；直属企业领导班子成员10名，其中正职3名，副职7名（注：以上统计口径含法院、检察院、生态环境分局、教体卫生局、应急局、市监局等待划转部门，不含原国土分局，不含不具备职务属性的职级公务员）。制定出台《关于严肃考勤考核等有关纪律，进一步加强干部日常管理的通知》，对干部病假、事假、考勤作出明确规定。组织109名干部填报个人有关事项报告，协助、委托市委组织部抽查34人次、问询干部19人次。按照“一案一报告”要求，办理上级转办和本级接受信访信件8件次。

【规范干部选聘管理】理顺干部工作程序，提高规范化水平。坚持审用结合、关口前移，强化干部人事档案工作基础，坚持“凡提必审”，今年共预审干部档案160余册，对学历材料不清、疑似“异地高考”等100余个问题，逐条查核，提出处理意见。结合新《党政领导干部选拔任用工作条例》，规范干部选拔任用工作程序和干部选拔任用工作归档材料清单及注意事项，建章立制，做到干部选拔全程留痕。

【镇街干部队伍建设】结合镇街行政管理体制改革，组建工作专班完成镇街领导班子和干部队伍的综合研判考察，系统掌握镇街班子运行情况和干部现实表现。在此基础上，综合考虑年轻干部到基层挂职锻炼，以及征迁、维稳一线表现优秀干部等情况，对镇街干部进行系统调配和综合强化，分两批次选拔任用35名副科级中层干部。

【干部教育培训】制定《2019年全区干部教育培训工作计划》，围绕“三重”工作，开设特色园区建设年轻干部培训班等多个班次。将干部教育培训工作列入党建工作考核，强化与高校、培训机构的合作。5月份，联合工委党校、经发科创局赴上海交通大学共同举办开发区自贸区建设与发展专题班次，全区23个部门40余人次参加了培训；组织干部参加上级调训和区内培训27个班次，涉及23个部门、56人次；收看智慧大讲堂6期，300余人参加学习；组

5月，烟台开发区自贸区建设与发展专题培训班在上海交通大学举行

织区内部门副职、副县级以上干部以及镇街党政一把手60余人，参加党的十九届四中全会专题学习班。

【年轻干部培养】 制定《关于开展“扬帆八角湾”年轻干部培养提升工程十二条意见》，从年轻干部“选、育、管、用”等方面完善配套措施。实施“八角湾优才计划”，结合紧缺亟需专业，赴全国40多所知名高校，考选“优才计划”年轻干部50名，其中硕士研究生以上学历60%，“双一流”高校生源占54%。结合“不忘初心，牢记使命”主题教育，工委书记、管委主任牟树青为全区年轻干部讲专题党课，帮助年轻干部系好“第一粒扣子”。组织召开“扬帆八角湾”年轻干部培养提升座谈会，调动部门单位发挥培养年轻干部的主观能动作用。

7月22日，2019届“八角湾优才计划”学员报到

【军转干部安置】 2019年，接收安置12名行政编军转干部和1名行政编随调家属。

【关心下一代】 组织区关心下一代工作委员会各成员单位做好关心下一代工作，开展“传承红色基因，争创时代新人”“关爱明天，普法先行”、企业“牵手关爱”行动等活动。村居社区关工委建设覆盖率达到40%，新成立正海集团等4家企业关工委。5位老志愿者事迹《一心向党，余热生辉》在市级刊物刊登。

【老干部管理与服务】 结合“不忘初心，牢记使命”主题教育及“七一”等重大节日，组织老干部开展书法交流、集中观影等活动。通过精心制作离退休干部服务手册、母亲节送鲜花、补充图书馆图书等多种形式，加强对老干部的关心关爱。积极培育老年社团组织，先后成立老干部文体协会、志愿者协会等社团组织，围绕“增添正能量，共筑中国梦”主题，策划组织了“红领银耀，乒出精彩”老干部乒乓球赛、关心下一代等系列实践活动。成立区首支老干部志愿者队伍——红荷志愿者队，先后开展走进磁山养老院慰问演出、老年大学进社区助力文化艺术节等志愿服务活动。建立“离退休干部服务管理系统”，录入1900多位老干部信息，为离退休干部党建、文化养老、志愿服务等工作提供数据支持。挖掘金牌调解员、社区典型、志愿服务模范等典型人物进行宣传，其中1人被评为全省离退休干部先进个人。围绕“建设省级规范化学校”目标，召开老年大学第一次全体教师会议，制定《关于加强开发区老年大学教师队伍管理的暂行规定》。2019—2020学年增开古筝、英语等6个新专业共计15个班次，招生880人，较上年增加320人。首次为学员颁发学员证、结业证书。举办毕业书画摄影展、毕业演出及庆祝新中国成立70周年等活动。

5月17日，烟台开发区老干部文体协会成立

【招才引智】 制定《八角湾英才三年行动计划》

《人才服务直通车管理办法》等文件，成立业达国际人才集团，在业达智谷等人才密集区搭建“一站式”人才服务阵地，持续优化完善人才服务举措。举办“智汇业达·情满中秋”高层次人才联谊会等联谊活动，探索建立优秀人才表彰奖励制度，以暖心贴心服务揽才留才。举办新动能交流大会、2019 能源年会暨人才交流大会、全国重点高校优秀毕业生（烟台）推介会等大型人才交流活动 20 场，吸引近千名高层次人才到区对接，达成合作意向 50 多个。成功引进烟台首位诺贝尔奖物理学奖得主。积极协助 2 名专家申报省引进顶尖人才团队“一事一议”，占全省 1/3；7 名专家入选泰山产业领军人才，占全市 1/2。全年引进省级以上高层次人才 37 名。

10 月 11 日，2019 能源年会暨人才交流大会

【事业单位监督管理】 结合体制机制改革，组织各部门按职责规范完善权责清单，逐一明确行政权力事项、公共服务事项对应的直接实施责任和指导监督责任、追责情形及依据等，实现名称、类型、设定依据、编码等省、市、县“三级四同”，进一步厘清部门之间职责边界，引导部门依法依规履职。制定《烟台经济技术开发区事业单位绩效考核办法（试行）》《2019 年事业单位绩效考核工作意见》，作为全区部门单位绩效考核的延伸，细化量化考核指标，进一步健全完善全区绩效考核体系，激发事业单位活力。印发《关于做好全区 2018 年度事业单位法人年度报告公示工作的通知》，对 91 个事业单位年度报告进行审核并公开，对 3 个事业单位开展“双随机，一公开”监督检查。完成党群机关统一社会信用代码设立登记 10 个，变更登记 9 次。

【绩效考核】 制定印发《2019 年度部门单位绩效考核办法（试行）》《关于完善 2019 年度部门单位绩效考核办法的通知》，重点突出双招双引、社会治理公共服务事项和商务部、市级综合考核等 KPI 重点考核指标，调整计分方式，拉大考核指标分差，确保绩效考核中以 KPI 等重点考核指标决定部门单位年终考核档次。优化全区考核和绩效发放体系，出台《关于设立 2019 年度区级绩效考核体系的通知》，紧密围绕与全市经济发展密切相关的指标、市委规定的开发区位次指标等，增设区级绩效考核体系，并作为全区绩效薪酬发放的重要依据。组织实施绩效考核，调整升级绩效考核系统，完善系统各项使用功能，并与招商局进行招商引资模块交接。组织平时及年度考核，实施年终绩效考核。采取“四不两直”方式，对市级考核指标、市级重点项目及“三重”工作等进行现场督导考核，确保考出部门实际与实绩。

【公务员日常管理】 2019 年，录用公务员 1 人，分两次登记公务员 38 人，完成非领导职务公务员 280 人职级套转，八角街道办事处入选全省“人民满意的公务员集体”。

宣　传

【概况】 2019 年，紧紧围绕新旧动能转换、园区体制机制改革、“三重”工作、“双招双引”“放管服”改革、自贸试验区建设、庆祝中华人民共和国成立70周年暨建区35周年等重大主题开展专题性宣传，策划组织全国网络媒体烟台采风行、第二届世界老年旅游大会、高新技术企业及服务业媒体行、全国媒体烟台开发区采风行等战役性宣传活动。

【新闻宣传】 累计发表各类稿件500多篇，其中市级头题27个，重点稿110多篇。其中：《大众日报》4月17日头版头题以烟台开发区企业“服务大使”为主要内容报道了全市双招双引工作成果，7月7日头版刊登《14.2平方公里的“选择题”》报道了创新型开发区建设举措；2月23日，山东新闻联播头题以烟台开发区基金撬动资本为典型案例报道了全省基金助力新旧动能转换情况；新华社山东内参刊发烟台开发区非公企业党建助力园区发展生动实践。山东自贸试验区烟台片区挂牌后，海内外120余家媒体应邀对烟台片区进行深入采访，中央电视台《朝闻天下》栏目8月31日单条播发了《山东自由贸易试验区烟台片区打造中日韩贸易和投资合作先行区》的消息。人民网、新华网、央视网、国际在线、中国日报网、凤凰网、大众网、海报新闻、烟台发布等各级各类网络媒体和新媒体刊发相关报道1500余篇（条），互联网可检索信息152万条。完成自贸区烟台片区招商宣传片、全区高质量发展项目观摩片、第二届世界老年旅游大会宣传推介片、烟台开发区建区35周年画册及成就片的拍摄制作。成功举办中韩（烟台）产业园建设、“重点项目攻坚年”、引进培育高新技术企业行动计划、自贸区挂牌、自贸区首批创新举措等全区性专题新闻发布会12场次，其中8月30日围绕自贸区烟台片区挂牌专门在北京举办中国（山东）自贸试验区烟台片区政策推介会，第一时间发布多项重大政策信息。1月30日，大众网开发区新闻中心正式揭牌运营。7月10日，邀请省内专家举办全区网络舆情处置专题讲座。完成2019年“厚道鲁商”对上推荐工作，推荐正海集团入选省级“厚道鲁商”品牌形象榜，3家企业入选市级品牌形象榜。推荐《烟台开发区推行“保姆式”审批服务》入选大众日报“精彩山东·2018改革创新案例评选”活动的“20大最受关注改革创新案例”。6月，选拔5名选手“薪火相传”烟台红色故事讲解大赛，1人荣获金牌红色讲解员。7月，推荐两名选手参加全市“中国梦，新时代，祖国颂”百姓宣讲活动并分别获二等奖。开展“爱国情，业达梦”主题宣讲活动，选拔全区各层面11名优秀代表组建百姓宣讲团，深入镇街、企业、学校、机关等四个层面开展宣讲活动，直接听众达2000多人。

大众日报

2019年7月7日　星期日

扬帆破浪再启航

——以习近平同志为核心的党中央推进党和国家机构改革纪实

深入开展 不忘初心、牢记使命 主题教育

中央“不忘初心、牢记使命”主题教育领导小组印发通知

认真学习贯彻习近平总书记在中央政治局第十五次集体学习时重要讲话

解渴！

今年全省教育培训农民3.5万人

壮丽70年 奋斗新时代

14.2平方公里的“选择题”

见证35年沿海开放历程，烟台开发区由“大项目带动”迈向“创新驱动”

小区商户签署“住改商”承诺书，有利害关系的业主表示未经同意

“承诺”失信：谁来监管，如何惩戒

高点对标，完成近两百项攻坚项目

7月7日，《14.2平方公里的“选择题”》发表在《大众日报》头版

【志愿服务活动】 成立开发区新时代文明实践志愿服务总队，各镇街成立新时代文明实践志

愿服务队，各社区村居依托原有志愿服务队，成立新时代文明实践志愿服务分队。建立道德模范志愿服务队、体育健康医疗志愿服务队等15个新时代文明实践志愿服务队，在网上注册新时代文明实践志愿服务者334人。5个镇街建立5个新时代文明实践分中心，分中心平均建筑面积1960平方米，对11个社区（村居）志愿服务站和相关志愿服务队进行授牌仪式。社区（村居）建立30个文明实践站，平均建筑面积1128平方米。在古现中心小学、磁山景区、乐金显示和万行中心分别建立1处文明实践站，平均建筑面积200平方米。5月，启动新时代文明实践志愿服务项目库建设，结合队伍特长和工作职能，向全区各新时代文明实践专业志愿服务队征集活动项目，共征集16个项目、61场主题活动。全年累积开展新时代文明实践活动600余场。年内推举省级文明单位20个，市级文明单位25个。成立新时代文明实践道德模范志愿服务队，录制新时代文明实践“讲道德”宣讲活动视频，在各新时代文明实践站所播放；推荐冯昌凤获选全市第七届道德模范候选人。

【文明城市创建】 召开全区文明城市创建动员会议，对全国文明城市实地考察涉及的场所进行了全面摸底，共统计42类715个场所，顺利完成当年度全国文明城市测评。

【烟台开发时报】 2019年，烟台开发时报社正式在编人员14人。岗位设置分管理、专业技术、工勤三类，设有办公室、新闻部2个部室。报纸每周出版两期，四开四版或四开八版，发行范围涵盖全区机关、企事业单位、村居社区、商业网点及部分居民家庭。出版《开发时报》97期，编发“烟台开发区发布”官方微信338期、官方微博420余条，发布烟台开发区手机报291期。其中“烟台开发区发布”官方微博获得“烟台市十佳政务微博”称号。固定栏目有“来自重点工程的报道”“聚焦项目一线”“大众关注”“警方热线”“创业在业达”等。根据全市、全区宣传工作要点，新开设“基层党建质量提升年”“一年大突破·精彩回眸”“千企行·为您点赞”“这家企业有绝活”“深化‘放管服’‘一次办好’的业达实践”“‘三闲’正在变‘三宝’”“金融大擂台”“农行杯‘我为业达见证’主题征文”“一切为了群众满意”等20余个栏目。10月20日，围绕建区35周年，推出16个版的《庆祝烟台开发区建区35周年·拥抱希望》特刊，对开发区政治、经济、环境、卫生、文化、教育等领域，进行梳理报道，将工委管委为民服务办实事的努力，宣传告知群众。通讯《“登山者”吴建民》获2018年度山东新闻奖专业报刊通讯类二等奖，消息《中韩携手：“为了年轻的生命”》获2018年度山东新闻奖专业报刊消息类、编辑三等奖，《从“灌输”式到“浸入式”》获山东省老龄新闻宣传好作品报刊类消息类三等奖。1人获2019年度烟台市优秀新闻工作者称号。

【烟台开发区电视台】《开发区新闻》栏目共播发节目240余期，新闻1680余条。围绕加快新旧动能转换、全面推动经济发展，新设《这家企业有绝活》《大棚房整治在行动》《献礼国庆》等主题专栏。播发《我区召开2019年工作谋划落实承诺大会》《我区召开“三重”工作“10+1”调度推进暨“头脑风暴”创新思路举措专题会议》《第二届“世界老年旅游大会”在我区开幕》《2019“新动能”产才交流大会在我区举行》等重大活动新闻报道，并围绕《全区“10+1”重点工作推进》进行多次策划和报道。为庆祝新中国成立70周年暨烟台开发区建区35周年，展示创业者风采，推出系列报道“献礼国庆”，陆续反映辖区一批老国企的新变化。国务院批复新增6个自贸区后，安排记者第一时间赶赴济南、北京两地参加省自贸区新闻发布会、省自贸区揭牌仪式和烟台片区北京政策推介会，现场采访及时回传采访素材进行报道，推出《一周要闻——自贸区特别报道》。第一时间在烟台电视台“烟台新闻”播发《山东自由贸易试验区获准设立》《烟台在京亮出自贸新名片》《新闻链接：山东自贸区烟台片区》《自贸区烟台片区：种好自贸“实验田”，打造开放新高地》《烟台开发区：抢抓重大机遇，加快自贸区建设推进》等重点报道。在山东卫视新闻联播播发《荣昌制药：挑战新的不可能》，在山东新闻联播发头题《烟台：聚焦新兴产业培育，壮大发展新动能》，在山东卫视新闻联播发头题《山东：深化与日韩经贸合作，打造对外开放新高地》。截至年底，共在央视发稿两篇，省电视台发稿20余篇，烟台电视台发稿200多篇。《民生新闻》播发节目160余期，1200余条。集中报道与群众生活密切相关的文化教育、医疗卫生、工作就业、住房保障等方面题材。为更好配合全区党建工作，烟台开发区党建频道《党建新闻》节目由每周一期增加到每周两期。与区纪工委联合开办《业达清风》栏目，配合打造风清气正的政务环境。与区市场监督管理局合办《市场监督在行动》栏目，让受众及时了解和把握市场监管的动态和工作情况。完成“元旦”“春节”“两会”“五一”“一带一路”高峰论坛和中华人民共和国成立70周年国庆阅兵等重要时段、重要节点的安全播出任务。

党　校

【概况】 1991年9月，开发区工委党校成立。2018年，工委党校挂烟台经济技术开发区行政学校、烟台经济技术开发区社会主义学院牌子。党校下设综合处、培训处、教务处3个处室，在职工作人员9名。

【党校项目建设】 2018年11月12日启动党校项目建设。项目占地面积2.16万平方米，建筑面积2.54万平方米，主体建筑6栋，其中4栋为旧厂房改建，2栋新建，还有地下车库、连廊等配套设施。配套建设的图书馆建筑面积1643平方米，广场4000平方米。在满足教学功能的同时向社会开放，打造开放、共享式校园。截至12月底，项目主体工程完工，内部装修进入收尾阶段。

11月，党校项目施工现场

【党员干部培训】 2019年，工委党校围绕全面从严治党要求，积极创新培训模式，丰富拓展培训内容。结合“不忘初心，牢记使命”主题教育，会同工委组织部共同举办习近平新时代中国特色社会主义思想专题研修班，以及党务干部和党支部书记培训班等6个主体班次，受训党员干部1400人次。针对开发区产业基础特点、产业发展的瓶颈和短板，与上海交通大学合作，举办自贸试验区建设与发展专题培训班。会同工委组织部制定《2019年全区干部教育培训工作计划》，筛选20名理论水平高、实践经验丰富的专家担任党校客座教授，并配套建立客座教授考核和服务机制。依托烟台市党性教育基地、马家沟红色教育基地等打造现场教学平台，与浙江大学等10余家培训机构合作建设异地培训平台。健全完善《本地培训班工作流程》《异地培训办班工作流程》《工委党校学员守则》《班委会岗位职责》等工作流程和工作制度。

5月27日，烟台开发区自贸区建设与发展专题培训班

【服务全区工作】 2019年，工委党校落地招商项目6个，其中外资项目1个，引进国家“千人计划”1名，实现双招双引“零突破”。完成4次违建整治和村庄搬迁任务。“轮训为民，服务基层”大走访分包走访368户居民，电话测评走访率和满意率均为百分百，并列全区第一。分包60户企业，领导班子成员带头，为3家企业解决实际困难。完成潮水镇莲花泊村结对帮扶和1户困难户扶贫任务。

统　战

【概况】 2019年，烟台开发区工委政法统战部统战处认真贯彻落实省、市委的有关方针、政策，围绕工委管委的中心大局工作，瞄准“建设烟台市八角湾滨海新区”的战略定位，巩固和发展最广泛的统一战线，积极为实现“三年大提升、六年大变样”的奋斗目标凝聚共识、汇聚力量。

【民主党派工作】 有7个民主党派在辖区设立基层组织，分别是民革、民盟、民建、民进、农工党、致公党、九三学社。其中民盟、民建和民进设立基层委，其他4个党派分别设立支部，共有成员271人。中国致公党烟台开发区第三届支部委员会顺利完成换届。区财政每年给每个党派1万元活动经费。民主党派启动重点调研课题5项，围绕全区经济高质量发展和社会治安综合治理等开展政党协商活动。通过观摩重点项目、情况通报、座谈交流等方式，积极建言献策。各民主党派立足党派特色，发挥界别优势，通过捐款捐物、公益宣讲、志愿服务等多种形式扶危帮困、敬老助学，累计捐助公益善款10余万元。其中民建开发区基层委向全区园林工人捐赠380个“家庭急救包”，价值2万元；集资修建“民建思源井”，解决潮水镇大黄家村290户村民饮水困难。致公党开发区支部为金东小学设立“致公书屋”，捐赠图书1000余册。

5月10日，潮水镇政府、工委政法统战部、民建基层委共同为开发区民建基层委捐赠的“思源井”揭牌

【党外代表人士工作】 年内，接待安排2批来自省内其他地市党外干部在人社局、综合执法局、法院等部门挂职。围绕工委管委年度工作要点制定、双招双引、重点项目建设等方面，与各民主党派成员、无党派人士及政协委员中的党外代表人士开展座谈协商5次。法院、公安分局等职能部门主动邀请党外代表人士参观

考察、座谈交流，向党外代表人士通报工作情况，征求意见建议。推荐11名党外代表人士担任行政审批局、法院、公安分局等部门执法执纪监督员，为党外代表人士履行参政议政、民主监督职责创造条件。组织30余名民主党派成员、无党派代表人士赴胶东（威海）党性教育基地刘公岛教学区开展“不忘合作初心，继续携手前进”主题教育活动，引导党外人士进一步坚定理想信念，强化使命担当。建立党外中层副职及以上干部数据库，入库人员33人，年内认定无党派人士11名。

8月9日，组织开发区部分党外代表人士赴胶东（威海）党性教育基地刘公岛教学区开展“不忘合作初心、继续携手前进”主题教育活动

【新的社会阶层人士工作】 12月，集中授牌3处新的社会阶层人士实践锻炼基地，分别是：业达智谷、开创互联网产业园和开发区律师协会。加上已获市级授牌的中信大厦，区内新的社会阶层人士实践锻炼基地共有4处。

【港澳台地区和海外统战工作】 7月22—24日，参与全国台企联第五届常务理事会第一次会议暨百名台协会长烟台行系列活动的组织工作，接待来自全国130余家台企联协会理事单位负责人。活动期间，推介开发区投资环境，组织与会人员实地参观考察区城市展示中心、张裕卡斯特酒庄等，并与部分企业开展交流对接，达成涉及信息技术、化工新材料、生物医药、现代物流等诸多领域的合作意向。10月30日—11月1日，参与承办山东省第十届“华商企业科技创新合作交流会”，吸引来自美国、德国、马来西亚等37个国家和地区的260多名华商精英、高层次人才、知名侨领到区参会，签约合同投资额49.2亿元，达成近百项合作意向。对区内38家在营台资企业及时了解其经营状况，精准推送各项惠台企政策，协调经发科技、财政金融等部门，指导企业科技、技改项目申报，帮助企业享受政策红利。在国庆、中秋期间开展“台资企业走访季”活动，主动慰问、嘘寒问暖。同时，督促指导安全生产，增强台资企业的归属感。年内，共为12例21名非公职人员办理赴台初审手续。协调相关部门解决台港澳同胞落户居住、子女入学、就业等实际问题20余例。开展港澳台同胞及台属摸底统计，建立代表人士数据库，提高联系服务的精准度和有效度。依托欣和企业食品、富士康等典型企业及区城市展示中心，年内接待探亲访友、参观考察、投资经商的港澳台团组5个200余人。

7月28日，接待“2019海外华裔大学生——经纬烟台营”华裔大学生参观业达智谷

【侨务工作】 2019年，侨法宣传周期间，共印发明白纸3000余份，投放宣传标语40余处，制作易拉宝12个、宣传条幅7条。全年走访贫困归侨侨眷18次，送去米、面、油等生活必需品。按期为5位贫困归侨侨眷发放困难生

活补助。年内累计发放各类补助、慰问金 1.5 万元。向社会公开侨务办公电话，耐心倾听侨胞诉求，热心接待侨胞来访，积极对接相关部门为侨胞答疑解惑，架起侨胞与故土联系的“连心桥”。

在街道集中开展侨法宣传

【民族工作】 截至 2019 年底，全区有少数民族 39 个，共计 10052 人。年内，共为 59 名少数民族考生办理了中高考加分证明。全面升级“全国民族团结进步示范区”海信社区软硬件设施，制定详细方案，逐项进行整改提升，确保符合相关要求。依法加强清真食品管理。全区共有各类清真餐饮店 106 家，从业人员 260 余人。组织召开工委统战工作领导小组专题会议，部署开展清真食品领域乱象专项治理。指导各镇街、相关单位全面排查清真标识使用不规范、“阿语”泛化等问题，累计排查商超、饭店 106 家，发现问题 85 家，全部整改完毕。9 月 21 日，组织参加全市民族团结进步宣传月活动，集中展示开发区民族工作。福莱山街道孙文太获评“全国民族团结进步模范个人”荣誉称号，古现街道和万家社区被评为“全省民族团结进步创建活动示范社区”称号。海信社区获民族团结进步专项发展基金 5 万元。山东机关报《联合日报》记者调研采访区城市民族工作，中国山东网、中国民族宗教网先后对区城市民族服务管理工作进行宣传报道。

【宗教工作】 开发区信教人群以信仰基督教为主，少数居民信仰佛教，宗教信徒超过 5000 人。全区有依法登记宗教活动场所 7 处，其中基督教 6 处，佛教 1 处。宗教团体 1 个，即烟台开发区基督教三自爱国运动委员会。基督教有信徒约 5000 人，分布在 4 个街道办事处，以福莱山街道办事处居多，分别是福莱山街道刘家台子活动点、金盛小区活动点、金光小区活动点，古现街道北斗活动点，大季家街道方里刘家活动点，八角街道上刘家活动点。在天马相城有 1 处韩国人基督教活动场所，信徒约 350 人，主要是来自大宇造船、乐金显示、伊诺特、东洋机电、斗山机械、现代汽车等重点外资企业及耀华中学管理人员和家属。佛教信教群众规模相对较小，有依法批准登记的佛教活动场所 1 处，即普觉弘法堂，有信徒 230 余人。区内有民间信仰活动场所 1 处，即大季家街道芦洋村龙王庙，主要信仰龙王、财神等，信众多为当地居民。加强宗教法规宣传，深入贯彻落实新修订的《宗教事务条例》，对各宗教场所及教职人员进行系统培训，举办两次专题培训班。举办宗教法规培训班，各镇街和相关部门分管领导、民族宗教相关工作人员、社区民族宗教工作联络员参加培训。健全完善管理制度，落实属地管理责任。调整工委统战工作领导小组，修订完善《全区宗教工作联席会议制度》，制定《全区依法查处境外基督教渗透专项行动工作方案》，明确成员单位职责分工，发挥处置非法宗教等方面作用。组织各镇街、村居签订《宗教领域安全管理责任书》，加强日常监管，落实管理责任。进一步规范宗教事务管理，创新管理模式，推进基督教私设聚会点治理工作。基督教私设聚会点管理模式得到上级部门认可，作为样板在全市范围推广，全省宗教工作现场会选取辖区两处聚会点作为观摩点。青岛、枣庄市委统战部先后到区考察学习，交流经验。

外 事

【概况】 2019年，招商局外事处负责开发区的外事工作，主要包括因公出国（境）团组审批、接待外事到访团组、涉外事件处理、企业申办商务旅行卡审批等工作。全年办理因公出国（境）团组审批30批101人次；办理商务旅行卡审批6批9人次。

【出访】 全年出访25批89人次。主要出访国家和地区有：韩国、日本、美国、加拿大、英国、法国、西班牙、葡萄牙、挪威、匈牙利、印度尼西亚、马来西亚和新加坡。2月20—24日，工委副书记、管委副主任刘建民和招商合作局等一行5人出访日本，拜访夏普堺显示器工厂、夏普电子元件事业本部，对接笔记本电脑中国总部、福山8寸晶圆等项目，推进重点在谈项目。2月25日—3月1日，管委副主任杨林盛、中韩产业园管理服务中心主任等一行3人赴韩参加中韩（烟台）产业新闻发布会，推介中韩（烟台）产业园。期间，拜访现代摩比斯、浦项建设、现代建设、斗山机床、乐金电子部品、世亚集团以及韩国贸易协会、韩国技术风险投资财团、昌原大学等公司与单位。3月11—14日，管委副主任杨林盛、规划分局、建设局等一行5人赴韩国开展产业园考察交流活动。探讨乐天集团到开发区建设超高层建筑事宜，并考察韩国国际会议中心、COEX商圈及周边整体开发配套设施情况。5月20—28日，工委书记、管委主任牟树青一行5人赴美国、加拿大，推进富乐胶粘剂项目、万润美国医药项目、业达生物医药孵化器项目引进事宜；推进库博汽车部件公司在区并购业务；推进佐治亚理工学院增材制造研究院项目；赴加拿大推进与阿尔伯塔大学、垂卡科技公司与荣昌制药合作事宜；推进喜旺食品研发中心项目、艾迪精密智能制造产业园项目；推进不列颠哥伦比亚大学合作事宜。4月23—30日，管委副主任杨林盛一行4人，赴西班牙、葡萄牙，考察马德里精选商品小镇、魔达功能饮料公司，考察中国水产有限公司在西班牙的渔业基地，洽谈推进中水综合渔业基地项目。6月17—21日，工委办公室主任刘丛杰、中韩（烟台）产业园管理服务中心等一行3人，赴韩国参加中国商务部与韩国产业通商资源部合作举办的“中韩产业园合作协调机制第三次会议”，拜访韩国技术风投财团、韩国科学技术研究院、韩国贸易协会等公司与组织。6月16—23日，工委委员、宣传群团部部长张华志随市文化和旅游局团组赴印度尼西亚、马来西亚开展城市形象宣传和旅游营销活动，以增强开发区旅游在东南亚市场的认知度和美誉度。7月15—19日，工委委员、管委副主任张居红和中韩（烟台）产业园管理服务中心等一行5人，赴韩国举办“中韩（烟台）产业园投资环境说明会”，推介八角湾国际人才港（八角湾中央创新区）、八角湾海洋经济创新区，拜访LG伊诺特、万都机械、宇光产业、农协银行、SK化工及我立德医院等公司与组织。9月23—25日，工委委员、管委副主任林阳等一行3人，赴韩参加第三次中韩产业园合作协调机制司局级工作会议、第二届中韩产业园合作交流会，拜访宇光机械、韩国贸易协会、韩国技术风投财团、韩国民俗村集团等公司与组织，开展招商、经贸活动。11月8—15日，工委委员、管委副主任张居红和招商合作管理局投促中心等一行3人，组团赴英国拜访海湾石油伦敦总部、恒道集团、庄信万丰公司，赴德国法兰克福举行投资推介会并拜访德国钾盐集团，推进重点在谈项目。11月10—13日，工委委员、管委办公室主任刘丛杰等一行 5 人，组团赴日本，拜访日本动画企画株式会社、Sanrio 株式会社、日中文化产业交流协会、日本动漫协会，推介开发区动漫产业资源，就动漫产品合作开发等事宜展开交流与洽谈。12 月 4—8 日，工委委员、管委副主任张居红一行 5 人，赴日韩两国，参加山东省举办的“对话关西”交流活动、烟台—东京跨国公司高层对话会、深化中国山东·日本开放合作推进会、烟台（日本）经济合作中心揭牌仪式等活动并拜访德山株式会社、千代达电子等机构，加强交流合作，推进在谈项目。

2019 年烟台开发区因公出国（境）情况一览表

表 3

申请时间	申请单位和人数	出访国家和地区
1 月 14 日	招商合作管理局 5 人	日本
2 月 01 日	中韩（烟台）产业园 3 人	韩国
2 月 01 日	招商合作管理局 2 人	韩国
2 月 26 日	招商合作管理局 4 人	日本、韩国
2 月 28 日	经发科技局 3 人	德国、挪威
3 月 03 日	中韩（烟台）产业园 5 人	韩国
3 月 04 日	中韩（烟台）产业园 3 人	韩国
3 月 04 日	招商合作管理局 5 人	美国、加拿大
3 月 04 日	招商合作管理局 4 人	西班牙、葡萄牙
4 月 19 日	招商合作管理局 5 人	日本
4 月 24 日	招商合作管理局 3 人	韩国
4 月 28 日	中韩（烟台）产业园 5 人	韩国
5 月 30 日	中韩（烟台）产业园 3 人	韩国
6 月 20 日	中韩（烟台）产业园 5 人	韩国
8 月 16 日	中韩（烟台）产业园 2 人	韩国

人民团体

People's Organizations

区总工会

【概况】 2019年，区总工会认真贯彻上级各项决策部署，积极开拓创新，各项工作实现了新发展，自身建设也得到进一步巩固。截至年底，总工会辖街道总工会4个，乡镇工会工作委员会1个，机关事业单位工会46个，直属企业工会3个，基层工会1761个，其中2019年新建非公企业工会36家。会员总数15.36万人，其中年内新增会员2200人。

【工匠孵化行动】 在2019年工匠孵化行动中，全年评选表彰业达工匠10名、业达小工匠20名，并给予物质奖励；新创建6家职工（劳模）创新工作室，拨付奖励资金18万元。4月，烟台船舶工业学校于兴创新工作室获得烟台市劳模和工匠人才创新（孵化）工作室，获得资助资金5万元，并被授予烟台市工人先锋号；9月，烟台船舶学校获得烟台市工匠孵化基地称号。12月，西蒙西轴承有限公司1人被山东省总工会命名为“齐鲁工匠”荣誉称号，获得资助资金5万元。

12月17日，烟台市工匠孵化行动现场观摩推进会在船舶工业学校举行

【劳动竞赛】 是年，全力推动基层工会“查保促”专项行动，累计组织群众性隐患排查治理活动1437次，排查安全隐患4563处，整改率100%；职工提出安全生产合理化建议3567条，开展职工安全生产教育培训468场次，23000余人次；推动395个基层工会与企业签订《劳动安全卫生专项集体合同》，保障职工安全权益。10月，组办全区数控、叉车、焊接技能大赛，参赛职工和职校学生共131人，17人分别获得一、二、三等奖。在2019年劳动竞赛技术创新及安全生产合理化建议等活动中，有17人获得市级以上表彰奖励。其中山东省群众性安全生产竞赛优秀职工1名，烟台市职业技能大赛获得者4名，烟台市职工优秀技术创新成果奖4名，烟台市合理化建议荣誉奖项8名并获得1.06万元的物质奖励。

10月26日，开发区焊接技能竞赛现场

【企业民主管理】 开展企业工会与行政沟通协商机制建设，加快企业厂务公开民主管理规范完善进程，指导企业不断创新民主管理形式，丰富民主管理内涵。截至年底，全区国有及其

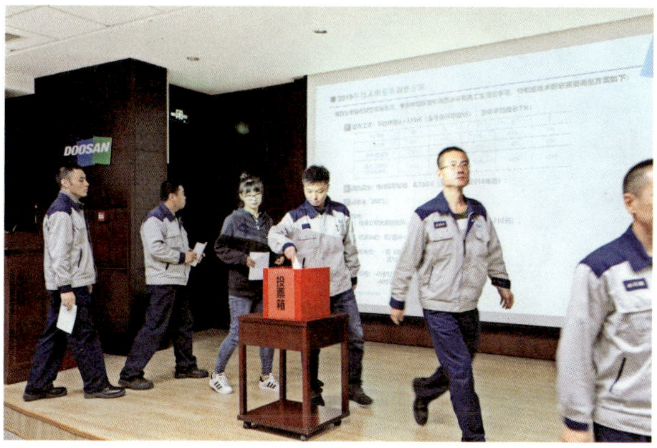

10月25日，斗山工程机械公司召开会员（职工）代表大会

控股企业职代会建制率100%，非公企业职代会建制率90%以上。2019年，乐金显示（烟台）有限公司和浪潮乐金数字移动通信有限公司分别荣获2018年度山东省女职工权益保护专项集体合同规范化建设达标企业称号。

【职工服务体系】 2019年元旦、春节期间开展送温暖活动，慰问和帮扶各级劳模、困难职工52人次，帮扶资金136652元，救助2名特困职工58136元；联合人社局组织春风送岗活动，累计举办招聘会7场次，参与招聘企业3261家，16000余人参加，达成就业意向1234人；组织142家企业开展夏送清凉活动，基层工会累计为职工发放1452万元的送清凉物资。区总工会为环卫、交警、重点企业、重点项目工地的3241名户外工作者发放价值13万元的送清凉物资。组织开展高温费发放检查11次，检查重点企业47家，督促3家企业补发高温费780余万元。在企事业单位建设爱心妈妈小屋6处；打造“相约业达”品牌，开展青年职工联谊会1次。全面推开齐鲁工惠APP下载注册认证，累计召开培训会议16场，培训基层工会干部415人，截至年底，全区共有56000名会员注册认证成功；累计举办各类免费活动11场次，10家企业免费提供优惠服务，受益职工

3月4日，开发区总工会、人社局共同举办“春风行动”大型招聘会

16000人。区总工会出资12万元提供免费观影活动，受益职工6000人。开展“新时代模范职工之家”建设活动，推进基层工会组织规范、制度规范、运行规范，打造新时代模范职工之家3个。在山东省总工会工友创业助力乡村振兴实施计划行动中，开发区2个工友创业园获得市级表彰，有2人分别获得省、市两级表彰。5月11日，开发区磁山圣水天苑有限公司被烟台市总工会正式挂牌“劳模（职工）疗休养基地”，确定为全市一线职工疗休养基地。

【评先树优活动】 3月份，与妇联共同举办烟台开发区庆祝“三八”国际劳动妇女节暨先进表彰大会，表彰10名先进个人和10个先进集体；在2019年评先树优活动中，全区有5个集体、25名个人获得市级以上表彰奖励。其中山东省五一劳动奖章1名，山东省女职工建功立业标兵1名，山东省工人先锋号1个；烟台市劳动模范19名，烟台市女职工建功立业标兵4名，烟台市女职工建功立业标兵岗4个。

3月8日，庆三八国际劳动妇女节暨先进表彰大会

【维护职工合法权益】 坚持规范操作，推动非公企业建立工资正常增长机制、工资支付保障机制，全年累计指导76家企业开展工资集体协商，累计395家企业订集体合同、工资专项集体合同、女职工特殊权益保护专项集体合同。与劳动仲裁部门建立联合调处机制，上半年联

合调处疑难案件 1 起；建立企业劳动关系状况报告制度，基层工会上报信息 13 条，均提前得到有效化解；组织开展 2019 年女职工维权行动月活动，基层工会开展讲座 147 场次，参与 4201 人；圆满完成浪潮 LG 职工协商解除劳动合同案、霍富汽车锁劳资纠纷案的调处工作，化解矛盾纠纷 3 起，接待职工来访 31 人次。

【职工文体活动】 引导职工“听党话、跟党走”，组织开展“中国梦·劳动美——争当新时代奋斗者”演讲比赛。“中国梦·劳动美——庆祝中华人民共和国成立七十周年”主题宣传教育，共举办活动 147 场次，获得全市竞赛活动二等奖;组织庆祝中华人民共和国成立七十周年“我与开发区共成长”主题演讲比赛，38 个单位共选送 35 名选手参赛；基层工会组织各类读书活动、分享会 412 场次。推进“职工书屋”建设，创建市级职工书屋 2 个；指导企业年会 47 场次，选拔 1 支合唱队参加全市比赛和全市庆五一文艺会演；组织职工参加全国新区经开区高新区职工健康运动会乒乓球比赛，获得团体第八名、女单第三名。参加全市职工象棋、围棋比赛，分获冠军、季军；参加全市职工文艺会演，获得声乐比赛通俗唱法二等奖，获得全市职工文艺会演节目一、二、三等奖各一项；参加全市职工庆祝新中国成立七十周年体育比赛，获得羽毛球项目男团冠军、女团亚军；组织基层工会参与市民文化节活动，累计组织各类活动 49 场次。

9 月，组织职工参加烟台市总工会庆祝祖国 70 华诞职工篮球比赛

共青团区委

【概况】 中国共产主义青年团烟台经济技术开发区委员会现有编制 2 人，在岗工作人员 2 人。截至 2019 年底，共有下设团组织 345 个，其中团（工）委 10 个，团总支 27 个，团支部 308 个，直属团组织共有团员 5879 人。

【成人礼仪式】 5 月 4 日，在高级中学举办“青春心向党，责任勇担当”烟台开发区纪念五四运动 100 周年暨十八岁成人礼活动，学生及家长共计 3000 余人参加，同日邀请中国榜样人物张立勇，举办“奋斗的青春最美丽”励志讲座。

5 月 4 日，高级中学开展成人礼活动

【入团仪式】 5 月，举行“青春心向党，建功新时代”新团员入团仪式，全区 750 名学生加入共青团。在团旗下庄严宣誓，并由老团员向新团员佩戴团徽。

【中日韩青年创新创业论坛】 6 月 24—25 日，协助共青团烟台市委在开发区举办中日韩青年创新创业论坛。通过这一重大国际论坛，建立青联、青企协与日韩青年组织交流互访机制，开展中日韩青年企业家经贸考察活动，让更多日韩青年企业家们走进开发区、了解开发区、投资开发区。

6 月 25 日，在希尔顿酒店举办中日韩青年创新创业论坛

【青年企业家活动】 3 月 3 日，组织区烟台市青年企业家协会会员举办“青聚金沙滩”青年企业家学习分享沙龙，35 位青年企业家通过项目介绍、座谈交流等形式，深入了解开发区企业发展现状，共商、共享、共谋，探讨发展思路；7 月 25 日，组织区青年企业家召开金融领域座谈会。7 月 31 日，组织区青年企业家参加“烟台市青年科技人才上海行”活动。9 月 24 日，区会员接待台湾青工总会副总会长詹益胜一行参观开发区协会单位并进行座谈。

【青年志愿者活动】 1 月 1 日，组织烟台工程职业技术学院 250 名志愿者在新年马拉松中提供赛包发放、补给供给、路线提示等服务，在

1 月 1 日，烟台工程职业技术学院学生志愿者在金沙滩“新年马拉松”做志愿服务

赛前对志愿者进行了专业指导。3 月 31 日，为保障金沙滩马拉松顺利进行，组织烟台船舶工业学校近 300 名老师和学生青年志愿者参与服务。3 月 17 日，组织“绿水青山 · 美丽业达”全民义务植树活动，2000 余名青年志愿者到大季家街道种下 6000 余棵树苗。3 月学雷锋月，开展“青春心向党，建功新时代”青年志愿服务活动，组织 20 家企事业单位 1000 余名青年志愿者通过义诊、公益讲课、捡拾垃圾等形式，奉献爱心。9 月 12 日，团区委与水文局一同前往敬老院，为老人送去志愿者制作的月饼。

【青年联谊活动】 3 月 10 日，在金沙滩举办“畅跑金沙，情定业达”青年联谊活动，组织百余名青年一同跑步、分组合作捡拾垃圾，在运动及志愿服务活动中增进彼此的了解。4 月 21 日，举办“爱在磁山，情定业达”青年联谊活动，组织 40 名青年参观磁山爱国主义教育基地，共同攀登磁山。6 月 9 日，在古现和万家党群服务中心举办“一见‘粽’情，相约端午”青年联谊活动，28 名青年通过共同包粽子等形式增进彼此的了解，并将粽子一同送至社区孤寡老人家中。8 月 4 日，在留创园区举办“相见恨晚，缘定七夕”青年联谊会，五对单身青年现场牵手成功。

【希望工程】 全年打造“希望工程”品牌，整

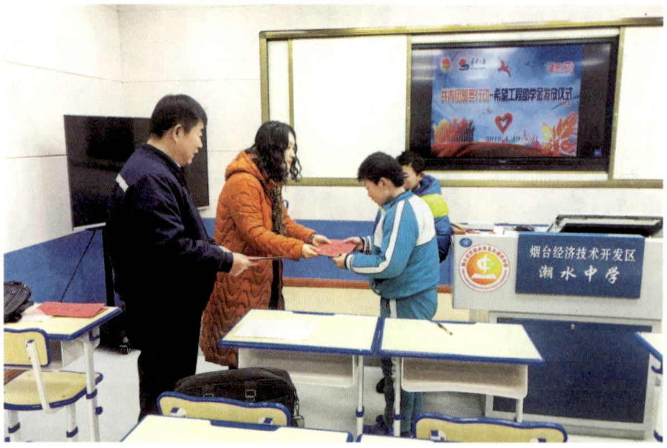

1 月 10 日，斗山机械爱心人士为潮水中学贫困学生送去助学金

合各界资源，积极与斗山机械等爱心企业进行对接，资助打造“希望图书室”。协同市希望办实地考察区两所希望小学现状，并对教学物资配备情况进行统计。在全区范围内开展“一助一”“多助一”助学行动。全年累计资助贫困学生200余人次，累计筹集市希望办及爱心企业、个人助学金8万余元。

区妇联

【概况】 区妇联隶属工委宣传和群团工作部，实有2人。现有城市社区妇联22个，农村社区妇联185个，基层妇联执委1474人。2019年，区妇联推荐7人获烟台市巾帼建功标兵荣誉称号，2个集体被评为烟台市巾帼建功先进集体。2人获烟台市三八红旗手荣誉称号，其中一人获烟台市巾帼志愿服务楷模荣誉称号，文化馆巾帼志愿服务队获烟台市巾帼志愿服务先进集体荣誉称号。3月28日，国务院妇儿工委办公室常务副主任、全国妇联改革办主任王卫国一行4人，到开发区舒朗服装服饰股份有限公司调研企业妇联工作。

【创业就业培训】 6月10—14日，联合山东乐祺时代母婴护理有限公司在青少年宫报告厅

6月10日，在青少年宫举办女性公益专岗扶贫培训班

举办女性公益专岗扶贫培训班，各镇街238名妇女参加培训，20名下岗失业妇女通过培训实现再就业。

【文化公益活动】 3月6日，区妇联、女企联、女知联共同举办“守护春蕾，与爱同行”女企业家庆“三八”公益演出，号召社会各界爱心人士关注春蕾女童等弱势群体。3月8日，区妇联与总工会联合举办“花开新时代，最美巾帼红”烟台开发区庆祝“三八”国际劳动妇女节暨先进表彰大会，39名来自各行各业的女性单位代表和个人受到表彰，全区350名妇女代表参加了会议。

3月6日，区妇联、女企联、女知联共同举办“守护春蕾　与爱同行”女企业家庆“三八”公益演出

【权益保障】 3月，烟台市首届市民文化节期间，组织全区各级妇联组织开展法制维权宣传活动，向广大群众宣传发放《中华人民共和国反家庭暴力法》《中华人民共和国婚姻法》《中华人民共和国妇女权益保障法》等法律法规宣传纸1000份。全年共接待群众来电来访14件，满意率100%。春节和母亲节前夕，走访慰问18名春蕾女童和23名困难母亲，累计捐助物资32000元。

【家庭建设】 5月，在全区开展“美丽庭院”创建，倡导广大妇女带领家庭成员积极参与家庭环境建设。全年建成“美丽庭院”示范户

12 月 22 日，在区婚姻登记处举办“向幸福出发”公益活动

935 户，培树示范村 5 个，投入资金 10 万元。9 月份，区妇联、区婚姻登记处共同设立开发区婚姻家庭辅导中心，招募 12 名有专业知识和调解经验的志愿者，每周一到周五轮流坐班，为有需求的当事人免费提供情感辅导、离婚辅导等服务。年内，共为 147 对夫妻提供调解服务，72 对夫妻调解成功。10 月份，在全区启动“母亲素质提升工程”，举办两期家庭教育专题讲座，邀请家政培训机构专家和高校教师为大家讲解家庭育儿、垃圾分类等方面的知识，600 人参加了活动。11 月份，在五个镇街党群服务中心举办“做智慧母亲，创书香家庭”读书分享会，发放图书 230 套，发放“争做新时代好母亲”倡议书 1 万份。

工商联

【概况】 先后组织 60 余位民营企业家通过观摩学习万华精神、邀请学者到区授课、参观磁山爱国主义教育基地等形式，开展理想信念教育，坚定中国特色社会主义信念，增强企业发展信心。探索建立会员企业轮值交流机制，打破传统开大会、听报告的形式；坚持“工商联搭台，企业家唱戏”，让工商联会员企业轮值做主席；开展系列“小而精”的交流分享活动，搭建起一个面向工商联会员、辐射全区企业家的互动平台。年内共举办 6 期活动，吸引了百余名各行业、领域的企业家参与。联合司法、公证等职能部门开展“法治惠企，圆梦业达”法律服务，助力非公经济发展活动。区工商联与律协联合组建“法律管家”服务团和商会调解组织，在区综治中心挂牌成立非公企业法律服务中心。

【村企共建】 5 月份，烟台市市政建设集团有限公司与潮水镇马家沟村成功“联姻”，结成长期共建对子，共同推进乡村振兴，助力村企共赢。山东利达消防设备有限公司、烟台金桥集团有限公司、烟台潮水国际机场酒店管理有限公司、烟台开发区腾泰混凝土有限公司 4 家工商联会员企业集资 8 万元，帮助潮水镇黄家店村硬化村委大院及部分村路。是年，区工商联获评省“五好”工商联称号，山城商会获评市“四好”商会称号。

法治　军事

Rule of Law and Military Affairs

公　安

【概况】2019年，公安分局认真履职，创新突破，圆满完成各项任务，被授予全市公安机关新中国成立70周年大庆安保维稳突出贡献奖和集体三等功。先后承办全省公安智慧监管、全市经侦工作暨情报技术中心建设、创建“枫桥式派出所”活动、信息化建设4个现场会。年内，完成全区违法建设治理行动分包任务41户、福莱山街道旧村改造和欣和项目6户、古现重点项目8户搬迁任务。完成“天网工程”和“交警地理信息系统”建设。文明城市提升行动期间，查处违停8万余起、未礼让行人2.2万起。启动新一轮“僵尸车”处置工作，对全区62家停车场进行集中整治，停车场整体秩序明显改观。新中国成立70周年大庆安保维稳期间，圆满完成重大安保警卫任务40余次。对全区40家反恐重点目标单位进行不间断督导检查，及时整改各类隐患600余处。组建3支PTU巡防警力和100人的应急队伍，完善“1、3、5”分钟处置机制，妥善处置群体性事件20余起。坚守公共安全底线，强化道路交通、“九小”场所消防和危化品安全监管，累计整改隐患2000余处。结合扫黑除恶、“云剑”“昆仑”等专项行动，严打电信网络诈骗、两抢两盗、“黄赌毒”、食药环等领域违法犯罪活动，全区社会治安、营商环境持续向好。年内，抓获在逃人员221人，破获各类刑事案件545起，刑拘676人，逮捕250人。其中，打掉恶势力犯罪集团1个、涉恶类共同犯罪24个；破获2018-108号省厅毒品目标案件，抓获犯罪嫌疑人16人；破获各类经济犯罪案件45起，挽回经济损失1.2亿元；侦破李某国等利用保健食品诈骗老年人系列案，采取强制措施41人，涉案金额5亿元，受到公安部、省厅、市局主要领导表扬。围绕智慧公安建设，主动顺应数据“大融合、高共享、深应用”发展趋势，建设以前端加密、制高点AR立体防控、“深目”人像识别等为主要内容的视频监控1900余路，全息感知网络更加密集。获得财政投资，同步推进智慧合成、智慧网安、智慧监管、智慧经侦、智慧交通、智慧社区等六大升级改造工程，重点警种得到长足保障。深度应用AI技术实现所需信息智能推送，科学搭建模型，实现维稳风险和违法犯罪智能预判，研发速裁APP实现办案流程再造，构建以大数据智能应用为核心的智慧警务新模式，警务实战智能化水平显著提升。其中，“深目”人像识别系统日均人像采集量达200万张，累计获取案件线索356条，直接破获案件150余起，抓获犯罪嫌疑人200余名。借鉴新时代“枫桥经验”，整合全区外卖小哥、楼宇管家等警务共同体队伍18支1300余人，创新推出“十百千万”“警民联调”等系列工作法，初步形成警民联防、多元共治的社会治理新格局。金桥派出所被评为全省“枫桥式公安派出所”。年内，组织警务共同体队伍开展宣传、巡防等活动300余场次，收集有效线索82条，协助破案33起，辖区可防性案件下降10.3%。深入推进“放管服”改革，推动67项行政审批事项进驻区政务服务大厅，采取增设警力、延时下班、网上预约、下放权限、

2月14日，公安分局被授予“全市优秀公安局”荣誉称号

自助服务等措施，为群众提供优质高效服务近20万人次。结合“轮巡问民，服务基层”大走访、防诈骗等法制宣传活动，组织民警常态化进户入企，累计走访居民15万户次、企业1万余家次。积极完成管委要点工作，争取东星集团、工商银行两个项目认定资产638万美元，新增申普林等确认项目8个，在谈CT安检等项目8个。积极推进爱迪特、富泓快件2个“三重”项目开工建设。

【户政管理】 2019年，全区共办理户口迁入、迁出、出生、死亡、住址变动、变更更正、居民身份证等业务56378人次。其中，区外迁入9609人，同比下降4%；迁出2523人，同比下降16%；出生登记4082人，同比上升5%；死亡注销1531人，住址变动4213人，办理身份证22102个，临时身份证2346个。截至年底，全区户籍人口98361户，272503人，其中，男性133821人，女性138682人，人口净增加10058人。回复网上咨询、网上预审548人次，办理异地居民身份证5038个，异地临时身份证245个。投入4万余元在5个户籍派出所增设临时居民身份证制证设备，实现派出所当场受理当场制发证件。核实疑似重复户口线索123条，注销重复户口18人，清理死亡、参军、出国（境）定居等应销、未销户口34人。

【出入境管理】 2019年，共受理公民因私出境申请23248人次，同比增长16.8%。其中，护照申请13474人次，港澳通行证申请6836人次，大陆证申请2906人次，出入境通行证31人次，前往港澳通行证1人次；受理境外人员各类证件申请1323人次，同比减少25.3%。其中，外国人居留许可1185人次，签证116人次，五年有效台胞证22本。查处各类涉外案事件32起，查获三非缅甸人员23人，全部依法遣送出境。完善双备工作机制，新增和更新特殊身份人员信息2342条，报备不批准出境人员382人，查处3名不准出境人员。做好港澳商务备案，完成港澳商务备案单位14家，港澳商务备案人员43人，最大限度避免港澳备案单位人员在港澳期间从事违法犯罪或假借商务申请的弄虚作假行为。深化“放管服”改革，将原来办理证照需要的制证照片采集、指纹采集、申请材料提交、见面核查、证件缴费等分散于不同时间段、不同场所的各个环节，集中在区政务中心警务大厅统一集中办理。提供周六全天（法定节假日除外）受理出入境证件申请、办证高峰以及节假日前延时、错峰受理申请服务。自4月1日起，申请普通护照、往来港澳通行证及签注、往来台湾通行证及签注业务（登记备案的国家工作人员、现役军人除外）施行全国通办。

【打击刑事犯罪】 2019年，全区共发案1847起，破案704起，刑拘775人，逮捕300人，抓获逃犯246名，其中，公安部B级通缉令1名、部督逃犯1名、省督逃犯1名，10年以上逃犯2名、5年以上逃犯13名。命案2起，破案率100%，连续十三年实现命案破案率100%，八类案件破案率82.6%，盗抢类刑事案件现场勘查率100%。侦办“4·09”“7·10”烟台市公安局电诈专案，破获宾阳QQ诈骗案、刘慧杰诈骗案、“6·15”中缅边境“杀猪盘”电诈案、“5·18”妨碍信用卡管理案、龙源电力工地电缆被盗等一批系列重大案件。在扫黑除恶工作中，打击处理涉恶团伙14个，刑事拘留84人，破获案件87起。侦办王大明“套路贷”案件，查扣涉案资产1400余万元。12月15日，杨建等人组织领导黑社会性质组织案一审成功判决，该案为全区扫黑除恶专项斗争期间首判案件。严打电信诈骗类案件，年内抓获各类犯罪嫌疑人146人，同比上升20.66%；破获电诈案件677起，同比上升112.9%；查控涉案银行账户7947个、三方支付账户12146个，止付、冻结赃款2282.11万元，返还资金28万元。全年共勘查各类刑事案件现场1045场（次），串并案件28串125起，提取指纹、DNA等痕迹物证602份，录入现场指纹322枚；指纹比中案件57起，利用DNA认定犯罪嫌疑人171人次，串并案件33串80起。10月份，DNA实验室试运行，年内共检验现场提取的生物检材43件，检出DNA有效分型案件7起，利用DNA数据库比中5名嫌疑人。警犬共参与各类任务65起，直接发挥作用5起，4月5—26日，2名训导员携警犬完成青岛海军建军70周年安保任务。

【打击经济犯罪】 以防范化解金融风险为目标，以云端打击模式为抓手，扎实推进打击涉众型犯罪、打击涉税犯罪百城会战专项行动。年内，共立经济犯罪案件71起，破案45起，抓获84人，挽回经济损失1.2亿元。依托云端打击模式，立非法吸收公众存款案10起，抓获犯罪嫌疑人11人，涉案金额1.2亿元。破获组织领导传销活动案3起，抓获犯罪嫌疑人17人。快速处置河北旭尊集团非法吸收公众存款案，监督旭尊集团全部兑付投资5700余万元，为近年来办理非法集资案件兑付最多的案件。侦办虚开增值税专用发票案3起，抓获犯罪嫌疑人1人，涉案金额13.2亿元，发起集涉税群战役2起，完成云端打击部署应用任务18起。建成经侦情报技术中心，为数据分析提供软硬件支撑，数据分析能力明显提升，公安部、省厅领导对分局数据化实战经验做法给予肯定。联合金融办、市场监管局推动防范宣传进社区、进企业，先后在彩云城、万达广场、蜜橙社区开展活动3场次，在6个大型社区举办防范非法集资宣传晚会6场，参与群众近万人。

【打击毒品犯罪】 2019年，以全省三年禁毒人民战争的收官战为契机，坚持以打开路、打防结合、标本兼治，深入开展“扫毒攻坚专项行动”，破获各类涉毒案件16起，抓获毒品犯罪嫌疑人26人，起诉25人，查处吸毒人员71人，新发现吸毒人员38人，强制隔离戒毒26人。落实局长“挂帅”破大案，集中优势警力破获省级毒品目标案件2起。开展“天目”铲毒战役，组织专门人员进行拉网式、地毯式的人工踏查，查处非法种植罂粟案件3起，铲除900余株，处罚3人，批评教育10人，奖励举报人3人次。开展吸毒人员集中检测行动，“两会”和中华人民共和国成立70周年大庆安保期间，先后开展两次吸毒人员集中检测行动，采集毛发900余份，阳性检出人员11人，对7人做出行政处罚决定。

【打击食药环犯罪】 2019年，共立食药环类案件15起，破案12起，采取强制措施55人。成功破获蓝色海岸葡萄酒公司假冒注册商标案、“福旺熟食店”销售不符合食品安全标准的食品案、李某国等利用保健食品诈骗老年人系列案等多个大要案。其中，李某国案采取强制措施38人，涉案金额6.5亿元。根据山东省

7月18日，公安分局组织130余名警力，抓获李某国等利用保健食品诈骗老年人系列案的主要犯罪嫌疑人

公安厅三年攻坚战要求，在实验室增配胶体金检测仪，有力保障案件侦办质量。年内，依托快检室先后进行石蜡米、鸭肉猪肉肉源等检测40次，抽样各类检材80批次，发现问题检材13例。

【治安管理】 2019年，全力维护社会稳定，圆满完成两会、青岛海军节、70周年大庆等大型活动安保40次。完善等级巡防和网格化巡防机制，常年启动汽车西站治安卡点，并在重大活动安保期间先后启动夹河桥、古现高速、八角高速卡点查控，累计启动社会面一级巡防勤务140天，盘查人员20余万人次。组建PTU警察战术作战单元，调整一分钟处置点警力部署，有效提升“1、3、5”分钟处置圈快速反应能力。先后办理“岷江洗浴组织卖淫案”“李某等介绍卖淫案”“10·1重大责任事故案”等案件13起，行政拘留17人，刑事拘留17人，逮捕5人。对全区寄递物流、学校、加油站、旅馆、反恐重点目标等400余家单位开展不间断督导检查，发现整改问题隐患240余处。定期走访在区关注人员，及时排查涉恐可疑情况，先后搜集境内外情报信息122条，发现非法传播暴恐音视频线索7条，对1名非法持有暴恐音视频人员依法采取刑事强制措施。累计开展清查行动96次，查处不按照规定登记承租人信息案件354起，流动人口互联网申报率达94.63%，预警信息处置率、用人单位和出租房屋注册率、出租房屋治安管控率均达100%；完成一标三实标准地址297513条，坐标标注率100%，实有房屋182937条，实有单位12731条，实有人口369923条；列管重点人口832人，列管率及监管率均达100%。借鉴“枫桥经验”,组织开展“枫桥式公安派出所”创建活动，在金桥派出所辖区打造以警务共同体、智慧警务室、智慧社区、智慧派出所等为主要亮点的开发区枫桥样板，并代表全市参加省级“枫桥式公安派出所”创建活动验收。推动67项审批事项全部进驻政务大厅，采取网上预约、延时下班、上门服务等措施，累计为群众提供优质高效服务20余万人次。

12月5日，烟台市公安机关创建“枫桥式公安派出所”活动现场推进会与会代表，到区林语逸景小区观摩智慧社区、警务共同体建设

【网络安全管理】 落实全区34家网吧实名制管理，实名制上网率100%。年内，实地检查175家次，核对上网人员近9万人次。配合网信办落实辖区重点单位网络安全措施，办理网络安全等级保护11家，审核新开办网站35家，督导辖区网站整改网络安全漏洞28次。成立反诈工作专班，研判电诈类案件81起，侦破12起，抓获犯罪嫌疑人86名，其中办理的“6·15”非法利用信息网络案件，抓获犯罪嫌疑人43名。

【交通管理】 以中华人民共和国成立70周年大庆交通安保为重点，深入开展八类重点车辆隐患治理攻坚战、“清患行动”“安宁行动”等系列交通秩序整治。组织4次全区阶段性酒驾集中整治行动，年内查处涉酒违法1728起（酒驾1624起，醉驾104起），同比增长75.08%。加大执法办案力度，吊销驾驶证180枚，追究危险驾驶刑事责任148人，行政拘留179人。

年内查处各类交通违法行为 36 万余起（现场处罚 19322 起，非现场处罚 349921 起），全区交通形势安全平稳有序。区财政投资 3889 万元，完成 20 万平方米交通标线、620 处交通标志、22 处信号灯、16 处电子警察的招标建设。按照《2019 年全区“三重”工作责任清单》，完成“全区道路交通地理信息管理系统”建设，实现交通管理设施可视化展示。调研、调试验证绿波带 200 余次，通过智能信号机完成长江路、黄河路、珠江路、228 国道、304 省道绿波带优化调整。按照一等公路民警巡逻中队标准完成潮水交警中队建设（山东省 228 国道潮水公安交通安全执法服务站）。交警二中队、潮水中队数字警务室落实建成投入使用。先后开展各类宣传活动 343 场次，组织校车演练 2 次，曝光酒驾、醉驾人员 1729 人次，发放各类宣传材料 8.2 万余份。6 月 1 日起实施的公安交管“放管服”改革 10 项新措施，和 9 月 20 日起实施的服务经济社会发展服务群众企业公安交管 6 项新措施，完成车辆异地电子转籍、异地考试转递等工作。3 月 30 日起，交警大队车管所实行周六不休对外正常办理业务新举措。调配警力充实到车管大厅及查验场，主动引导帮助群众全流程办理，免费提供照相、拓印、拆卸号牌等服务。新增 5 台交管自助设备（2 台自助违法处理机、2 台六年车辆免检机、1 台驾驶证补换证机）安装在政务服务大厅及潮水交警中队，方便群众办理业务。争取电动车挂牌社会合作，协调城区、古现、大季家 3 处人保财险服务点办理电动车挂牌业务，辖区共设置 6 处电动车挂牌点，年内累计办理 1987 笔（正式号牌 748 笔，临时号牌 1239 笔），通过邮政代办点办理业务 8770 笔。将部分业务权限下放至交警中队、派出所，累计办理 2718 笔。

烟台开发区法院诉讼服务中心

【边防管理】 2 月 27 日，国务院下发《国务院关于取消和下放一批行政许可事项的决定》，取消“出海船舶户口簿核发”“出海船民证核发”2 项权力事项。自 3 月份开始至年底，与武警烟台海警大队开发区工作站建立联动协作机制，配合开展船舶集中清查、“三无”船舶集中清理、修造船点集中检查等联合执法行动 9 次，检查各类船舶 756 条，渔船民 2120 人，采集、更新渔船民信息 1500 余条。

【公安队伍建设】 是年，紧紧围绕新中国成立 70 周年大庆安保工作，强化政治建警，以党建带队建，制定年度党建工作要点，把握从严治党新常态，推动党建工作全面过硬。落实好意识形态工作责任制，制定《开发区公安分局关于进一步加强和规范涉警舆情处置的意见》，统筹协调意识形态工作，提高涉警舆情处置能力。推行党员积分量化管理实施办法，加强和改进党员教育管理，把全面从严治党要求落实到每个支部每名党员。持续深入学习贯彻习近平新时代中国特色社会主义思想和中共十九大精神、特别是习近平总书记出席全国工作会议的讲话精神，年内组织党委及各党支部集中学习 260 余次。推进实施过硬党支部提升工程，推行“一个支部一个品牌”计划，22 个支部均设立了特色品牌，12 月，金桥派出所被省公安

6 月 28 日，公安分局举行庆七·一重温入党誓词活动

厅授予“枫桥式公安派出所”。年内 4 个集体、106 人次受到上级表彰。扎实开展“不忘初心，牢记使命”主题教育等活动，穿插进行朗诵比赛、演讲比赛、专题讲座、观影教育、参观党性教育基地等活动，做到季季有主题、月月有活动。深入推进党风廉政建设，引导广大民警、文职、辅警坚定政治信仰、严守纪律规矩、铸牢忠诚警魂。组织党务知识培训和“灯塔—党建在线”系统培训班。切实提高党务工作质量。以“大课堂+微课堂”形式，每天上一堂党建课、推送一条党建知识。落实一把手“一岗双责”责任，带动每个班子成员抓队伍。是年，无人出现违纪违法行为。

检　察

【概况】 2019 年，区检察院内设机构由原先的 10 个部门整合为 5 个，其中设置业务机构 3 个、综合机构 2 个，分别为办公室（挂新闻宣传办公室牌子）、第一检察部、第二检察部、第三检察部（挂法警大队牌子）、政治部。有检察人员 55 人，其中员额检察官 17 人，其他人员 38 人。全年办理刑事检察案件 831 件，民事检察案件 20 件，行政检察监督案件 29 件，公益诉讼检察案件 16 件。

【侦查监督】 全年受理审查逮捕案件 213 件 303 人，其中批准逮捕 194 件 268 人，不批准逮捕 18 件 34 人，另外 1 件 2019 年 12 月底受理，未审判。对危及社会稳定、影响人民群众安全的“两抢一盗”案件从严从快打击，批准逮捕各类盗窃、抢劫案件 23 件。严厉惩处涉毒犯罪，共办理各类涉毒案件 12 件。提前介入，审查逮捕了倪某某、陈某某等人贩卖毒品案、李某某等人团伙盗窃案等一批有震动有影响的大案。对电信网络诈骗案件重拳出击，通过与公安机关密切配合，依法办理林某某、陈某某等 32 人实施的“杀猪盘”电信网络诈骗案件。依法办理涉黑涉恶犯罪案件 2 件，对在开发区长期利用套路贷手段实施敲诈勒索、诈骗、非法拘禁的王某某等恶势力团伙依法批准逮捕。加强对刑事立案和侦查活动的监督，严把事实关、证据关、程序关和法律适用关，追捕漏犯 7 人，纠正违法 12 件，监督立案 9 件，监督撤案 16 件。

【公诉】 全年受理审查起诉 518 件 800 人，起诉 446 件 615 人。围绕服务保障大局，积极履行审查起诉职责，严厉打击侵犯公共安全、食品药品安全、破坏生态环境、电信网络诈骗、破坏金融管理秩序等各类犯罪。对公安部指定的办理嵇某某等 34 人开设赌场、破坏计算机信息系统案依法提起公诉，办理宋某某等 9 人寻衅滋事案、杜某某等人重大责任事故、污染环境案、李某某等人危险物品肇事案、倪某某等 6 人贩卖毒品案等一批重大疑难敏感复杂案件。对杨某等人组织、领导、参加黑社会性质组织罪、王某玉等人恶势力犯罪集团案件依法提起公诉，法院依法做出有罪判决。引导公安机关在侦查阶段发挥积极作用，并与司法部门会商，明确值班律师职责权限及实现形式，协调法律援助中心增加值班律师，对符合认罪认罚从宽适用条件的犯罪嫌疑人，由法律援助中心指派律师提供法律服务，签署认罪认罚具结书；对于常见的危险驾驶、轻伤害、交通肇事等案件，引导公安机关集中移送审查起诉，集中告知，集中提起公诉，指派检察官集中出庭支持公诉，实现轻微刑事案件集约化办理，提升认罪认罚适用率和量刑建议采纳率。积极参与社会治理，针对涉案单位在管理制度等方面存在的漏洞，发出检察建议帮助行政执法机关、企业建章立制，堵塞漏洞。全年发出检察建议14件，被采纳12件。公诉案件不起诉61人，全部公开宣告。

【控告申诉检察】 把化解上访保稳定作为第一要务，成立以检察长为组长的信访维稳工作领导小组。全年受理来信来访153件，其中来信92件、来访61件，包括控告类41件、申诉类90件、举报类22件，均妥善处结。妥善化解2起疑难信访案件。办结不服检察机关处理决定和不服法院生效刑事裁判刑事申诉案件5件，审查受理移送民事行政诉讼监督案件4件，办结高检院转办群众来信1件，积极协调工委政法统战部争取救助金，办理司法救助案件10件，发放救助金5万元，及时解决被害人家庭实际困难。开展保障律师执业权利专项监督活动，对律师来访，取消安检，开通绿色通道，

6月21日，国家司法救助金发放仪式

设置专门会谈室。严格落实7日内程序性回复、3个月内实体答复制度。对群众通过信、访、网、电等渠道反映的67项诉求，统一分流处理，全员参与接访、办信、办案，制定针对性的实务操作指引、流程图和回复模板，实现来信受理、办理、答复规范高效。

【民事行政和公益诉讼检察】 全年共办理各类民事、行政、公益诉讼案件65件。其中，办理民事检察监督案件20件，包括民事审判程序监督案件10起，民事执行活动监督案件1起，民事支持起诉案件3起，民事息诉案件3起，民事抗诉案件3件。办理行政检察监督案件29件，其中行政审判程序监督案件6起，行政执行活动监督案件15起，行政执法监督案件7起，行政息诉案件1起。发出公益诉讼诉前检察建议16件，全部得到相关部门回复。组织“保障千家万户舌尖上的安全”检察公益诉讼回头看专项监督活动，开展网络餐饮安全专项检察监督，向监管部门发出检察建议，建议依法履行网络餐饮服务经营活动的监督管理职责，及时对相关入网餐饮服务提供者的违法行为进行查处，区网络餐饮食品安全水平有了明显提升。对区内中小学、幼儿园周边200米范围内违法经营娱乐场所、流动摊贩、无证经营小饭桌、销售烟草等情况进行走访调查，有针对性地向相关行政部门发出诉前检察建议。依法办理全区首例食品安全类刑事附带民事公益诉讼，对王某某在卤制鸭腿过程中添加国家明令禁止的毒品罂粟壳的行为，提出赔礼道歉、损害赔偿等民事诉讼请求，开发区人民法院判决支持诉求。

【刑事执行检察】 2019年，刑事执行检察院对驻所检察中发现的监管场所安全隐患和执法问题，提出纠正违法16件，其中1件被评为

全市刑事执行检察精品案件。开展社区矫正走访 2 次，累计查阅卷宗 500 余册，对发现的社区矫正监管不到位、外地法院不及时送达法律文书等问题，提出纠正违法 16 件。办理羁押必要性审查案件 42 人，提出改变强制措施的意见建议全部被采纳。其中 1 件被评为全市刑事执行检察优秀案件。针对刑事执行检察中发现的财产刑执行案件立案不及时等问题，提出纠正违法案件 7 件，纠正办理指定居所监视居住执行违法 8 件，纠正办理减刑、假释、暂予监外执行违法 1 件。办理栖霞市公安局干警李某某刑讯逼供案，被评为全国、全省检察机关查办司法工作人员职务犯罪侦查精品案件。办理罪犯又犯罪案件 2 件 2 人，其中审查批捕 1 件 1 人、审查起诉 1 件 1 人。

【案件管理】 2019 年，共受理案件 778 件 1150 人，其中审查逮捕案件 231 件 303 人，审查起诉案件 518 件 800 人，审核后录入统一业务系统，制作电子卷宗 628 册。对办结的 700 起案件进行送案送卷管理审查，把好出口关。接待辩护人、诉讼代理人 327 人次，诉讼代理人、辩护人阅卷 265 件，制作电子卷宗光盘 244 张。案件信息公开 995 条，法律文书公开 416 份，重大案件信息公开 4 件，对统一业务系统应用中的问题流程监控 93 次，对发现的问题及时提示，督促整改。扎实开展职务犯罪案件及线索自查自纠工作，通过省院复核。9 月，组织开展案件归档清理专项活动，重点对 2013 年后受理或办理的 4929 起案件卷宗进行集中归档。

【队伍建设】 扎实开展“不忘初心，牢记使命”主题教育，队伍的思想政治素养进一步提升，作风进一步转变。烟台市委督导组对区检察院主题教育工作给予充分肯定。组织员额检察官参加上级院业务培训和研修；开展精品案例评选和办案札记展评，促进提升办案水平。组织开展庆祝五四、七一和中华人民共和国成立 70 周年系列活动，通过诗朗诵、大合唱等形式，展现检察人员昂扬向上的精神风貌，激发担当作为、干事创业的正能量。创作拍摄的《我们，公诉人》荣获全省首届平安山东微视频大赛一等奖。区检察院微信公众号连续三个月位居全国检察微信区县排行榜前 3 名。利用以案释法警示教育、廉政党课和作风督查，不间断地进行教育提醒，引导干警坚守廉洁自律底线。坚持以公开促公正，公开案件信息 984 条，法律文书 416 件，重大案件信息 4 件。

法　院

【概况】 2019 年，烟台开发区法院共受理各类案件 8308 件，结案 8477 件，员额法官人均结案 336 件，审判执行结案率达到 94.79%，审判结案率 96.36%，执行结案率 91.7%，首次执行实际到位率 25.77%，服判息诉率达到 87.3%，12 个月以上未结诉讼案件全部清零，无 18 个月以上长期未结案件。

【体制机制改革】 2019 年，认真贯彻落实中央、省委关于司法体制改革总体部署，扎实推进各项改革任务落实。内设机构由 14 个精简为 8 个，司法警察大队并入办公室，成立综合办公室（挂司法警察大队牌子）；研究室职能并入政治处，成立政治部（挂研究室牌子）；立案庭（挂诉讼服务中心牌子）；原民事审判一庭、民事审判二庭（商事审判庭）合并成立民事审判庭；行政审判庭（挂综合审判庭牌子）；撤销审判监督庭，成立审判管理办公室，刑事审判庭、执行局保持原机构设置不变。与政法和统战工作部联合打造“分调裁”平台，派驻人民调解员和律师参与调解，调整招录人民陪审员，健全多元化纠纷解决机制。按照员额法官+法官助理（书记员）模式组建25个法官团队，实现“让审理者裁判，让裁判者负责”的同时，将法官团队作为管理单元强化“一岗双责”职能。积极探索购买服务人员和司法辅助事项外包模式，进一步加强专业化、规范化建设。整合立案庭和诉讼服务中心职能，将立案庭由单一的辅助部门改变为集合审判和服务等六大职能为一体的综合部门。

【刑事审判】 全年共收刑事案件422起，结案430起，结案率94.09%。其中刑庭员额法官承办案件414起，结案421起，存案数34起，结案率为93.97%，刑庭员额法官人均结案210.5起，名列全市第一。没有长期未结案件，没有发生超过12个月未结案件。上诉53起，上诉率12%；改发共4起，改发率7.5%，无一错判。

【扫黑除恶专项斗争】 全年累计受理敲诈勒索、寻衅滋事、非法拘禁等九类案件32件106人次，结案27件（包括2018年收案）69人次,在审5件37人次。在审涉黑恶案件共2起，其中杨某组织、领导黑社会性质组织罪一案于7月份开庭审理，王某恶势力案件已于10月份开庭审理，这两起涉黑恶案件均由院领导承办并担任审判长，刑庭员额法官参加合议庭参与审理，于12月25日前全部宣判结案。e租宝被害人信息核实登记工作正在稳步推进，已登记520余人。

12月25日，区法院对9人涉黑涉恶案件进行公开开庭宣判

【民商事审判】 2019年，共收案2187件，结案2321件，结收比106.13%，结案率95.71%；人均结案326件；已审结的2321件案件中，调撤率为61.2%，服判息诉率为99.74%。

山东自贸区烟台片区成立后，为烟台片区能够实现“国家科技成果和国际技术转移转化示范区”的功能定位，增强企业知识产权保护意识，建立知识产权管理制度和风险防范机制，成立专班研究自贸区和知识产权政策，经与烟台市中级人民法院、山东省高级人民法院请示，与青岛中院沟通协调，促成青岛知识产权法庭烟台巡回审判庭落户于开发区法院，9月28日正式揭牌。巡回法庭成立后，将管辖发生在自贸试验区及烟台辖区的一审专利、植物新品种、集成电路布图设计、技术秘密、计算机软件、涉及驰名商标认定及垄断纠纷的民事和行政案件。全年累计办案316起，结案率95%，上诉案件50起，被中院改判3起，其中一起系当事人在二审中变更意见导致改判，另两起系一、二审观点不同。全年无发回重审案件。

【信访】 全年累计接待各类信访案件180余人次；累计解答法律咨询347人次，办理上级单位交办件40余次，初信初访息访率达到90%以上；累计化解信访隐患案件80余起，化解信访积案22件，王某利、郑某基等重大信访案件均成功化解；“12368”接通率94.89%，平均等待时长为 6 秒，解答率 100%，接通率及平均等待时长均位列全市法院第一。

【诉讼服务中心建设】 8 月 13—14 日，山东省高级人民法院党组书记、院长张甲天到开发区法院调研，现场确定开发区法院作为诉讼服务中心一体化和智慧法院建设省市法院联合试点单位。确定试点单位后，开发区法院立即成立工作领导小组，围绕试点衔接和规划落地做好工作推进。启动立案庭整合工作，以网上立案作为切入点，理顺案件网上怎么办、网下如何衔接以及人员岗位如何调整分流等问题，实现线上、线下工作的无缝对接。启动第二轮法官团队组建工作，新建的法官团队向立案庭倾斜，配强团队强化立案庭在诉前引导、繁简分流、快慢分道上的职能比重，构建起多元分流、易案先调、简案速裁、难案精审的工作流程，实现用全院 20% 的人员办理 80% 案件的总目标。区财政投资 1400 万元，推进诉讼服务中心一体化建设。两个“一站式”建设得分在全市第一、全省第六。

【行政审判】 2019 年，共受理行政案件 41 件，案件类型主要为处罚类、劳动和社会保障类，分别收案 26 件、7 件，合计占总收案数的 80.5%。行政审判庭庭长于 7 月为行政综合执法局 360 余人开设了转变执法理念、适应形势发展的行政执法讲座；协调管委法制处和各行政机关，组建和解人员人才库，推动烟台经济技术开发区行政和解争议中心进入实际运作，争议中心成功和解一起行政争议，促使双方当事人达成行政和解协议并导入司法确认程序，该和解协议经开发区法院司法确认后，当事人按期履行法律义务。

【轮巡问民】 年内，共对 5 个小区（金城小区、金东世纪、黄山花苑、银宏工业园区和紫薇台小区）3082 户居民进行实地走访，总数比上年增加 1000 多户。干警集中入户走访慰问扶贫户 7 次。对接好与人大代表、政协委员联系，确保联络通道畅通。

【执法监督】 2019 年，审判监督围绕重点绩效指标，贯通各个管理平台，高密度、高频度地进行审判质效数据统计汇总，及时通报审判质效进展动态。第三季度如期实现“两个进前三、一个清零”的工作目标。全年，受理再审申请案件 3 件，结案 3 件。受理再审案件 2 件，结案 1 件。开展案件评查 2 次，评查案件 7 件。

【依法执行】 全年执行旧存案件 235 件。收案 2342 件，同比上升 44%（收案标的为 21.11 亿元）；结案 2330 件，同比上升 27%（结案标的 18.73 亿元，实际到位标的 5.43 亿元），结案率 90.42%，执行标的到位率 25.77%，个人结案率 94.62%。全年执结率 86.8%，终本合格率 100%，信访办结率 100%。严格落实 3+1 信访投诉舆情管理机制，上级党委交办的 6 件信访积案全部化解，上级法院交办的 12 件信访案件全部化解。执结涉泰丰宝鼎公司、康达尔药业、天鸿模具公司和西特埃公司拖欠职工工资集团案件，涉及职工 143 名、金额 320 余万元。移送拒执罪案件 2 件。相继开展夏日风暴行动、中秋执行行动、寒冬猎赖行动、暖心冬日专项执行行动，共拘传 40 余人，拘留 9 人，结案 31 件，结案标的 400 万元，特别是 12 月执行活动，山东卫视调查栏目摄制组进行全方位拍摄和报道。严格按照执行流程系统的节点要求推进工作，在财产查控、文书送达、法律文书上传、强制措施的采取、涉案财产的评估拍卖方面做到及时高效，杜绝了拖延情况的发生。设立执行指挥中心、事务中心、快执团队、普

11月22日，法院执行局拘传被执行人

执团队四个团队，按照案件的简易程度，做到案件难易有别、运转有序、分类施策，努力达到案件的繁简分流、轻重分离和快慢分道，提升执行案件的质效。

【队伍建设】 卡实“一岗双责”，将意识形态责任制、党风廉政责任卡实到每一名班子成员、中层干部和法官团队负责人。强化一把手亲自抓党风廉政主体责任和党建突破项目，改组法院党总支，设立机关、审判、执行和潮水法庭四个党支部。突出经常性教育，严格组织生活，依托“不忘初心，牢记使命”主题教育和“两学一做”学习教育常态化制度化平台，召开专题领导班子民主生活会2次，为全体干警、结对共建村讲党课6次，开展党员活动日、主题党日12次。利用五四、七一、宪法宣传日等重要节日开展志愿服务、送法进社区活动6次。

【潮水法庭】 2019年，受理案件757起，结案781起，旧存案件49起，结收比103.2%，结案率96.66%。已审结民事案件调解撤诉407件，调撤率64%。已审结案件简易程序适用率90.2%，一审服判息诉率90.98%。全庭无超12个月以上未结案件，无进京赴省信访案件。

综合治理

【概况】 根据全区开发建设实际情况，将全区426个网格优化调整为524个，实现了网格组织全面覆盖和无缝衔接，新增网格力量126人。对全区近2000名网格员分3批进行了专题培训，提升社区网格管理精细化水平。优化“四级循环机制”，建立镇街与各职能部门直通联系机制，对各类疑难复杂事项，全程跟踪、督办、评价。

【社会治安综合治理】 2019年，开发区工委被全国普法办授予“七五普法中期全国先进集体”荣誉称号，人民调解工作经验、基督教治理模式在全省推广，被市委市政府评为“社会治安综合治理工作优秀县市区”。制定出台《关于加强基层综治工作平台规范化建设的意见》《社区综治中心标准化建设规范》等制度性文件，举办培训班3期，指导各镇街综治中心做实做细“四步工作流程”。将视频会议、视频监控等功能有机融合，实现区、镇街、社区三级综治中心上下联通和数据共享，推动镇街综治中心成为社会治理创新的重要载体。山东省委政法委、烟台市政法委、市政协，以及省内外10余家部门单位专门到区调研考察、学习

9月20日，在八角街道办事处开展网格员集中培训

观摩。指导推进天网工程建设，推动视频监控、人像识别、无线上网管控设备安装部署，进一步织密全区动态感知网络，共新建高清视频监控前端 816 台，安装人像识别系统 1400 余套，安装高清点位摄像机 1144 台，整合部门单位、社区村居视频监控 3500 余路。完成潮水镇 6 个技防村建设，实现城乡视频监控一体化。

【维护社会稳定】 围绕省市交办的 143 起信访积案，开展为期 3 个月的信访突出问题攻坚化解活动，全面落实工委领导包案下的一案一专班工作模式，成功化解 128 起，化解率 89.5%，成为全市率先完成“两个 80%”和“两个 100%”目标任务的县市区。继续实行初信初访当日交办、30 日内化解工作机制，新交办案件按期化解率 92.7%。下发书面交办、告知单 671 份，交办案件 382 起，按期化解 330 起。全年共经历各级“两会”、海军建军 70 周年、“一带一路”国际合作高峰论坛、北京世界园艺博览会、中华人民共和国成立 70 周年大庆等 7 项重大活动共计 130 余天。对外组织 12 次 160 余人开展驻青驻济驻京信访值班；召开专题调度会议 16 次，下发通报 40 期；对信访人员分类管理，将重点人员纳入公安管控平台。坚持重点信访案件、重点信访人一线督导，开展实地督导 30 余次。联合政法各部门制定信访违法行为依法处置通告，制作宣传看板、印制 6000 份明白纸。完善信访信息系统平台建设，指导部门、单位掌握操作模块、流程规范及密钥使用方法，全区信访网络平台平稳运行。全年，“两级”信访信息系统平台受理群众信访案件 1264 件，信访事项及时受理率、按期答复率、上报率均达 100%；信访部门及责任单位及时受理率、按期办结率均为 100%，群众满意度案件办理满意率 95.6%。

【普法宣传教育】 调整完善全民普法依法治理领导小组，明确领导小组成员单位，实现普法小组成员单位全覆盖，形成党委领导、政府组织、各部门配合、全社会共同参与的大普法工作格局。将“谁执法谁普法”普法责任制工作纳入各成员单位年度社会治安综合治理考核，督导各成员单位列出开展普法宣传活动时间表，适时落实普法宣传工作。在渔灯节、法德共进主题宣传月、“3·8”妇女节、“3·15”消费者权益日、“4·15”国家安全日、5 月防范非法集资宣传月等重要节点，组织相关部门开展专题普法宣传活动 80 余场次。抓紧“关键少数”，拓展国家工作人员学法用法渠道。加强执法人员法治培训，年内，全区各层面共组织各类法治教育培训 20 余场次，参训 4000 余人次；开展良法在线学习答题、廉政教育学习答题等活动。制定青少年法治宣传教育四个“标准化”，即组织设置标准化、制度建设标准化、服务内容标准化、监督管理标准化。为全区 33 所中小学各配置法治副校长 2 名，为近 4 万名学生举办法治讲座 52 场。

普法宣传

【公共法律服务】 在区级公共法律服务中心着力打造实体平台、热线平台、网络平台三大平台。全区 5 个镇街均建立公共法律服务工作站，开设服务窗口，安排专人坐班解答法律咨询，解决法律疑难。100 余村（居）建立起标准化司法行政工作室和法律顾问室，实行定期值班和预约坐班。全年，村居法律顾问提供法律咨询 2300 余次，办理法律事项 723 件，举办讲座 500 余场次，参与化解矛盾隐患 21 起，调处各类矛盾纠纷 369 起，化解 362 起，调处成功率 98% 以上。

【人民调解】 对标“枫桥经验”，探索创新“148+”调解工作新模式。建立起“一站式受理、专业化调处、综合性化解”的调解网络。5 月 21 日，省委常委、政法委书记，司法厅厅长，市委常委、政法委书记等 150 余人莅临区社会矛盾纠纷调处中心观摩指导工作。是年，全区排查各类矛盾纠纷 575 起，化解 547 起，调处成功率 95% 以上。

【法律援助】 2019 年，法律援助中心共计审批受理各类法律援助案件 826 件，办结 601 件，同比分别上升 36.1% 和 7.5%。法律援助热线电话 24 小时畅通，解答法律咨询 1650 余人次。7 月 18 日，烟台市法律援助中心组织全市各县市区中心主任和骨干力量到开发区法律援助中心观摩学习质量体系建设和规范化管理工作。

法律援助中心走进建筑工地开展普法宣传

军　事

【概况】 2019 年，国防工程普查工作进一步强化，全区国防工程设施维护良好；认真开展民兵组织整顿工作，对基干民兵和普通民兵队伍进行整组，对民兵广泛开展教育训练工作，全区年满 18 周岁的男性青年兵役登记率 103%，在全市名列前茅；圆满完成年度征兵任务。年底，区武装部被评为全市征兵工作和民兵调整改革工作先进单位。

【国防工程管理】 组织辖区国防工程管护人员进行相关法律学习和业务培训，严密组织年度国防工程普查，督导定期巡查，确保国防工程始终处于良好状态。调查部分工程损毁情况和原因，认真统计每个工程的所有数据。重新为全区所有工程设施整理了照片和资料，确保有据可查。结合区内大项工程建设和路径要求，为部分施工单位提供国防工程数据资料，并督促严格按照规定报批，确保建设单位有序展开建设。10 月份，组织各街道武装部对辖区所有坑道、工事进行细致检查，全面掌握工程现状，全区所有国防工程保护良好，没有任何损毁等异常情况。

【国防动员】 2019 年，调整全区武委会成员单位，并召开武委会研究制定区民兵整组方案和应急应战工作方案，保质保量完成全区民兵组织整顿工作。按照专业对口、退役军人、党员和新质力量编兵比例，对部分编兵的企业和海上民兵进行适当调整，指导各镇街有针对性地走访企业和社区，集中开展国防动员潜力核查，开展“百家企业建民兵”活动，结合区编组任务，对军民融合和国民经济中心企业进行走访编兵，完成市里下达的基干民兵和普通民兵编建任务，按照标准配置区民兵应急连的各项装备，并为编组企业民兵配发服装和学习教材，组织进行 7 天的国防教育训练，全区基干民兵专业化程度明显提升。

【兵员征集】 1 月份，利用多种途径进行征兵宣传发动，下发《开发区兵役登记通告》，在区内高中、职高和烟台工程职业技术学院开展征兵工作进校园活动，利用政务平台和媒体对征兵政策规定进行宣传。7 月份，召开全区征兵工作会议，成立由教体卫生、公安、业达医院和人武办组成的专班，对全区符合条件的适龄青年进行初检初审和体检工作，对双合格青年进行 7 天的役前教育训练；征兵过程中，坚持公开公正廉洁原则，自觉接受群众监督，圆满完成征兵任务。

工 业

Industry

综　述

【概况】 全区规模以上工业企业301户，产值过百亿元企业4户。规模以上工业企业实现营业收入2365.9亿元，实现利润168.6亿元。

【中小企业】 加强高成长创新型企业群体培育，开展“瞪羚”“准独角兽”“专精特新”企业培育，根据省、市、区扶持政策，全年获批“瞪羚”企业28户，兑现企业奖励资金550万元。经济管理部门按照“一次办好”的要求，提供保姆式服务，积极为中小企业提供容缺办理，上门服务。

工业结构

【通用、专用及交通运输设备制造业】 规模以上通用、专用及交通运输设备制造业实现主营业务收入662亿元，占全区规模以上工业主营业务收入的27.98%。以东岳汽车、东岳动力总成、斗山工程机械、东星集团等企业为支撑，汽车零部件企业已达220余家，产品涵盖汽车发动机、车身、底盘、电子电器、内外饰等关键部件，是全国重要的汽车及零部件生产基地。

【电子及通信设备制造业】 规模以上电子及通信设备制造业实现主营业务收入796.3亿元，占全区规模以上工业主营业务收入的33.66%。有相关配套企业百余家，形成以手机、电脑为龙头，液晶电视及面板模组、数码光学产品、机顶盒、和LED照明等多个产品研发推动的产业体系。

【食品加工制造业】 规模以上食品加工制造业实现主营业务收入89.4亿元。全区食品企业50余户，以新时代健康产业和欣和等企业为龙头，以保健品、调味品制造、水产品加工和农产品深加工为主，产品出口欧美日韩等国家。

【化学原料及化学制品制造业】 规模以上化学原料及化学制品制造业实现主营业务收入531.2亿元。相关企业百余家，形成以汉高乐泰、万润精细化工、海虹老人牌、金河实业为代表的高附加值化工产业群。

【纺织纤维制造业】 规模以上纺织纤维制造业实现主营业务收入35亿元。有相关企业20余家，形成以泰和新材、华润锦纶、华润厚木尼龙、厚木华润袜业等企业为龙头的化纤纺织基地。

【医药制造业】 规模以上生物医药产业实现主营业务收入40.2亿元，同比增长39.9%。医药产业涉及生物制药、现代中药、生物化工和医疗器械等四大领域，以麦得津、东诚生化、荣昌制药和正海生物为骨干企业，有相关企业80余家。

【新材料产业】 规模以上新材料产业实现总产值265.3亿元。有新材料研发生产企业80余家，主要分布在化工新材料、特种化纤材料、高性能高分子结构材料、高性能稀土功能材料等领域，有万华、泰和、万润、德邦、正海、鲁航等著名企业。设有10余家博士后工作站、院士工作站、工程中心、技术中心，其中MDI、氨纶、锦纶、芳纶、液晶显示、LED荧光粉、钕铁硼永磁材料等产品技术国内领先。

【新光电产业】 主要以红外传感与成像、光纤传感系统、激光与光电子器件项目为核心，以烟台睿创微纳技术有限公司为代表，公司专业从事非制冷红外焦平面芯片、机芯、成像技术及光纤传感系统研发、生产及销售，拥有红外热成像技术、太赫兹成像技术、光纤传感技术的产品研发生产的高级人才队伍和一流的研发生产平台。

【电力、热力、燃气及水生产和供应业】 开发区供电公司完成全口径售电量 75.14 亿千瓦时，10 千伏及以下售电量 39.54 亿千瓦时，较上年同期增长 6.65%。接收市公司移交 10 千伏以上用户 9 户，全年售电量 35.6 亿千瓦时。烟台业达热电集团有限公司全年发电量 2.98 亿千瓦时，供热量 947.39 万吉焦。天然气民用户 14.25 万户，供气量 1650 万立方米，石油液化气民用户 1.5 万户，供气量 5699 吨。总供水量 6309 万立方米，日均用水量 17.28 万立方米，用水用户 17.75 万户。

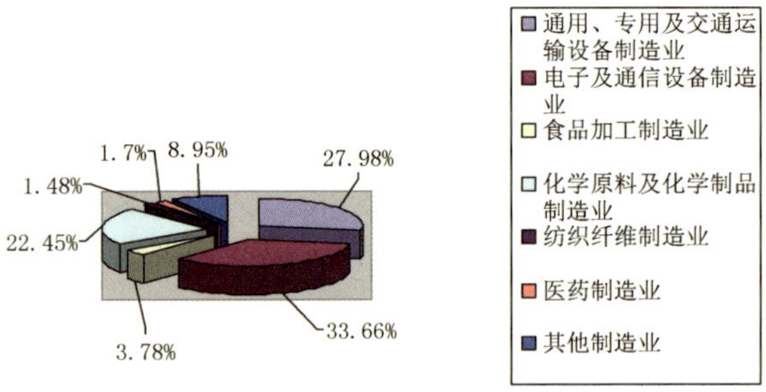

2019 年烟台开发区工业制造业主营业务收入结构图

工业经济管理

【先进制造业奖补政策】 根据全区《关于加快发展先进制造业的实施意见》，全区 53 个项目通过评审列入奖补范围，奖补资金共计 7972 万元。其中：加速推进工业企业智能化改造项目 3 个，补助资金 341.39 万元；加快构建绿色制造新体系项目 13 个，奖励资金 119.55 万元；引导制造业抓创新树品牌项目 26 个，奖励资金 3335.72 万元；助推骨干企业动能转换项目 11 个，奖励资金 4175.34 万元。

【技术改造投资管理】 全区实施千万元以上技改项目 53 个，完成投资 150 亿元。烟台泰和新材集团有限公司、山东舒朗时装服饰股份有限公司、烟台东诚药业集团股份有限公司 3 家企业获评 2019 年山东省技术创新示范企业。

【社会责任考评】 本年度企业社会责任考核，沿用上年度企业社会责任考核评价体系，围绕经济发展、节能减排、诚信守法、员工保障、精神文明建设和帮扶助贫、计划生育、稳定防范、组织领导等 8 个方面，设置 31 项具体指标，总分 1000 分。将全区 391 户统计指标比较完整的企业全部纳入，其中工业企业 248 户，商贸流通及其他服务业企业 103 户，建筑房地产企业 40 户。12 月，管委组织相关部门完成考核工作，对先进企业进行表彰。授予上汽通用东岳基地等 7 户企业“2019 年度全区履行社会责任优秀企业特等奖”称号，授予中节能万润股份有限公司等 18 户企业“2019 年度全区履行社会责任优秀企业一等奖”称号，授予烟台艾迪精密机械股份有限公司等 19 户企业“2019 年度全区履行社会责任优秀企业二等奖”称号，授予烟台冰轮智能机械科技有限公司等 18 户企业“2019 年度全区履行社会责任优秀企业三等奖”称号。授予上汽通用东岳基地总经理潘洁波等 62 人“2019 年度烟台开发区功勋人物”称号。

工业企业选介

【烟台泰和新材集团有限公司】 1986 年成立，专业从事高性能纤维的研发与生产，是国家创新试点企业、国家高性能纤维材料研发生产基地、国家级高性能芳纶纤维动员中心。权属骨干企业——烟台泰和新材料股份有限公司于2008年6月在深交所上市。公司产品先后填补氨纶、间位芳纶、对位芳纶、芳纶纸4项国内空白，具有自主知识产权，技术达到国际领先水平。泰和新材高分子新材料产业园项目总投资60亿元，占地543亩，新建间位芳纶、氨纶、对位芳纶、芳纶纸项目，形成产能间位芳纶1.2万吨、对位芳纶1.2万吨、氨纶3万吨、芳纶纸3000吨。8000吨防护用高性能间位芳纶开工建设，1.5万吨差别化氨纶项目拟启动建设。项目全部达产后，间位芳纶、芳纶纸产能保持全球前二位，对位芳纶产能跻身全球前三位，氨纶产能保持全球前五位，预计可实现年销售收入60亿元,利润总额19亿元。2019年，公司完成营业收入29.4亿元、利润2.5亿元。

【烟台华润锦纶有限公司】 1988年成立，原属华润纺织集团的下属企业，后并入华润化学板块，注册资本9700万美元，占地面积8.1万平方米。公司有34条纺丝生产线、56台加弹机，锦纶长丝生产能力3万吨。主要产品有锦纶6和锦纶66预取向丝（POY）、弹力丝（DTY）、全牵伸丝（FDY）、锦纶特种纤维等。产品广泛用于织袜、包纱、织带等锦纶高端市场，40%以上的产品出口日本、韩国及欧美等国家。2016年度、2018年度两次荣获“中国纺织工业联合会产品开发贡献奖”殊荣。2019年，完成营业收入5.1亿元，利润1200万元。

【斗山工程机械（中国）有限公司】 1994年9月22日成立，由斗山英维高株式会社、韩国Odin2,LLC共同出资投资兴办，总投资1.57亿美元，注册资本6422万美元，主要从事挖掘机、装载机等工程机械生产。公司占地面积24万平方米，总建筑面积13万平方米。2019年，公司有员工1015人,实现工业产值78.14亿元，利税5.4亿元。

【烟台首钢电装有限公司】 1994年12月成立，由电装（中国）投资有限公司、烟台东星集团有限公司、首钢集团有限公司、丰田通商株式会社共同出资设立，总投资40亿日元，注册资本13.49亿日元，主要从事汽车、工程机械、农业机械用空调及零部件的生产和销售，年产9万套。公司生产厂房占地面积4.1万平方米，建筑面积2.30万平方米。2019年，公司有员工250人，实现工业产值5.39亿元，利税1.13亿元。

【万华化学集团股份有限公司】 1998年12月成立，是山东省第一家先改制后上市的股份制公司，总投资超过1100亿元，注册资本31.40亿元，业务涵盖MDI、TDI、聚醚多元醇等聚氨酯产业集群，丙烯酸及酯、环氧丙烷等石化产业集群，水性PUD、PA乳液、TPU、ADI系列等功能化学品及材料产业集群。万华集团是全国首批九家“创新企业百强工程试点企业”，是中国唯一一家同时拥有MDI、TDI和ADI全系列异氰酸酯制造技术自主知识产权企业,主导产品MDI(聚氨酯主要原料)产能规模、技术水平和市场占有率世界第一。在烟台、宁波、匈牙利建有总面积近20平方公里的3个工业园区，构建石化、精细化工、聚氨酯、新材料的全产业链和全球化布局。公司股票市值、净利润总额、净资产收益率均列A股化工板块第1位。2019年，公司在美国《化学与工程新闻》发布的全球化工企业50强(按销售额排名)第37位（排名销售额92亿美元）。公司销售收入680亿元，利税154亿元。

【大丰工业（烟台）有限公司】 2002年12月

成立，由日本大丰工业株式会社投资兴办。总投资 1.26 亿美元，注册资本 4200 万美元，主要从事发动机轴瓦、衬套、止推片的生产和销售。公司占地面积 9 万平方米，总建筑面积 3.2 万平方米。2019 年，公司有员工 560 人，实现工业产值 4.07 亿元，利税 5300 万元。

【烟台艾迪精密机械股份有限公司】 2003 年 8 月成立，主要从事液压破碎锤、快速链接器、震动夯、液压剪、液压钳、抓石器、抓木器等工程机械属具的研发、生产与销售。2009 年，公司投资 2998 万美元在福山区建立全资子公司烟台艾迪液压科技有限公司，主要从事工程机械和船舶用主泵、行走和回转马达、多路控制阀等液压产品的研发、生产与销售，填补国内行业空白。公司成为国内液压破碎锤行业的领军企业，产品出口到全球 60 多个国家及地区。2017 年 1 月在上海证券交易所上市，共发行新股 4400 万股，募集资金 2.96 亿元。2019 年，实现营业收入 11.8 亿元，利润 3.4 亿元。

【上汽通用东岳基地】 2003 年，上汽集团、通用中国、上汽通用汽车联合对原烟台车身有限公司和原山东大宇汽车发动机有限公司实施战略重组，组建上汽通用东岳汽车有限公司和上汽通用东岳动力总成有限公司。作为上汽通用汽车第一家在上海以外的生产基地，东岳基地以年均 1—2 款新产品的速度迅速扩大产品线，从最初的别克赛欧和单凸轮轴发动机，历经雪佛兰赛欧、景程、乐骋、别克英朗、昂科拉、沃兰多创界等 10 余种车型，相继推出四大系列发动机和六大系列变速箱。落户后，经过 20 余次升级改造，总投资由 76.8 亿元增到近 500 亿元，拥有整车南厂，整车北厂和动力总成厂以及完备的整车及动力总成制造工艺。2019 年，生产整车 31.5 万辆、发动机 15.7 万台、变速箱 59.3 万台，实现产值 389 亿元，利润 33.7 亿元。截至 2019 年底，基地累计生产整车 500 多万辆、发动机和变速箱 1500 多万台，实现产值 5500 多亿元，带动聚集 110 家一级配套企业赴鲁建厂，辐射周边 1000 亿元级汽车及零部件产业集群。

【富士康（烟台）科技工业园】 2004 年 3 月成立，由台湾鸿海集团独资兴办，总投资 30 亿美元，截至 2019 年，园区已完成投资 21 亿美元，先后注册内外资法人企业 16 家，员工 6 万多人，是山东省产值和出口额最大的外资企业。园区建成五大生产厂区、三大生活配套区，总占地面积 3.15 平方公里，总建筑面积 221 万平方米。产品涉及游戏机、手机、液晶电视、面板模组、数码光学产品、小家电、机顶盒及关键零组件（精密光学镜头模组、PCB 线路板）等八大产品集群，成为富士康集团在大陆重要的研发生产基地。2019 年，园区实现工业产值 420 亿元，营业收入 421 亿元。

【烟台现代冰轮重工有限公司】 2004 年 3 月成立，由韩国现代重工业株式会社与烟台冰轮股份有限公司合资兴办，总投资 3070 万美元、注册资本 2280 万美元。公司占地面积 15 万平方米，主要生产发电和热电联产的循环流化床锅炉和余热锅炉，产品规格从 75T/H—700T/H 等。2019 年，完成主营业务收入 4.2 亿元，利润 3582 万元。

【乐金电子部品（烟台）有限公司】 2004 年 8 月成立，由韩国 LG 伊诺特株式会社投资兴办，投资总额 9989 万美元，注册资本 4340 万美元，主要生产高像素摄像头模块、车辆马达、新型电子元器件等产品。公司占地面积 12 万平方米，一期总建筑面积 5 万平方米，建有最高10class的洁净度管理车间，摄像头模块事业一直保持全球一等地位，引领全球市场的发展。2019年产量3215万台，销售额30亿元。

【LG伊诺特电子公司】 2004年8月成立，由韩国LG伊诺特株式会社投资兴办，投资总额9989万美元，注册资本4340万美元，主要生产高像素摄像头模块、车辆马达、新型电子元器件等产品。公司占地面积12万平方米，一期建设总建筑面积5万平方米，建有最高10class的洁净度管理车间。摄像头模块事业一直保持全球一等地位，引领全球市场的发展。2019年，公司实现工业产值30.5亿元，利润总额1亿元。

【大宇造船海洋（山东）有限公司】 2005年9月成立，由大宇造船海洋株式会社投资兴办，总投资1.9亿美元，注册资本7990万美元，主要从事研发及生产一般船舶用分段、大型船舶用分段和海上石油钻井平台模块等。公司占地面积120万平方米，总建筑面积15.47万平方米。2019年，公司有员工2228人，实现工业产值8.9亿元，利税5400万元。

【欧瑞传动电气股份有限公司】 2006年12月成立，注册资本9000万元，主要从事交流电机变频器、工业自动化控制产品的研发、生产和销售，是中国率先致力于交流电机变频器研发的高新技术企业之一。公司注重科技创新，拥有100多名技术研发工程师，连续8年获得“低压变频器十大国产品牌”，主导产品交流电机变频调速器和软起动器以优秀的品质先后通过CE认证和CCC认证。公司在全国43个重点城市设立办事处，200多个城市建立销售服务中心，产品远销欧洲、南美、东南亚、中东、非洲等42个国家和地区。2019年，公司完成主营业务收入2.5亿元，利润2988万元。

【烟台中金数据系统有限公司】 2006年成立，注册资本3亿元，占地20万平方米，规划建筑面积28万平方米，是国内领先的信息系统外包服务专业提供商以及云计算运营服务商，主要从事数据中心服务外包、云平台和大数据分析服务。分三期建设，一期投资7亿元，已建成7.8万平方米，包括中央机房、监控管理楼、动力机房、食堂、客房等7栋建筑，初步形成为客户提供业务恢复、IT设备运行以及日常办公、食宿等多功能一条龙服务。与烟台银行、恒丰银行、临沂商业银行、烟台日报、华海财险、烟台开发区管委、青岛交通委等多家金融机构、机关企事业单位建立合作关系，2017年正式挂牌烟台大数据产业园。2019年，公司完成营业收入2307万元。

【烟台睿创微纳技术股份有限公司】 2009年12月成立，是全国首批、山东省首家科创板上市企业，专业从事非制冷红外成像与MEMS传感技术开发、芯片设计等。企业拥有自主知识产权的非制冷红外探测器产品已广泛应用于新冠疫情防控、航空航天、智慧安防监控、物联网、AI机器视觉、自动驾驶夜视、智慧生活等领域。公司以创新为核心价值，51%以上员工为研发人员，硕士以上员工210人。历经10年发展，已突破并掌握数模混合集成电路设计、传感器设计与制造、MEMS器件封测技术和图像处理算法等关键技术。申请各类专利327项，其中发明专利224件（授权60件），具备IC芯片、MEMS红外传感器、探测器器件、成像机芯与终端产品的全自主开发能力。公司研发的最新一代红外芯片达到10微米规格，居国际领先水平。2019年，公司实现主营业务收入6.8亿元，利润2亿元。

【乐金显示（烟台）有限公司】 2010年3月成立，由韩国乐金显示株式会社独资兴办，投资总额4.74亿美元、注册资本1.58亿美元，专业从事液晶显示模组等高新技术产品的生产，是世界一流的小型液晶显示器制造商，主要配套苹果、LG等知名企业。2019年，公司营业收入188.8亿元，进出口额73亿元，其中出口额5.1亿元，利润4亿元。

【烟台首钢丰田工业空调压缩机有限公司】 2012年9月成立，由株式会社丰田自动织机、电装（中国）投资有限公司、东星集团、首钢总公司共同投资兴办，总投资110亿日元，注册资本36.76亿日元。主要从事汽车、工程机械、农业机械空调用压缩机及其零部件的生产和销售，年产244万套。公司占地面积6.6万平方米，建筑面积4.3万平方米。2019年，公司有员工820人，实现工业产值14.38亿元，利税1.22亿元。

【现代汽车研发中心（中国）有限公司】 2013年2月成立，由现代汽车（中国）投资有限公司投资兴办，总投资2.9亿美元，注册资本1.65亿美元，主要从事产品调研、造型设计、整车及零部件的研发和测试，技术成果转化和技术产品销售，技术服务和咨询服务。公司占地面积184万平方米，建筑面积7.2万平方米。2019年，公司有员工892人，实现工业产值10.6亿元，利税6842万元。

【烟台创为新能源科技股份有限公司】 2015年11月成立，注册资本814万元。以储能安全解决方案为主营业务，专注新能源汽车、动力电池、储能电站安全防控领域的前沿技术研究和解决方案，系国家高新技术企业、国家科技型中小企业、山东省中小企业“隐形冠军”企业、烟台市非公有制独角兽培育企业。2019年，公司有员工94人，实现销售收入1亿元，利税4000万元。

【张裕葡萄酒城（张裕工业园）】 建设时间，由张裕葡萄酿酒股份有限公司投资兴办，总投资50亿元，占地面积367万平方米，以“工业＋旅游”的全新发展理念和模式，打造世界最大的集研发生产、主题旅游和交易展示于一体的综合性葡萄酒产业园区。研发生产板块按照国际一流标准，规划建设研发制造中心、丁洛特葡萄酒酒庄、可雅白兰地酒庄、葡萄与葡萄酒研究院和葡萄种植园五大功能区。其中：研发制造中心建筑面积27万平方米，是当年全球最大的葡萄酒单体工厂，已投产；丁洛特酒庄可年产收藏级葡萄酒10万瓶，产品处于桶储阶段；可雅白兰地酒庄年产高档白兰地300吨，是中国白兰地酒庄第一庄，2019年6月正式开业。

海洋与海洋经济

Marine and Marine Economy

综 述

【概况】 2019 年，全区海洋产业总产值 610 亿元，同比增长 12%，占全市比重的 1/6。制定出台《海洋强区发展规划》《烟台八角湾海洋经济创新区行动计划》，中科院烟台产业技术创新与育成中心、山东八角湾海洋科创中心、中俄海洋技术创新中心先后签约落户，1 万平方米总部基地、1170 平方米规划展厅、2.7 万平方米创新孵化园搭建完毕，山东自贸区烟台片区海洋经济创新中心、浦发银行海洋科技金融中心等挂牌；引入泛海海工项目，牵头制定省级地方标准 2 项；先后洽谈推进投资 162 亿元的 LNG 项目、4 亿美元的挪威高端三文鱼全产业链项目，以及 12 个海洋生物医药、海洋高端装备等产业类项目。提前谋划海域规划调整，有效化解八角渔港、LNG 填海、招商马尔贝拉等项目用海问题。以烟台八角湾海洋经济创新区为依托，持续加大“双招双引”力度，8.4 平方公里创新区前期咨询、城市设计、控制性详细规划、区域整体环评已经编制完成。八角海事处行政执法，实施各类行政处罚 50 件，处罚金额 67.15 万元；保障辖区海上危险货物运输 2813 万吨、危险品船舶安全进出港口 1950 艘次；协助大宇造船海洋（山东）有限公司年均减免港建费 240 余万元等。山东省海洋与渔业监督监察总队第三支队联合烟台市海洋与渔业监督监察支队组织辖区牟平至开发区 5 区渔业执法机构清理“地笼”2461 组、流刺网 210 片；检查渔港（自然停泊点）89 个次，登检渔船 3555 艘次；完成 3 座海洋牧场（深水网箱）平台的建造检验等。

2 月 27 日，依法查处船舶非法加油作业

【机构改革】 11 月 9 日，在既有聘任制工作机构基础上，整合原农业水利海洋局职责、工委宣传和群团部文化旅游管理职责，组建海洋经济发展局。主要行使经略海洋、海洋产业发展、文化旅游产业发展和监督、乡村振兴、水利资源开发与利用等职能。改革后，烟台开发区海洋经济发展局为工委管委保留的 10 个聘任制工作部门之一。2017 年 6 月 15 日，成立八角海巡执法大队，隶属烟台芝罘海事处；6 月 26 日，成立烟台八角海事处。主要负责船舶安全监督、防治船舶污染水域、通航管理、水上交通事故调查处理、规费征收等工作。受烟台开发区管委委托负责水上搜救工作。烟台八角海事处为副处级派出机构，内设综合办公室、海事监管科、执法督察科 3 个正科级科室和西港海巡执法大队、中港海巡执法大队、福莱山海巡执法大队 3 个正科级海巡执法大队，编制 50 人。山东省海洋与渔业监督监察总队第三支队是派驻烟台开发区的正处级省级海洋与渔业执法机构，主要承担烟台市所辖区域内渔政、渔港监督管理和海洋监察，依法查处违法活动；承担渔业船舶检验和承担辖区海域、无居民海岛巡航监视工作。

【经略海洋规划】 坚持陆海统筹，以建设世界一流的海洋港口、完善的现代海洋产业体系、绿色可持续的海洋生态环境为重点，加快建设海洋强区，努力打造全国一流海洋经济创新发展和科技兴海产业示范区、海洋经济高质量发展核心区、海洋开放合作先导区，在海洋强省、海洋强市建设中发挥“主引擎”作用。到2022年，海洋生产总值突破350亿元以上，海洋研究与试验发展经费投入强度不低于3.3%，海洋经济对全区国民经济增长贡献率提高到28%，海洋战略性新兴产业增加值平均增速提高到20%，占海洋生产总值比重达到25%，近岸海域水质优良面积比率达到96%，自然岸线保有率不低于40%。打造以规划面积8.4平方公里的海洋创新园区、14.2平方公里的中央创新区为“龙头引领”，以中科院烟台产业技术创新与育成中心、业达·智谷、蓝色种业研究院、国际生物医药创新中心以及重点企业科创孵化平台等为“协同驱动”，以开发区360平方公里陆域、501.5平方公里海域为“空间承载”的海洋产业配套协作、海洋科技协同创新、海洋资源开发利用的总体格局。从海洋科技创新提升、海洋新兴产业壮大、世界一流港口建设、海洋传统动能转换、海洋生态环境保护、海洋文化振兴、海洋开放合作七个方面来行动，力争5年内打造集海洋资源开发、增殖、海上游钓、休闲旅游等多功能于一体的大型海洋牧场示范区，新建海洋技术孵化基地、科技企业孵化器、众创空间、中试基地运营面积5万平方米以上，力争完成1项海洋药物生产批复、1项临床总结、6项课题攻关等。

渔　业

【概况】 2019年，全区海洋渔业总产值202亿元，其中一产养殖捕捞业41亿元、二产渔业加工建筑业152亿元，三产渔业流通服务业9亿元。全区水产品总产量194814吨，其中养殖产量142637吨，捕捞产量52177吨。工厂化养殖面积23万立方水体。

【海洋捕捞】 2019年，辖区机动渔船数量971艘，其中捕捞渔船527艘，养殖渔船444艘。是年，全区海洋捕捞总量52177吨，较上年减少5%。

【工厂化养殖】 充分利用国际资金，坚持“引进来、留得住、能共赢”，引入大西洋鲑（三文鱼）陆基循环水工厂化养殖项目。该项目使用的三文鱼鱼卵从挪威进口，在烟台工厂实现从鱼卵孵化到成鱼产品包装全流程，工厂采用循环养殖系统，95%的水可循环利用。通过大西洋鲑陆基循环水工厂化养殖项目有效引入大体量外资，带动配套万吨级饲料厂、食品加工厂以及提炼高品质鱼油、生产高端宠物饲料或者用于生物医药产业的副产物加工厂在内的上下游产业，同时起到引领和示范作用，为烟台八角湾海洋经济创新区建设和全国水产养殖转型升级、实现新旧动能转换提供有益借鉴和参考。经初步估算，一期投资总额约需1.75亿美元，需用地12万平方米，主要建设孵卵厂、生长罐和加工厂，年产三文鱼1万吨，年产值5.4亿元，淡水使用量250立方米/小时（每天6000立方米），海水使用量500立方米/小时。年底，项目已完成选址及用地方案、淡水使用方案及成本核算、取排海水管道方案、三文鱼鱼卵进口方案、可行性调研，下一步将继续积极推进项目的落地与投产。

【育苗生产】 海益苗业公司与中国海洋大学合作开展的长牡蛎“海大3号”新品种获批；海益苗业公司参与研究的杂交扇贝新品种“青农金贝”获国家水产新品种证书，成为全市第一个以提高品质为目的的扇贝选育品种；东方海洋通过自主创新，建立了世界首家稳定可靠的大西洋鲑鱼（三文鱼）工业化循环水养殖基地，实现了大西洋鲑成鱼商品鱼的大规模鲜活供应；天源水产参与的“狼鳗人工繁育技术”通过专家组验收，率先在国内实现狼鳗人工繁育，为狼鳗新品种养殖产业的发展奠定了基础。深入落实“三线一单”（生态保护红线、环境质量底线、资源利用上线和生态环境准入清单）硬约束，实施陆海统筹和一体化治理。委托有资质的第三方检测公司，依据《海水养殖水排放要求》，对目前正常生产经营的228家育苗企业的尾水排放进行检测，从检测结果看，所有育养企业都做到了养殖尾水的达标排放。

【水产品加工销售】 2019年，全区有水产品加工进出口企业47家，其中，规模以上（年产值过2000万元）加工企业34家，水产加工产值152亿元，进出口总额36亿元。加工品种主要有金枪鱼、鳕鱼、鱿鱼及贝柱等产品。中鲁食品与齐鲁工业大学共建“山东省金枪鱼产业技术研究中心”，全面推进金枪鱼加工副产物生物技术全利用开发研究；大力推进“互联网+”销售模式，建设“百城千店”大销售格局，通过组织线上线下同步发布蓝鳍金枪鱼解体秀、网红直播等宣传活动，引领电商新潮流，有效激活国内市场。

海洋牧场

【概况】 2019年，辖区拥有海洋牧场4处，其中，国家级海洋牧场1处，省级海洋牧场1处.已建成投礁型海洋牧场431.4公顷，投放预制件30.6万空方，移植藻类400万余株，建成多功能平台1座，购置各类设备10余台套。截至年底，累计投入资金5718万元，获上级补助

投石造礁作业

资金1930万元。确权海域面积429公顷，拥有国家级水产原良种场5处，数量居全国县级市第一。是年，共采捕海参7.4万公斤，蟹0.8万公斤，魁蚶、毛蚶等贝类9万公斤，鱼类7.2万公斤，实现产值2800余万元。

【增殖放流】 2019年，投入资金350万元，放流梭子蟹、牙鲆、黑鲷、许氏平鲉、海蜇等各类苗种2000万单位，渔业资源得到修复，产生了良好的经济和社会效益。6月，举办了“仙境海岸·鲜美烟台”——养护水生生物资源保护海洋生态环境暨“爱在金沙滩·扬帆八角湾”社会公益活动，工委管委领导、涉海各有关单位代表、少先队员代表及农海局全体党员等近百人参加活动。

【海水养殖】 2019年，辖区主要海水养殖品种为鲆鲽鱼、南美白对虾、牡蛎、贻贝、扇贝及海参鲍鱼等海珍品，年产量142637吨。随着海洋功能区划调整和涉海项目相继落地，养殖水域和养殖场数量将不断减少。全区有5家育苗养殖企业（分别为天源水产、宗哲水产、海益苗业、安源水产及东方海洋）；普通网箱993个，共计5万平方米；对辖区海水养殖面

积进行第四次修正，筏式、底播、人工渔礁、网箱等养殖方式合计调减 6769 公顷，调减后，海水养殖面积为 8387 公顷。制定并下发《烟台开发区水产品质量安全专项整治活动实施方案》《烟台开发区海参苗种质量安全专项整治实施方案》，与重点育养企业签订《渔业单位安全生产承诺书》。成立领导小组，组成专门检查队伍，依法对育养企业就“是否持证生产，养殖记录、用药记录、销售记录及各类台账是否完整，药品仓库是否存在违禁药品，各种规章制度是否上墙”等方面进行现场检查。委托有资质的第三方检测单位，对育苗企业的尾水进行检测达标排放；坚持水产品质量安全专项整治与日常执法监管相结合，严厉打击违法使用禁药行为。

休闲垂钓型深水抗风浪网箱

【国家海洋水产养殖综合标准化示范区】 12 月 12 日，由海创区（蓝色种业硅谷）安源水产、海益苗业、宗哲科技三家骨干企业联合创建的“国家海洋水产养殖综合标准化示范区”以总分 95.71 分的最高成绩通过验收。烟台八角湾海洋经济创新区（蓝色种业硅谷）再添一块“国”字号招牌。项目实施两年来，按照 GB/T31600 要求，建立和健全覆盖国家海洋水产养殖全过程的标准体系，结合示范区项目自身发展特点以及国家、行业、地方标准，设计了符合示范区的企业标准体系。共收集 340 项标准，其中基础标准 44 项，技术标准 198 项，管理标准 62 项，工作标准 36 项。

【清理海上违规养殖】 采取陆巡和海巡相结合方式，对不符合海洋功能区规划和海水养殖水域规划的非法养殖行为依法清理整治。全年共清理海上违规养殖 1600 余亩，有效保障了航道通畅和海洋环境整洁。清理整顿核心区海岸线向海 1 公里内筏式养殖设施。推行生态养殖模式，鼓励发展海洋牧场和岸基工厂化循环水养殖等生态养殖方式。

监督监察大队在天马栈桥附近海域清理牛网

海洋管理与监督

【概况】 辖区海岸线全长 61.3 公里，海域面积 501.5 平方公里，无居民海岛 5 座，面积合计 1051 平方米（全部位于潮水辖区海域）。截至 2019 年底，全区累计审批用海项目 180 宗。其中，交通运输、船舶工业、渔业基础设施及旅游建设用海项目 53 宗，计 1218 公顷；渔业养殖用海 127 宗，计 4984 公顷。

【海洋环境保护】 2019 年，重点加强对黄金河和柳林河等入海口的不定期巡查，发现水质有污染情况及时对接环保部门采取相应措施，确保海洋水质安全。聘请第三方检测机构，每季度对1处水产养殖循环水口取样检测一次。4月，配合烟台市海洋环境监测中心，在嵩山路北端离岸约1.5海里处设置浮标1处（表体色为黄色），测量开发区近岸海水水质、水温、海流、风等数据，监测数据通过无线时时传输。6月24日，配合省海洋局组织专家组对去年查处的1处小规模码头填海案件整改情况进行复核验收，复核验收表已上报，等待省局批复。

4月9日，潮水镇墟里村入海排水口取样检测

【渔政渔港监督】 2019年，全区仍然维持原4处渔港停泊点。其中，初旺渔港停靠渔船260艘，八角渔港停靠213艘，芦洋渔港停靠35艘，万船口渔港停靠45艘，另有潮水衙前停泊点30艘（目前淤积严重），387艘养殖及特殊渔船，分布在西自潮水镇解西村东至夹河口61.3公里海岸线沿海各养殖场及海滩停靠。

【海洋监察】 2019年，配合省、市两级相关部门，重点对辖区内3处已审批的在建填海工程（八角渔港扩建工程、烟台港西港区防波堤二期工程、烟台港西港区液体化工仓储中心项目工程）进行日常监督管理。每季度配合省级海域动态监管部门对填海施工现场进行测量核查，对辖区五处无居民海岛进行巡查，及时上报巡岛情况。海岛目前维持未开发利用状态，本年度未有违反海岛保护法等法律法规事件发生。2月份，1处养殖池被自然资源部列为疑点疑区。接到疑点疑区卫星图片后，执法人员立即进入现场核实情况。经过三天清理，该处疑点疑区恢复海域原状，顺利完成整改。移交青岛海事法院非法填海案件一例。

渔船监察

【“亮剑2019”渔政执法行动】 4月份，印发《“中国渔政亮剑2019”烟台开发区系列专项执法行动方案》，有序推进海洋伏季休渔、清理取缔涉渔“三无船舶”和清理整治违规渔具等。年内，共查处违法船只41艘，罚款17.84万元；查证落实涉渔“三无”船舶18艘；清理109盘违规牛网、4000个禁用地笼；落实夹河口的日常监管责任，严厉打击非法电鱼行为。做好宗哲、天源水产有限公司水生野生动物的管理工作，加大水生野生动物养殖、繁育相关政策的宣传力度，落实日常监管，严厉查处超出许可范围养殖、超规模养殖。

渔船检验

【渔船检验】 2019年底，全区有渔船971艘，其中钢质及玻璃钢渔船137艘，木质渔船834艘。按作业类型分，捕捞渔船527艘（其中特殊捕捞渔船133艘），养殖渔船444艘（其中无证持卡特殊养殖船28艘、潮水划转特殊养殖船8艘）。全区渔船实行登船检验并拍照，且审验率100%；年度内纳入国家报废的捕捞渔船共61艘，老旧渔船拆解申请更新制造并办理船网工具批准书46艘，其中制造完成检验办证16艘。

【违禁渔具整治】 3月，农业与海洋渔业监督监察大队召集区内牛网（鳀鱼落网）业户约谈会，要求立即自行清理海上布置的牛网及牛网所属的圈绳。各牛网业户签订了承诺书，保证遵守法律法规，按时清理牛网。同时采用张贴宣传明白纸、报纸、微信等方式，进一步明确老牛网、地笼等渔具对海洋资源的危害程度。尔后，加大海域违规网具的巡查检查力度，全年共清理违规牛网109盘、禁用地笼4000余个。

清网行动

【海洋休渔】 2019年5月1日—9月1日为一年一度的伏季休渔期。按照“管住港、管住船、管住渔民不下海”工作目标，海洋伏季休渔期间，共开展专项执法行动34次，出动船（艇）82艘次，执法人员682人次，没收销毁“老牛网”等各类违规网具和禁用渔具2645个。查出涉渔“三无”船只18艘，扣港处理违法违规渔船21艘，没收渔获物475公斤，罚款6.32万元。

4月17日，八角渔港清理禁用渔具

【渔业安全生产】 年初，制订了全年渔业安全工作要点、执法计划和教育培训计划，组织开展了冬季渔船防火、“两会”期间渔业安全管理、冬季渔业安全生产百日会战大行动、渔业“安全生产责任落实月”活动。维护了全区海上渔业安全生产形势稳定。3月份开展海上“渔业安全生产责任落实月”活动，活动期间，制订了《2019年全区渔业安全生产执法工作计划》，并统一印制《海上渔业安全生产值班记录》《海上大风等渔业风险信息传递检查记录》《渔船出海返港情况记录》《渔业安全生产协管员每天检查渔船记录》，发给基层海上渔业安全生产管理单位和渔业安全协管员，用于对海上渔业安全生产工作进行记录，确保每项工作任务落到实处。

【围填海历史遗留问题处置】 上半年，按照国家、省、市要求，开发区积极配合省市相关单位按时完成了围填海现状调查，确定历史遗留问题29处。6月底，上报了其中已批准尚未完成围填海8个项目共10个图斑的备案材料。10月29—30日，烟台各县市区围填海历史遗留问题生态评估报告和生态保护修复方案专家评审会议在青岛召开。会上，专家组对烟台开发区19处围填海历史遗留问题生态评估报告和生态保护修复方案进行认真研究，提出修改意见，最终通过专家组评审。11月，将围填海历史遗留问题处置方案上报市局。

【台风利奇马预防】 8月10日，台风利奇马开始影响辖区海域。针对海上出现的台风风暴潮情况，及时启动《烟台开发区海洋与渔业防台风、风暴潮应急预案》。将各级预警预报信息逐一传达到全区5处渔港码头、1092艘渔船。组织力量对渔业平台、渔港码头、养殖大棚逐一通知、逐个排查；通知海上养殖和海洋牧场平台108人提前上岸，在港渔船做好防风避险加固工作。安排专人引导渔船有序转港，共有270艘渔船转至烟台港和烟台西港区避风。在8月12日风情减弱后，立即联合各街镇，现场查看渔港码头、养殖企业受损情况。及时向受灾区域派遣救灾工作指导小组，指导落实灾后恢复生产措施。

【国家海洋督查】 2019年，国家海洋督察反馈意见整改涉及开发区8个问题，其中独有问题2个，扩管潮水镇带来问题3个，共性问题3个。按照国家海洋督察整改时间节点要求，1月底前完成5项问题整改销号，6月底前完成1项问题整改销号，12月底前完成全部8项反馈问题整改，销号材料全部上报。

海洋资源与环境研究

【概况】 2019年，研究院新上项目9项，牵头承担6项，其中山东省农业重大应用创新项目1项，山东省"渤海粮仓"科技示范工程项目1项；验收10项，发表学术论文72篇，其中SCI收录10篇，出版专著1部。发布国家标准2项，行业及地方标准5项，立项省地方标准4项；获得专利授权8项，软件著作授权13项，山东省自然资源科学技术二等奖4项，山东海洋与渔业科学技术一等奖1项，二等奖2项，三等奖1项，青年科技奖1项，海洋优秀科技图书奖2项，山东环境科学学会优秀论文奖2项。本年度研究院被评为"山东省自然资源厅2019年度先进工作单位"，在省属事业单位年度绩效考核中获评"良好"等次。研究院积极履行开发区社会责任，10名科研骨干获得开发区嘉奖，4人计三等功。另外，研究院2名科研骨干分别荣获"烟台市先进工作者"和"齐鲁最美水产科技工作者"称号，3名专家入选"服务海洋经济高质量发展智库工作队"。

【研究成果选介】 三种金属纳米材料对紫贻贝的毒性探究"以紫贻贝为研究对象，分析了AgNPs的毒理效应机制，以及三种金属纳米材料的生物毒性效应。AgNPs毒理效应机制研究结果显示：（1）AgNPs在紫贻贝各组织中的消长和代谢速率均较小，Cysteine络合Ag+后，AgNPs整体的被摄食率提高，且在各组织中的消长速率增大，外套膜的最明显。（2）三种暴露情况未对紫贻贝造成较大的氧化胁迫，且未引发明显的神经毒性；基因表达检测显示，HSPA12A、TCTP和Bcl-2基因均展现出不同的表达响应，可初步作为AgNPs及Ag+的毒性生物标志物，有效性有待证实；Cysteine络合Ag+后，紫贻贝组织病理现象较AgNPs单独暴露严重；免疫检测显示，暴露对紫贻贝未产生严重的细胞毒性，但诱导了血细胞呼吸爆发和早期凋亡。三种金属纳米材料的生物毒理效应研究结果包括：（1）TK-TD模型预测三种纳米材料均具有潜在的生物毒性。其中，AgNPs和ZnO NPs生物毒性大小分别取决于 Ag 和 Zn2+ 的代谢和排出速率；CuO NPs 生物毒性与其暴露浓度及组织富集量有关，且其潜在的纳米毒性需要进一步研究。（2）三种纳米材料的主要分布组织分别为肝胰腺、鳃、闭壳肌和外套膜（AgNPs），肝胰腺、鳃（ZnO NPs）及肝胰腺（CuO NPs）。（3）酶活性检测显示，紫贻贝未受到较大的氧化胁迫；纳米形式的金属对生物体 AChE 的影响不是特别明显，CuO NPs 相较于 AgNPs 和 ZnO NPs 更容易对 AChE 产生影响；基因表达检测显示，TCTP 和 Bcl-2 基因均展现不同的表达响应，可初步作为毒性生物标志物，有效性有待证实；ZnO NPs 诱导的组织病理现象较 AgNPs 和 CuO NPs 稍严重；免疫检测显示，紫贻贝血细胞未展现严重的细胞毒性，但应激产生了显著的呼吸爆发和早期凋亡。以上结果初步证实了，AgNPs、Ag+ 及 AgNPs+ 释放的 Ag+ 具有不同的生物毒性效应，AgNPs 的生物毒性可能高于 Ag+，AgNPs 释放的 Ag+ 可能对 AgNPs 的生物毒性具有一定的抑制作用；并初步预测并验证了三种金属纳米材料的生物毒性效应，为其作为水产抗菌剂的安全性评估提供部分科学依据。

“许氏平鲉深远海网箱大规格苗种培育技术集成与应用”首次将快速生长新品系、疫苗免疫保护、益生菌提高饲料利用率和综合繁育技术、大规格苗种培育技术进行整合，综合效益显著提高，有利于推动许氏平鲉养殖产业的健康发展。通过利用多年选育的生长快、抗逆性强许氏平鲉优良新品系作为亲本进行繁育，建立了许氏平鲉优良苗种规模化繁育技术；从网箱大规格苗种培育的放养密度、培育管理、鱼苗分级筛选及分养等，结合疫苗免疫、益生菌微生态制剂的使用对病害进行综合防控，最终建立深远海网箱培育优良大规格苗种技术，利用大钦岛深水网箱培育平均全长 12.6 厘米的许氏平鲉苗种 108 万尾，同期比野生苗种生长速度提高 66.75%，生长速度得到显著提高；开发 1 株乳酸菌 YH1 和 1 株芽孢杆菌 YB1，两者均可促进许氏平鲉生长，YH1 经养殖和生长扩大试验，成活率得到显著提高（提高 20%）；分离并鉴定许氏平鲉致病菌哈维氏弧菌（V.harveyi），命名为 P5W，委托疫苗企业研制了哈维氏弧菌载体活疫苗 HTVhs-5306，实验组比对照组成活率提高 30%。应用哈维氏弧菌疫苗及课题组研发的特定益生菌于大规格苗种培育中，选育苗种成活率 92%，野生苗种成活率 18%，成活率得到极大提高，综合效益显著。建立烟台泰华海洋科技有限公司苗种规模化繁育示范基地 1 处，完成长岛县大钦岛乡大规格苗种培育示范网箱 22 个。

“刺参池塘绿色生态养殖模式构建与示范”跟踪调查了刺参养殖池塘的藻类群落变动规律，明确了不同季节池塘内优势藻类种群。进行了马粪海胆规模化育苗和保苗，分析了马粪海胆对不同藻类的摄食情况，明确了其适宜池塘养殖条件。确定了马粪海胆在刺参池塘养成时期的投放密度，建立了适宜的养殖技术规程，构建了刺参池塘绿色生态养殖新模式。建立了健康养殖新模式核心示范区 100 亩，推广养殖面积 1000 亩，实现产值 2263 万元，新增产值

11 月 30，荣成项目成果验收

339 万元，养殖效益提高了 15%。

【研究基地建设】 农业农村部渔业产品质量监督检验测试中心在“全国农业行业职业技能大赛、全国农产品质量安全检测技能竞赛总决赛”中获得水产组全国第一名的好成绩，同时协助山东队荣获全国第一名。参加了农业农村部办公厅、农业农村部渔政管理局、国家认监委等部门组织的 12 项次能力验证考核，连续 16 年一次性通过，并顺利通过国家级资质认定“双随机”监督检查、机构考核现场评审等考核评审。山东省海洋生态修复重点实验室，重点开展了海洋资源调查与生态修复研究。为适应研究方向调整，实验室对人员结构进行了优化，与省内外高校及科研院所进行了深度合作交流，加强了对海洋生态和海洋资源专业方向的优秀中青年学术骨干的引进和培养。围绕生境修复保护、海洋生态预警和生物资源修复等方向，发布了 2019 年度开放课题申请指南，共收集申报材料 37 项。完成全省主要增殖资源年度专项调查，并编制上报《2018 年度省重点实验室年报》，为海洋资源修复和海洋产业发展提供智力和技术支持。东营试验基地（黄河三角洲海洋渔业科研推广中心）完成“黄河三角洲参贝菜生态循环型海水农业新模式构建与示范”等 10 余个项目的研究工作和渔业物联网、数字渔业建设；开展了东星斑、云龙石斑、半滑舌鳎人工育苗试验以及室内工业化养成试验；建成的 100 亩养殖尾水处理工程，为工业化养殖污染治理起到了示范作用。

8 月 26，东营实验基地建设

【技术服务与公益活动】 起草《2019 年全省水产品质量安全监督抽查和风险监测方案》等工作方案 4 项，编制了总结分析报告 27 份。首次承担省水产品质量安全风险监测和监督抽查样品复检以及对 16 家承检机构的飞行检查工作。完成上级下达的 8 项检验监测任务，抽检农业农村部水产品质量安全例行监测、省水产品质量安全监督抽查、贝类风险监测和生产区域划型、水产苗种检验检疫以及委托检验样品共计 1960 个。编制完成 2019 年山东省海洋生态预警监测与评价工作、信息产品制作及质量保证等系列方案，内容涉及海洋生态趋势性监测、海洋生态灾害风险区监测、海洋生态重点区（敏感区、脆弱区、重点监控区）等 3 大类 10 项工作，监测任务时段涵盖 4—10 月；编制 2019 年山东省海洋生态预警简报、年报、专报等各类信息产品近 20 期，共 300 余份，继续做好赤潮、绿潮应急处置工作。组织开展 2019 年全省海洋生态环境监测评价工作。制定了《2019 年山东省海洋生态环境监测与评价工作方案》及 4 个配套方案并组织实施，共布设全省各类站位 955 个，涉及海水质量、沉积物、生物多样性、典型生态系统、海洋垃圾等 5 大类海洋生态环境监测工作，全年组织各级监测机构累计出海近 30 航次，航行 1.8 万余海里，采集各类样品近 3 万个，获得监测数据 20 余万组，圆满完成了国控山东渤海海水水质监测、渤海海洋环境质量专项监测、山东省海洋生态环境监测、海洋生态空间监测等各类任务，编制并代表省政府发布《2018 年山东省海洋环境状况公报》，完成简报、专报等各类信息产品 27 期，共 810 份。编制完成《烟台经济技术开发区海洋强区建设规划》和《长岛海洋资源环境本底调查与评估报告》并通过专家评审，为烟台自贸区、长岛海洋生态文明综合试验区及国家公园建设提供了有力支撑。牵头编制完成《长岛海洋牧场建设规划（2019—2025）》，荣成成山鸿源、长岛天安、南隍城等5份海洋牧场海域使用论证报告，以及“烟台崆峒列岛省级海洋自然保护区养殖海域及养殖设施核心区和缓冲区的测量与鉴定”等12份资源评估鉴定报告，并协助申报了长岛常丰、万顺通、东兴、东源等4处海钓场。5月和8月，分别对全省26个国家级自然保护区/特别保护区和3个典型生态系统开展了监测与评价工作，对水环境、沉积环境、海洋生物群落的变化趋势以及典型生态系统的健康状况进行了全面分析。完成了入侵生物互花米草的入侵现状调研，初步查明我省互花米草入侵面积及分布情况。研究院还以国家级“青年文明号”和志愿服务分队为基础，结合自身科研优势，因地制宜开展了形式多样的文明引导、志愿服务活动和系列宣传活动。走进驻地学校，举办多场海洋环保讲座，并持续与4所小学联合开展海洋环保小记者活动；积极参加学雷锋、植树等系列公益活动以及全国放鱼日、海洋日主题活动；在旅游度假区、市民广场等人员密集区域设立宣传栏，发放环保宣传材料。此外，院工会还组织了职工爱心捐助等活动。

8月4日，圆满完成渤海海洋环境质量专项监测

农　业

Agriculture

综 述

【概况】 随着二三产业的快速发展，第一产业在国民经济的比重逐步下降。2019年，全区实现农林牧渔业总产值30.7亿元。粮食作物种植面积1571.37公顷，生猪存栏52961头，肉蛋奶总产量1.11万吨；拖拉机保有3900台，农业机械总动力11.98万千瓦；调整后的沿海防护林省级自然保护区试验区面积396.5公顷；水利设施安全运行，河道环境整治效果显著。

【农民专业合作组织】 截至2019年底，全区发展各类农民专业合作社270家（党支部领办合作社19家），其中申报认定市级示范合作社3家（党支部领办合作社1家）；登记注册家庭农场17家，其中市级示范家庭农场1家。

【农村集体产权制度改革】 全力推进产改工作收尾。年初，完善农村集体产权制度改革工作考核细则，将产改工作纳入全区目标责任制考核，制定2019年产改收尾工作计划和推进措施。区产权制度改革领导小组召开5次镇街、律师所、会师所调度座谈会，就扫尾工作存在的问题逐村研究，提出详细可行的解决方案，逐一落实。每月两次到镇街实地督导，查看档案资料整理，完成档案规范化，归档160个村居；组织培训集体经济组织登记赋码审核录入和两证的打印，5月底进行首批农村集体经济组织证书和股权证书发放，年底基本完成所有证书打印和发放。总结产改工作情况，在市级"专栏宣传"发表稿件2篇，"今日头条"和《开发时报》各1篇，顺利通过市局督导和清产核资验收。

【涉农资金整合】 制定《烟台开发区2019年涉农资金统筹整合实施方案》，通过整合使用各级财政涉农资金，提高财政涉农资金使用精准度和效益。全年整合财政涉农资金总计9603.73万元，其中中央资金2484.66万元、省市级资金1973.6万元、区级资金5145.47万元，整合率100%，有力保障乡村振兴战略的顺利实施。

【农村人居环境综合整治】 印发《烟台开发区农村人居环境综合整治工作实施方案》《烟台开发区农村人居环境综合整治工作分工方案》，明确职能部门及相关镇街的工作职责。建立由工委领导统一指挥，职能部门各负其责，镇街村居全面参与的工作体系。累计投入资金925万元，在古现、八角、大季家3个街道建设3处农村垃圾中转站，潮水镇完成旧有垃圾中转站升级改造。区、镇（街道）、村（居）三级管理网络和"户收、镇（街道）运、区处理"的城乡生活垃圾收运处理体系已经建立，农村生活垃圾无害化处理率达到100%。开展村庄清洁行动，春季、夏季、秋冬战役和百日会战活动，巡查清理果园4.3万亩，回收反光膜、地膜、苹果套袋等农业废弃物280多吨。清除"三大堆"（指农户在生产、生活过程中产生的柴堆、粪堆、土堆）等存量垃圾7700多吨，新增垃圾箱728个，新增保洁人员46名，硬化道路8000多米，新增绿化面积36.7万平方米。按照一河一策要求，进行河道保洁、清淤，清理河道沟渠273公里。起草《关于实施潮水镇农村无害化厕所改造的意见》，累计改厕11459户，改厕率达到86.5%，300户以上自然村新建装配式公厕5个。编制《烟台经济技术开发区农村生活污水治理实施方案》，通过市级、省级生态环境部门组织的专家评审。编制2019—2020年污水治理村庄计划并组织实施，16 个村完成生活污水治理。

脱贫攻坚

【概况】 2019 年，建档立卡贫困人口自然减少 20 人，增加补录 2 人，调整为脱贫享受政策 1 户 3 人，脱贫不享受政策 3 户 5 人。有建档立卡贫困人口 316 户 483 人。

【工作专班】 在工委成立农业农村委员会的基础上，又成立由工委领导任组长、相关部门牵头推进的乡村振兴 5 个专班，并结合区情实际，研究明确 2019 年乡村振兴五个专班重点任务清单，分别明确任务清单的牵头单位、参与单位，细化各职能部门年度任务目标。

【行业扶贫】 协调行业部门编制脱贫攻坚专项实施方案及年度任务清单，紧紧扭住“两不愁三保障”（“两不愁”即不愁吃、不愁穿，“三保障”即义务教育、基本医疗、住房安全有保障）核心指标，推动保障性行业扶贫措施落实到位。办理低保 7 户 11 人，4 户 4 人纳入特困人员救助供养。以家庭医生团队服务形式对所有建档立卡贫困人口进行一对一摸底调查，入户宣讲政策，开展签约服务。开通精准扶贫绿色通道，实施“一站式”结算。设立健康扶贫患者门诊、住院接待处，享有优先就诊、优先检查等政策。对全区建档立卡贫困户学生实行动态管理，完善学籍平台信息，无失学辍学情况。鉴定发现 14 户危房，全部完成改造和妥善安置。立足水量、水质、用水方便程度、供水保证率 4 个指标，开展入户核对清查，实行排查人员和贫困户“双签字”。面对 2019 年严重旱情，解决 1 个省扶贫工作重点村水量不足问题。

【社会扶贫】 印发《关于进一步规范提升公益专岗扶贫和孝善养老扶贫工作的通知》，年度纳入奖补贫困老人 318 人，发放奖补资金 14.48 万元。继续实施公益扶贫专岗，实现 55 人上岗，发放专岗补贴 20.88 万元，稳步增加贫困户收入。

【项目扶贫】 安排扶贫专项资金 121 万元，用于购买扶贫特惠保险、扶贫产业项目等支出。组织实施产业项目 1 个，基础设施项目 4 个，提升贫困村村集体增收能力和公共基础设施水平。

种植业

【概况】 辖区粮食作物主要有小麦、玉米等，油料作物主要为花生。随着农村城市化进程不断加快和农业产业结构的调整，粮食、油料、果园等种植面积逐年下降。至 2019 年，全区粮食作物种植面积 1571.37 公顷，其中小麦种植面积 312.87 公顷，玉米种植面积 1258.5 公顷。油料作物种植面积 557.5 公顷，蔬菜种植面积 253 公顷，果园面积 3387.3 公顷。

【高标准农田建设】 潮水镇高标准农田建设（以建设高标准农田为目标，围绕农田主要限制性因素或全面质量提升而开展的土地平整、土壤改良与培肥、灌溉与排水、田间道路、农田防护与生态环境保持、农田输配电，以及其他工程建设，并保障其高效利用的建设活动）项目区面积 533.36 公顷，涉及草泊村、山上孟家村、山上李家村、费中村、费东村、费西村 6 个行政村，总投资 1040 万元。

畜牧业

【概况】 2019年，全力抓好非洲猪瘟防控、畜牧业环保督察，生猪私屠滥宰、畜产品质量安全等环节，积极转方式、调结构，切实维护畜牧业稳步发展。全区畜牧业产值2亿元，有饲料生产企业8家，兽药经营单位6家，动物诊疗机构12家，1个生猪定点屠宰场，218个畜禽规模养殖场（专业户）。存栏生猪5.3万头、牛812头、羊9557只、鸡65.86万只（其中蛋鸡8.86万只）、鸭4.52万只、鹅3410只。无大型动物产品冷库、畜禽规模交易市场。肉蛋奶总产1.11万吨，其中肉类9294吨，禽蛋总产量1257吨，奶类总产量506吨。

【重大动物疫病防控】 2019年，将非洲猪瘟防控纳入全区工作要点。累计采集检测血样和环境样品4847份，金东肉联定点屠宰场自检血样2085个，全部为阴性。对38辆调运车辆实行备案管理，严格控制省外生猪及产品调运，防止外部疫情传入。对排查发现的全部11家餐厨废弃物养猪场户发放告知书、签订责任状，坚决杜绝餐厨弃物养猪行为。对农贸市场、大中型超市、社区生鲜超市开展检查，累计出动执法人员286人次，检查肉及肉制品经营店260家，查处各类动物卫生违法案件11起，罚金2.18万元。使用高致病性禽流感、口蹄疫等重大动物疫病疫苗100.17万毫升，免疫家畜16.39万头（只），家禽158.65万羽。产地检疫畜禽138万头（只），屠宰检疫生猪2.29万头，发放消毒药品12吨，消毒面积96.2万平方米。区畜牧主管部门与区行政审批部门信息互通，及时更新动物诊疗机构和执业兽医监管名录，强化对全区12家动物诊疗机构、30名备案执业兽医事中事后监管。印发《非洲猪瘟防控告知书》《重大外来动物疫病防控知识挂图——非洲猪瘟》348份，张贴《非洲猪瘟防控知识宣传》挂图200余份，签订《开发区生猪养殖场（户）疫病防控告知书》139份。组织防控知识培训班9期，培训530人次。储备消毒药品13.53吨、高压清洗消毒机7台、动物尸体袋和样品袋2000条，防护服、医用手套、防疫鞋等各500套。截至8月14日，区生猪定点屠宰场屠宰生猪1.86万头，无害化处理病害肉产品120公斤。印发《关于严厉打击屠宰加工销售病死畜禽和私屠滥宰行为的通告》《生猪屠宰企业质量安全宣传挂图》等宣传海报950余份，对全区9家饲料生产企业、6家兽药经营业户、12家动物诊疗机构、33家规模畜禽养殖场、185家畜禽养殖专业户、1家畜禽屠宰场开展排查，建立台账，发现各类安全隐患327处，督促整改208处，下达限期整改通知书75份，年底全部整改到位。

【养殖环境治理】 10月17日，管委印发《烟台经济技术开发区畜禽养殖禁养区优化调整方案》。方案保留福莱山街道全部区域和潮水镇淳于村地下水水源地一级保护区为禁养区，增加古现街道、大季家街道、八角街道、潮水镇城镇居民区、文化教育科学研究区等人口集中区域为禁养区，删减部分不符合最新法律法规要求的区域。本次调整后，全区禁养区总面积62.88平方公里，解决了原版规划不适应开发区发展需求和接管潮水镇后的系列问题。到年底，全区有省级规模养殖场33家，全部按照防雨、防渗、防溢流标准配套建设粪污收集和利用设施，配套率100%，其中3家大型养殖场配套有机肥生产设备，2家规模场配套沼气生产设施，所有规模畜禽养殖场粪污实现全量收集和利用。

【生猪养殖】 全区有生猪规模养殖场24个（古现街道1个，大季家街道3个，潮水镇20个），其中有原种猪场（益生）1个，存栏2000头以上规模猪场5个。由于非洲猪瘟和环保督察双重因素影响，自5月份以来，生猪价格一直维持在30～40元/公斤，创历史新高，广大农户从事养猪产业的热情高涨，养殖技术水平和生物安全水平不断提高，养殖户增栏补栏较多，养殖规模不断扩大，全区规模养殖水平达70%以上，生猪产业已驶入发展的快车道。

【生猪定点屠宰】 开发区有生猪定点屠宰企业1家—烟台开发区金东肉联有限公司，2002年成立，注册资本200万元，2019年有职工15人，设计年屠宰量30万头，产品主要供给开发区、福山区、芝罘区等周边市场。企业由于成立时间较早，原来的很多设施条件不能满足防疫要求，开发区农业主管部门协助其新建检测实验室1处，升级改进生产线1条，优化车间布局2处，更新屠宰设备6台套，购置荧光pcr仪、安全生物柜等设备10台套，大大提升了屠宰效率和产品质量管控水平，具备非洲猪瘟快速检测能力，形成常态化运行机制。制定《烟台开发区生猪屠宰领域涉黑涉恶问题专项治理工作方案》，成立由农海局局长任组长的专项治理领导小组，在全区开展涉黑涉恶线索搜集、排查、落实、查处。联合公安、市场监管、街道（镇）等部门，采取高速公路堵截、晚上蹲守、市场督查等集中联合执法行动。累计出动127人次，排查生猪运输车6辆，生猪产品经营户22户，农海局立案9起，配合公安立案1起。

【检验检疫】 全年累计检疫牲畜7.24万头（只），禽类159.65万羽。严格生猪屠宰场屠宰检疫规程，安排13名屠宰检疫人员2人一组，24小时驻场轮岗检疫。严把“四关”，尤其在非洲猪瘟防控期间，严格落实各项检疫责任，全年累计屠宰检疫生猪2.61万头。

【科技推广】 在春秋两季重大动物疫病防控工作前，开展村级防疫员培训工作，并对防疫员防疫技能进行严格考核，邀请山东农业大学教授和上级业务主管部门专家授课。在畜牧业生产经营业户中开展培训2次，重点是饲料、兽药、动物诊疗机构安全生产经营以及养殖技术推广等方面内容，培训170余人次，有针对性提高从业人员业务素质和技术水平，提高养殖户科学致富水平。

林　业

【概况】 2019年，实现林业产值100万元。积极开展全民植树造林活动，提高森林覆盖率；开展沿海防护林省级自然保护区建设与保护，655处问题点位通过整治全部销号，发挥防护林带固沙防风作用。

【植树造林】 3月17日，组织开展以“绿满新区·美丽业达”为主题的2019全民义务植树活动，73个单位的3000余名志愿者在大季家街道芦洋村栽种9000余棵树苗，完成磁山、芦洋北山山体绿化计划，累计栽植常绿树木30万株，绿化面积153公顷。全区森林覆盖率27%。

【有害生物防控】 4月，邀请市专家针对八角东岛出现部分松树死亡情况及时进行现场会诊，取样检验，严格按程序处理和有针对性防治。6月、7月对重点区域的松林飞机洒药，防治松褐天牛，单次作业面积1333余公顷。在海防林等区域投放周氏啮小蜂1亿头，采取生物与药物防治相结合措施，确保美国白蛾等食叶害虫有虫不成灾。

【沿海防护林建设与保护】 3月，开展烟台沿海防护林省级自然保护区（开发区段）655处问题点位整治销号工作，其中涉及一类问题点位103处，二类问题点位58处，三类问题点位494处，年底全部完成销号任务。开展烟台沿海防护林省级自然保护区范围和功能区调整工作，11月4日获得省厅批复，调整后开发区段保护区面积为396.5公顷，全部为试验区。

【森林防火】 全区新建潮水监控点5处，平台1处，森林防灭火智能语音提示卡口80处。1月、4月，两次召开全区森林防火工作会议，清理重点火险区域林下可燃物面积133公顷，对110处进山路口进行合理布局。5月17日，区森林防火指挥部办公室举办120人的全区森林消防实战演练。防火期内，按照上级要求，区森林防火专业队增援蓬莱市灭火1次、牟平区1次、栖霞市1次、芝罘区1次。

农业机械

【概况】 2019年，辖区登记在册拖拉机3900台，其中福莱山街道28台，古现街道58台，大季家街道750台，八角街道59台，潮水镇政府3005台。在册拖拉机中，轮式联合收割机33台，轮式拖拉机975台，手扶拖拉机2892台。农业机械总动力11.98万千瓦，其中柴油发动机动力8.87万千瓦，汽油发动机动力1.24万千瓦，电动机动力1.87万千瓦。在册拖拉机驾驶员2451人，其中履带式联合收割机驾驶员3人，轮式联合收割机驾驶员18人，轮式拖拉机驾驶员992人，手扶式拖拉机驾驶员1486人。

【农机应用】 2019年，全区农机综合机械化作业率80.09%。机耕面积846.9公顷，机械化率86.56%。其中：小麦机耕面积75.59公顷，机械化率99.62%；玉米机耕面积252.64公顷，机械化率99.04%；花生机耕面积483.95公顷，机械化率91.44%。机播面积785.15公顷，机械化率79.69%。其中：小麦机播面积76.55公顷，机械化率98.91%；玉米机播面积237.7公顷，机械化率91.24%；花生机播面积457.01公顷，机械化率86.35%。机收面积708.09公顷，机械化率71.87%。其中：小麦机收面积76.56公顷，机械化率98.93%；玉米机收面积206.94公顷，机械化率79.44%；花生机收面积410.5公顷，机械化率77.56%。全年跨区作业面积82公顷。

【安全管理】 登记注册拖拉机3台，省外转入1台，省内转入1台。年内完成拖拉机检验495台，其中注销2台，审验不合格309台。举办安全培训班2期，培训人数353人。注册登记208人，满期换证59人，申请注销2人，自动注销260人。通过免费粘贴反光贴、发放《农机手安全知识手册》，以及对309辆不符合年检上牌拖拉机下发责令停止使用通知书等方式，杜绝拖拉机带病作业，减少安全隐患，确保辖区农机安全生产“零事故”。

【执法检查】 农机主管部门与公安交警部门建立联合执法机制，对全区从事道路交通运输拖拉机，全部落实长效监管措施。两个部门建立安全教育和交通违法信息实时共享机制，提高执法针对性。联合签发《开发区深化变型拖拉机联合整治行动方案》，定期开展“变型拖拉机”集中联合执法行动，查处滨州市滨城籍违法车辆 1 台，依法依规进行处理；发现道路运输违法行为 4 起，依法进行处置。

水　利

【概况】 围绕水利设施安全运行、河道环境保护和保障全区供水安全，开发区累计投入财政资金 17.66 亿元，用于水利设施建设。包括水库除险加固工程 2754 万元、河道环境整治 7.3 亿元、供水设施建设 6.58 亿元、库区下游群众搬迁安置 3.5 亿元。

【水库】 全区有水库 16 座，其中小（Ⅰ）型水库 3 座、小（Ⅱ）型水库 13 座，均建成于 20 世纪六七十年代，权属为辖区街道（乡镇）。总库容 1069 万立方米，总兴利库容 708 万立方米，影响下游人口 6.15 万人、耕地 2627 公顷。“十二五”以来，针对几十年运行出现隐患的病险水库，区财政先后投资 2754 万元，对 11 座水库实施除险加固，新建管理用房，增设水文观测和视频监控等安全设施。除险加固后，小（Ⅰ）型水库工程等别达到Ⅳ等，小（Ⅱ）型水库达到Ⅴ等，抗震设计烈度都达到 7 度以上。

【河道】 开发区境内有河道 17 条，总长 109.1 公里，流域面积 579.1 平方公里。其中夹河、黄金河、平畅河为市级重点河道。“十二五”以来，结合全区水系特点，完成生态水系总体规划等规划设计。区财政先后投入资金 6.2 亿元，完成夹河、黄金河、白银河、柳林河、柳子河等 6 条河道综合整治和景观提升，建成磁山省级水利风景区，修建 14.6 公里沿海防潮堤，在大幅改善河道和水生态环境的同时，打造出体现开发区城市品质的生态长廊。财政先后出资 1.1 亿元，完成 6 河道周边 58 家畜禽养殖场补偿拆除，从源头消除河道污染隐患。2018 年完成 17 条河流综合整治规划编制，2019 年对八角河、平畅河、峰山河、九曲河进行治理。

【防汛抗旱】 落实以行政首长负责制为核心的全方位防汛责任制，重新梳理明确由管委主要领导牵头、各成员单位主要负责人为成员的防汛抗旱组织领导体系；细化各成员单位防汛职责，逐级落实 15 座水库、84 座塘坝、17 条河流的防汛责任人，17 条河流实行河长制。修订区级防汛工作预案和防台风工作预案，完善 16 座小型水库防汛抢险应急预案和控制运用方案，制定各村（居）防汛预案。全区累计配备排水泵、运输车、挖掘机、推土机等抢险设备 300 台套，储备块石 2.2 万立方米、砂石料 305.3 万立方米、电缆线 4800 米，编织袋 4.35 万条、救生衣 310 件以及其他防汛物资，各街（镇）及城区都设有专库定点存放，落实运输措施及责任人，确保遇到突发情况运得出、送得到、用得上。按照城区 60 人、街（镇）30 人、村（居）15 人的标准，组建 975 人的区、街（镇）、村（居）三级抢险队伍，做到定员造册，随用随调。连续组织 4 轮隐患排查行动，累计排查登记河库隐患点、农村危房、城市低洼易涝点等 17 处，全部采取挂牌督办、限期销号、跟踪落实措施。对全区 17 条河道逐一排查登记河道护岸破损部位、薄弱环节和在建工程等险工险段，全面修补加固，提高强降雨条件下洪水防御能力。建成 XHD 终端视频信息化平台，为 10 座水库、3 条河流安装雷达远程遥测及监视器设施。7 月 29 日，启动应急保障措施，集中调配 9 辆应急送水车，其中 4 辆抗旱专用车，5 辆消防车。按照 120 立方米 / 日的送水标准，全力保障 5 个断水、20 个供水严重不足村（居）群众生活饮用水，累计送水 2000 余吨，桶装水3200余桶。各帮扶部门的驻村书记、企业包村干部也积极行动，累计筹措资金11万元，打井7眼，缓解村民用水难、灌溉难问题。深入推进“农村饮水安全两年攻坚行动”，新增投资1512万元，解决13个村饮水安全问题。32个村完成打井20眼，并配套相关设施，累计投资370万元。

【全域治水三年攻坚行动】 按照《关于印发烟台市全域治水三年攻坚行动计划的通知》部署，切实提升全区水资源保障能力，有力支撑经济社会发展和生态文明建设,2018—2020年，区计划投资6.8亿元，重点实施栖霞向开发区调水工程、小水库除险加固工程、中小河流综合治理三大工程建设。2018年底，全区完成投资4.7亿元，超额20%完成投资计划。在全市全域治水第四季度考核中排名第三。2019年，投资2.9亿元，年内承担的烟台市全域治水总投资5.1亿元的3项重点工程全部达到时间节点要求，累计治理河道12.5公里，完成2座水库除险加固验收。顺利完成河湖清违整治任务，累计排查清理河库违章建筑物36处，顺利通过省、市验收。

【小型水库管理体制改革】 针对小型水库日常维修项目投资小、零星分散的实际，开发区将维修养护项目打捆招标，由具有水利相关资质的中标维修养护单位定期进行高标准维修养护，实行物业化管理、“保姆式”服务，最大限度地提高资金使用效率。辖区为每座水库配备水库管理员，安排9万元财政资金，用于水库日常管护。明确工程产权和管理范围。由街道办事处管理、发包的水库产权属街道办事处；由居委会管理、发包的水库产权属居委会。隶属于街道办事处或居委会管理的小型水库，街道办事处是工程的管护主体，农海局负责水库安全监管，按照分级管理的原则，全面落实政府责任人、主管部门责任人、管理单位责任人分级管护责任制。

【最严格水资源管理制度落实】 2019年，烟台市下达开发区用水总量控制目标为12950万立方米。其中地表水用水指标7050万立方米、地下水用水指标1100万立方米、引黄调水量2800万立方米、引江调水量2000万立方米。全年全区用水总量为6974.9万立方米。其中地表水5922.8万立方米、地下水1052.1万立方米，严格控制在烟台市下达分配指标范围之内。投资6000万元为古现污水处理厂安装中水回用技术设施，设计中水处理规模5000立方米/天，为450万平方米海防林绿化养护和景观维护提供可靠的用水保障。万华工业园自建节水设施投用，每天回用中水量1.5万立方米。古现、大季家、套子湾3座污水处理厂总处理能力30万立方米/天。是年，在实施雨污分流改造工程的基础上，建立更加严格的入河排污准入机制，全区3个二级水功能区水质达标率为100%，河库生态环境明显改善。制定农村饮水安全明白卡，发放给所有农村群众，累计发放5万余份，引导广大农村群众参与水资源保护工作。调整优化全区河道名录及河长设置，3位工委管委领导担任区级河长，分级分段设立街镇级河长18名、村级河长56名，聘用河管员33名，更新公示牌62块，四级河长信息全部公示。委托第三方机构完成《烟台经济技术开发区水资源现状分析与展望》编制和7条河流、3座小型水库管理范围和保护范围划定。河长湖长利用巡河APP开展巡河巡湖7045次，其中区级39次，镇街级1036次，村级5970次。其间，清理河道水库垃圾39处、6.7吨，清淤河道15.5公里、4000立方米，形成“上下联动、左右互动、齐抓共管”的合力。在各河湖显要位置拉设横幅 50 余条；结合“世界水日”“中国水周”活动，发放宣传手册 3000 余份。

【农村饮水安全】 开展农村饮水安全攻坚行动，落实财政资金 690 万元，涉及 3 个街镇、32 个村、1.6 万人。主要建设内容为水源工程 21 处，安装净化水设备 22 套，安装输水主管道 24 公里，村内管道 3.9 千米。5 月 5 日施工单位进场施工，9 月 30 日全区农村饮水安全两年攻坚行动建设任务全部完成。

对外经济贸易

Foreign Economic And Trade

招商引资

【概况】 全年完成实际利用外资额 6.5 亿美元，增长 14.5%；完成合同外资额 17 亿美元，增长 40.5%；引进世界 500 强、中国 500 强项目 14 个，增长 100%；完成合同内资额 560 亿元，实际利用内资 170 亿元。

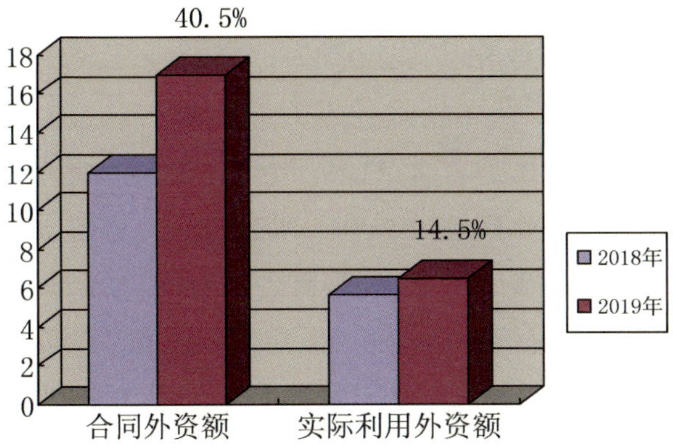

2019 年烟台开发区利用外资额示意图

【招商推介】 国外瞄准美加日韩，国内依托京津沪深，筹办招商推介会 46 场，向 6000 余家世界 500 强、跨国机构、高端客户等进行推介和重点拜访，达成半导体封测窄带材料、法国新能源汽车关键部件、LNG 物流园等多个合作意向。参加跨国公司领导人青岛峰会、进博会、世界工业设计大会等重要会议并开展招商推介，获取中海油区域供冷中心、韩国国家级经济创新中心等一批有价值项目信息。4 月 23—26 日，赴上海参加 2019 中国国际电子生产设备暨微电子工业展，并拜访华新丽华及澳大利亚联实集团两家 500 强企业。9 月，举办烟台开发区半导体产业（无锡）招商推介会，就半导体产业精准推介。10 月 19 日，参加首届跨国公司领导人青岛峰会，烟台开发区由工委书记、管委主任牟树青带队，有关部门和企业参会。会上，宇光机械和富乐新材料两个项目签约。11 月，烟台开发区德国“双招双引”推介会在德国法兰克福举行。推介会共邀请 30 余家企业及中介机构，共计 40 余人参会，包括汉高集团、德国钾盐集团、ELG 集团、MP 生物、OWS 润滑油等一大批国际知名或行业领军企业。是月，赴新加坡参加新加坡—山东经贸理事会第 21 次会议，与新加坡叶水福、新加坡 CPG 集团、新加坡 Raymmo 跨境贸易公司、新加坡昂国（亚洲）公司、新加坡中华总商会、通商中国、国际企业发展局等参会企业建立联系，积极开展交流推介，并实地拜访立堉集团、中科一带一路全球技术转移转化中心、丰树物流集团、雅诗阁集团、新加坡中华总商会等，推进立堉增资、半导体设备清洗等项目，进一步推动开发区在新加坡的招商工作。

【“10+1”项目引进】 招商部门紧扣全区重点产业方向，突出“建链、补链、延链、强链”，全力招引“四新四化”，精心储备重点在谈，合力攻坚 1000 亿元的 44 个七大产业项目，集聚提升产业发展层次，加快构建全区现代产业新格局。经过一年的推进，完成年度计划项目 8 个，由于各种原因调出项目 11 个，最终确定推进重点项目 25 个，总投资 800 亿元。其中：装备制造类项目 8 个，总投资 54 亿元；化工新材料类项目 6 个，总投资 358 亿元；电子信息类项目 3 个，总投资 160 亿元；现代海洋类项目 4 个，总投资 223 亿元；科教服务类项目 4 个，总投资 2.6 亿元。

【项目选介】 德国林德气体三期项目　投资方为林德气体（香港）有限公司（占比 90%）、万华化学集团股份有限公司（占比 10%），项目新增投资总额 3.6 亿元，新增注册资本 1.2 亿元，主要从事液氧、液氮等气体的生产、销售。

荣昌生物新药产业化项目　投资方为荣昌

生物制药（烟台）有限公司，项目新增投资总额 1 亿美元，新增合同外资额 4000 万美元，主要从事 RC18 和 RC48 两款新药的产业化，其中 RC18 用于治疗系统性红斑狼疮、类风湿性关节炎，RC48 用于治疗胃癌、乳腺癌等多种癌症。这两款都是国家一类新药。

韩国宇光机械增资项目　韩国宇光产业株式会社将依托辖区烟台宇光机械产业有限公司实施增资项目，新增投资总额 6000 万美元，新增注册资本 2000 万美元，新增合同外资额 2000 万美元，主要从事离心式空气压缩机、重型机械装备及产品的研发、生产、销售。

巴基斯坦喜马拉雅玫瑰岩盐深加工　投资方为巴基斯坦创佳国际有限公司（占比 66%）、烟台正哲盐业有限公司（占比 34%），投资总额 5000 万美元，注册资本 3000 万美元，合同外资额 1980 万美元，主要从事喜马拉雅玫瑰岩盐的进口及深加工。

美国富乐新材料增资项目　富乐（烟台）新材料有限公司拟新增投资总额 2000 万美元，新增注册资本 1000 万美元，合同外资额 1000 万美元，主要从事高端胶黏剂的研发、生产和销售。

韩国新能源汽车电子项目　投资方为韩国 C&M 株式会社，投资总额 2000 万美元，注册资本 750 万美元，主要从事新能源汽车电机及其相关零部件生产。

韩国中韩跨境电商产业园项目　投资方为山东省融基健康产业园有限公司（占比 40%）、吉林省巴利娃商贸有限公司（占比 30%）、韩国韩中领导人事业团株式会社（占比 30%）。项目投资总额 5000 万元，注册资本 3000 万元，主要建设中韩电子商务综合平台，开发国际物流管理系统，吸引韩国电商企业入驻。项目主要建设保税仓库、保税商品展示中心、保税商城及培训中心等。项目建成运营后，将逐步引进 100 个国际品牌入驻，形成日进出口物流快件 30 万件。

国际高性能材料创新中心项目　投资方为万华化学集团有限公司，投资总额 62 亿元，主要建设信息材料、新能源电动汽车材料、技术中心扩建、高性能材料技术创新中心、展示中心及孵化基地等项目。

艾迪精密智能制造项目　投资方为烟台艾迪精密机械股份有限公司，投资总额增加 21 亿元，增加实际利用外资 7000 万美元，主要从事工业用多轴机器人、高端液压件的研发、生产。

万华化学扩建项目　包括苯酚丙酮—双酚 A 一体化扩建项目和乙烯扩建项目。苯酚丙酮—双酚 A 一体化扩建项目投资 40 亿元，年产 65 万吨苯酚丙酮和 48 万吨双酚 A，全球最大规模。乙烯扩建项目投资 210 亿元，产能 150 万吨 / 年。

泰和新材搬迁项目　根据烟台开发区整体规划，烟台泰和新材料股份有限公司拟整体搬迁至化工园区内，泰和新材搬迁项目投资总额 50 亿元，主要从事间位芳纶、对位芳纶、芳纶纸、氨纶等产品的研发、生产。

金河保险粉搬迁技改扩建项目　烟台市金河保险粉厂有限公司搬迁技改扩建项目，投资总额 16 亿元，注册资本 8 亿元，主要进行生产工艺改进、产品品质提升和产能扩张，生产“古金”牌保险粉。“古金”牌保险粉，已形成完善的保险粉产品研发和营销体系，技术位居国际领先水平，产销量均为行业龙头。此次技改搬迁进入化工园区，技术改造提升，设备升级换代，加大环保防控投入及治理措施，工艺流程清洁生产，环保可控。

【大招商体制改革】 开展“1+9+6N”招商体制改革。“1”，就是在管委会下设 1 个专业招商牵头部门，即招商局。统筹全区招商引资工作，负责招商政策研究、专业招商团队建设管理考核、市场化招商平台搭建、合作机构和招商顾问选聘、招商活动组织以及项目评审、履约监督等。“9”，就是在招商局统筹管理下，设立1个中韩（烟台）产业园管理服务中心和8个产业投资促进中心，形成9个市场化运作的专业招商平台。1个中韩（烟台）产业园管理服务中心全面负责对韩招商、韩企服务，放大中韩产业园的政策优势、韩企聚集的资源优势，开展以商招商、驻点招商，打造中韩合作新高地。8个产业投资促进中心重点突破产业链招商、兼顾区域化招商，一是聚焦“先进制造业卓越集群计划”，突出消费电子、汽车、化工新材料、生物医药与健康、智能制造等十大产业集群，组建6个先进制造业产业投资促进中心，系统化研究、谋划、推进产业招商和集群培育，打造高度协同的“雁阵式”现代产业体系。二是聚焦现代服务业发展，组建1个现代服务业投资促进中心，立足开发区产业基础和优势，统筹推进金融服务、总部经济、现代物流、商务会展、文化旅游等重点板块招商，着力突破工业设计、检验检测、高端医疗、跨境电商、人力资源、知识产权等新兴服务业态，加快推动服务业高端化。三是聚焦海外招商，整合6个驻外招商联络处，组建1个国际投资合作促进中心，聘请本地化人才开展驻外招商，探索国际化招商新模式。“6N”，就是在9个市场化专业招商平台下，围绕6个方面分别建立N个招商共同体，形成内协外联互相配合、全员招商社会招商协同并进的招商大网络。一是建立N个集群招商协同组合。突出直属部门的行业招商责任，围绕重点产业集群，安排相关部门与各产业投资促进中心结对协同招商根据需要动态调整。二是选聘N名企业身份招商骨干。通过社会化招聘、企业化管理、市场化薪酬，进一步充实强化专业招商队伍。三是打造N个产业中心招商联盟。筛选一批龙头企业、专业园区、科创平台、孵化载体，授予“产业合作招商平台（公司）”牌子，与产业投资促进中心结成招商平台联盟，实现共享资源、合作招商。四是确定N个产业招商中介公司。面向全球筛选一批知名度高、业界公认的招商中介、投资基金、行业协会进行合作，签订对赌协议,开展代理招商。五是聘用N个招商顾问。广泛对接企业高管、行业权威、科技专家等高层次人才，聘请担任招商顾问，发挥人脉、信息、资源优势，为引进人才项目牵线搭桥，为开发区招商代言推介。六是联系N个招商信息提供人。制定出台专门奖励办法，与资源丰富、人脉广泛的各界知名人士建立长期合作，多渠道、全方位收集获取项目信息，构建覆盖海内外、渗透各领域的招商信息网，全面提高双招双引针对性、实效性。

【外商投资企业服务大使】 根据《山东省商务厅关于深入实施外商投资企业服务大使制度的指导意见》及烟台市“双招双引”工作领导小组办公室“关于深入实施外商投资企业服务大使制度的通知”要求，为进一步优化营商环境、助力全区经济平稳健康发展，加快建设烟台市现代化经济中心，区招商部门牵头组织建立外商投资企业服务大使制度，工委管委领导班子成员、各县（处）级干部以及各街道（镇）、直属部门科级干部，共600多人包近700家企业，协调解决服务对象项目落地、企业经营、关闭过程中遇到的困难和问题，力求工作做实做细，不走过场，实现干部送服务的双覆盖，力打造亲商、安商、富商的优质投资环境。

【中小企业双向投资平台建设】 2017年7月，省商务厅确定在基础条件较好的烟台、威海经

济技术开发区开展“中小企业双向投资促进公共服务平台”建设试点。2018 年 12 月 3 日，烟台开发区平台开发完成，正式上线。双向平台主要包括三大部分：公共服务平台。主要包含中文、英文、日文、韩文、德文 5 个语言版本网站，包含区情区况、优惠政策、重点产业、投资指南、合作载体、服务机构、优惠政策、新闻动态、合作项目、服务发布、企业展示等。企业用户平台。企业用户可登录并发布项目、人才、技术和资金的需求信息，通过信息化平台将区内外企业、开发区招商机构有机联合起来，构建一个包含政策、项目、技术、资金、人才、服务等资源的双向通道，达到投资促进、服务提供的作用。内部用户平台。包括招商机构内部、各产业中心、各处室账户。可实现合作项目管理、项目需求管理、调度管理、年度任务管理以及调度驾驶舱。2019 年，为实现项目流转、调度、统计的网络化管理，设计、开发了项目调度管理模块。

【社会化招商引资奖励办法】 6 月 27 日，为进一步加快新旧动能转换，强化“三重”工作推进机制，充分调动社会各界参与招商引资工作的主动性和积极性，推动对外开放再上新台阶，加快经济高质量发展，出台《烟台经济技术开发区社会化招商引资专项奖励办法》，奖励对象包括社会化招商引资机构、组织、企业和自然人，根据引进项目大小，按到位实际外资或形成的固定资产投资额给予奖励，最高奖励 500 万元。

对外贸易

【概况】 2019 年，烟台开发区有进出口实绩企业 527 家，与 165 个国家和地区有贸易往来。实现进出口总额 1307.2 亿元，同比下降 18.1%。其中：出口 734 亿元，同比下降 17.1%；进口 573.2 亿元，同比下降 19.4%。贸易顺差 160.8 亿元，较上年度缩小 7.4%。全区前十强外贸企业完成进出口额 1000.8 亿元，占全区 77%。完成进出口总额占全市 45%、占全省 6.4%。区内 12 家企业入围全省百强进出口企业，其中富士康位列全省第一位。

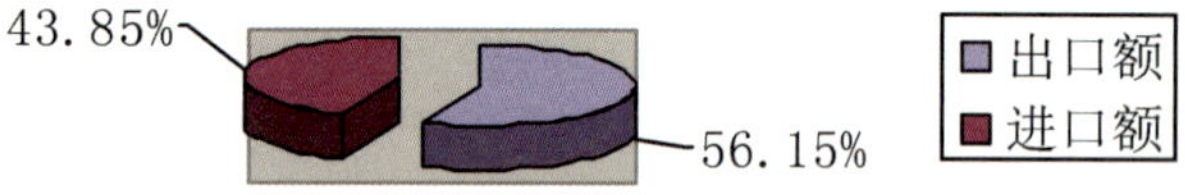

2019 年烟台开发区对外贸易结构图

2019 年烟台开发区 10 强进出口企业情况统计表

表 4　　单位：万元

序号	企业名称	进出口	出口
1	富士康工业园	4967377	3383258
2	东岳基地	1029737	891424
3	万华集团	1159765	302861
4	乐金显示（烟台）有限公司	729505	51356
5	浪潮乐金数字移动通信有限公司	489694	340628
6	大宇造船海洋（山东）有限公司	393969	236985
7	乐金电子部品（烟台）有限公司	369415	209611

续表

序号	企业名称	进出口	出口
8	斗山工程机械（中国）有限公司	308221	73529
9	烟台胜地汽车零部件制造有限公司	291058	288908
10	烟台捷顺物流服务有限公司	269575	4366

【进口贸易】 全区有进口实绩企业365家，实现进口额573.2亿元。进口额10亿元以上企业15家，1亿元以上的企业39家，1000万元以上企业112家，100万元以上企业217家。

2019年烟台开发区进口20强企业情况统计表

表5　　单位：万元

企业名称	进口金额
鸿富锦精密电子（烟台）有限公司	686903
上汽通用东岳汽车有限公司	44960
富泰京精密电子（烟台）有限公司	193417
万华化学（烟台）石化有限公司	651213
乐金显示（烟台）有限公司	678149
鸿富泰精密电子（烟台）有限公司	236947
浪潮乐金数字移动通信有限公司	149065
烟台富泰通国际物流有限公司	445891
大宇造船海洋（山东）有限公司	156985
万华化学集团股份有限公司	147510
乐金电子部品（烟台）有限公司	159805
斗山工程机械（中国）有限公司	234692
山东联合能源管道输送有限公司	301289
烟台胜地汽车零部件制造有限公司	2151
烟台港供应链物流有限公司	263585
烟台捷顺物流服务有限公司	265210
中节能万润股份有限公司	1561
烟台夏业电子有限公司	68573
山东朗越国际储运有限公司	100103
上汽通用东岳动力总成有限公司	93354

【出口贸易】 全区有出口实绩企业426家，实现出口额734亿元。出口额10亿元以上企业10家，1亿元以上的企业51家，1000万元以上企业165家，100万元以上企业294家。

2019 年烟台开发区出口 20 强企业情况统计表

表 6　　　　单位：万元

企业名称	出口金额
鸿富锦精密电子（烟台）有限公司	2293076
上汽通用东岳汽车有限公司	891423
富泰京精密电子（烟台）有限公司	570717
鸿富泰精密电子（烟台）有限公司	431333
浪潮乐金数字移动通信有限公司	340628
烟台胜地汽车零部件制造有限公司	288908
大宇造船海洋（山东）有限公司	236985
万华化学集团股份有限公司	223188
乐金电子部品（烟台）有限公司	209611
中节能万润股份有限公司	164832
烟台东诚药业集团股份有限公司	90396
万华化学（烟台）石化有限公司	79656
斗山工程机械（中国）有限公司	73529
烟台夏业电子有限公司	59941
山东省中鲁远洋（烟台）食品有限公司	53320
烟台市富利通商贸有限公司	51633
乐金显示（烟台）有限公司	51356
烟台正海磁性材料股份有限公司	48275
烟台华海国际贸易有限公司	44637
烟台泰和新材料股份有限公司	38704

【国际贸易分析】 从国际市场看，进出口贸易前 5 位国家 / 地区贸易量均大幅下滑。韩国居辖区第一贸易大国。2019 年因受浪潮 LG 手机停产及重点对韩贸易企业订单减量影响，实际对韩进出口贸易额 223.1 亿元，同比下降 33.8%。受富士康游戏机订单下滑等影响，实际对日进出口贸易额 205.4 亿元，同比下降 18.8%。受东岳基地主打车型销量疲软等影响，实际对美进出口额 193.7 亿元，同比下降 42%。受新增进口大宗商品等影响，对俄贸易逆势大增，全年实现进出口额 20.4 亿元，同比上升 125%，其中进口 16.6 亿元，同比上升 205%。从经营主体看，进出口贸易以外资企业为主，国有企业连年强劲增长。辖区外贸规模前十位企业中 8 家为外资企业，外资企业继续占据辖区外贸经营主体绝对主导地位，全年实现进出口额 939 亿元，占外贸进出口总额 72%，同比下降 28.7%。国有企业维持连年增长态势，全年实现 182% 翻倍增长，表现十分抢眼，成为外贸颓势下的唯一压磐石。国有外贸企业以老牌化工企业（万华化学、中节能万润、泰和新材料）和大宗商品贸易企业（山东联合能源、烟台港供应链、泰山石化）为主，上述 6 家企业实现进出口额 123.4 亿元，

占全区国有企业贸易额的96%，占全区外贸总额9%，全部实现同期上涨，贡献进出口增量77.6亿元。

2019年烟台开发区主要贸易国家/地区情况统计表

表7 单位：万元

国别/区域	进出口额
韩国	2231275
日本	2054248
美国	1936636
墨西哥	541000
新兴市场	5162653
一带一路	2417114

【进出口产品结构】 从商品结构来看，以机电、高新技术产品为主，大宗商品及化工产品增量突出。传统三大类商品（机电产品、纺织服装、农海产品）实现进出口额890.4亿元，同比下降24.2%。其中：机电产品依旧占据主导地位，实现进出口额832.5亿元，同比下降25%，占外贸进出口总额64%；高新技术产品（统计范围与机电产品有重合）实现进出口额233.3亿元，同比下降45.1%，占外贸进出口总额18%。农产品、纺织服装类传统贸易商品近年来受原材料价格上涨、本地生产成本上升及产业转移等因素影响，贸易规模渐趋萎缩，全年实现进出口57.9亿元，同比下降10.8%。在传统主要商品贸易量纷纷下滑背景下，大宗商品和化工产品表现亮眼，在万华集团、烟台港供应链物流、山东联合能源等重点企业拉动，非传统三大类商品进出口逆势增长，全年实现进出口额416.8亿元、占比31%，其中资源能源性产品77.5亿元，同比增长440.3%。

【高新技术进出口】 实现高新技术产品进出口额233.3亿元，其中进口额63.9亿元，出口额169.4亿元。

2019年烟台开发区高新技术产品进出口分类统计表

表8 单位：万元

序号	分类	进出口额	出口额
1	计算机与通信技术	1851664	1543223
2	光电技术	215538	63497
3	计算机集成制造技术	108384	9219
4	电子技术	96075	30621
5	生命科学技术	45683	43128
6	材料技术	12411	2346
7	航空航天技术	3386	2090
8	其他技术	63	63

【贸易方式】 从贸易方式看，加工贸易依旧占据主导地位，一般贸易占比稳步提升，贸易结构渐趋优化。辖区现有加工贸易企业 118 家，产品出口至百余个国家和地区。全年实现加工贸易进出口额 743.9 亿元，同比下降 31%，占外贸进出口总额的 57%。其中：来料加工 45.7 亿元，同比上升 56%；进料加工 698.2 亿元，同比下降 34%。一般贸易进出口额 367.7 亿元，同比上升 1.6%，占外贸进出口总额的 28%。从贸易方式占比数据来看，由于万华集团等国有企业以一般贸易方式为主，近年发展势头强劲，同时，去年下半年以来辖区大宗商品贸易渐入轨道，拉动一般贸易占比稳步提升，体现出贸易结构逐步改善，呈现合理化、均衡化态势。

2017—2019 年烟台开发区一般贸易进出口情况对比表

表 9　　　　单位：亿元

年度	进出口额	占比 %
2017 年	315	19
2018 年	359.5	23
2019 年	367.7	28

【出口企业选介】 富士康（烟台）科技工业园　2004 年 3 月投资兴建，由台湾鸿海集团独资兴办，总投资 30 亿美元，已完成投资 19 亿美元，职工 6 万多人。园区建成五大生产厂区、三大生活配套区，建筑总面积 221 万平方米。园区已广泛涉及游戏机、手机、液晶电视、面板模组、数码光学产品、小家电、机顶盒（含 DVD）及关键零组件（精密光学镜头模组、PCB 线路板）等八大产品集群，成为鸿海集团在大陆重要的研发生产基地。2019 年，园区生产游戏机 1858 万台、手机 471 万部、液晶电视 61 万台、数码光学 205 万台、面板模组 96 万片、小家电 97 万台、PCB 线路板 1.65 亿片。园区实现产值 420 亿元，进出口 509 亿元、其中出口 343 亿元。

万华化学集团股份有限公司　1998 年 12 月 20 日成立，是在原轻工业部烟台合成革总厂 MDI 车间的基础上，改制并发展起来的国有控股上市公司，建有烟台、宁波、匈牙利三大世界级规模的一体化现代综合性化工园区。公司注册资金 31.40 亿元，股票总市值超过 1300 亿元，总资产 968 亿元，负债率 54.65%，全球职工总数 1.5 万人，其中全集团研发人员 2400 余人。2019 年公司实现销售收入 681 亿元，利润总额 123 亿元，连续 3 年居山东省上市公司利润总额榜首。实现进出口额 37 亿元，其中出口额 22.32 亿元。

上汽通用东岳基地　2003 年 2 月成立，总占地面积 187 万平方米、总建筑面积 80 万平方米，包括上汽通用东岳汽车有限公司和上汽通用东岳动力总成有限公司两部分，由上汽集团、通用（中国）和上汽通用汽车分别出资 25%、25%、50% 共同建成。基地拥有冲压、车身、油漆、总装四大整车生产工艺和发动机、变速箱等动力总成车间，产品涵盖别克昂科威、昂科拉、凯越和雪佛兰创酷、赛欧 3、沃兰多等 6 大系列 27 款车型，1.3L-1.5L S-Tec、Ecotec 系列发动机以及 S6 手自一体变速箱、CVT 无级变速箱等。公司拥有冲压、车身、油漆、总装四大整车生产工艺，年规划产能 120JPH、

60万辆/年。其中雪佛兰赛欧3整车出口智利、墨西哥、菲律宾等国，别克昂科威整车出口美国、加拿大、墨西哥。上汽通用东岳动力总成有限公司拥有发动机、变速箱车间，年规划产能发动机72万台/年，变速箱81万台/年。2019年，基地实现进出口额103亿元，其中出口额89亿元。

乐金电子部品（烟台）有限公司　2004年8月4日成立，由世界500强企业之一LG集团下属子公司韩国LG Innotek Co.，Ltd.独资设立，投资总额9989万美元，注册资本4340万美元。占地面积12.8万平方米，员工2000人。公司主要生产光学制造、电装部品制造和车辆部品制造三类产品，主要产品有手机或游戏机用摄像头及自动对焦组件，显示器、LED照明用电源模块、手机无线充电器，车辆用EPS助力转向马达、ABS防抱死马达、汽车电池管理系统BMS等产品，产品远销至欧亚及南北美地区，其中摄像头产品全球供货占比排名第一。主要客户有索尼、华为、联想、LG、富士康、摩托罗拉等、贝尔金Belkin、施莱德SCHEDER等。2019年，公司实现进出口额37亿元，其中出口额21亿元。

中节能万润股份有限公司　1992年10月成立，前身为烟台开发区精细化工公司，2008年3月改制为股份有限公司。万润股份主要从事信息材料、环保、大健康三大产业的产品研发、生产和销售，已形成液晶显示材料、OLED显示材料、高端沸石产品、医药产品、体外诊断试剂、生命科学产品、特种化学品等核心产品体系，掌握4000多种新材料生产技术，其中境内1200多种产品投入市场应用。公司2019年实现进出口额16.64亿元，其中出口额16.48亿元.

烟台金鹏矿业机械有限公司　2006年10月成立，注册资本5000万元，民营股份制公司，是国家高新技术企业、山东省瞪羚企业。公司占地面积5万平方米，建筑面积2万平方米，职工人数300余人。公司生产球磨机、浮选机、分级机、搅拌槽等各类选矿设备畅销国内并远销世界50余个国家和地区，历年累计完成300余个矿山EPC总包项目。2019年产值1.8亿元，其中出口创汇额1亿元，高新技术产品收入1.3亿元，实现利润700万元，纳税总额850万元。

境外投资合作

【概况】 2019年，辖区境外投资合作活跃，涉及行业不断拓宽，新增境外企业7家，境外机构2家，总投资额14.16亿美元，协议中方投资额7.82亿美元，同比增长1473.1%，实际投资额3.51亿美元。建区后累计境外投资企业89家，境外机构8家，总投资额24.81亿美元，协议中方投资额17.26亿美元。

【境外园区建设】 中俄—托木斯克工贸合作区　位于俄罗斯托木斯克州阿西诺市，是中俄两国政府批准的《中俄森林资源合作开发与利用总体规划》框架下，首个实质性推进的最大合作开发项目。是中国政府确认的境外经济贸易合作区之一，是“一带一路”战略规划确定的优先建设项目之一，也是俄联邦批准的5个森工园区之一。项目由中航林业有限公司牵头实施。合作区已签署87万公顷森林资源采伐合同，年采伐总量可达到157万立方米。园区拥有35套采伐设备和60辆运输车辆及其他林区筑路机械，建有年产20万立方米的锯材生产线，年产10万立方米的旋切单板生产线，年产0.7万立方米的胶合板生产线和年产20万立方米的密度板生产线。合作区建设累计投资4亿多美元，引进企业19家。2019年，合作区累计发运集装箱 2658 箱，其中松木板材 1726 箱、杨木板材 73 箱、桦木刨光材 151 箱，桦木单板 704 箱，密度板 4 箱。

中匈宝思德经贸合作区　2011 年，烟台万华实业集团以 12.3 亿欧元收购匈牙利宝思德工业园 96% 的股权。宝思德工业园是匈牙利最大化工公司宝思德化学公司，位于匈牙利东北部卡辛茨巴茨卡市，主导产业是聚氨酯原料 MDI、TDI 以及大宗的塑料原料 PVC。2016 年 8 月，经商务部和财政部联合确认中匈宝思德经贸合作区为国家级境外经贸园区。合作区的实施企业是烟台万华实业集团。合作区依托的龙头企业宝思德化学公司在 2011 年刚收购时年销售额 7 亿欧元，经过万华的技术输出、管理输出、资本输出和文化融合，2019 年实现销售额 15 亿欧元。在盈利方面，2011 年刚收购时亏损 1.5 亿欧元，2014 年实现扭亏为盈，2015 年起实现长期稳定盈利，2017 年实现净利润 4.5 亿欧元，2019 年实现净利润 1.85 亿欧元。公司排名从收购初期的匈牙利第 36 名到 2016—2019 年稳定在匈牙利前 10 名。合作区主营产品均实现产量倍增，获利能力超过其欧洲主要竞争对手科思创和巴斯夫。合作区主要产品 TDI 年产能 25 万吨，MDI 年产能 30 万吨，烧碱年产能 38 万吨，PVC 年产能 35 万吨。截至 2019 年底，合作区累计投资 26.52 亿美元，是中国企业在中东欧地区最大的投资项目。已引进化工、工业气体、能源、机械加工等行业的企业共 13 家，其中 7 家为中资控股企业。

【投资项目选介】 烟台东诚药业集团股份有限公司并购中泰生物项目　2016 年 5 月 12 日，东诚药业以 3.15 亿元的价格向 8 名自然人发行股份及支付现金购买其合计持有的中泰生物 70% 的股权。泰国中泰生物制品有限公司位于华富里府帕塔纳尼空县充萨利伽镇，主要从事硫酸软骨素的生产和销售。中泰生物依托泰国的原材料资源和成本优势，逐步发展成为泰国规模最大的硫酸软骨素生产企业，也是全球规模较大的硫酸软骨素生产企业。东诚药业的硫酸软骨素业务的出口量和出口额处于行业前列，也是全球少数可以生产药品级硫酸软骨素的企业。随着国外市场产品标准的提升，借助硫酸软骨素行业调整的契机，东诚药业通过收购中泰生物实现强强联合，使东诚药业获得一个重要海外生产基地，获取生产的成本优势，同时可避免中泰生物与东诚药业的价格竞争。2019 年，中泰生物保持良好的生产状态，全年实现销售收入 5.7 亿泰铢，比上年增长 19%，实现净利润 1.24 亿泰铢，比上年增长 50%。

烟台开发区渔港发展有限公司塞拉利昂渔港码头项目　烟台开发区渔港发展有限公司成立于 1998 年，注册地为烟台开发区，注册资本 8000 万元。2019 年资产总值 12 亿元，职工总人数 300 余人，主要从事远洋捕捞、码头开发管理、加油、海产品仓储加工和销售、船舶维修等服务。公司拥有的八角渔港，码头岸线长 4100 余米，防波堤 1700 余米。有完善的渔港配套设施，可提供渔船靠泊、加油、加水、加冰、仓储、加工、物流等一条龙服务，年可实现销售额 7000 余万元。2012 年被农业农村部确定为“十二五”中心渔港重点项目。2018 年 12 月，塞拉利昂渔港发展有限公司正式成立，公司远洋捕捞渔船七艘，用于塞拉利昂海域作业生产，其中长 41.52 米、343 吨拖网渔船 4 艘，长 50.16 米、685 吨拖网渔船 2 艘，长 57.99 米、993 吨拖网渔船 1 艘。该远洋捕捞项目系近年来农业农村部新增批复的唯一非远洋渔业企业赴外远洋渔业捕捞项目，也是烟台市首个与塞拉利昂远洋渔业合作项目。远洋渔业捕捞对于中心渔港的发展具有积极的推动和促进作用。公司 7 艘远洋渔船于 2019 年 6

月18日经烟台港出航执行塞拉利昂远洋渔业项目，9月初到达目的港海域，随后在当地渔业部门办理捕捞许可证，9月底开展捕捞生产作业。截至2019年底捕捞产量1055吨，产值800万元。

海　关

【概况】 2019年，芝罘办共审核辖区报关单16万票，货运量370.3万吨，征收税款10.3亿元。出入境检验检疫批次4万批次，签发各类进出口证书2.5万份。备案加工贸易手册2681本，加工贸易实际进出口总值545.7亿美元。

【企业监管】 优化保税物流监管流程，稳步推进金关二期特殊区域管理系统推广应用。将金关二期海关特殊监管区域系统出入库单由逐票人工审核调整为系统自动审核，二线货物过卡速度大幅提升。在系统运行过程中，积极向辖区企业介绍新系统的操作流程和注意事项；征集主要大型企业在新系统运用中遇到业务问题和难点，安排专门岗位和人员汇总整理，并及时向总关职能部门汇报反应；派员参加总署总关职能部门组织的工作组集中工作、座谈，对金关二期有关的企业情况及复杂业务多渠道学习了解，及时跟进关注。多措并举保障金关二期加工贸易管理系统顺利推广应用。召开金关二期推介会，向辖区企业详细介绍新系统推广的重要意义、操作流程、主要变化和注意事项，邀请试点企业代表针对系统企业端的操作流程进行现场授课；研究汇总系统操作中的重点事项和试点企业操作过程中反馈的问题，建立“4231关企联系群”，指定企业骨干作为联系人，实时在线解决企业遇到的问题。至年底，辖区企业已正常使用新系统设立手册，手册项下料件进口、成品出口运行良好，已执行完毕手册，顺利核销结案。对出口食品农产品生产企业的日常监管是产品出口放行的重要基础。在没有收到明确的监管指令前，将结合对企业出口产品的抽中查验指令，检查企业的质量体系运行情况，及时纠正企业卫生管理、自检自控等方面存在的问题、隐患，保障出口产品质量。规范完成风险监控计划。认真落实年度进出口食品化妆品抽样检验及风险监测计划、进出口饲料和饲料添加剂安全风险监控计划，严格按要求进行取样、送样、结果登记、不合格品处置等工作，为总署全面掌握进出境食品农产品安全卫生状况提供数据支持。

【业务改革】 围绕“新海关、新职责、新目标、新风貌、新作为”要求，积极推进机构职能优化、队伍深度融合、业务流程再造，实现执法动作“1+1＜2”，改革效能“1+1＞2”。全国首批试点上线运行“两步申报”改革，将原先105项报关填报项目压缩为9项，将报关单放行改为提单电子放行模式，简化报关手续，提高通关效率。稳步推进金关二期加工贸易管理系统推广应用，落实以企业为单元加工贸易监管模式试点改革，激发市场活力和企业创造力，实现海关保税监管提质增效。优化加工贸易监管，加强对集团保税监管、关区集中作业审核、保税维修等业务的研究，进一步推进“放管服”改革。积极支持保税港区发展。发挥职责优势，强化沟通请示，助推烟台保税港区转型升级综保区，尽早全面落实国务院促进综保区发展21条措施。积极推进全国通关一体化改革，不断扩大“自报自缴”税收征管范围，“自报自缴”比例已达90.1%。完善特殊监管区域信息化辅助管理系统，研究推进西区场站模式向主卡口模式转换，顺畅港区物流监管，提高企业通关效率。支持新兴贸易业态发展，指导跨境电商业务发展，争取尽早适用跨境电商零售进口政策；支持由单纯的贴牌生产向委托设计制造、自有品牌制造发展，培育综合性产品供应商。

【服务自贸区建设】 积极支持自贸试验区烟台片区申建工作。加强自贸试验区海关政策研究，为后续承接政策落地做好准备。参加烟台海关政策宣讲会，向烟台开发区 50 余家企业解读山东自贸实验区总体方案中涉及烟台海关的相关政策；全力支持服务自由贸易试验区烟台片区的建设工作。认真研究学习《国务院关于印发 6 个新设自由贸易试验区总体方案的通知》和《青岛海关服务中国（山东）自由贸易试验区建设二十八项措施》，推动烟台片区加快新旧动能接续转换、发展海洋经济、形成对外开放新高地，对标国际通行规则和国内一流水平，发挥中国（山东）自由贸易试验区“改革试验田”优势。

【企业服务】 为了方便企业，实行“5+2”工作模式，班后或节假日按企业要求随时加班查验货物。半年来，共计为区内富士康、深圳裕同包装、烟台鸿程物流、朗越物流等企业加班查验累计 600 个小时。为企业排忧解难，采取分送集报、分进集报、出区查验等方式为企业查验货物。分别为烟台富士康电子、烟台泰丰宝鼎酒业、烟台现代冰轮制造等公司采取分送集报、分出集报、出区查验等方式，利用休息时间为企业进行现场查验。同地方政府部门交流沟通，共商服务外贸策略。先后 3 次走访保税港西区管理局进行交流，就保税区升级综保区沟通了思路，对区内企业提出的业务要求互换意见，就烟台新海关机构调整后各自工作中的需求进行交流沟通。

【食品安全】 严格实施进出口食品安全情况通报制度。按海关总署、青岛海关文件要求，与地方政府齐抓共管，提高企业出口产品质量水平，降低国外通报率。帮扶企业“增品种、提品质、创品牌”，开拓国际市场。帮助企业实时了解国内国际法规新动向，积极应对国外技术性贸易措施，提升质量管理水平，增强产品核心竞争力。是年，共指导企业 39 厂次出口新品种、新贸易国家。加强流程管控，压缩通关时间。加强企业监管。对出口食品农产品生产企业的日常监管是产品出口放行的重要基础。在没有收到明确的监管指令前，结合对企业出口产品的抽中查验指令，检查企业的质量体系运行情况，及时纠正企业卫生管理、自检自控等方面存在的问题、隐患，保障出口产品质量。规范完成风险监控计划。认真落实年度进出口食品化妆品抽样检验及风险监测计划、进出口饲料和饲料添加剂安全风险监控计划。开展出口辣椒调味品、蜂产品质量提升情况，向青岛海关食品处报送总结报告。按照青岛海关《出口辣椒调味品、蜂产品质量提升工作方案》要求，召集企业进行宣讲，动员出口生产加工企业自主开展产品风险和隐患排查，强化提升质量管理体系和食品防护计划；对烟台欣和食品有限公司开发区分公司辣椒调味品的源头管理、原料验收、生产环节、自检自控等进行重点检查，监督其严格执行质量控制各项制度，提升出口辣椒调味品质量安全。

【非洲猪瘟防控】 针对非洲猪瘟疫情防控的严峻形势，加强出口猪源性产品检验监管和检测工作。到烟台东诚药业集团股份有限公司，宣讲海关总署、青岛海关、烟台海关有关非洲猪瘟防控的文件要求，调研猪源性产品的原料来源情况和疫病疫情防控措施，核查企业猪源性产品的生产记录、追溯记录及合格证明等；结合上级文件要求和企业实际，研究制定东诚药业出口猪源性肝素钠、硫酸软骨素产品的官方监控方案，并组织实施；三是排查出口非食用动物产品、饲料注册登记企业的非洲猪瘟防控情况。加强非洲猪瘟防控工作，强化出口企业质量安全主体责任，严把原辅料入厂关，确保采购的原辅料符合相关要求。加强检疫监督管理，强化日常监管，现场检查企业原辅料合格供应商评价制度和追溯管理制度建立运行情况，出口放行前核查原料来源并取样检测，严防非洲猪瘟病毒传出国境。

BRASIL MARU

国内贸易

Domestic Trade

电子商务与物流

【概况】 2019年，开发区不断优化发展环境，大力推动电子商务进农村，电子商务工作呈现快速发展的良好态势。仓储、运输、货运代理、物流服务、快递等物流企业有200余家，其中AAAA级物流企业1家、AAA级企业2家，从业人员3000余人。重点物流企业主要是为工业企业配套，围绕富士康、东岳基地等核心企业开展物流服务。电商产业聚集发展，建设运营开创、深国际、志远3家电商专业园区，培育孵化电商产业链企业200余家。龙头企业带动发展，培育舒朗、王小二、欣和3家网络交易额过亿元企业，重点引进京东互联网+新经济合作项目，推进京东云（山东半岛）数字经济产业中心落地运营。推动电子商务精准扶贫，组织区电商协会与潮水镇大黄家村建立产地对接合作关系，促进电商行业与农村资源对接，带动39名贫困户实现增收。推动王小二果园与扶贫重点村电商服务站点建设，选定潮水镇六十堡、范家、费中3个村开展站点建设，促进农民增收，搞活农村经济。

【现代物流】 全区现代物流业态主要有六种。一是以富士康、东岳基地等核心企业为服务对象，为其提供代理报关报检、场站和部分仓储服务业务。二是以西港区为依托的石油、液体化工原料、大宗散货等仓储物流。（由于烟台港是市属企业，目前西港还没有移交到属地管理）。三是转移给经销商，如斗山工程机械，物流及售后业务由全国经销商承担，开发区永弘机械公司作为其山东省代理商，承担省内销售产品的物流业务，省外物流业务分散在全国各地。四是部分工业企业物流业务剥离成立的企业物流公司，如绿环运输、金河运输公司等，在主要承担其母公司运输业务的同时，还开展了少量其他公司的物流业务。五是以水产、农产品加工业为依托的冷链仓储物流，基本是区内食品加工企业自身仓储业务。六是其他商贸流通产品、普通民用货物为主的物流、快递企业，如专业从事烟草运输的广利物流，从事商贸货物的福莱物流、佳吉物流、德邦物流，从事快递业务的申通、圆通、顺丰快递公司等，其中多数为外地公司的分支机构，规模普遍偏小。

【物流企业选介】 至年底，全区规模较大的物流企业主要有4家，其中北明为AAAA级，川大、诚信通和为AAA级；安吉物流上海母公司为AAAAA级，烟台开发区子公司尚未评级。

深国际北明全程物流有限公司　成立于2002年，注册资本9000万元，由深圳国际控股有限公司、烟台北明运业有限公司和烟台渤亚物流有限责任公司三方合资建设，是烟台市首家国家级保税物流企业，公司分为保税和甩挂两个物流园区，主营保税物流、第三方物流、国际通关物流、仓储物流、跨省运输、物业管理及物流软件开发等。先后获得国家AAAA级综合服务型物流企业、全国优秀报关企业、中国服务外包10强企业、全国优秀商贸物流企业和山东省服务名牌企业等荣誉。

烟台川大物流有限公司　成立于2008年6月，主要从事仓储管理、分拨运输、同城商业配送、限时快速配送、物流信息咨询等业务。在山东、上海和东北地区管理各类仓储面积2.6万平方米，在烟台、济南、青岛、临沂、潍坊等地设立自有网点，拥有配送车辆46辆，外协合作配送车辆200余辆以及WMS仓储管理系统、GPS车辆定位管理系统、客服服务自动短信通知平台、自主开发的TMS川大物流管

理软件等资源。客户主要有欣和企业、安德水产、长裕玻璃、深海泉矿泉水、德高石油、新秀化学等。

安吉汽车物流（山东）有限公司　成立于2014年1月，注册资本5000万元，总资产1.2亿元，是安吉汽车物流公司全资子公司，主要从事普通货运、国内运输代理、海上、航空及陆路国际货物运输代理、仓储（除危险品）、物流信息技术及物流软件的开发、设计、咨询、信息技术咨询，设备租赁等。公司旨在为烟台东岳汽车工业基地提供一体化、综合性汽车物流服务，已获得东岳基地整车物流服务。

烟台宝能物流有限公司　成立于2018年3月，注册资本2亿元，系宝能物流集团子公司，是《烟台市物流业发展三年行动方案》中重点推进项目。宝能烟台国际物流中心项目，计划投资总额22亿元，一期投资10亿元，建设现代城市智慧物流中心，包括宝能物流集团山东总部、宝能大零售及食品板块山东总仓、供应链物流服务中心、跨境电商交易中心、城市高端配送中心、冷链及医药物流中心、航空综合物流中心、环渤海湾港口多式联运物流中心、汽车产业服务中心等9大板块。项目达产后，年可实现营业收入40亿元，利税4.5亿元，带动就业3000人，拉动社会投资30亿元。

会展经济

【概况】 按照市委、市政府加快会展业发展的战略定位，开发区抢抓机遇，聚焦服务产业升级，会展经济发展全面起势。成立会展业发展工作领导小组，建立会展经济发展专门机构，研究制定《促进全区会展创新发展的意见及扶持办法》《烟台开发区品牌会展培育方案》《重大会展项目“一事一议”联合评审暂行办法》《会展业发展专项资金管理办法》等系列政策，引导会展业加快迈向“特色化、专业化、品牌化、国际化”。立足中国（山东）自由贸易试验区建设，开展会展业中长期发展规划编制工作，系统分析发展基础和资源优势，明确会展业的功能定位、发展战略和主要任务，科学谋划产业布局、设施功能、主体特征和项目结构，明确会展重点项目的建设时序，为建成具有较高知名度和影响力的区域性国际会展中心提供战略方案和工作指南。2019年，举办世界老年旅游大会、中日韩青年创新创业论坛等会展活动26场，吸引到区参会人数8.2万人。

【国际会展中心】 结合八角湾国际人才港建设，设置国际会展中心、旅游文化中心、星级酒店及配套商业等公共设施的会展集聚区，打造烟台市会展经济新地标。其中八角湾国际会展中心由美国AECOM公司设计，以“云浪·银贝”为主题，项目占地14公顷、建筑面积18万平方米。八角湾旅游文化中心已签约威斯汀、凯悦嘉轩、雅乐轩3家国际品牌酒店和1个旅游共享中心，建成后可提供1200个客房为会展中心配套。

【产业政策】 制定出台《关于促进全区会展业创新发展的意见开发区会展业创新发展扶持办法》，重点扶持符合特色优势产业、高新技术产业、现代服务业发展方向，并对经济社会发展有促进作用的会议（论坛）、展览活动和项目。主要包括：国家级、省级各类行业协会或学术学会机构、国际行业协会及世界500强企业举办的各类会议（论坛）；由国内外知名会展机构、企业或国家级、省级行业协会及区内有关企业举办，且在国际国内或行业内有较大影响力的专业展览活动；会展企业培育提升；会展场馆建设发展；品牌文化节庆、体育赛事活动。对符合重点扶持范围的会议（论坛），参会人数不少于100人、会期不少于3天且在区内四星级以上酒店（或参照四星级以上标准建设的品牌酒店）使用客房100间夜（含）以上的，按照实际住宿人数给予200元/间夜的补贴。在此基础上，按照参会人数达到100～200人（不含），给予10万元补助；参会人数200～300人（不含），给予20万元补助；参会人数300人以上，给予30万元补助。对在区内注册、纳税的机构或企业举办的展览活动，展期不少于3天、展示内容与主题契合度70%以上、室内展览面积达到2000平方米（室外展览面积按50%折算为室内面积）以上的，按照场地租金的50%给予补助，补助金额不超过30万元。由国内外知名会展机构、企业或国家级、省级行业协会举办，且在国际国内或行业内有较大影响力的专业展览项目引进烟台经济技术开发区举办的，对主办方以室内展览面积2000平方米奖励10万元为标准，每增加1000平方米有效展览面积，奖励金额增加5万元，最高补贴不超过50万元。对确定连续3年以上在辖区举办并签订长期合同的国际性或全国性专业展会，按照落地当年10万元、第二年5万元、第三年5万元的标准给予引进方奖励。区内企业利用自有厂地举办产品或行业展览展销会，区外参会人数达到100～200人（不含），给予10万元补助；区外参会人数200人以上，给予20万元补助。同一企业累计补助不超过3次。支持会展品牌项目或会展企业机构积极申报全球展览业协会（UFI）和国际大会及会议协会（ICCA）等国际会展业认证机构认证。对取得国际认证的，对认证实际发生费用的给予全额补贴，最高不超过20万元。对注册资本100万元以上的新办会展企业或机构，自开办之日起，前两年按企业所得税的区级留成部分实行全额奖励，后三年减半奖励。对以举办展览活动为主要功能的、室内可用展厅面积不少于3000平方米的专业场馆，每年承接活动6场（含）以上、每场100个（含）标准展位以上的，每次按照面积给予2元/平方米的场馆运营补贴，每年补贴金额最高不超过50万元。每个会展场馆补贴不超过3年。对区内举办的渔灯节、凤凰顶庙会、鲁菜文化节等品牌文化节庆活动，根据规模大小、主办层次和经济社会效应，每次给予5万～20万元奖励。对展览场馆建设及重大展会、节庆、文化体育赛事等活动，按照“一事一议”的办法给予补贴。

【第四届中国研究型医院学会肝病专委会学术年会暨中国研究型医院学会肝病专委会第二届青年肝病医师论坛】 3月8—10日，由中国研究型医院学会肝病专业委员会、中国肝炎防治基金会共同主办，烟台市奇山医院（烟台市传染病医院）承办的“第四届中国研究型医院学会肝病专委会学术年会暨中国研究型医院学会肝病专委会第二届青年肝病医师论坛”在烟台开发区召开。来自全国各地逾千名肝病领域专家学者参加会议。会议期间，肝脏肝癌微创治疗培训项目、“关爱肝”慢乙肝全病程保障计划项目等一系列肝病领域具有影响力的公益项目、无创肝病诊疗新产品等也同时启动和发布，并将推动中国肝病领域学术水平的提升和肝病防治事业的发展。

【第二届中国虚拟现实创新创业大赛“业达杯”全国总决赛】 8月20日，由中国电子信息产业发展研究院、虚拟现实产业联盟、山东省工信厅、烟台市人民政府主办，烟台经济技术开发区管委会、国科创新创业投资有限公司承办的第二届中国虚拟现实创新创业大赛“业达杯”全国总决赛在烟台开发区举行。来自南昌、无锡、北京、深圳赛区的12强选手进行激烈角逐，吸引455家企业和团队注册报名，其中217家企业入围区域赛，争夺总决赛晋级名额。针对中国虚拟现实关键技术和高端产品供给不足、内容与服务较为匮乏、创新支撑体系不健全、应用生态不完善等产业痛点，VR创业企业/团队积极寻求破局之道，涌现出一批“有想法、有技术、能盈利”的技术产品方案。

【2019（第五届）中国医疗器械供应链峰会暨第四届医院内部物流会议】 6月12—14日，在烟台开发区召开，由中国物流与采购联合会、烟台经济技术开发区管理委员会、瑞康医药集团股份有限公司联合主办。峰会主题为“随机应变”释放医械供应链新动能，邀请全国千余位医疗器械流通领域专家及知名企业高管与会。

【中日韩青年创新创业论坛】 6月25日，由全国青联、中国国际商会、中日韩三国合作秘书处联合主办，中国国际青年交流中心、山东省青年联合会、烟台市人民政府、中国国际商会中日韩企业交流中心承办的中日韩青年创新创业论坛在烟台开发区召开。论坛旨在为中日韩三国青年企业家提供沟通合作平台，加强三国青年企业家间务实合作，助力三国经济乃至亚洲经济的融合发展。共青团中央书记处书记李柯勇、中日韩三国合作秘书处副秘书长山本恭司等出席论坛。来自中日韩政府机构、商会和企业的代表、创业青年等相聚烟台，聚焦“互融互通，共创未来”主题，深入交流，共谋发展。论坛上，中日韩产学研界代表进行主题演讲，三国青年代表共同宣读了《中日韩青年创新创业烟台倡议》。论坛期间签署8项务实协议，举办三国青年企业家洽谈会。

【中国服务贸易开放与发展新年论坛】 12月20—22日，以“扩大服务业开放，培育经济新动能”为主题的中国服务贸易开放与发展新年论坛在烟台开发区希尔顿酒店召开。论坛主要探讨新时期国际贸易新格局、新趋势、新规则，金融创新与开放，自贸区促进绿色城市发展等热点话题。活动由烟台市人民政府、中国服务贸易协会主办，中国服务贸易协会专家委员、烟台经济技术开发区管理委员会承办，韩国静石物流通商研究院协办，得到山东省商务厅、山东省服务贸易协会等单位支持。来自日本、韩国、白俄罗斯、厄瓜多尔、吉尔吉斯共和国等多个国家600人出席活动。中英人寿保险有限公司、蜜芽集团、田七集团等50余家境外品牌方出席并对接。

城乡商品供应

【超级市场】 2019年，开发区营业面积2000平方米以上的商超企业13家，包括振华商厦、振华购物中心、振华量贩超市开发区一店、振华量贩超市星颐广场店、大润发、家家悦超市新世纪店、SPAR家家悦彩云城店、永旺超市、SPAR家家悦澎湖湾店等。

【大型超市选介】

烟台欧尚超市有限公司 位于衡山路58号，属自建商贸项目，2012年建设，总建筑面积4.5万平方米，其中百货类超市总建筑面积1.45万平方米，实际营业面积1万平方米，建设投资2.48亿元。2019年从业人数395人，全年营业额1.62亿元，其中线上业绩2973万元，线下业绩1.32亿元。

青岛永旺东泰商业有限公司（金沙滩店） 永旺超市属新兴的大型综合超市，2018年建成，位于长江路120号永旺梦乐城一层，营业面积4654平方米。卖场为顾客提供生活所需的生鲜品、加工食品、日用品等1.65万种商品。2019年永旺超市营业额为9526万元。

【农贸市场】 2019年，辖区有7处农贸市场，年交易额14亿元。有27处新市场（含3个批发市场）已完成总体规划。8月，八角农贸市场开工建设。

住宿和餐饮业

【概况】 经济发展水平的提升，人均可支配收入不断增加，消费者对饮食服务业的需求也越来越多样化，全区饮食服务业也由此步入了快速发展阶段。初步形成了以长江路、珠江路、泰山路、黄河路、金沙江路、黄山路、香山路、嵩山路、华山路、天山路等相关区段为集中区域；以峨眉山路、贺兰山路、昆仑山路、凤台山路、秦淮河路、沭河路等相关区域为中密度区域；以滨海路天山路以西、嘉陵江路及西区为低密度区域的分布格局。

【结构与特色】 酒店餐饮行业经历了一个由低到高的发展阶段，形成高中低端兼具、中韩特色明显的发展现状。区内既有希尔顿酒店、鑫广万豪酒店、喜来登度假酒店、新时代大厦、金沙滩大酒店、静海大酒店、华安国际大酒店、昆仑国际大酒店等一批集住宿餐饮于一体的大型酒店集团，也有科信酒店、观澜酒店、锦绣江南一批以餐饮为主的中高档餐饮单位，还聚集着一批以鲁菜、川菜、东北菜等以地方特色为主的中低端餐饮店。由于开发区韩国企业集聚，受中韩文化交流影响，区内诞生了一批像韩美烤肉、益百岁牛尾汤、脊骨土豆汤等以韩国饮食为特色餐饮单位，形成了以珠江路、嵩山路为集聚的韩国餐饮一条街。住宿业方面，区内集聚了一批像如家、7天连锁酒店、速8连锁酒店、汉庭连锁酒店、银座佳驿这样的快捷连锁酒店，也引进了一批像金沙滩喜来登度假酒店、金海岸希尔顿酒店，鑫广万豪酒店这样的大型酒店住宿单位。

粮食与物资储备

【概况】 2019年，烟台开发区牢牢把握新时代粮食安全保障和物资保障的职责使命，突出粮食调控、流通监控、产业发展、风险防控、保障措施等重点工作，推动开发区粮食和物资储备工作再上新台阶。2018年度粮食安全责任制考核综合得分94.2分，考核结果优秀。

【粮食宏观调控】 粮食宏观调控能力得到新提升。以抓收购、保供应、管库存为中心，严格执行收购政策，全年轮换政策性粮食1万吨。积极引导多元主体入市，千方百计抓好粮食收购，坚决防止“卖粮难”，严厉打击“打白条”“转圈粮”等违法违规行为。

【粮油质量监管】 建立完善的粮食质量监管工作机制，开展粮油质量安全监测。加强对粮食收购、储存和政策性用粮购销活动中质量安全责任情况的监督检查。全年抽检粮油样品20个，检测指标156个，未发现有害成分含量超过粮食质量安全标准限量的粮食流入市场。

【粮油工业经济】 粮油工业经济发展实现新突破，全年饲料用粮油5.6万吨，工业用粮油7.9万吨，实现销售收入43.76亿元。

【粮食清仓查库】 2019年，清仓查库工作是

全国近十年来组织最严密，要求最严格的查库工作。辖区成立了以管委领导为组长，工委办公室、宣传群团部、经发科创局、财政金融局、农海局、农发行等部门分管领导为成员的政策性粮食库存大清查协调小组。按照“有仓必到，有粮必查，有账必核”的原则，经上级清查小组检查，辖区地方储备粮账账相符，账实相符；储备粮轮换情况正常；粮食补贴款项及时足额到位；粮食库存质量合格，卫生安全；粮食仓储设施齐全，管理制度明晰，管理工作安排合理到位。

【仓储建设】 开发区粮食储备库位于大季家街道小苗家村，占地面积 3.3 万平方米，总建筑面积 9624 平方米，其中储备用库房 4 座，建筑面积 5760 平方米，库容为原粮 2.02 万吨。储备库 2003 年开工建设，2008 年投入使用，整个储备库采用了当时国内比较先进的环流熏蒸、机械通风、粮温检测等储粮技术，具有较高的现代化标准。

【粮食储备】 随着开发区经济快速发展，人口迅速增长，辖区的粮食储备规模也不断增加。2008 年粮食储备规模 1 万吨，2018 年又增加地方储备粮小麦 200 吨，2019 年达到 2.02 万吨满仓储备。

【应急物资储备】 2019 年开发区机构改革，根据工委要求，原由民政局分管的应急救灾物资储备业务划归经发科创局粮食和物资储备中心负责。3 月份办理了业务交接手续，接收嫩江路 15 号应急物资储备库一座，仓储面积 300 平方米，清点接收应急救灾物资 1.6 万件，总价值 152.6 万元，储备应急物资能够满足 0.2 万人口应急转移安置需求。

旅　游

Tourism

综　述

【概况】 2019年，烟台开发区将旅游产业作为经济与文化发展的重要推手与纽带。从产业基础抓起，制定规划，开发资源，开展推介促销等活动，使旅游产业又上新台阶。全年接待游客687.76万人次，同比增长6%，实现旅游收入53.12亿元，同比增长7.5%。

【文化旅游发展规划】 完善文旅产业政策体系，在征求相关部门意见和实地考察文旅企业的基础上，7月16日印发《关于加快文化和旅游产业发展的意见操作细则（试行）》，完成《烟台开发区全域文化旅游发展规划纲要》初稿，包括会展业发展规划、乡村旅游发展规划、工业旅游专项规划、旅游新业态发展规划、海洋旅游发展专项规划等，推进全域旅游创建工作。启动金沙滩国家级旅游度假区创建工作，完成金沙滩管理服务提升规划，《金沙滩旅游度假区总体规划》完成初稿。

【旅游市场推介促销】 制定2019年旅游市场促销方案，邀请全市37家旅行社到区集体走线。举办“文旅嘉年华鲜美新烟台”五一文旅产品发布会。5月25日，第二届世界老年旅游大会期间，在张裕卡斯特酒庄召开旅游推介会，向与会各国老年旅游代表介绍辖区旅游资源、旅游发展规划和旅游政策。10月，举办磁山文化节。组织磁山温泉小镇、张裕葡萄酒小镇赴重庆参加“仙境海岸，鲜美烟台”文化旅游推介会。组织区内旅游企业参加“鲜美烟台自驾旅游节”布展，举办“仙境海岸，鲜美烟台”旅游目的地、客源地营销平台启动仪式，组织赴巫山、青岛、淄博、临沂等地开展10余次旅游营销活动，集中推介烟台开发区旅游资源，繁荣旅游市场。

10月29日，磁山景区参加“仙境海岸　鲜美烟台”文化旅游推介会

【旅游资源】 全区在营喜来登、希尔顿五星级标准酒店2家，金沙滩、静海四星级酒店2家，金阳光、澜庭三星级酒店2家。在建威斯汀、英迪格、乐天、仙客居五星级酒店4家，各类星级及规模酒店可提供房间2827间，床位4007个。全区有旅行社11家，分社、门市部22家，注册导游100余人，全区直接从事旅游人数达到1万人，间接从业人员已超过5万人。全区有金沙滩海滨公园、张裕国际葡萄酒城之窗、磁山温泉小镇AAAA级景区3家，马家沟生态旅游度假区、西夫拉姆酒堡AAA级景区2家，另有磁山省级地质公园1处，37° 梦幻海水上特色旅游点1处，张裕葡萄酒旅游特色

7月18日，新时代健康产业车间参观通道

小镇 1 家，西夫拉姆、欣和食品、安源水产省级工农业示范点 3 家，马家沟、费东省级旅游特色村 2 处，初步形成了以海滨休闲游、山地度假游、红酒养生游、工业体验游四大特色旅游产业。

【乡村旅游】 2019 年，启动马家沟、费东乡村文化旅游村居的 A 级景区升级工作。组织完成费东 AAA 级景区、马家沟 AAAA 级景区评审材料的编制和上报。4 月 28 日，烟台“千万人游乡村”暨马家沟第四届百花节开幕仪式在马家沟村启动。市领导、市文化和旅游局、市农业局、开发区有关部门和嘉宾共同启动活动。“千万人游乡村”是“烟台人游烟台”活动的重要内容，马家沟第四届百花节是此次“千万人游乡村”的主题活动之一，由马家沟生态旅游度假区承办。第四届百花节时间从 4 月 28 日—5 月 26 日，主题是“畅游花海世界，乐享田园生活”，旨在进一步活跃旅游市场，拓展旅游空间，让广大市民充分领略烟台美丽乡村新风貌，感受全域旅游发展新魅力。

【世界老年旅游大会】 5 月 24—30 日，第二届世界老年旅游大会 WSTC 在烟台开发区举办。来自世界 42 个国家和地区的 600 多名代表参会。本届大会由国际老年大学协会支持，山东省文化和旅游厅、山东省发展和改革委员会、烟台市人民政府主办，山东省旅游推广中心、山东省老年大学协会、烟台市文化和旅游局、烟台经济技术开发区管委、烟台天马维拉斯老年大学承办。大会的主题是《老年游学点亮世界》。开幕式，国际老年大学协会主席弗朗索瓦·维拉斯发布《烟台共识》。5 月 18 日上午，第二届世界老年旅游大会—国际美食美酒节开幕式在辖区天马栈桥广场盛大召开。此次美食美酒节由开发区管委主办，开发区宣传和群团工作部、天马维拉斯老年大学承办。

旅游资源开发

【概况】 辖区十分重视旅游资源的开发和提升工作，坚持长远发展方针，提高标准，补齐短板，新增亮点。2019 年，围绕金沙滩景区，高标准规划，开发建设、充实一些新的景点项目。

【金沙滩景区提升】 6 月 10 日，工委书记、管委主任牟树青组织召开滨海项目现场会，对金沙滩景区已建和在建项目提出改造提升和加快建设的要求，对金沙滩景区管理服务水平提出更高的要求。7 月 6 日，工委召开扩大会议，将金沙滩景区管理服务提升工作列入全区“三重”工作，决定成立金沙滩景区管理服务提升工作指挥部。金沙滩将新添 2 处广场，进一步改善城市生态环境和提升城市生活品质，塑造金沙滩公园海滨景观魅力节点，为市民提供一个交往、娱乐、休闲和集会的场所。

【景点建设规划】 *后沙广场* 位于金沙滩旅游度假区，海滨路以北、华安酒店西侧，占地 1.2 万平方米。由 AECOM 公司开展景观设计，将规划建设一个高标准的休闲场所，利用挑台、廊架和活动场地为市民提供不同维度的滨海休闲景观广场。

扬帆广场 位于金沙滩旅游度假区，海滨路以北、城市展示中心以西，从雕塑公园向西至新开路段，占地面积 9 万平方米。由 AECOM 公司开展景观设计，将与东侧广场共同打造为开放、时尚、魅力的城市广场。由东向西分别打造“海风剧场”“时光之丘”“动感地带”“海螺天地” 4 个主要功能区。广场内规划一栋“时光塔”文化地标，承载着“展览馆”“图

书馆”“剧场”等文化功能项目，为市民及游客提供海滨休闲体验。广场建成后，与福莱山福莱塔处于同一空间轴线，向北与八角湾国际人才港对视交融，衔接开发区的过去、现在和未来，寓意承前启后、继往开来。

柳林河景观设计　柳林河（长江路—汕头大街段）景观方案设计由重庆市风景园林规划研究院承接，11 月完成。根据方案，柳林河（长江路—汕头大街段）将被打造成为集自然生态、休闲观赏、活力康体于一体的城市滨水公园。

平畅河景观设计　平畅河位于开发区西北部，北临黄海，西接蓬莱市，紧邻烟台港西港区和烟台蓬莱国际机场，处于大季家片区和潮水片区之间，靠山面海，是一条风景秀丽的自然河道。规划设计范围为荣乌高速至入海口，河道长度 12.5 公里，河道及绿化宽度 500—1500 米，项目总面积 1.3 平方公里，其中绿化面积 1.1 平方公里。景观定位为带状湿地公园。

旅游管理与监督

【概况】 2019 年，全区旅游安全管理工作始终把“安全第一、预防为主、综合治理”的方针贯穿安全生产工作全过程，认真贯彻落实上级关于安全生产工作的指示批示精神，履行部门监管责任，督促企业落实主体责任，对管辖内的所有星级酒店、A 级景区及旅行社的服务质量、安全生产、环境卫生、餐饮质量、精神文明等进行监督检查。截至年底，全区旅行社及分社共计 15 家，其中总社 12 家，旅行分社 3 家；区内挂牌星级宾馆饭店 5 家，其中五星级酒店 2 家，分别为烟台金海岸希尔顿酒店、烟台金沙滩喜来登度假酒店，四星级酒店 2 家，分别为烟台金沙滩大酒店、烟台静海大酒店，三星级酒店 1 家，为烟台澜庭国际商务酒店；区内共有 A 级旅游景区 5 处，其中国家 AAAA 级旅游景区 3 处，分别为烟台金沙滩海滨公园、烟台张裕国际葡萄酒城之窗有限公司、烟台磁山温泉小镇，国家 AAA 级旅游景区 2 处，分别为烟台西夫拉姆酒业有限公司、蓬莱马家沟生态旅游开发有限公司。

【旅游安全管理】 2019 年安全管理持续强化，游客满意程度不断提升，年初组织召开全区文化旅游经营单位安全生产和消防工作会议，与 23 家旅游企业签订《2019 年旅游安全生产责任书》，严格落实全区涉旅企业主体责任。开展日常巡检工作，加强重要节点安全生产工作，坚持黄金周、小长假检查和不定期督查相结合，针对热门景区、景点及星级酒店加大检查密度，探索建立长效工作机制，落实监管责任，指导各涉旅企业完善应急预案及防患措施，增强安全防患意识，开展旅游市场安全检查 108 次，出动检查人员 243 人次，下发安全隐患限期整改通知书 63 份。认真贯彻部署各项专项整治行动，强化监管合力，联合并协调消防、市场监管、公安等多部门扎实开展各项专项整治行动，编制和拟定各类工作方案 12 份，切实抓好巡视整改及集中专项整治工作。为提高旅游景区管理水平，促进旅游景区服务规范化、标准化，提升旅游产品供给质量，拟定并实施《烟台开发区星级旅游饭店质量提升专项行动方案》《烟台开发区提高旅游景区管理服务质量实施方案》，确保全区旅游业持续、健康、高质量发展。根据区内各旅游企业需求，坚持问题导向，先后约谈全区旅行社 2 次，开展不同种类、不同层级、不同岗位的培训活动 2 次，强化全区旅游行业的安全意识和服务质量。健全服务安全监督和投诉机制，公布投诉电话，投诉电话 24 小时保持畅通，接受公众监督，建立快捷有效的投诉反映及处理机制，

7月6日，金沙滩海上救援集合演练

全年受理旅游投诉98起，完结率及满意度均为100%。

景区景点选介

【概况】 辖区有国家级旅游景区以及地质公园、海上特色旅游、葡萄酒文化旅游、工农业旅游示范基地等景区景点。

【金沙滩海滨公园】 国家AAAA级旅游景区。烟台金沙滩旅游度假区是全省首批省级旅游度假区，度假区最具特色的景观是万米黄金沙滩，沙滩长1.5万米、宽60—180米，沙砾幼细，色泽金黄，面积广大，坡度平缓，是进行沙滩运动的极佳之地，素有“中国北方第一海滩”的美誉。度假区内有五星级酒店3家、四星级酒店2家，休闲度假酒店十余家；有金沙滩海水浴场、张裕国际葡萄酒城、37° 梦幻海水上乐园、天马栈桥等各具特色的旅游景点。2019年，金沙滩海滨公园启动后沙广场和金沙滩公园中心广场二期2个现代休闲广场项目，金沙滩旅游度假区启动国家级度假区的创建工作。

9月10日，金沙滩海滨公园广场维修

【张裕国际葡萄酒城】 国家AAAA级旅游景区。张裕卡斯特酒庄由张裕集团投资建设，是中国酒庄发源地。酒庄严格遵循国际酒庄3S(阳光、沙滩、大海)原则兴建，拥有现代化的酒窖，集生产高档酒庄酒、旅游观光、葡萄酒科普等功能于一体。酒庄彰显“体验式”葡萄酒主题旅游特色，每年都举办以葡萄酒狂欢节为主线的贺年会、萌芽节、葡萄公主SHOW、风情采摘节、亲子嘉年华五大主题节庆活动。注重游客游览过程中的体验感，常年举办杯酒漫谈品酒课堂、星盾V工厂体验、西蒙挑战红酒品鉴、奔跑吧巡酒达人等11项旅游体验。酒庄深耕研学游，科普、体验寓教于乐，是“开发区综合实践活动服务基地”“山东省中小学研学实践教育活动基地”“行走齐鲁资源单位”。2019年10月11日，张裕卡斯特酒庄参加山东省首届文化和旅游商品创新设计大赛，C咖二两半白兰地获得实物类金奖。

【磁山温泉小镇】 国家AAAA级旅游景区。小镇位于磁山地质公园核心地带，占地面积253公顷，包括温泉度假区、颐生养老区、御水雅都区、半山观海区、阴主文化区、风景名胜区六大板块。集养生、养老、旅游、度假、商务、会务为一体的原生态、公园化养生大社区，以环境、文化、服务为三大战略目标，以“山水林海净、古文亲孝爱、安康特护乐”为品牌特色。

【马家沟生态旅游度假区】 国家AAA级旅游景区。马家沟景区以优质的自然资源为依托，集美丽村居、农业生产、科技示范、休闲旅游、生态保护于一体的国家级现代都市农业产业园。景区占地面积约153公顷，包括温泉酒店、木屋别墅、八大碗山里人家食苑、童真乐园、有机果蔬采摘、临水垂钓、多彩夜景、仙境水乐园等相关服务设施。马家沟景区对传统宴席“八大碗”进行开发创新，丰富“八大碗”的做法；风情木屋全部采用纯天然木材按照不同规格定制，设有露天影院、露营烧烤、室外KTV等，充满乡野气息和异域风情。景区建有红色文化馆，作为烟台党性教育基地之一，展示1919年到1949年的胶东革命史，聆听革命故事，传承红色基因。展馆占地面积750平方米。

【西夫拉姆酒堡】 国家AAA级旅游景区。西夫拉姆酒堡由烟台西夫拉姆酒业有限公司投资兴建，占地面积4.6公顷。西夫拉姆酒堡依山傍海，在造型上融汇法国西夫拉姆集团酒堡和迪斯尼古堡的外观设计风格，在内部装饰上采用欧式宫廷装饰风格，可以提供五星级酒店式服务，营造出一幅经典的罗曼蒂克异域风光。在此，人们可以欣赏到纯正的法兰西葡萄酒文化，这也正是西夫拉姆酒堡在烟台的众多酒堡、酒庄中的最独特、最纯正、最吸引人之处。主要景点有：大力神海格力斯喷泉、小天使喷泉、古希腊胜利之神战车雕像、酒堡主体建筑、古欧洲酒神雕像、西夫拉姆家族历史人物、西夫拉姆酒标展区、西夫拉姆藏酒厅、西夫拉姆地下酒窖、品酒DIY区、西夫拉姆酒吧等。

【磁山地质公园】 磁山海拔528.9米，是烟台市区西部和开发区境内最高峰。磁山被批准成立省级地质公园，面积12平方公里，建有地质博物馆对外开放。博物馆占地面积9482平方米，建筑面积2940平方米。馆内共设7个展陈单元，分别为磁山地质构造、磁山地质遗迹、宇宙与地球、磁山地貌景观、磁山矿产资源、矿物与宝石、地震灾害等单元。馆内有300余件各类展品，包括产自磁山的黄金和铜、铅、铁、锌等13种有色金属矿产，岩浆岩、沉积岩、变质岩等非金属矿产，以及贵州乌江石、广西梨皮石、新疆的硅化木等珍稀石材。2019年8月，磁山地质博物馆被山东省科协命名为省级科普教育基地，成为烟台市科普教育的重要基地。

11月3日，保洁人员清扫磁山地质公园卫生

【烟台欣和食品企业工业旅游】 2005年，烟台欣和企业食品有限公司成立，是一家集研究、开发、生产和销售于一体的微生物酿造调味品企业，是国内调味品制造行业先进企业。欣和食育体验馆是全国食品科普教育基地，是山东省工业旅游示范基地和烟台市中小学“社会大课堂”实践基地。2019年，烟台欣和食育体验馆申报省级工业旅游示范基地。

第二届世界老年旅游大会

交通运输　邮政快递

Transportation and Postal Service

公路建设与管理

【概况】 辖区公路通车里程715.5公里。其中高速公路里程28.5公里，国、省道路里程46公里（国道丹东线开发区段35.47公里，省道烟招线开发区段10.53公里），农村公路通车里程641公里（县道87.15公里，乡道113.01公里，村道440.85公里）。

【国省公路养护】 按计划治理公路路面裂缝、坑槽、拥包、车辙等病害。完成G228穿城路段7500平方米路面病害的集中整治；清理路边沟杂草、路面撒漏污染和桥下垃圾；更换路面雨水篦子和示警桩。采用环保型清扫车辆，

3月16日，公路养护作业

4月23日，安全员携带智慧公路系统移动终端对安全隐患进行上报并处置

以机械化清扫为主、人工清扫为辅的方式，开展保洁作业。为避免扬尘污染，外租多辆洒水车进行道路冲刷，累计115车次。完成道路排水情况调研、防汛预案的制定和汛前辖区全部桥梁的检查工作，确保辖区桥梁安全度汛。按照“保障国省干线公路安全畅通，服务人民群众安全出行”的要求，完成《清雪防滑工作预案》的制定，坚持昼夜值班、以雪为令，全力以赴保障降雪期间区内国省干线公路的安全畅通。

【农村公路建设与管理】 农村公路中，高级路面281.29公里，水泥路面317.54公里，简易铺装路面3.8公里，砂石路面38.39公里；二级路249.50公里，三级路158.15公里，四级路233.37公里。养护里程641.02公里，完成绿化里程543.26公里；桥梁93座，总长2833.73米，涵洞208道。完成“三年集中攻坚”路网提档升级6公里，完成危桥改造8座，完成投资445万元；完成47公里路面状况改善工程，完成投资216万元；完成运输服务提升工程（站亭、站牌）73个，投资55万元；有序推进6.11公里潮水镇农村公路改造提升，项目中标价1498万元；完成121公里农村公路安全隐患整治任务，发现整改各类安全隐患点134处。完成3次水毁修复工程。乡道方芦线铣刨料加铺工程，方芦线k2+273～k3+465段经过多年运营，路坑槽较多，10月份完成路面铣刨料加铺工程，投资17万元。潮水镇县级公路路面破损处维修及涵洞水毁修复工程，投资10万元。泊柳路与全口刘家桥交界处加宽工程，路面东侧拓宽4米，长度40米，投资7270元。

路政运政管理

【概况】 2019年，采取有效措施，建立货运行

业规范的市场准入退出机制，将全区尾气排放国二营运柴油货车全部退出营运市场；推进“四减四增”，每月对货车集中停放地开展尾气排放联合执法检查，提升道路货运领域环保水平；注销总质量4.5吨以下的普通货运车辆259辆，全面提升行业安全生产和服务质量。经考核，区内企业等次均在A级以上。开展超限超载货运车辆和企业的“一超四罚”工作，对道路运输企业1年内违法超限运输的货运车辆超过本单位货运车辆总数10%的，责令其停业整顿，吊销2家情节严重的货运企业经营许可证，清理退出道路运输市场。积极争取上级政策，协助区公交公司、巴士快运公司完成许可审批，扶持行业发展，为44辆新能源公交车争取省级补贴880万元，对434辆公交车和69辆出租车的新能源运营进行补助。

【路政管理】 按照制订的巡查计划，坚持不间断开展路政巡查工作，道路巡查总里程2.3万公里，巡查到位率100%。继续改进工作作风，提高办事效率，在涉路工程审批方面，主动对接、靠上服务重大项目，按要求在路政大厅的醒目位置悬挂公告板，对各类事项进行详细公示，提高服务水平。完成烟台新奥燃气公司敷设燃气管道工程相关安全评估与有关施工监管。

【交通运输安全管理】 全年出动工作人员370余人次，对区内“两客一危”运输企业开展安全检查40次，发现并督促整改隐患28项；对50台车以上的重点普货企业、公交公司、出租客运企业开展检查29次，发现并督促整改隐患41项；对50台车以下的中小运输企业，采取抽查的方式，实地检查企业62家，发现并督促整改隐患205项。全年组织开展“冬春火灾防控”“安全生产经费专项检查”“安全生产责任落实月”“危化品企业专项执法检查”等各类安全生产专项活动15次，专项检查企业76家，督促整改隐患122项。针对两会、青岛海军节、清明假期、五一、十一假期等重点时段，召开专题会议，研判安全生产形势，部署工作重心。协调6家企业组建应急运输队伍，预备30台客车、20台货车作为应急物资运输车辆，应对防汛抗旱、防台风等特殊时期紧急调用。全年组织召开各类安全生产会议、培训11场，分批次对180余家道路运输企业培训480余人次。指导督促“两客一危”及重点货运企业，按照计划开展车辆自燃、事故救援、危货撒漏等综合或专项演练16次。对多家涉及货运车辆超载超限、客运车辆驾驶员疲劳驾驶等问题的客货运企业进行约谈告诫，共约谈客运企业2家、货运企业10家，处理超限车辆20车次，停业整顿货运企业3家，吊销道路运输经营许可证2家。

5月22日，汽车西站客运车辆规范停车

【运输市场整治】 对运输市场非法营运行为进行专项整治。在整治过程中，对市民反映强烈的富士康、万达广场、汽车西站、大季家方里河桥、潮水平耿路等重点区域及对悬挂鲁D、浙A、苏A等喷涂出租车“浪花”颜色外观、安装使用顶灯、计价器等外地牌照的“克隆”出租车及违规悬挂“小红灯”从事非法营运的违法行为进行重点查处。与公安交警部门联合执法30余次，出动执法人员400余人，对悬挂小红灯、计价器等非法从事出租汽车经营行为进行查处，查获非法从事出租客运经营违法车辆52辆，收缴小红灯、计价器等非法从事出租客运经营设备300余件，行政处罚26辆，罚款金额13万元，同比增长185%。

5月26日，汽车西站出租车有序待租

【执法检查】 严查“两客一危”道路运输违法行为，对“两客一危”车辆违法行为持续开展执法检查，共计开展道路危险品运输违法行为专项整治活动20余次，检查危险品运输车辆100余辆次，查处违法车辆5辆次；开展客运专项整治活动20余次，对客运车辆不按规定站点上下客、旅游包车无包车合同等违法行为进行专项治理，查处违法车辆20辆；突出超限超载车辆管理，制订《烟台开发区货运车辆超限超载整治行动工作方案》，联合交警在五指山路、中古路、台北路、西宁路等开展联合执法工作20余次，出动执法人员300余人次，查处非法从事超限超载运输车辆64辆，并依法卸载，共计卸货2760余吨，同比增长115%。

12月10日，执法人员对客车进行安全检查

邮政快递

【概况】 2019年，中国邮政集团公司烟台市开发区分公司营业网点增加至11个，投递段道29条。烟台市邮政管理局统一对辖区快递业实施管理监督。

【邮政】 全年代理邮政储蓄余额8.16亿元；国际包裹及特快专递收寄62.11万件，国内包裹及特快专递收寄3.25万件；收寄国际函件2610件，国内函件1.43万件；报刊发行，投递报纸258.03万份，投递杂志30.02万份；集邮业务售票9.89万套。营业网点分别是黄河路支局、八角支局、大季家支局、天山北路支局、芦洋支局、长江路支局、古现支局、富士康支

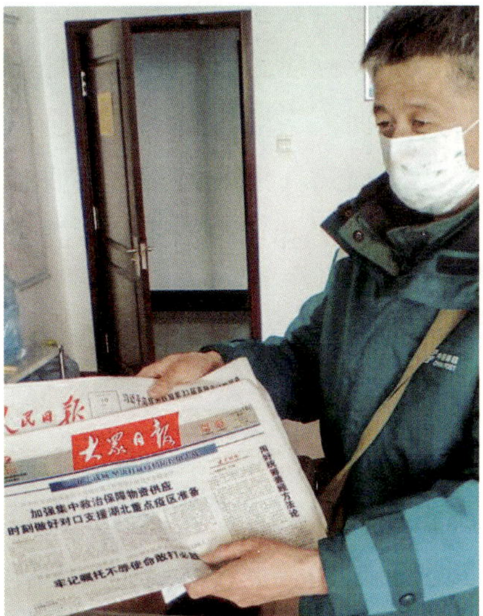

邮政人员上门服务

局、潮水支局、解宋营支局、淳于支局等 11 个。其中黄河路支局、八角支局、大季家支局、潮水支局、解宋营支局、淳于支局为综合类网点。

【快递】 全年实现快递派件量 2275.4 万件，同比增长 22.19%。快递业务收入 7000 万元，从业人员 1462 人，快递专用车辆 156 辆。鼓励末端服务向集约化、平台化发展。推进建立菜鸟驿站等备案末端公共服务站 7 家，提高配送效率和水平。加快智能快件箱推广使用，推动智能包裹柜、快件箱布设。累计设置“丰巢”快递柜 273 组，宅递、箱递、站递等投递方式互为补充的末端投递服务新格局基本形成。

邮政快递

信息通信

Information Communication

综　述

【概况】 2019年，辖区信息通信领域快速发展，电子政务和大数据管理机构制定5G发展意见，建设基站，对电子政务实施规范化、标准化管理。工业企业信息化建设迈出新步伐。联通、移动、电信三大运营企业及广电网络公司拼搏进取，在服务生产、服务社会领域中，取得新成绩。

【工业企业信息化建设】 推动互联网、大数据、云计算和实体经济深度融合，新增上云企业231户，兑付“云服务券”440万元。万华化学“化学新材料产业互联网平台建设项目”、山东渤聚通云计算有限公司的“‘睿聚通’设备云平台”被评为“2019年度省级产业互联网培育平台”，艾睿光电、东晨软件、力凯数控获评“2019年电子信息行业最具发展潜力企业”，德邦科技获评“2019山东省电子信息行业优秀企业”。烟台海颐软件股份有限公司的“海颐网省级一体化营销管理系统V2.0”、烟台东方纵横科技股份有限公司的“东方纵横矿业大数据管理平台”和烟台富美特信息科技股份有限公司的“食品安全合规管理系统”被评为“山东省软件产业高质量发展重点项目”。

电子政务和大数据

【概况】 2019年，开发区在管委办公室设立电子政务和大数据管理处，统筹管理全区电子政务和大数据工作。辖区一家企业入选山东省推荐申报国家大数据产业发展试点示范项目第一梯队，推动留创园成为全市唯一跻身省级首批数字经济示范园区。出台5G发展意见，年内完成基站建设350个，实现自贸片区信号全覆盖。围绕优化营商环境，配合市大数据局启动省内首个电子证照“亮证”使用试点。

【政务建设】 创新实施提醒函、承诺书、备案库、200项政策文件百分百解读等措施（省、市首个启动标准化试点），对网站全部存量信息（1.6万条）统一标准规范。增量信息严把关口，整体规范率接近100%。年内政务新公开信息9000多条，一批典型做法在省市复制推广，其中省政府专刊交流经验13次，数量多于历年总和。开拓思路，推进政务外网建设，实现1万多个网络终端集中规范管理，年节约资金近千万元。新旧动能转换平台、“一手通”APP、互联网＋监管、互联网出口整合等10余项大数据业务，在经济和社会运行中发挥作用，在全市排名第一。

中国联通

【概况】 2019年，完成固网项目投资149.7万元。移网工程新建基站4个，扩容54个，完成210个5G基站的站址确认及施工调查。加强装移机指标管理，综合考核指标有7个月居全市第一。完成2.4万多部宽带装移机、4000多部固话装移机、1.6万部IPTV装移机业务。

【队伍建设】 围绕企业中心经营目标，积极发挥党组织的桥梁纽带作用。组织参加“智慧家庭工程师培训认证考试”“山东联通好讲师选拔赛”等劳动竞赛活动，提升员工营销能力和团队协作精神。

中国移动

【概况】 2019年，开发区分公司下辖4个职能部室，2个城区营业厅，4个乡镇经营部，在岗员工89人。为全区客户提供语音、数据流量、短彩信、宽带、电视等服务，持续保持行业领先地位。年内建设站点400余处，提升4G网络深度覆盖。获烟台分公司2019年网络技能大比武现场实操“独具匠心”团体一等奖等5项荣誉。

【网络建设】 在全市率先完成自贸区精品区150余处5G宏基站的开通及优化，精品区路测平均下载速率均达标，实现开发区城区范围连续覆盖，为5G商用提供坚实基础。对基站进行优化，提升基站运行稳定性，全年修缮8处基站。新建微网格20个，布放光缆21公里，切实解决城区无波分问题，进一步提高家宽品质。不断提升宽带网络质量和装维能力。完成家客（家庭客户）小区分光器扩容80处，解决断头楼宇104处；完成OLT割接8处，提升家宽用户体验。将宽带义诊活动作为塑造移动宽带品质常态化举措，营销现场配备市场＋建维＋铁通员工团队，全力打造用户满意的家庭宽带服务。

【信息化建设与应用】 以助力“智慧城市”建设、服务开发区经济发展为己任，为3000余家企事业单位量身打造适合自身特点的通信综合解决方案。依托5G网络技术优势，积极开拓智慧应用新领域，推动政务、制造、农业、医疗等行业向“互联网＋”转型升级。在智慧政务领域，为全区多家事业单位提供信息化服务，有力支撑政务信息化和民生服务；在智慧制造领域，与多家企业合作IDC、物联网等项目，为企业节省成本10%以上，助力制造业与物联网融合发展；在金融服务领域，为驻开发区及本地金融机构提供安全、可靠的数据专线、IDC托管等服务，为当地经济转型发展提供更多的可能和路径。

【党建工作】 公司党支部有中共党员19名，成立党员先锋队3支，青年突击队6支。党支部把“不忘初心、牢记使命”主题教育贯穿于全体党员教育工作的始终。利用“1+3+X”党支部工作模式（即：1个支部委员，带领1个党员小组、1个团员小组、1个工会会员小组，围绕公司中心任务，开展X项攻坚克难工作）积极发挥党员先锋模范作用和党建引领作用。

中国电信

【概况】 2019年，中国电信开发区分公司内设综合网络部、渠道管理部、政企客户部、城区营销中心、乡镇营销中心、自有厅中心等3部3中心，员工70余人。至年末，累计固定电话用户5.3万户，移动电话用户6.5万户，互联网用户5.4万户，全年业务营收6000余万元，同比增长8%。

【网络建设】 2019年，开发区分公司实现全区范围内98%以上的区域4G覆盖，100%语音通话网络覆盖。建立1000M入户互联网试点小区2个，驻地网小区接入和改造项目89个，100%实现光网接入，光纤宽带占比100%，同时全部具备300M及以上速率。完成潮水镇网络资源割接，实现潮水镇网络全面并入开发区范围。根据开发区内企业布局和经济发展状况，重新调整机房布局，提升机房合理性和安全性。

投资5000余万元新建核心网机房2个，新建汇聚机房4处，改扩建机房3处。实施LTE网络端到端IPv6改造，加快固定网络基础设施IPv6改造，推进应用基础设施IPv6改造，强化网络安全保障。

【云网融合】 为提升IDC（互联网数据中心）能力，新扩100G带宽连接上级公司机房，新增200G带宽连接中国电信集团有限公司云计算（青岛）基地，满足开发区企事业单位对高品质数据中心、灾备及互联网中心接入服务。

广电网络

【概况】 2013年，山东广电网络有限公司烟台开发区分公司成立。2019年，全区新增有线电视用户3000户，累计5.1万户；新增广电宽带用户3000户，累计1.9万户。

【基础建设】 2019年，广电网络建设投入力度不断加大，基础设施建设不断加强，家庭宽带、企业宽带和集团专线使用费用比往年明显下降。所有行政村、新建小区、重点区域，光纤覆盖率达到100%。包含广电业务的骨干网、城域网和接入网，覆盖范围由城区向镇、村（居）、企业多路延伸，实行区镇（街）联网，网络规模不断扩大。FTTH光纤入户建设，所有小区光网覆盖率接近100%。新增光纤入户小区10个，新增光纤入户端口1000多个。有线电视网络基本实现“光进铜退”。普及广电光纤入户百兆宽带，实现高速光纤宽带网络城乡全覆盖。

产业园区 国企综合运营平台

烟台经济技术开发区年鉴 2020

Integrated Operation Platform of State Owned Enterprises in Industrial Park

综 述

【概况】 截至2019年底，烟台开发区共有留学人员创业园区、保税港西区、中韩（烟台）产业园、中日产业园、烟台化学工业园、烟台业达经济发展集团、业达城市发展集团等7个产业园区国企综合运营平台。不再保留烟台国际综合物流园区管理委员会和烟台资源再生加工示范区管理局。各园区国企综合运营平台皆以辖区产业发展为中心，在各自的功能领域范围内发挥着不同的助推作用。

【园区平台特色】 各类产业园区国企综合运营平台设立宗旨不尽相同，各具特色，各显亮点。留学人员创业园区是出国留学人员回国创业的孵化器，是企业走向产业化道路的前站，是培育企业家的摇篮。保税港西区在开展国际贸易、“三来一补”、转口贸易和国际配送方面凸显活力，助推企业高速发展。中韩（烟台）产业园借助地域优势，实行核心区拓展区与全区一体化融合发展，打造韩国高端产业的聚集地、韩国现代服务业转移的承接地、韩国商品在中国市场的集散地、中韩休闲文化产业合作示范地。中日产业园围绕建设烟台市现代化经济中心目标，重点发展高端装备制造、电子信息、生物技术、节能环保、海工装备等战略性新兴产业和现代物流等高端服务业。烟台化学工业园是烟台市石化新材料区的核心区域，被纳入山东省高端石化产业发展战略。整合业达海洋和业达热电集团，组建成立的烟台业达经济发展集团，业务包括综合能源供应、专业园区开发运营、科创金融服务三大板块。业达城市发展集团是烟台开发区国企改革的产物，聚焦市政、环卫、会展文旅三个主业，打造国有企业改革样板和体制机制创新标杆。

留学人员创业园区

【概况】 1995年12月成立，1996年10月5日揭牌，是全国最早设立的留学人员创业园之一。1999年12月设立烟台留学人员创业园区博士后科研工作站。2001年6月，被科技部、人事部、教育部、国家外国专家局联合认定为国家留学人员创业园。2018年10月，被中国技术创业协会留学人员创业园联盟评选为“2018暨首批中国留学人员创业园区孵化基地”，成为全国27个入选基地之一。2019年11月，通过山东省大数据局评审，入选省级示范数字经济园区（试点）。

【双招双引】 创业园区协办2019第十四届“春晖杯”中国留学人员创新创业大赛和2019（第五届）中国海归创业大赛。全年新引进留学人员30名，其中博士17名，硕士13名。4名园区人才入选山东省“泰山产业领军人才”。新引进、创办科技项目47个，注册资本3.66亿元。累计引进489名海外留学人员到区创新创业。其中：国家“千人计划”专家45名，山东省“泰山学者”等省级人才38名，烟台市“双百计划”专家42名；海归博士创新团队129个，其中4个团队被国务院侨办授予“重点华侨华人创业团队”。累计创办留学人员企业及各类科技企业797家，拥有1个国家工程实验室、1个国家级企业技术中心、1家博士后科研工作站、6个省级工程技术中心，上市及挂牌企业14家，被上市公司并购企业3家。7月26日，创业园区承办了由山东省委组织部高层次人才发展促进会和烟台开发区工委组织部、人社局共同发起的高层次人才基层行暨省人才创投联盟第14

期项目路演活动，鲁信投资、IDC资本等11家省人才创投联盟重点创投机构与企业进行项目资本对接，达成合作意向14项。9月17日，创业园区在业达智谷举办“海归创业（北京）企业及项目对接烟台”活动，邀请在京创业的14位海归企业家到区考察创业环境，50余家园区企业、投资机构与海归北京企业家深入对接，达成10余项合作意向。9月27日，工委管委在业达智谷举办“驻烟高校、科研院所业达行”活动，16所驻烟高校、28家科研院所（创新创业平台）应邀参加。在产学研合作项目上，与多家高校、院所签署合作协议。10月25日，在中国留学人员回国创业专家指导委员会、人社部留学人员和专家服务中心、省人社厅和烟台市政府主办的“创业导师走进留创园暨省级专家服务基层示范活动”中，13名创业导师被聘为欧美同学会海归创业学院（烟台）、烟台留学人员创业园区创业导师，20多名专家到园区参观考察，与20多家园区企业负责人现场交流、对接，达成合作意向10余项。

10月25日，创业导师走进留创园暨专家服务活动

【平台活动】 2019年，入驻业达智谷共建创新创业平台4家，包括北京科技大学烟台科技园、3W COFFICE烟台业达空间、中国（烟台）海创园孵化基地和腾讯烟台新工科研究院。公共服务平台6家，包括新动能（烟台）产业技术研究院、烟台资本市场服务基地&业达基金谷和中韩科创孵化合作基地等。11月16日，由北京科技大学烟台科技园主办、北京科技大学烟台工业设计中心承办的“首届国际前沿设计论坛—中韩对话”在业达智谷举办，100多名中、韩专家学者及相关领域人员参加论坛，循环创生设计产业联盟成立。11月7日，举办“2019中国海创英才行·山东烟台开发区站”活动。开展项目路演、对接洽谈、创新创业环境考察和项目展示等多个环节。9月17日，印发《烟台留学人员创业园区有关扶持政策规定》，对海外人才创业项目分A类、B类和C类给予创业启动资金扶持，资金额度分别为90万元、60万元和30万元。其中1个项目获得A类、5个项目获得B类、11个项目获得C类资金扶持。在2019中国·烟台海内外精英创业大赛中，园区8家企业、14个项目获奖，其中特等奖1个，一等奖7个。

【管理与服务】 园区管理服务中心4月2日起实施“楼长制”工作人员包联人才企业服务制度，园区孵化场地分片到人（“楼长”），协调解决实际问题，做到人才企业服务“零距离”。联合中关村数字电视产业（烟台）园进行数字园区建设，完成了OA云办公、物业云办公管理、智慧停车、云播控多媒体信息发布、智慧会务、smart数字高清监控系统等智慧化基础建设。

10月29日，3W COFFICE烟台业达空间开业运营

联合开发区留学人员创新创业协会，邀请专家导师、联合专业机构，组织举办了“中小企业知识产权管理及科技政策运用”“企业股权设计、股权激励与资本运作”等专题讲座和辅导培训。筛选16家专业机构入驻园区，为企业提供知识产权、投融资、体系认证等中介服务。

【基层党建】 2019年，坚持“以高质量党建引领高质量发展”，建设党建长廊、党建功能室、“人才e站”等党群服务中心，出台党建工作意见，明确17项工作重点；配备3名专职人员，组织开展党务交流、红色教育、环保公益等活动；严格落实“三会一课”、主题党日等制度，实现组织生活规范化、常态化；开展好企业家、好人才、好书记、好党员“四好”评比，在烟台市观摩园区党建活动中进入前10名。在“七一”表彰活动中，园区企业隽秀党支部获评开发区先进基层党组织。

保税港西区

【概况】 烟台保税港区西区，前身为烟台出口加工区B区，规划面积2.26平方公里。是全国第一家以出口加工区和临近港口整合转型升级形成的保税港区。园区重点发展出口加工、保税仓储分拨、国际中转、研发、检测和售后服务维修、国际采购分销等功能性业务。至2019年，园区已形成以电子信息为主、保税物流为辅的产业结构，拥有完善的物流仓储设施和成熟的业务操作流程，可以为企业提供优质、完善的配套服务。

【发展实绩】 2019年，园区实现进出口额544.6亿元，占全区的41.7%。进出口额在全国列入统计的195个海关特殊监管区域中排名第22位，在全省9个特殊监管区域中排名第2位。园区主营业务收入406.4亿元。截至年底，园区注册各类企业56家，其中境外投资企业16家；企业注册资本5.14亿美元，其中境外投资企业4.618亿美元；投资总额9.37亿美元，其中境外投资企业8.85亿美元。建区后累计：合同利用境外资金4.9亿美元，实际利用境外资金3.22亿美元；固定资产投资28.4亿元，其中公共基础设施建设投资3.1亿元；实现进出口额1539亿美元、主营业务收入7802亿元。

【企业选介】 西区富士康　2007至2018年，富士康陆续在开发区西区设立鸿富锦、鸿富泰、富泰通、富泰京、夏业、优尔等6家企业，注册资本4.17亿美元，投资额8.21亿美元，实际利用境外资金2.59亿美元。产品涉及游戏机、手机、液晶电视、面板模组、数码光学产品、小家电等八大产品集群。2019年，西区富士康实现进出口额499亿元，实现工业主营业务收入406亿元，实现利税总额2.3亿元。

烟台近畿塑料包装制品有限公司　2006年11月成立，日本独资企业，总投资460万美元，注册资本230万美元，实际到位外资230万美元。主要生产塑料包装袋、牛津布包、无纺布包等产品。2019年实现主营业务收入4306万元，进出口额6649万元。

山东朗越国际储运有限公司　2008年1月成立，注册资本1500万元，在西区内自建6000平方米仓库，专业从事物流仓储、货运代理、物流服务等业务，为富士康、通用、LG、三星、SONY等多家企业提供物流服务。2019年，实现营业收入4969万元，利税355万元，代理进出口额10.45亿元。

烟台捷顺物流服务有限公司　2007年7月成立，注册资本100万元，专业从事第三方物流仓储等服务。公司租赁仓库2200平方米，引进先进的 WMS 及 TCS 系统，实现物流供应链各环节的无缝对接。2019 年，代理进出口额 27 亿元。

烟台近铁物流有限公司　2010 年 4 月成立，注册资本 30 万美元，是日本近铁物流在烟台设立的子公司。在区内与捷顺物流服务有限公司合作，租赁 1190 平方米仓库，专业提供国际国内货物空运、海运、陆运货运代理及仓储分拨配送等服务。2019 年，公司实现主营业务收入 615 万元。

中韩（烟台）产业园

【概况】 2017 年 12 月 11 日，国务院批复同意在山东省烟台市设立中韩产业园。中韩（烟台）产业园以烟台经济技术开发区、高新技术产业开发区、保税港区的政策优势和烟台空港、烟台港西港区等重大设施布局为依托，以培育大产业、构筑大平台、打通大通道、实现大融合为主要任务，重点建设新能源汽车全产业链生产基地、新一代电子信息产业生产基地、新材料研发生产基地、高端装备产业基地和生命科学产业中心、中韩现代服务业融合中心。规划两个核心区和两个拓展区，规划面积 80.4 平方公里，其中核心区西区、拓展区西区均位于开发区管辖范围内。开发区与韩国经贸合作、人文交流日益密切。韩国已成为开发区第一贸易伙伴、第一外资来源国和第一进口来源国。2019 年，在辖区工作、生活的韩国人达 3 万人。

【发展实绩】 2019 年，烟台开发区引进韩资项目 38 个，实际利用韩资 1364 万美元，完成对韩进出口贸易 31.8 亿美元，其中出口 9.64 亿美元。历年累计引进韩资项目 536 个，合同利用韩资 26.9 亿美元，分别占全区境外投资项目总数的 30.2% 和合同利用境外资金的 18.3%，位居各国别（地区）第一二位。在 85 家到区投资的世界 500 强项目中，韩资项目 18 个，占总数的 22%，位居各国别（地区）第一位。

【交流活动】 3 月 29 日，工委书记、管委主任牟树青带队拜访韩国科学技术研究院、韩国技术风投财团，并见证中韩（烟台）产业园管理服务中心、韩国技术风投财团创业成长中心、韩科院技术事业团签署共建中韩科创孵化合作基地三方合作备忘录。5 月 30 日，烟台市人民对外友好协会、中韩（烟台）产业园管理服务中心、韩国世界妇人会总联合会、烟台市中小微企业联合会在区互联网创意产业园共同主办了“共创未来——中韩企业家交流会”活动。7 月 10 日，中韩科创孵化合作基地及韩国技术风投财团中国代表处揭牌仪式举行。7 月 17 日，韩国五大经济团体之一的中小企业中央会在韩国共同举办“共筑梦想、共创未来——中韩（烟台）产业园管委会招商推介会”，对中韩（烟台）产业园、烟台八角湾国际人才港、烟台八角湾海洋创新区等载体进行推介，15 个行业协会、40 余家企业近百人参加。10 月 12 日，韩国风情步行街授牌仪式在辖区举行，全市首条韩国风情步行街正式落户中韩（烟台）产业园。11 月 5 日，与韩国 C&M 株式会社签订新能源汽车电子项目投资合同。该项目总投资 2000 万美元，主要开展新能源汽车电机等相关零部件生产，达产后，年产新能源汽车电机近千万台套，年产值约 4 亿元，利税 1000 万元。12 月 21 日，烟台市韩人商工会举办“2019 韩人之夜”送年会，1200 余名在烟台的韩国人参加。

烟台中日产业园

【概况】 中日产业园规划占地总面积12.7平方公里，分为核心区（起步区）和拓展区。其中：起步区规划面积2.7平方公里，规划新一代信息技术园、日本中小企业产业基地、中日科创园三大园区；拓展区规划面积10平方公里，位于潮水镇。

【核心区规划】 规划建设三大特色片区。新一代信息技术园，面积2.13平方公里，重点吸引夏普入驻，向上拓展芯片设计、制造、封装，向下延伸产品应用及发展第三代宽禁带特色半导体产业，加强在集成电路芯片设计、晶圆制造、封装测试、产品应用等全产业链各领域的引进、嫁接。日本中小企业园，占地面积0.45平方公里，利用保税港区标准厂房，总建筑面积15万平方米，与日本三菱地所等设计机构对接，导入日本元素进行设计改造。中日科创园，面积0.12平方公里，依托中节能科技园，布局日系企业展厅、8K研究院技术研发中心及产品展示，打造对日合作及宣传平台。

【拓展区规划】 拓展区规划占地面积10平方公里，位于潮水片区，围绕建设烟台市现代化经济中心目标，重点发展高端装备制造、电子信息、生物技术、节能环保、海工装备等战略性新兴产业和现代物流等高端服务业。

【园区建设】 中日经济文化交流中心选址中节能科技园，面积2100平方米。与日本空间设计机构乃村工艺社、丹青社，以及昭荣美术等公司对接研究设计方案，确保中心建成后具有鲜明的日本特色。夏普8K超高清产业研究院项目总投资20亿元，年底完成专家评审及夏普全球8K体验展示旗舰中心初步设计方案。由业达经发集团牵头，完成对保税港区西区现有闲置厂房产权摸底工作，确定先对其中部分厂房启动回收。日本企业技术转移中心环球技术资源翰林院到访开发区，就合作框架协议内容进行洽谈。在开发区城市展示中心1楼东侧建设夏普8K产品体验馆，面积200平方米，已完成方案设计。

烟台化学工业园

【概况】 2018年9月，烟台化学工业园经山东省政府批准设立，起步区面积25.11平方公里，是烟台市石化新材料区的核心区域，纳入山东省高端石化产业发展战略。2019年，园区按照“高端化、绿色化、国际化”发展方向，加快培育聚氨酯、烯烃、新材料和精细化学品三大产业集群，打造全球领先的聚氨酯制造基地、国际一流的高端化工新材料和精细化学品研发制造基地。园区共有企业43家，完成主营业务收入511亿元，入围中国化工园区30强，入选中国智慧化工园区试点示范（创建）单位。园区将实现产品项目、公用辅助、物流传输、安全环保、管理服务“一体化”发展，建成具有示范性、带动性的化工新材料产业集聚区，成为引领区域经济发展的新动能。

【项目建设】 3月，由中国五冶集团承建的宝能烟台国际物流中心项目开工建设，12月全部建筑主体完工。该项目总用地面积13万平方米，总建筑面积22万平方米，包含变通仓库4栋、冷链配送库1栋、自动化立体库3栋、综合楼1栋。4月6日，万华乙烯北区项目场地平整工程开工，该工程系园区首次采用全国招

宝能烟台国际物流中心项目

标确定施工队伍。万华乙烯项目场地平整工程勘探总挖方量1756万立方米，项目需外运土石方1600万立方米。骅达冷链项目，占地面积27万平方米，建筑面积40万平方米，一期一标段4栋车间和1号办公楼正在办理相关备案登记，二期（一期二标段）1号制冷机房、1号交易中心、1号冷库地下室完成100%。

【公用工程建设】 投资近1亿元、占地4.07公顷的应急救援指挥中心完成选址。其中，投资3000万元的安全生产综合监管和应急救援指挥一体化智慧平台一期工程10月11日开标，年底，硬件设施已采购到位，进入施工阶段。园区公共管廊需新建16.1公里，总投资约3.3亿元。鉴于万华已有管廊30公里，具有成熟的管廊建设、管理经验，且新建管廊主要服务于万华及上下游企业，经沟通，确定由万华采取特许经营的模式全额出资建设，并负责后期运营。公共管廊分三期建设。一期于10月31日开工建设。投资2.1亿元，新建日处理能力2万吨的化工污水处理厂1座，并于8月和10月组织两次专家评审。

【安全生产管理】 通过组织现场观摩、座谈交流、专家讲座等形式，引导园区企业学习借鉴万华先进经验，以落实和强化企业安全生产监管，实现园区安全发展无事故。完善企业信息档案，逐步实现“一企一档”。坚持常态化入企巡检，与企业签订《安全生产责任状》，强化企业安全生产主体责任，建立目标责任体系。指导各企业形成完善的安全制度体系。安排专家120人次入企检查，发现并整治隐患890条。推进双体系建设，进一步加强风险源头管控。严格按照《全区安全生产风险分级管控和隐患排查治理双重预防体系建设推进工作方案》要求，有序组织实施。邀请赛飞特集团公司董事长、万华集团HSE部总经理等知名业内专家授课3次，园区企业负责人及有关安全人员近500人次参加。指导园区企业利用班前会等形式，加强职工经常性、规范性安全教育，将安全管理触角延伸至全员，让安全意识内化于心、外化于行。开展多种形式的应急演练，提升应急救援反应能力。6月14日，在园区供销石油罐区协办的“危化品应急救援演练”，出动消防和救援车辆19台、直升机1架、消防机器人4台，是烟台市规模最大的一次演练。安全月活动期间，组织岩海公司开展园区“液氯泄漏事故应急演练”，指导德邦科技、立衡环保等重点企业组织开展消防演练。加快应急一体化智慧平台建设，平台总投资3000万元，分两期建设，一期主要建设智慧安监、智慧环保、智慧应急、智慧安防、一企一档等系统，实现

管理中心领导班子国庆节期间检查企业安全生产

对园区企业全方位监管和应急联动。

烟台业达经济发展集团

【概况】 8月8日，开发区管委整合业达海洋和业达热电集团，组建烟台业达经济发展集团有限公司，为管委直属国有企业。公司设立办公室、党群工作部、人力资源部、财务管理部、投资发展部、开发运营部、审计法务部、安全环保部等8个职能部室。注册资本30亿元，总资产101亿元，净资产75亿元。业务涵盖能源供应、金融控股和创新创业三大板块。

【指导思想与设立宗旨】 以习近平新时代中国特色社会主义思想为指导，贯彻落实国企改革要求，优化国有资本布局，推进资产重组和资源整合，引入市场化运营机制，放大国有资本功能，强化国企平台作用和承载能力，助力先进制造业中心、现代服务业中心、科技创新中心、城市品质示范区建设。按照全区体制机制改革创新总体部署，聚焦工委管委重大发展战略，承担管委交办的重点产业扶持培育、城市开发建设和服务保障类事项的履责能力，发挥国企平台效用；围绕国企发展中的弱项短板和制约因素，遵循“做实、放活、图强”的改革思路，打造治理结构实、运营机制活、综合实力强的国有企业。

【国有资本整合重组】 烟台业达经济发展集团有限公司下设烟台银桥融资担保有限公司、烟台业达创业投资有限公司、烟台八角湾科创发展有限公司、烟台八角湾海洋发展有限公司和烟台业达汽车科技有限公司5家全资子公司。9月27日，烟台银翔物流有限公司、烟台阳光物流有限公司产权由烟台业达国有资产经营有限公司划转至烟台业达经济发展集团有限公司。10月15日，烟台业达热电集团有限公司产权划转至烟台业达经济发展集团有限公司，同时划转其下烟台西部热电有限公司、烟台经济技术开发区热力有限公司、烟台开发区热力建筑安装工程有限公司、烟台经济技术开发区热力设计院有限公司和烟台业达节能环保有限公司5家烟台业达热电集团有限公司全资子公司。12月5日，业达经发集团出资5000万元注册成立烟台业达国际人才集团有限公司。

【主要业务板块】 公司业务主要涵盖能源供应、金融控股和创新创业三大板块。能源供应板块以烟台业达热电集团有限公司为主体运营公司，承担辖区热力生产、能源供应、供热基础设施设计和建设，并逐步整合提升传统煤电，探索发展新能源、智慧能源和分布式能源，谋求冷、热、电等多种能源的生产供应和相关多元化发展。全年供热入网面积3081万平方米、实供面积2174万平方米、热网总长度突破800公里；完成供热量825万吉焦、发电量2.98亿千瓦时。金融控股板块以烟台银桥融资担保有限公司、烟台业达创业投资有限公司为主体运营公司，通过参股引导基金、股权直投和融资担保等方式支持辖区科技型中小微企业、创新创业和战略性新兴产业。对接省、市、区三级重大工程项目需求，做好区级新旧动能转换基金管理，引进设立山东毅达、烟台正海、舒朗等3只基金；服务区内重点培育产业，做好直投基金管理，参股宝雅新能源汽车、泛在电力物联网、万隆真空等重点产业项目。创新创业板块以烟台业达国际人才集团有限公司为主体运营公司，整合全区人才创新创业优势资源，打造全链条全方位人才服务体系，开展人才服务、创业、投资、安居、教育五方面业务。通过资产整合形成科技大厦、留学人员创业园、业达智谷、烟台八角湾海洋经济创新区总部基地、烟台八角湾海洋经济创新区产业孵化基地、烟台八角湾国际人才港（烟台八角湾中央创新区）科技孵化中心等 6 个创新创业综合载体，总建筑面积 25.5 万平方米，入驻企业 371 家。

【投融资平台建设】 根据工委管委部署安排，综合运用多种投融资手段，为开发区重要战略项目、重点支持领域提供资金保障。5 月 7 日，经发集团下属公司烟台业达节能环保有限公司出资 2000 万元，与万华化学集团股份有限公司、烟台市财金发展投资集团有限公司、山东灏华商贸有限公司共同出资成立烟台兴华能源有限公司，推动烟台化学工业园区增量配网业务改革试点工作有序展开。8 月 1 日，区新旧动能转换引导基金出资 1.5 亿元与毅达资本、山东省引导基金、烟台市引导基金等出资人共同出资设立山东毅达创业投资基金合伙企业（有限合伙），总规模 30 亿元，为开发区规模最大的引导基金子基金。9 月，集团公司所属国有创投机构烟台业达创业投资有限公司投资烟台万隆真空冶金股份有限公司 1040 万元，带动社会资本投资 3.2 亿元，缓解了企业发展过程中面临的资金瓶颈。9 月 18 日，集团公司与中勤万信会计师事务所（特殊普通合伙）签订购买服务，同时，集团公司积极推进与北京德恒（济南）律师事务所合作事宜，为 2020 年集团公司 AA 级信用评级做准备。11 月 22 日，经发集团出资 1 亿元，与山东省金融资产管理股份有限公司、烟台国丰投资控股集团有限公司、烟台市瑞蚨投资有限公司、蓬莱市财金投资有限公司、莱州市高新投资有限责任公司共同出资设立山东烟台登瀛资产管理有限公司，为烟台开发区第一家国有资本实际控制的资产管理公司。12 月 7 日，经发集团所属公司烟台业达热电集团有限公司出资 1225 万元，与英大商务服务有限公司、景赫创瑞（烟台）新能源科技有限公司共同出资成立国网电商物联科技园区（烟台）有限公司，打造全国泛在电力物联网示范园区。11 月，经发集团出资 100 万元与北京木牛领航科技有限公司共同出资成立木牛（烟台）科技有限公司，实施开展毫米波雷达技术研发测试生产基地项目。12 月，经发集团向山东宝雅新能源汽车股份有限公司投资 2.5 亿元，支持其参与一汽吉林汽车公司混改，促成宝雅新能源汽车落户开发区。12 月 16 日，经发集团与山东省引导基金、烟台市引导基金、烟台舒朗投资控股有限公司共同发起设立烟台舒朗文化产业投资合伙企业（有限合伙），基金规模 2 亿元，专项投资山东舒朗服装服饰股份有限公司。

【队伍建设】 12 月，成立中共经发集团管理第一党支部、第二党支部。业达热电集团二级党委补选 8 个支部 14 名委员，西部热电党总支补选 1 名委员，银桥担保党支部选举 3 名委员，完成支部换届。新增入党积极分子 10 名、党员发展对象 8 名，发展预备党员 6 名，7 名预备党员转正。突出抓好正风肃纪这个关键，严格落实党委书记“第一责任人”职责，压实班子成员“一岗双责”。开展廉政警示教育、法纪教育，提升拒腐防变免疫力，筑牢拒腐防变的思想道德防线。实施全员竞争上岗，对集团公司亟需的高层次管理和业务人才聘请国内专业猎头公司以清单式猎聘方式广揽人才。实施岗位动态管理，建立全员考核评价体系，年度考评差的（占总人数 2% ~ 3%）进行岗位调整。

业达城市发展集团

【概况】 烟台业达城市发展集团有限公司是管委直属重点国有企业，2019 年 9 月成立，注册资本 30 亿元，总资产 230 亿元，净资产 130 亿元。集团内设办公室、党建办公室（党风廉政办公室）、法规政研部、工程建设管理部、人力资源管理部、企划管理部、投融资管理部、财务审计部、造价审计部、资产运营管理部等 8 部 2 室。有烟台业达建设集团有限公司、烟台业达地产有限公司、烟台业达环卫有限公司、烟台业达会展文旅有限公司、烟台业达综合服务有限公司、烟台市业达建设工程质量检测有限公司、烟台富坤资源再生经营管理有限公司、烟台开发区通达基础网络有限责任公司等 8 家全资子公司；烟台业达建工有限公司、烟台业达实业有限公司、烟台业达项目管理咨询有限公司、中环洁业达环境服务（烟台）有限公司、烟台业达智慧城市运营科技有限公司等 6 家控股子公司。共有正式员工 282 人。

【设立宗旨与指导思想】 城发集团坚持以习近平新时代中国特色社会主义思想和党的十九大精神为指导，全面落实中央和省市关于国企改革要求，积极贯彻开发区“党工委（管委会）+ 公司”的管理模式，秉承“服务大局、建设业达”核心理念，按照全区体制机制改革创新工作总体部署，聚焦工委管委重大发展战略，强化集团承担管委交办的城市开发建设和服务保障类事项的履责能力，发挥国企平台效用。

【目标定位与发展思路】 城发集团前后经过两次改革重组，逐步由以建设功能为主发展成为城市建设运营领域的平台公司，聚焦市政、环卫、会展文旅三个主业，逐步成为城市建设运营领域的一流服务商。公司发展思路是“1+3+N”：“1”即首要任务，就是发挥融资平台作用，确保重点项目顺利实施；“3”即聚焦市政、环卫和会展文旅三个主业，逐步做大做强做优；“N”即培育若干产业，为融资建设提供支撑。围绕管委重大战略，综合采取合作、土地运作、发债等多种方式，组织实施八角湾国际会展中心、业达城市广场等重点项目开发建设；承担旧改等城市更新、清理“三闲”、土地一级整理、房地产开发、政府投资工程全过程代建、通信网络建设运营、市政基础设施建设等城市建设任务；承担环卫园林等环境服务，八角湾国际会展中心和金沙滩景区等文旅项目监管运营，智慧城市服务、物业服务及资产管理运营、建筑垃圾处理等城市运营综合服务。

【重点项目建设】 2019 年，完成全长 8400 米的自来水应急管线工程；金沙江路改造工程，全长 7000 米，工程含地下综合管廊、道路改造及绿化三部分，这是开发区首次大规模建设地下综合管廊，11 月实现主干道通车；八角湾国际会展中心，占地面积 14 万平方米，建筑面积 20 万平方米，投资 20 亿元；业达城市广场，占地面积 13.7 万平方米，规划建筑面积 24.5 万平方米，总投资 12.5 亿元，规划建设 1 栋 22 层办公塔楼和 2 栋 10 层写字楼，年底进场施工；后沙广场、扬帆广场按工程计划持续推进，确保按时建成。公司先后与北京、招商、光大、恒丰、兴业、青岛等银行进行融资洽谈，和北京银行签订战略合作协议，从青岛银行获得 10 亿元授信，与会计师事务所、评级机构、券商等中介机构对接，对公司资产进行包装打造。

【闲置资产盘活】 公司具备对外出租条件的自有房产为 14.9 万平方米，其中闲置房产 7.8 万平方米。截至年底，盘活出租 7 万平方米，自有房产出租率 94.3%。全年，公司通过盘活国有资产，增加收入 2000 多万元。对西区安置小区商业网点用房情况进行摸排，总面积 12.25 万平方米，在公司成立之前，各街道办事处已出租 6.8 万平方米。

【合作混改】 2019 年，城发集团聚焦主业、多元发展，积极推进合作并购，促进企业做大做强。业达建工增资扩股引入济南城建，年底前已签订正式协议。与中环洁环境有限公司组建中环洁业达环境服务项目公司，中标开发区的环卫市场化改革项目。

【党建引领】 2019 年，成立金沙江路改造项目临时党支部，实施项目走到哪里，党建工作就开展到哪里。全年组织理论学习中心组学习 12 次，组织各支部开展主题党日、学习研讨共计 76 次。派驻第一书记，解决村党组织涣散无力状况。成立城发集团志愿服务队，先后 8 次组织党员赴东星社区开展美化社区环境、安全警示教育、普法讲座等活动。为社区搭建 3 处便民停车棚，改造粉刷内墙 1800 平方米。9 月份以来，集团党委开展“不忘初心，牢记使命”主题教育，特色做法多次被市、区两级媒体宣传报道。

金　融

Finance

综　述

【概况】 至2019年末，全区各类金融机构及地方金融组织共121家（市级以上机构26家），其中银行37家（市级分行14家），保险39家（全国总部1家，市级机构9家）；证券9家（省级分公司1家）；期货3家（省级分公司1家）。另有基金管理机构33家，各类股权投资基金177支，总额1382亿元。金融业实现税收8.6亿元、增长13%，其中地方税收6.39亿元、增长7%；实现金融业增加值44.21亿元，可比价增长14.2%；驻区银行机构年末存款余额1437.7亿元，贷款余额1353.4亿元，其中表内贷款余额954.09亿元。

6月27日，全区金融工作会议召开

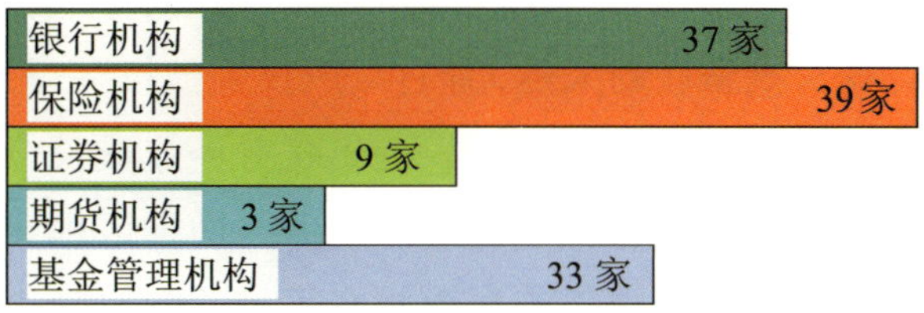

2019年烟台开发区金融机构结构示意图

2019年烟台开发区金融机构信贷收支情况统计表

表10　　单位：亿元

指标名称	2018	2019	±%
年末各项存款	1257.92	1437.72	14.3
其中：企业存款	966.58	1110.77	14.9
储蓄存款	291.34	326.95	12.2
年末表内各项贷款	841.60	954.09	13.4
其中：短期贷款	489.66	464.23	-5.2
中长期贷款	351.94	489.86	39.2

【金融招引】 新设青岛银行股份有限公司烟台分行、中煤财产保险股份有限公司烟台中心支公司、鼎和财产保险股份有限公司烟台中心支公司3家市级机构，注册成立全市首家地方资产管理公司——山东烟台登瀛资产管理有限公司。抢抓自贸试验区发展机遇，中国银行、农业银行、中信银行3家银行机构分别将现有1处网点改设为自贸区支行，一德期货有限公司烟台营业部由自贸区外迁至自贸区内。因自身原因，烟台开发区融鼎民间资本管理有限公司、烟台开发区宝利民间资本管理有限公司2家地方金融组织注销。

【金融创新与服务】 学习借鉴先进地区经验，不断完善促进金融业发展政策体系。出台《推动全区金融业高质量发展实施意见》“1+5”金融政策文件，突出科技企业、重点产业金融服务，政府、银行、保险、担保、创投协同发力，实现“三个首创、两个最高”。即全省首创2亿元的“小微企业信用保证基金”，为小微企业纯信用贷款增信。9月30日，首笔“信保贷”业务成功落地，全年业务落地4笔450万元；全市首创企业融资担保费、科技保险费补助；全市首创“投保贷”联动融资模式。信贷风险补偿、融资补贴标准全市最高，助力“科信贷”“成果贷”全年发放贷款 1.9 亿元，惠及 41 家企业。召开全区金融工作会议，引导金融机构转变经营理念，由传统的“看过去、看股东、看资产”转为“看未来、看团队、看技术”，创新机构设立和产品服务，为不同发展阶段企业提供差异化融资服务，努力创造良好金融环境。联合日照银行举办烟台首届“好伙伴成长计划”投贷联动大赛，通过“股权 + 债权”“融资 + 融智”的模式创新，提供扶持企业成长全链条的专业化、定制化金融服务，助推区内产业结构转型升级。为拓宽融资渠道、架起险企沟通桥梁，与太平养老保险举办“中国太平·山东烟台保险资金投融资项目对接大会”，为全市首个保险资金投融资项目对接大会，业达热电、业达建设 2 家区属国有企业与太平保险签署投融资意向协议，12 个重点工程和新旧动能转换优选项目在会上发布融资需求。推动金融服务实体经济的创新经验做法《开发区实施四大工程，打通金融活水流向实体经济的“最后一公里”》，相继被市府办《专报领导参阅信息》、省政府办公厅《内部情况通报》采用。

【金融服务自贸区】 中国（山东）自由贸易实验区烟台片区成立后，开发区金融改革开放的步伐进一步加快，与烟台市人民银行、外管局等监管部门配合联动，有针对性开展银企对接和对上争取，加快推动金融政策业务落地。浦发银行开发区支行成功落地烟台自贸区首笔跨境离岸直贷业务，为自来水公司发放 690 万美元海外直贷融资，综合利率为 4.3%，且通过汇率锁定，避免了汇率浮动风险；中国银行开发区支行成功落地自贸区首笔“单一窗口”电子汇总征税保函业务，金额 2.5 亿元；中国银行烟台自贸区支行成功为区内某企业叙做“单一窗口”项下出口保理融资业务 500 万元，拉开了自贸金融“首笔”业务的序幕。出台《中国（山东）自由贸易试验区烟台片区金融改革试点实施方案》，涵盖吸引外资金融机构集聚、促进跨境投融资双向开放、增强金融服务功能等 4 方面、20 项措施，重点促进跨境贸易和投融资便利化。年末，资本项目收入结汇支付便利化改革试点已有 16 家企业在 7 家银行备案，其中 6 家银行为 7 家企业便利化支付 23 笔、6.62 亿元。

【资本市场服务】 建立健全助推企业挂牌上市工作体制机制，加快推动企业在多层次资本市场挂牌上市和直接融资。3 月，成立全区推动企业挂牌上市专项小组，负责全区企业挂牌上市工作的组织、指导、协调、评价、督导。6 月，出台《加快推动企业挂牌上市的办法》。深化与山东证监局战略合作，加强与证券交易所、全国股转系统、齐鲁股交中心、青岛蓝海股交中心等沟通联系，加大企业挂牌上市推进力度。8 月 7 日，深交所烟台资本市场服务基地在烟台开发区签约揭牌，烟台资本市场服务基地正式落地，为本地企业上市、融资发展提供综合服务。依托资本市场服务基地，承办山东省资本市场青年干部研修班、烟台市推进企业上市会议等活动，组织“走进交易所”、座谈交流会、资本市场专业知识培训等活动近 20 场。是年，睿创微纳成为全国首批、全省首家科创板上市企业，云沣环境成为全市唯一新三板挂牌企业，9 家企业齐鲁股交中心挂牌，挂牌上市企业总量达到 91 家，居全市首位。积极推动企业借助资本市场直接融资，其中万华化学通过定向增发直接融资 522.18 亿元，用于吸收合并其股东烟台万华化工有限公司。万华化学通过重大资产重组，成为山东首家国有控制的整体上市公司，为未来跨越式发展打下重要的体制基础。艾迪精密通过定向增发直接融资6.87亿元，募集资金用于工程机械用高端液压马达建设项目、液压破碎锤建设项目和工程机械用高端液压主泵建设项目。

【基金发展】 明确全区基金产业发展目标和工作措施，加快推动基金产业聚集。打造业达基金谷展示中心，强化基金集聚的宣传展示，形成基金产业发展“虹吸效应”。全年新增基金管理机构4家、基金8支，新增基金认缴规模111亿元。至年底，全区累计设立基金管理机构33家，基金177支，资金认缴规模1382亿元，实缴规模475亿元，累计投资额534亿元，基金数量与规模均居烟台市首位。加大推动产融结合，先后举办烟台开发区化工新材料企业融资路演及基金投融资对接会、万华司空科技绿色家装产业互联网平台项目投融资对接会、黄亚东教授APOE蛋白酶创新公司项目投融资对接会等近10次投融资活动，为基金与本地企业、基金与项目提供对接交流的机会，加速资本与产业的融合发展。

【金融风险防控】 坚持“政府协调、债委会协商、市场化处置、有保有破”原则，以不发生系统性金融风险为底线，“政银企监”四方联动，有序、有控推进企业金融风险化解工作。对2家省级和12家市级重点金融风险防控企业全部按照“一企一策”建立台账、逐月调度推进，形成水产担保圈企业不良金融债权处置方案，推动相关银行将不良债权打包处置，加快企业资金链风险化解进程，年内成功将情况稳定的3家企业调出省、市级风险台账。制定《2019年烟台经济技术开发区开展非法集资风险排查整治活动实施方案》《烟台经济技术开发区2019年防范非法集资宣传教育“筑网行动”实施方案》，开展非法集资专项排查和宣传，在6个社区举办“携手筑网、同防共治”防范非法集资宣传进社区晚会，以百姓喜闻乐见的形式引导远离非法集资。成立打击逃废债务工作领导小组，公安、法院等部门联合开展打击逃废银行债务专项行动，维护金融机构合法权益。

【地方金融监管】 落实地方金融监管属地责任，推动地方金融组织健康发展。以年度审核、分类评级、年度财务决算报告等为抓手，加强对融资担保公司、小额贷款公司、民间资本管理公司等地方金融组织的监管。对全区25家融资租赁公司摸底排查，全面掌握融资租赁行业发展情况。召开政企座谈会了解融资租赁公司需求，形成《促进融资租赁产业发展工作方案》，推动融资租赁行业集聚发展、做强做大。开展融资担保机构经营风险专项排查、典当行年审检查，实地核查鼎丰电子商品交易场所，督导违规问题整改。全年受经济环境下行影响，9家地方金融组织业务明显下滑，收入、利润、税收降幅较大。

银 行

【概况】 4月28日，青岛银行烟台分行开业；10月24日，中国银行烟台自贸区支行成立；12月18日，中信银行烟台自贸区支行成立；12月24日，中国农业银行烟台自贸区支行成立。截至12月31日，驻区银行机构37家，其中市级分行14家，为威海市商业银行、民生银行、渤海银行、广发银行、中信银行、天津银行、浙商银行、青岛农商行、日照银行、德州银行、韩亚银行、齐鲁银行、招商银行、青岛银行；银行支行23家。从银行性质看，包括政策性银行1家，国有大型商业银行5家，全国性股份制商业银行 14 家（中信银行分行、支行计 2 家，招商银行分行、支行计 2 家），城市商业银行 9 家（青岛银行分行、支行计 2 家），农商行 4 家，邮政储蓄银行 1 家，村镇银行 1 家，外资银行 2 家。

【存贷款】 截至年底，全区本外币各项存款余额 1437.72 亿元，比年初增加 179.8 亿元，增长 14.3%。全区本外币贷款余额 1353.41 亿元，比年初增加 185.93 亿元，增长 15.9%，其中人民币各项贷款余额 723.90 亿元，比年初增加 103.67 亿元，增长 16.7%。中长期贷款大幅增加，12 月末，全区银行机构中长期贷款余额 459.72 亿元，比年初增加 118.7 亿元，增长 34.8%；占全部贷款余额的 29.2%，较期初上升 4.8 个百分点。短期贷款较年初有所下降。12 月末，全区银行机构短期贷款余额 464.23 亿元，比年初减少 25.43 亿元，下降 5.2%；占全部贷款余额的 34.3%，较期初下降 7.6 个百分点。票据融资规模继续保持高速增长。12 月末，全区银行机构票据融资余额 47.48 亿元，比年初增加 34.93 亿元，增长 278.3%。表外资产较年初大幅度增加，12 月末，全区银行机构表外资产余额 365.42 亿元，比年初增加 76.47 亿元，增长 26.5%，其中中小企业表外资产余额 168.42 亿元，占表外资产总额的 46.1%，较年初增加 25.15 亿元，增长 17.6%。中小企业与个人贷款继续保持较高占比，12 月末，全区银行机构中小企业与个人贷款表内余额 598.54 亿元，占总表内贷款余额的 62.74%。

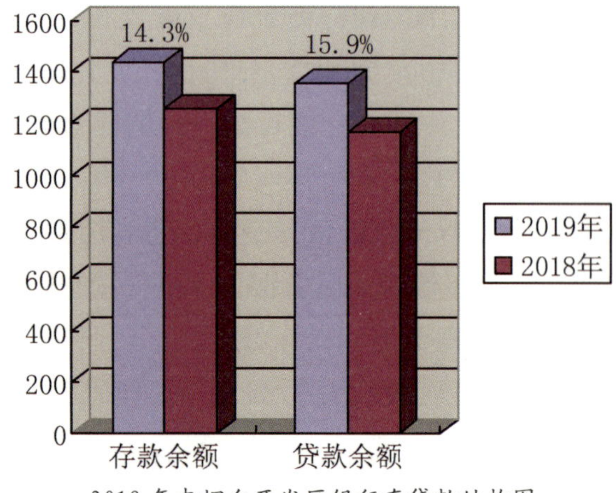

2019 年末烟台开发区银行存贷款结构图

【效益】 全区银行机构实现营业收入 18.37 亿元，与上年基本持平；实现利润 12.04 亿元，同比增长 99.7%。累计入库各项税费 2.73 亿元，较年初增长 14.7%；其中地方税收 1.53 亿元，较年初增长 17.6%。

【威海市商业银行股份有限公司烟台分行】 2012 年 12 月 9 日成立，是威海市商业银行股份有限公司开设的第四家异地分支机构。2019 年，烟台分行设综合管理部、计划财务部、授信审批部、风险管理部、公司银行部、零售银行部、资产保全部、市场一部、市场二部、市场三部、普惠金融市场部等 11 个部门，辖营业部、莱山支行、招远支行、芝罘支行、福山支行、龙口支行 6 个经营网点，员工 139 人。至年底，烟台分行资产总额 58.56 亿元，较年初增加 8.37 亿元，增幅 16.68%。各项存款余额 56.16 亿元，较年初增加 8.59 亿元，增幅 18.05%。各项贷款余额 50.43 亿元，较年初增加 11.52 亿元，增幅 29.61%。不良贷款余额 1.09 亿元，不良率 2.17%。实现账面利润 0.85 亿元，同比减少 0.23 亿元，降幅 21.90%。分行获烟台开发区“2018 年度全区金融机构履行社会责任先进集体”荣誉称号。

【中国民生银行股份有限公司烟台分行】 2008 年 12 月 26 日，中国民生银行股份有限公司烟台支行成立，2013 年 3 月 1 日升级为中国民生银行股份有限公司烟台分行。2019 年，烟台分行正式员工 133 名。本部下设综合管理部、风险管理部、运营管理部、公司业务部、个人金融部5个部门。分行共成立1家分行营业部、8家县区支行，下设1家社区支行和1家小微支行。至年末，烟台分行各项存款余额151.59亿元，较年初增加21.29亿元，增幅16.34%，市场占比1.87%，较年初增加0.3%，同业排名提升5个位次。存款年日均148.69亿元，较年初增加55.41亿元，增幅59.4%。金融资产余额184.74亿元，较年初增加52.5亿元，增幅39.7%。缴纳税款2500万元，较上年增加200万元。分行获烟台开发区“2018年度全区金融机构履行社会责任先进集体”称号、烟台金融行业评选“最具创新服务金融品牌”称号、中国民生银行“二级分行百亿俱乐部会员单位”称号。

【渤海银行股份有限公司烟台分行】 2011年7月9日成立。截至2019年12月31日，烟台分行本外币各项存款余额40.89亿元，较年初增长3.28亿元，其中储蓄存款余额4.21亿元，单位存款余额36.68亿元；本外币各项贷款余额35.4亿元。烟台分行区内企业贷款余额11.38亿元，较年初增长10.11亿元。在外部经营环境复杂多变、同业竞争空前激烈的复杂形势下，烟台分行在中小企业贷款方面运用“渤税贷”“快捷贷”等特色产品，积极推动业务发展。分行获烟台开发区“2018年度全区金融机构履行社会责任先进集体”称号。

【中信银行股份有限公司烟台分行】 1996年6月6日成立。2019年，烟台分行设公司银行部、零售银行部、国际业务部、个人信贷部、风险管理部、财务管理部、合规部和办公室等8个部门，下辖10家营业网点，在开发区内设有分行营业部、自贸区支行两家营业网点。全行员工218人。至年底，烟台分行各项存款余额136.41亿元，各项贷款余额68.46亿元，实现各类税收2319万元。是年，中信银行获外汇管理考核“A类银行”评级，获烟台银保监分局“行业规范建设年先进银行”称号；荣获中国人民银行烟台市中心支行反洗钱考核“A类银行”评级；获评本行系统“2019年度金融统计先进单位”“反假货币工作先进单位”“重大事项报告先进单位”称号。

【广发银行股份有限公司烟台分行】 2015年3月28日成立，是广发银行济南分行在山东设立的第三家二级分行。2019年，烟台分行下设办公室、公司银行部、零售银行部、授信管理部、运营财会部、营业部6个部门，设莱山支行、龙口支行2个综合性支行，设幸福社区支行1个社区支行。支行有员工74人。截至12月31日，各项存款年日均33.5亿元，较年初增长12.2亿元；各项贷款余额36.71亿元，其中对公贷款28.57亿元，零售贷款8.14亿元；完成营收2.05亿元。全年实现拨备前利润1.24亿元，核销不良贷款4360万元。

【天津银行股份有限公司烟台分行】 2016年5月4日成立，是天津银行股份有限公司在山东省内开设的第三家二级分行。2019年，烟台分行设综合管理部、风险管理部、内控合规部、公司业务部、个人金融部、财务运营部、营业部等7个部门，有员工66人。截至12月31日，烟台分行资产总额76.14亿元，负债总额72.74亿元，各项存款余额46.17亿元，其中公司存款44.57亿元，储蓄存款1.6亿元。各项贷款余额45.61亿元，其中公司贷款余额41.09亿元，个人贷款余额4.52亿元。支行获“山东省文明单位”“烟台市青年文明号”、烟台开发区“2018年度全区金融机构履行社会责任先进集体”等荣誉称号。

【浙商银行股份有限公司烟台分行】 2016年8月18日成立，是总行在山东设立的第三家二级分行。2019年，分行设办公室(安全保卫部)、业务管理部、国际业务部、风险管理部、营业部、大客户部、信贷业务一部、信贷业务二部、信贷业务三部、市场拓展一部、市场拓展二部、招远业务部、小企业业务部和个人业务部等14个非营销部门与营销部门，有员工70人。至12月末，存款、贷款余额分别达到86.36亿元和40.19亿元；实现营业增加值超过1亿元。分行获烟台开发区“2018年度全区金融机构履行社会责任先进集体”荣誉称号。

【青岛农村商业银行股份有限公司烟台分行】 2016年12月26日成立，是青岛农商银行首家异地分行。2019年，分行设置综合管理部、风险管理部、信贷业务部、营业部4个部门，有员工43人。截至年末，烟台分行各项存款余额17.06亿元，增幅32.34%，各项贷款余额13.41亿元，增幅9.35%，实现国际结算量3.04亿美元，代客结售汇0.72亿美元，个人非保本理财销售1.13亿元，对公非保本理财销售0.51亿元，净增手机银行305户、直销银行651户。新增按揭贷款1.62亿元。烟台分行立足实际，全力推进渠道建设。7月，第一笔代扣企业税款成功上划国库，正式加入人民银行财税库银系统；首笔科信贷业务成功落地，打通与科技局的合作渠道。12月，分行成功加入农民工工资监管系统，成为烟台首批8家入围银行之一。分行获烟台开发区“2018年度全区金融机构履行社会责任先进集体”荣誉称号。

【日照银行股份有限公司烟台分行】 2017年11月24日对外营业，是日照银行设立的第八家异地分行。2019年，分行设综合管理部、计划财务部、风险管理部、公司业务部、个人金融业务部、市场营销一部、市场营销二部等7个部门，下辖营业部1家营业网点，有员工44人。至年末，实现资产余额25.10亿元，负债余额24.84亿元，授信敞口余额26.63亿元。各项存款余额23.21亿元，其中企业存款16.95亿元，保证金存款4.46亿元，个人存款1.80亿元；各项贷款余额12.78亿元，其中企业贷款10.57亿元，个人贷款2.21亿元；累计实现国际结算1.09亿美元。烟台分行坚持“立足地方经济、支持中小企业、服务广大市民”市场地位，1月10日注册发行第一笔债权融资计划，金额4亿元，以助力实体经济和民营小微企业发展。5月30日，举办科技金融服务中心成立暨“好伙伴成长计划”投贷联动大赛，融智借力，探索小微金融服务新路径，丰富小微金融服务体系。成立科技服务中心，带动科技金融业务发展，截至10月末，拉动金融资产新增7580万元。7月2日，与烟台开发区潮水镇政府签订扶贫帮扶协议，出资10万元用于帮扶庄官村草泊村打井、文化场所改造及环境整改；9月29日，联合烟台开发区综合行政执法局开展“党建共建惠新村，聚力共进促发展”党建共建活动，共同推行“三联三帮三促”党建扶贫新机制;11月8日，通过“以购代捐”方式，帮扶开发区潮水镇苹果创收。是年，分行获烟台开发区“2018年度全区金融机构履行社会责任先进集体”“2018年度烟台银行业普惠金融优秀服务银行”“开发区2018年度银行业社会责任先进集体”“2019年烟台市民营和小微企业金融服务示范行”三等奖等称号。

【德州银行股份有限公司烟台分行】 2015年3月18日成立，是德州银行设立的第二家分行。2019年，分行从业人员116人，设综合部、计划财务部、风险授信管理部、公司零售部、国际业务部、运行管理部等6个职能部门，下辖7家营业机构及3个市场营销部门，在烟台开发区设有分行营业部、天马小微支行2家营业网点。至年底，分行资产总额21.08亿元，较年初增加2.19亿元，增幅11.59%；负债总额21.38亿元，较年初增加2.22亿元，增幅11.57%。各项贷款余额15.21亿元，较年初增加1.89亿元，其中，公司贷款余额6.65亿元，个人贷款余额8.56亿元；各项存款余额21.18亿元，较年初增加1.83亿元，其中，对公存款16.53亿元，储蓄存款4.65亿元。分行普惠小微企业贷款户数297户，较年初增加158户；普惠小微企业贷款余额19.67亿元，较年初增加9796.52万元。是年，分行获人民银行烟台市中心支行和烟台市地方金融监督管理局授予的“2019年烟台市民营和小微企业金融服务示范行”、烟台开发区“2018年度全区金融机构履行社会责任先进集体”、烟台市公安局授予的“2019年度全市单位内部治安保卫工作先进集体”等称号。

【韩亚银行（中国）有限公司烟台分行】 2007年12月24日改制成立，是烟台设立的首家外资银行，也是山东银监局辖属范围内成立的首家外资银行。2019年，分行设营业部、国际部、信贷部、综合部、合规部、风险部、市场部、韩国部等8个部门，有员工35人。截至年末，分行总资产19.29亿元，同比增加1.56亿元，其中：贷款10.77亿元，同比增加0.52亿元；负债总额17.94亿元，同比增加1.43亿元，其中：存款17.46亿元，同比增加1.47亿元；净利润3511.86万元，同比增加1230.68万元；不良资产保持零余额。

【齐鲁银行股份有限公司烟台分行】 2018年6月27日开业。截至2019年末，分行存款余额21.36亿元，各类信贷投放53.58亿元，实现经营利润3114万元，缴纳税款429万元。积极响应开发区“1+5”金融新政，11月份成功发放烟台分行首笔政府信保基金增信贷款业务，进一步加大对开发区中小企业融资支持。全口径各类信贷业务余额37.35亿元，有效满足地方企业多层次、多元化的金融需求；累计投放小微企业贷款277笔，投放金额1.12亿元，解决本地小微企业“融资难”问题。

【招商银行股份有限公司烟台分行】 2004年11月1日成立，2016年升格为一级分行。2019年，区内设开发区支行、分行营业部，在职职工321人（含派遣制人员），设有公司金融事业部、零售金融事业部、运营管理部、人力资源部、风险管理部、授信执行部、法律合规部、监察部、安全保卫部，信息技术部、办公室等11个部门。截至12月31日，各项存款余额163.16亿元，较年初增加23.63亿元，增幅16.19%，其中对公存款96.87亿元，对私存款66.30亿元；各项贷款余额118.21亿元，较年初增加23.06亿元，增幅15.89%，其中对公贷款49.51亿元，个人贷款59.85亿元。是年，分行被烟台银保监分局评为“行业规范建设年”银行业标杆机构；被人民银行烟台市中心支行评为“烟台市金融机构反洗钱工作自律评价A级单位”；获评“山东省外汇指定银行执行外汇管理A类行”；获评烟台外管局“外汇业务合规与审慎经营A级行”。

【青岛银行股份有限公司烟台分行】 2015年1月18日营业，是青岛银行股份有限公司省内设立的第7家异地分行。2019年，分行设有办公室、计划财务部、运营管理部、信贷管理部、公司银行部、零售银行部6个部门，下设营业部、开发区科技支行、芝罘支行、招远支行、龙口支行5个经营网点，有正式员工129人。

其中 2019 年新设一个支行网点——芝罘支行。截至 12 月 31 日，各项资产余额 132.39 亿元，较年初增加 81.84 亿元，增幅 162%；负债余额 130.85 亿元，较年初增加 80.7 亿元，增幅 161%。各项存款余额 126.82 亿元，较年初增加 78.84 亿元，增幅 164.32%，年末各项贷款余额 106.58 亿元，较年初增加 65.33 亿元，增加 158.37%。分行获烟台开发区“2018 年度全区金融机构履行社会责任先进集体”称号。

【中国工商银行股份有限公司烟台开发区支行】

1988 年 7 月 21 日成立。2019 年，支行设营业部、长江路支行、嵩山路支行、天山路支行、北京路澎湖湾支行 5 个网点，在职职工 88 人。截至 12 月 31 日，支行本外币各项存款余额 64.93 亿元，较年初增加 4.68 亿元，其中本外币对公存款 42.43 亿元，较年初增加 1.7 亿元；本外币储蓄存款 22.5 亿元，较年初增加 2.99 亿元；本外币各项贷款余额 46.93 亿元，其中本外币公司贷款 30.26 亿元，较年初增加 3.64 亿元。个人贷款余额 16.66 亿元，较年初增加 1968 万元，不良核销处置 1.7 亿元。全年上缴利税 1478 万元。是年，支行获烟台开发区“2018 年度全区金融机构履行社会责任先进集体”称号。

【中国农业银行股份有限公司开发区支行】

1988 年 4 月 11 日成立。2019 年，支行内设机构 7 个，营业机构 9 处，其中支行级营业部 1 处、二级支行 8 处（自贸区内专营机构 1 处），在职职工 155 人。截至 12 月 31 日，支行本外币各项存款余额 142.35 亿元，其中对公存款余额 89 亿元；个人存款余额 53.35 亿元，分别较年初增加 20.98 亿元、3.65 亿元。本外币各项贷款余额 80 亿元，其中对公贷款余额 57.76 亿元，个人贷款余额 22.24 亿元，分别较年初增加 16.7 亿元、3.6 亿元。全年上缴利税 1767 万元。支行加速智慧金融普及，启动“系统标准化、地域特色化”建设体系，制定“一村一案”方案，摸索创建 61 家“农民家门口”的惠农通服务点，广大村民足不出村，便能实现取现、转账、查询、消费等基础金融业务。是年，支行获山东省分行先进集体荣誉称号，市分行授予“四好”领导班子、先进单位（集体），获烟台开发区“2018 年度全区金融机构履行社会责任先进集体”称号。

【中国银行股份有限公司烟台开发区支行】

1988 年 8 月 22 日成立。支行内设综合管理部、公司业务部、营业部、个人金融部、普惠金融中心、国际结算中心、财富管理中心等部门，下辖佰和广场支行、自贸区支行、长江路支行三个经营性支行，有员工 120 余人。截至 12 月 31 日，支行各项存款日均余额 82.94 亿元，其中人民币存款余额 42.96 亿元，外币存款余额 5.81 亿美元；各项贷款余额 83.40 亿元，其中人民币贷款余额 48.50 亿元，外币贷款余额 5 亿美元；实现营业收入 1.53 亿元，上缴税收 2201 万元。9 月 25 日，支行率先在自贸区举办烟台自贸区金融专题研讨会，首家印发《自贸区金融服务手册》，近 80 家企业参会。10 月 24 日，自贸区支行揭牌成立，成为烟台自贸区首家获得金融许可证和营业执照的银行金融机构。支行获烟台开发区“2018 年度全区金融机构履行社会责任先进集体”称号。

【中国建设银行股份有限公司烟台开发支行】

1986 年 10 月成立。2019 年，支行内设办公室、公司业务部、个人金融部、个贷中心 4 个科室，设立营业室、华山路分理处、泰山路分理处、长江路分理处、东岳支行 5 个营业网点，有员工 90 人。截至 12 月 31 日，支行全口径存款余额94.19亿元，其中人民币各项存款余额50.4亿元，外币各项存款余额43.8亿元，居民储蓄存款余额28.7亿元；本外币各项贷款余额69.41亿元，实现营业收入1.06亿元，上缴利税2117万元。支行获烟台开发区“2018年度全区金融机构履行社会责任先进集体”荣誉称号，烟台市级文明单位。

【交通银行股份有限公司烟台开发区支行】1992年4月3日成立。2019年，设办公室、信贷科、个金部、零贷科和营运科，有职工23人。截至12月31日，支行存款33.05亿元，其中对公存款时点27.14亿元，储蓄存款5.91亿元；各项贷款余额8.69亿元，其中中小企业贷款余额1.59亿元，对私贷款余额7.10亿元；不良贷款余额10万元。存款总量位列烟台分行第一。

【恒丰银行烟台开发区支行】1992年成立，前身为烟台住房储蓄银行开发区支行。2019年，支行设公司业务部、零售业务部、营业室、综合管理部4个科室和二级支行——福莱支行，有职工34人。截至12月31日，支行本外币存款余额32.64亿元。其中储蓄存款余额26.08亿元，对公存款余额6.56亿元，全年开立对公账户178户。本外币贷款余额8.92亿元。上缴利税65.47万元。为区内龙头企业新增授信额度人民币2.14亿元，为国有企业新增授信额度人民币4.3亿元，其中为国有企业贷款出账人民币2.5亿元。积极响应政府及上级行的“普惠金融”政策，为区内小微企业发放普惠金融贷款2313万元。

【中国光大银行股份有限公司烟台开发区支行】1997年成立。2019年，支行在职职工29人，下设泰山路社区支行。截至12月31日，本外币存款日均余额59.45亿元，较年初增加15.72亿元，贷款日均余额41.47亿元，较年初增加8.79亿元。全年累计为小微企业投放贷款32笔，合计金额4000万元。为给小微企业支付结算提供方便，为八角区域海参加工户安装150台POS机，为商户配备网上银行和手机银行，并减免POS机刷卡手续费，全年累计为该区域的商户减免手续费20余万元。全年批复成果贷模式项下中小企业客户2户，批复总额500万元，全部实现投放。是年，被光大银行总行评选为“2019年度法律合规管理优秀基层营业机构”“团结一心，打赢2019年攻坚战”信用卡九月份劳动竞赛全国前50强，被光大银行烟台分行评为“2019年度先进集体”。

【烟台银行股份有限公司开发支行】1997年11月成立，2009年3月外资银行入股。2019年，支行设9个部门，6个经营支行，在岗在编员工90人。截至12月31日，本外币存款余额55.70亿元，其中居民储蓄余额22.95亿元，较同期增长36%；本外币贷款余额19.30亿元，其中中长期贷款余额8.06亿元，较同期增长32%，中小企业中长期贷款余额4.99亿元，较同期增长98%。支行获烟台开发区“2018年度全区金融机构履行社会责任先进集体”称号。

【华夏银行股份有限公司烟台开发区支行】2002年4月成立。2019年，支行内设会计部、公司客户部、个人客户部3个部门。截至年底，支行一般性存款余额50.93亿元，储蓄存款3.52亿元。贷款余额5.50亿元，其中个人贷款2.71亿元。实现国际结算量20.35亿美元。有公司授信客户25户。推出小企业网络贷、网络贷-POS商户融资业务等9个线上产品，以及循环贷、小微企业“年审制”贷款、宽限期还本付息贷等10个线下产品。支行全年实现理

财交易量 35 亿元。是年，支行获华夏银行烟台分行先进经营单位称号。

【中国农业发展银行烟台市开发区支行】 1996 年 11 月，福山区支行成立，2007 年 8 月，福山支行更名为中国农业发展银行烟台市经济技术开发区支行。2019 年，有员工 20 人。截至年末，各项存款余额 7.39 亿元，日均余额 12.09 亿元；贷款余额 19.23 亿元，较年初减少 5199.65 万元；国际业务结算量 3585 万美元，超额 785 万美元完成市行下达任务，完成率 128%；实现中间业务收入 1.37 万元；实现各项收入 1.14 亿元，实现利润 6443 万元，人均利润 322 万元。是年，支行被省行授予金牌行。

【烟台农村商业银行股份有限公司开发区支行】 2002 年 12 月，烟台经济技术开发区农村信用合作社成立，2013 年更名为烟台农村商业银行股份有限公司开发区支行。2019 年，支行设综合服务部、业务运营部、风险管理部、营业部 4 个部门，有员工 190 人。截至年末，支行各项存款余额 59.87 亿元，各项贷款余额 37.71 亿元，单户 1000 万元以上实体贷款 25.38 亿元，较上年末增加 4.02 个百分点；电子银行有效客户数 1.07 万户，企业网银有效客户数 1876 户，电子银行业务替代率 84%。支行为小微企业纳税提供更加便利的服务环境，仅泰山支行网点代开发票 7400 万份，税额 956 万元。先后开办新型农村养老保险、农村医疗保险、农村保险、小麦补贴、代收取暖费等新业务，代理发放各类补贴 55 万笔，金额 7.5 亿元。金沙江分理处通过政府招投标形式成功取得农民工保障资金投放单位，为 118 家企业开立农民工保障金账户，为 1000 余名农民工现场办理开卡及电子银行业务。支行获烟台开发区“2018 年度全区金融机构履行社会责任先进集体”荣誉称号。

【中国邮政储蓄银行股份有限公司烟台市开发区支行】 2008 年 6 月 18 日成立。2019 年，支行内设机构 2 个，营业机构 7 处，其中一类网点 3 处，二类网点 4 处，在职职工 58 人。截至 12 月 31 日，各项存款余额 21.04 亿元，其中居民储蓄存款余额 17.11 亿元，公司业务存款余额 6.26 亿元；各项贷款余额 41.65 亿元；全年实现营业收入 9619 万元。是年，支行获中国邮政储蓄银行“寻找身边典型，讲好邮政故事”评选活动二等奖。支行获烟台开发区“2018 年度全区金融机构履行社会责任先进集体”荣誉称号。

【兴业银行股份有限公司烟台开发区支行】 2011 年 7 月成立。2019 年，支行有员工 18 人。截至年末，各项存款余额 20.4 亿元，其中公司存款余额 17.8 亿元，储蓄存款 2.6 亿元；本外币贷款余额 12.1 亿元，其中公司贷款 4.6 亿元，零售贷款 7.5 亿元。支行获烟台开发区“2018 年度全区金融机构履行社会责任先进集体”荣誉称号。

【浦发银行股份有限公司烟台开发区支行】 2012 年 5 月 28 日成立，是烟台分行辖内成立的第一家支行。2019 年，在职职工 18 人。截至 12 月 31 日，本外币各项存款余额 31.05 亿元，其中人民币各项存款余额 21.84 亿元，外币各项存款余额 9.21 亿元；人民币储蓄存款余额 2.13 亿元；本外币各项贷款余额 8.75 亿元。

【山东长岛农村商业银行股份有限公司开发支行】 2014 年 11 月 17 日成立，是山东长岛农村商业银行股份有限公司在烟台市区设立的第二家一级支行。2019 年，有职工 13 人。截至

12 月 31 日，支行存款余额 3.07 亿元，其中储蓄存款 4971 万元，较去年同期增加 2063 万元；贷款余额 1.82 亿元，其中个人贷款余额 1.09 亿元，对公贷款余额 7273 万元。

【企业银行（中国）有限公司烟台开发区支行】 2013 年 2 月成立，烟台地区第一家外资银行。2019 年，在职职工 24 人。截至 12 月 31 日，本外币存款余额 9.52 亿元，其中人民币存款余额 9.09 亿元，外币各项存款余额 0.42 亿元；本外币贷款余额 4.82 亿元，其中人民币贷款余额 4.64 亿元；累计为区内企业投放贷款 2.67 亿元，上缴税款 156 万元。

【青岛银行股份有限公司烟台开发区科技支行】 2016 年 8 月成立。2019 年，有员工 20 人，支行内设营业部、公司业务部、零售业务部 3 个部门，有营业网点 1 家。截至 12 月 31 日，支行各项存款余额 31.12 亿元，其中人民币对公存款余额 25.93 亿元，人民币个人存款余额 2 亿元，外币存款余额 3.19 亿元。单位结算账户开立近 1000 户，个人开卡近 5000 户。

【潍坊银行股份有限公司烟台自贸区支行】 2018 年 1 月 31 日，潍坊银行烟台开发区支行成立；2019 年 12 月，支行更名为潍坊银行烟台自贸区支行。2019 年，支行设营销部和营业部 2 个部门，有员工 17 人。截至 12 月 31 日，实现主营业务收入 2283 万元，较上年增长 201%，净利润 1250 万元，较上年增长 234%，缴纳各项税款 37 万元，较上年增长 28%。各项贷款余额 8.10 亿元，较上年增长 179%；各项存款余额 11.76 亿元，较上年增长 135%。

证　券

【概况】 2019 年末，全区有证券分公司 1 家、营业部 8 家；9 家证券机构年内新增开户 2.5 万户，累计开户 17 万户；全年实现证券交易额 1366.14 亿元，同比增长 36%；实现营业收入 4433 万元，同比增长 39.56%；实现利润 381 万元，同比增长 31%。入库各项税费 1708 万元，同比增长 244%，其中地方税收 727 万元，同比增长 221%。

【中泰证券股份有限公司烟台长江路证券营业部】 1993 年 9 月成立。2019 年，下设营运部、财富管理部、零售业务部等部门，从业人员 20 人。新增开户数 1217 户，累计开户数 5.34 万户；实现营业收入 1875.89 万元，证券交易额 501.71 亿元；入库各项税费 207.94 万元，其中地方税收 101.99 万元。营业部获山东省证券业协会授予优秀营业部、获烟台开发区“2018 年度全区金融机构履行社会责任先进集体”荣誉称号。

【招商证券股份有限公司烟台长江路证券营业部】 2010 年 12 月成立。2019 年，从业人员 50 人。新增开户 6292 户，累计开户 7.03 万户；实现营业收入 1586.64 万元，证券交易额 480.84 亿元；入库各项税费 258.82 万元，其中地方税收 122.46 万元。营业部获烟台开发区“2018 年度全区金融机构履行社会责任先进集体”荣誉称号。

【中信证券（山东）有限责任公司烟台长江路证券营业部】 2015 年 7 月成立。2019 年，从业人员 35 人。新增开户 2067 户，累计开户 1.05

万户；实现营业收入 411.43 万元，证券交易额 181.7 亿元；入库各项税费 81.57 万元，其中地方税收 36.41 万元。举办 9 次各类投资者教育讲座类活动，覆盖 300 多名客户，向本地群众普及金融文化知识，提高群众金融风险防范意识和能力。

【新时代证券股份有限公司烟台长江路证券营业部】 2016 年 7 月成立。2019 年，从业人员 15 人。新增开户 1531 户，累计开户 2478 户；实现营业收入 88.48 万元，证券交易额 54.58 亿元；入库各项税费 35.14 万元，其中地方税收 15.55 万元。营业部获烟台开发区“2018 年度全区金融机构履行社会责任先进集体”荣誉称号。

【天风证券股份有限公司烟台长江路证券营业部】 2017 年 2 月成立。2019 年，从业人员 8 人。新增开户数 2868 户，累计开户数 4316 户；实现营业收入 191.26 万元，证券交易额 40.45 亿元；入库各项税费 9.98 万元，其中地方税收 4.41 万元。

【中银国际证券股份有限公司烟台长江路证券营业部】 2017 年 2 月成立。2019 年，从业人员 12 人。新增开户 7663 户，累计开户数 2.22 万户；实现营业收入 59.49 万元，证券交易额 18.76 亿元；入库各项税费 1085.80 万元，其中地方税收 434.32 万元。

【国盛证券有限责任公司烟台长江路证券营业部】 2017 年 5 月成立。2019 年，从业人数 8 人。新增开户 1328 户，累计开户数 3604 户；实现营业收入 67.96 万元，证券交易额 19.75 亿元；入库各项税费 13.18 万元，其中地方税收 5.33 万元。

【浙商证券股份有限公司烟台长江路证券营业部】 2017 年 12 月成立。2019 年，从业人员 14 人。新增开户 1521 户，累计开户 3212 户；实现营业收入 129.92 万元，证券交易额 59.26 亿元；入库各项税费 9.41 万元，其中地方税收 3.93 万元。营业部获人民银行全市金融机构反洗钱活动二等评级。

【民生证券股份有限公司山东第二分公司】 2018 年 10 月成立。2019 年，从业人员 11 人。新增开户 653 户，累计开户 657 户；实现营业收入 22.34 万元，证券交易额 9.08 亿元；入库各项税费 5.89 万元，其中地方税收 2.36 万元。营业部主动履行社会责任，联合开发区相关部门举办多场资本市场等培训活动，为开发区企业及民众宣传资本市场及金融相关知识。

期　货

【概况】 2019 年末，全区有期货分公司 2 家、营业部 1 家。3 家期货机构累计发展客户 1270 户，实现交易额 556.94 亿元，同比增长 41.59%，入库各项税费 6.21 万元，其中地方税收 3.30 万元。

【一德期货有限公司烟台营业部】 2015 年 9 月成立。2019 年，从业人员 6 人。新增开户 60 户，累计开户 196 户;实现营业收入 3.62 万元，成交金额 32.76 亿元。举办多次投资者交流会、宣传会等，切实提高广大投资者的风险识别能力和自我保护能力，累计参会 260 余人次。

【中州期货有限公司烟台分公司】 2013 年 7 月成立。2019 年，从业人员 3 人。新增开户 56 户，累计开户 932 户，实现营业收入 101.98 万元，成交金额271.38亿元。公司重视投资者教育工作，与上海期货交易所、大连商品交易所合作举办投资者交流会等，累计参会200余人次。

【长安期货有限公司山东分公司】 2018年9月成立。2019年，从业人员7人。新增开户107户，累计开户142户，实现营业收入28.39万元，成交金额252.81亿元。公司重视服务实体经济，年内举办多次服务实体经济专题会议等，累计参会230余人次。

保　险

【概况】 2019年末，全区有保险公司39家，正式员工819人。其中：保险总部1家、市级机构9家、区级机构29家；按类别划分，财险机构24家、寿险机构15家。全年实现保费收入17.11亿元、同比增长22.8%，其中财险5.80亿元、寿险11.3亿元。保费密度6200元/人，保费深度1.07%。全年支付各类赔款及给付4.75亿元，同比增长40.4%，其中财险3.38亿元，寿险1.37亿元。全年入库税收5.60亿元，同比增长10.8%，其中财险5.57亿元，寿险320万元。

【华海财产保险股份有限公司】 2014年3月21日成立。2017年3月30日，全资子公司华海沣泰保险代理公司经营。至2019年，华海保险开设山东、青岛、河南3家省级分公司，19家地市级中心支公司，55家县区级支公司，在全国14个省份设立分支机构。至年末，累计承担保险责任近3万亿元，累计保险赔款超30亿元，累计缴纳税款近18亿元。为山东地区创造就业岗位6000多个，其中为烟台地区（含县级市）提供就业岗位620个，有力支持社会经济发展。是年，公司实现保费收入21.25亿元，在烟台缴纳税款4.73亿元。公司总资产30.33亿元。公司获烟台开发区“2018年度全区金融机构履行社会责任先进集体”称号。

【华海财产保险股份有限公司烟台中心支公司】 2015年12月成立。2019年，支公司设综合管理部、企划财务部、营销管理部、业务管理部、客户服务部，在编员工177人。实现保费收入1.05亿元，缴纳税金4630万元，支付赔款1.21亿元。荣获烟台市第二季度行业现场测评第一名、山东省理赔综合服务评价第九名。公司获烟台开发区“2018年度全区金融机构履行社会责任先进集体”称号。

【阳光财产保险股份有限公司烟台中心支公司】 2006年7月成立。2019年，支公司设人事行政部、企划财务部、客户服务部、理赔部、团体客户部、个人客户部6个管理部门，在编员工196人。实现保费收入1.11亿元，缴纳税金1847万元，支付赔款8231万元。公司获烟台开发区“2018年度全区金融机构履行社会责任先进集体”称号。

【中煤财产保险股份有限公司烟台中心支公司】 2019年4月成立，设业务、财务、客服等部门，在编员工6人。实现承保金额14.75亿元，保费收入700万元，缴纳税金77万元，赔款支出34万元。

【鼎和财产保险股份有限公司烟台中心支公司】 2019年7月成立，设综合财务部、销售管理部、客户服务部3个部门，在编员工15人。实现保费收入459万元，缴纳税金83万元。

【光大永明人寿保险有限公司烟台中心支公司】 2017 年 6 月成立。2019 年，支公司设总经理室、银保业务部、团险业务部、个险业务部、后援支持室 5 个部门，在编员工 28 人。实现保费收入 1.29 亿元，缴纳税金 39 万元。公司获烟台开发区“2018 年度全区金融机构履行社会责任先进集体”称号。

【太平养老保险股份有限公司烟台中心支公司】 2018 年 9 月成立。2019 年，支公司设总经理室、业务管理部、营销管理部等部门，在编员工 44 人。实现保费收入 5533 万元，缴纳税金 15 万元，实现企业年金管理资产交费 2575 万元。6 月，与开发区管委联合举办“中国太平・山东烟台保险资金投融资项目对接大会暨战略合作协议签署仪式”，率先介入尝试开发区医保稽查业务，积极参与烟台企业年金市场建设，着力打造烟台市场上最专业和最具创新精神的企业年金和员工福利保障计划综合服务提供商。

【中国人民财产保险股份有限公司烟台开发区支公司】 2004 年 4 月成立。2019 年，支公司设车商团队、商非团队、商车团队、电商团队、城网综合团队、综合部 6 个部门，在编员工 35 人。实现保费收入 1 亿元，缴纳税金 1128 万元，整体利润 1700 万元。被烟台市分公司授予先进集体荣誉称号。公司获烟台开发区“2018 年度全区金融机构履行社会责任先进集体”称号。

【中国平安财产保险股份有限公司烟台开发区支公司】 2003 年 4 月成立。2019 年，支公司设车商渠道、直通渠道、创展渠道、综拓渠道、团体渠道以及客服部、综合管理部等 7 个业务渠道部门，在编员工 18 人。实现保费收入 8190 万元，缴纳税金 1036 万元，车险整体已报告赔款 4465 万元。公司获烟台开发区“2018 年度全区金融机构履行社会责任先进集体”称号。

【中国太平洋财产保险股份有限公司烟台开发区支公司】 2002 年 11 月成立。2019 年，支公司设客服、个代、电销、法客、产寿交叉 5 个部门，在编员工 11 人。实现保费收入 5650 万元、缴纳税金 341 万元。获上级公司“先进单位”称号，获烟台开发区“2018 年度全区金融机构履行社会责任先进集体”称号。

【中国人寿保险股份有限公司烟台开发区支公司】 1998 年 4 月成立。2019 年，支公司设经理室、办公室、财务部、个险培训部、机构业务部、收展发展部、银行保险部、营销发展部、客户服务中心、健康保险部 10 个科室，内勤员工 31 人，在开发区 5 个镇街均设有服务网点。实现保费收入 1.84 亿元、缴纳税金 115 万元。至年底，公司长短期客户达到 14 万余人。是年，支公司被烟台分公司、山东省公司评为先进单位，连续 4 年被开发区管委评为“金融机构履行社会责任先进集体”。

地方新型金融组织

【概况】 2019 年末，全区有各类地方金融组织 9 家，其中融资性担保公司 2 家，分别为烟台银桥融资担保有限公司、山东东方融资担保有限公司。两家机构发展稳健，顺利通过年度分类评级、年审，全年融资担保发生额 6.34 亿元，期末在保余额 5.79 亿元，融资担保放大倍数为 1，入库税收 681 万元。典当公司 2 家，分别为烟台正海典当有限公司、山东融汇典当有限公司。两家机构全年发生典当业务总额 3.19 亿元，典当余额 6891 万元。小额贷款公司 1 家，为烟台开发区金桥银通小额贷款有限公司。全年累计发放贷款25笔，金额1.36亿元，其中向小微企业发放贷款1.32亿元。民间资本管理公司4家，分别为烟台开发区易通民间资本管理有限公司、烟台开发区万川民间资本管理有限公司、烟台开发区磁山金隆民间资本管理有限公司和烟台开发区宏源民间资本管理有限公司。4家机构全年累计投资39笔，金额1.5亿元，其中向小微企业投资1.38亿元。

【烟台银桥融资担保有限公司】 2000年11月27日成立，注册资本5亿元。2019年，公司设综合部、融资担保部、工程担保部、财务会计部、审查监督部等5个部门，有员工22人。公司股本资金5亿元，其中烟台业达经济发展集团有限公司出资4.93亿元，占98.6%；正海集团有限公司出资600万元，占1.2%；烟台开发区外供有限责任公司出资100万元，占0.2%。是年，公司为66户中小微企业提供融资担保136笔、6.23亿元，同比分别下降4.3%、9.9%和26%；为18个政府工程项目提供工程担保21笔、1.89亿元，同比分别下降25%、38.2%和16.4%；为53名双创人员提供创业贷款担保680万元，同比增长-13.1%和11.5%。为4家企业合计1750万元的“信保贷”业务完成考察和评审手续。截至年底，公司获20家银行授信，总授信额度21亿元。实现利税总额2377万元，同比增长0.46%，上缴税金679万元，同比增长73.66%。各项风险准备金余额10884万元，同比增加610万元，增长5.94%。

【山东东方融资担保有限公司】 2009年5月成立，注册资本1亿元。2019年，烟台东方不锈钢工业有限公司出资9500万元，占注册资本的95%；烟台业达经济发展集团有限公司出资500万元，占注册资本的5%。新增融资担保2户，金额370万元。

【烟台正海典当有限公司】 2006年3月成立，注册资本5000万元。2019年，公司设典当业务部、法务部等部门，在编员工20余人。实现营业收入1054万元、缴纳税金176万元。

【山东融汇典当有限公司】 2017年5月成立。2019年，公司设市场部、风控部、财务部、综合部门，在编员工6人。实现营业收入174万元，缴纳税金26万元。

【烟台开发区金桥银通小额贷款有限公司】 2010年11月26日，注册资本1亿元。2019年，有从业人员7人。发放贷款25笔，金额1.36亿元。实现营业收入377万元，利润-84万元。

【烟台开发区易通民间资本管理有限公司】 2015年1月9日，注册资本3000万元。2019年，有从业人员5人。年度投资38户，金额14461万元。实现营业收入228万元，利润89万元。

【烟台开发区万川民间资本管理有限公司】 2014年12月22日成立，注册资本3000万元。2019年，有从业人员10人。年度未发生新增投资，全年实现营业收入169万元，利润32万元。

【烟台开发区磁山金隆民间资本管理有限公司】 2014年12月18日成立，注册资本3000万元。2019年，从业人员3人。年度投资1户，金额600万元，实现营业收入66万元，利润91万元。

【烟台开发区宏源民间资本管理有限公司】 2016年4月8日成立，注册资本3000万元。2019年，有从业人员5人。年度未发生新增投资，实现营业收入19万元、利润-28万元。

国中小企业股份转让系统
NATIONAL EQUITIES EXCHANGE AND QUOTATIONS
热烈祝贺
烟台云沣生态环境产业发展股份有限公司
股票代码（873348）
隆重挂牌

财政　税务

Public Finance and Taxation

综　述

【概况】 2019 年，辖区财政总收入 320.55 亿元，比上年增长 3.75%，其中一般公共预算收入 105 亿元，比上年降低 3.67%，可比增长 6.8%；一般公共预算支出 92.01 亿元，比上年增长 11.19%。

2019 年烟台开发区财政收支情况统计表

表 11　　　　　　　　　　　　　　　　　　　　　　单位：亿元

指标名称	2018 年	2019 年	±%
本年总收入	308.96	320.55	3.75
其中：一般公共预算收入	109.00	105.00	-3.67
本年一般公共预算支出	82.75	92.01	11.19

【财政管理体制改革】 按照省级财政体制要求，从 2019 年起，对市县增值税、企业所得税、个人所得税和资源税、房产税、城镇土地使用税、土地增值税、耕地占用税、契税收入比 2017 年增长部分，省与市、省财政直接管理县按照 2∶8 的比例分成。其中省级分成部分，执行中作为市县收入，属地征管、就地缴库，年终由市县通过体制结算上解省财政。与市财政体制上，自 2019 年起，调整开发区地方税收比 2018 年增量部分，市级分享比例为 40%。开发区银行、保险公司和证券公司实现的增值税地方分成部分继续按照属地征管原则直接缴入开发区级国库，应上解市级的增量分成部分年底通过体制上缴。按照市财政局《关于调整完善增值税留抵退税市以下分担机制及预算管理有关事项的通知》规定，从 9 月 1 日起，增值税留抵退税地方负担的 50% 部分，15% 部分由区级负担，35% 部分暂由省级统一垫付，市级再根据各县市区增值税分享额占全市县级分享额的比重计算区级实际分担数，通过收入调库办理。

财　政

【概况】 2019 年，烟台开发区完成财政总收入 320 亿元，增收 11 亿元，增长 3.75%。完成一般公共预算收入 105 亿元，可比增收 5.5 亿元、增长 6.8%，税收占比 82.7%，主体税收占地方税收比重 69.4%。一般公共预算收入领跑烟台市各县市区，地方税收占全市 1/5。用好用活各级政策，财源建设资金 2.38 亿元，全力支持企业创新升级，现有高新技术企业 158 家。立足服务全区项目建设，全年基本建设投入 59.4 亿元，项目配套保障到位，城市建设稳步提升。财政民生投入全市领先，累计达 63.6 亿元，占一般公共预算支出的 69.1%，教育、养老、医疗、救助等各项民生政策兜底保障。

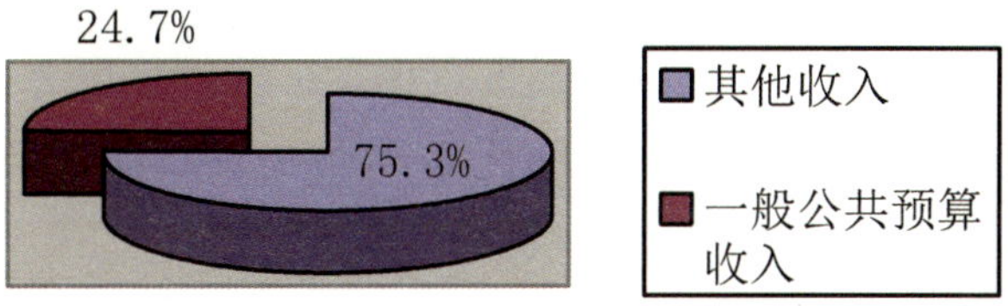

2019 年烟台开发区财政总收入结构图

【财政预算】 推进各项预算管理改革，一般性支出及“三公”经费压减 10%，盘活存量收回结余 2500 万元。围绕支持园区体制改革，出台《关于机构变动部门财务资产交接的意见》，对改革后事业单位整合及核算方式调整提出明确要求。出台《政府购买服务实施办法》，推进购买服务规范改革，建立联席会议制度，严格新增购买服务事项集体审批机制，组织政府购买服务联席会议 2 次，集中对全区部门单位 30 项购买服务申请进行评审论证，核减待实施事项 9 项，批准实施事项年核减预算资金 852 万元，预算压减率为 31.3%。加大政府债券争取力度，提早谋划编制棚改项目收益与融资方案，并主动与上级沟通对接，争取地方政府债券 21.4 亿元，其中：新增债券 7.9 亿元，数额为历年最高，全部为棚户区改造专项债券；再融资债券 13.5 亿元，用于偿还到期地方政府债券。开发区连续 3 年获评全市现代预算管理改革优秀单位。

【预算绩效管理】 出台《关于全面推进预算绩效管理的实施意见》《开发区预算绩效管理办法》，持续健全预算绩效管理制度体系。制定《2019 年度全区绩效管理、财政重点评价和部门整体绩效管理试点计划》，将预算绩效管理工作扩面增量，从上年的项目绩效管理为主扩大到部门整体绩效管理，选择经发科创局、招商局两家单位开展部门整体绩效管理试点。增加基建等专项资金绩效管理规模，全区绩效管理项目增加到 158 个，资金总额增加到 35.3 亿元。推进第三方评价模式，确定 5 家中介机构对上年 10 个项目开展重点评价，评价总额 2.4 亿元，其中评价结果优秀项目 7 个，良好项目 3 个。

【财政收入】 完成地方一般公共预算收入 105 亿元，总量位居全市第 1 位，可比增长 6.8%；完成地方税收 86.8 亿元，下降 10.6%，税收占比 82.7%；地方一般公共预算收入占全市收入总量的 1/6，地方税收占全市税收总量的 1/5。分部门看，税务部门累计完成总收入 175.3 亿元，下降 11%。其中：地方收入 91.6 亿元，下降 11.1%；海关累计完成代征两税 119.9 亿元，增长 14.4%；财政累计完成地方收入 13.4 亿元。

【财政支出】 全区一般公共预算支出 92.0 亿元，比上年增长 11.2%。其中：教育支出 12.8 亿元，增长 11.8%；科学技术支出 13.9 亿元，增长 10.6%；社会保障和就业支出 4.3 亿元，增长 8.1%，卫生健康支出 3.9 亿元，增长 12.2%；节能环保支出 2.6 亿元，增长 40.9%；城乡社区支出 13.2 亿元，增长 26.0%；农林水支出 7.3 亿元，下降 11.0%；住房保障支出 3.8 亿元，增长 33.2%。民生投入 63.6 亿元，增长 7.7%，投入占一般公共预算支出的 69.1%，教育、养老、医疗、救助等各项民生政策兜底保障。投入资金用于安置小区建设 9.1 亿元，学校、医院、全民健身活动设施等建设 2.4 亿元，福莱山公园、八角河公园改造、柳林河治理等 1.1 亿元，警务中心、安全防范教育基地建设 0.9 亿元，党校、老年活动中心、老年大学、马家沟纪念馆建设 0.8 亿元，道路提升改造、绿化、环境整治等 10.7 亿元，投入就业补助 0.1 亿元，抚恤、退役安置、最低生活保障补助等 0.6 亿元，基本公共卫生服务 0.2 亿元。

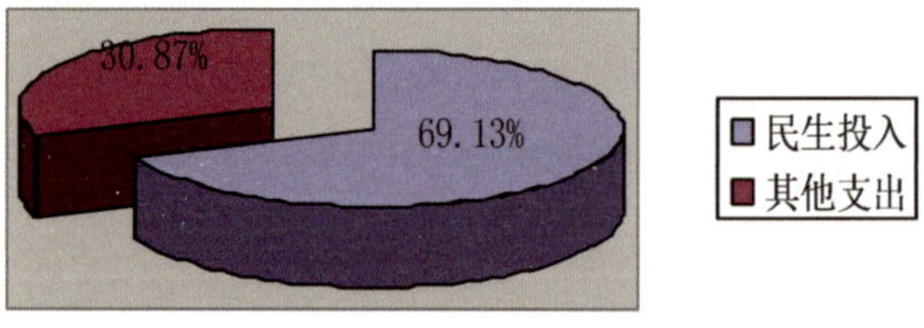

2019 年烟台开发区民生投入占一般公共预算支出结构图

2019年烟台开发区一般公共预算支出情况统计表

表12 单位：万元

项目	决算数	比上年增长%
一、一般公共服务支出	71861	33.29
二、国防支出	179	-24.47
三、公共安全支出	40748	7.01
四、教育支出	127817	11.80
五、科学技术支出	138884	10.62
六、文化旅游体育与传媒支出	4573	25.29
七、社会保障和就业支出	42906	8.05
八、卫生健康支出	38539	12.18
九、节能环保支出	26141	40.91
十、城乡社区支出	131837	26.01
十一、农林水支出	72919	-10.99
十二、交通运输支出	31289	-8.32
十三、资源勘探信息等支出	86600	0.09
十四、商业服务业等支出	14689	5.38
十五、金融支出	2189	231.16
十六、援助其他地区支出	4151	23.07
十七、自然资源海洋气象等支出	3363	-59.39
十八、住房保障支出	37802	33.17
十九、粮油物资储备支出	237	1.28
二十、灾害防治及应急管理支出	5317	—
二十一、债务付息支出	37733	2.58
二十二、其他支出	306	4.44
本年支出合计	920080	11.19

【财政监督】 对烟台开发区国有资产经营管理有限公司、烟台开发区经销中心有限公司和烟台业达海洋产业发展有限公司财政资金安全及账务管理进行监督检查，在账务核算方面发现18个需规范事项，提出整改建议。对招生办、文化馆财经纪律执行情况开展“回头看”监督检查，从会计核算源头，督促问题整改。对28户房地产企业开展会计信息质量检查，重点围绕健全财务内部控制制度、强化成本费用核算等方面提出整改意见，查出应补缴税金280.74万元，实际催缴入库295.9万元（含滞纳金）。

【财源建设】 围绕新旧动能转换、产业结构调整，制定《关于进一步加快创新型开发区建设的意见》，拨付创新型开发区扶持资金1.49亿元，用于鼓励和支持科技自主创新项目发展、科技创新人才团队建设、创新平台建设，推动全区产业升级。制定《关于加快发展先进制造业的实施意见》，拨付先进制造业扶持资金7972万元，用于引领动能转换、培育发展新产业、推动制造业节能减排、转型升级。制定《关于全区促进现代服务业又好又快发展的实施意见》，拨付先进制造业扶持资金1254万元，用于推动生产性服务业向专业化和价值链高端延伸、生活性服务业向多元化和高品质方向转变。制定烟台留学人员创业园区有关政策规定，拨付留学生企业扶持资金 670 万元，用于资助留创园企业发展。制定加快推动企业挂牌上市的办法，拨付企业挂牌上市奖励资金 2347 万元，支持企业挂牌上市、利用资本市场融资发展壮大。

【减税降费政策落实】 成立财政、税务、经发、人社、市场监管等 5 个部门参与的减税降费工作专班，加强部门配合联动和减税降费政策落实。在业达网站开通减税减费专栏，开通减税降费工作监督举报电话，建立涉企收费监测直通车，设立涉企收费监测点，建立监测点联络员制度。全年实现减税 22.7 亿元，有效降低企业成本负担。

【民生政策资金管理】 落实做好 2019 年国家基本公共卫生服务项目工作要求，全年人均基本公共卫生服务经费标准提高至 69 元，服务人口 36.6 万人。各级财政补助 2525.4 万元，其中省级补助 865 万元，区级补助 1660.4 万元。按照烟台市上解居民基本医疗保险县级财政补助资金的要求，对居民基本医疗保险参保居民的补助标准为每人 520 元。全区参保人数 1.17 万余人（其中市属大学生 6504 人），各级财政补助 6091 万元，其中市级以上财政补助 1790 万元，区级补助 4301 元。根据烟台市关于调整全市城乡居民最低生活保障标准的通知，从 7 月 1 日起，城市低保标准由 590 元 / 月提高到 615 元 / 月；农村低保标准由 420 元 / 月提高到 440 元 / 月。全区义务兵优待金标准由 26380 元 / 年提高到 28380 元 / 年。落实各学段生均公用经费政策，标准为：高中生每生每年 900 元；中职分专业每生每年 2800 元和 3300 元；义务段公办学校小学每生每年 910 元、非寄宿制初中每生每年 1210 元、寄宿制初中每生每年 1360 元；义务段民办学校小学每生每年 710 元、初中每生每年 910 元；公办幼儿园生均公用经费标准由每生每年 300 元提高至每生每年 710 元，将经教育等部门认定的普惠性民办幼儿园纳入生均公用经费保障范围，标准为每生每年 710 元。

【基建资金管理】 认真分析经济形势，合理编制年度基本建设资金预算，科学调度使用资金，保障重点项目建设，根据工程进度，及时调整预算计划。全年基本建设资金实际支出 59.36 亿元。其中：公益事业建设支出 17.18 亿元，主要用于学校、医院、公安警务中心、安置小区、公交场站、工委党校、八角人才港哈工程研究院、人力资源产业园等项目建设；基础设施建设支出 38.78 亿元，主要用于道路及雨污水管道建设、河道公园改造、拆迁与征地补偿、土地收储、项目补贴等方面支出；热力公司、自来水公司建设支出 3.40 亿元。全年使用地方政府棚改专项债券 7.90 亿元。对新项目中投资额超过 3000 万元的项目，一律从严绩效目标审核，实行全过程跟踪管理。积极推进 PPP 项目运作，拓宽基本建设融资渠道。完成化学工业园污水厂 PPP 项目可研报告，优化方案节约投资 3 亿元；综合实际分析，将化学工业园综合管廊 PPP 项目调整由万华集团投资建设；完成八角湾国际人才港烟台大学科教园区 PPP 项目建议书。做好民营企业、中小企业账款清欠及农民工工资保障。财政部门按要求建立清欠台账、制定清欠计划，督促建设单位完善拨款手续，加快工程款支付速度，提前四个月完成清欠任务，全年拨付民营中小企业欠款 2.69 亿元，涉及项目 205 个。

2019 年烟台开发区公益事业建设支出情况统计表

表 13　　单位：万元

教育、卫生建设支出	公安警务中心、智能管控等项目支出	安置小区、公交场站等支出	工委党校支出	哈工程、人力资源产业园支出	其他建设支出	合计
23697	9951	91727	7064	22126	17225	171790

2019 年烟台开发区基础设施建设支出情况统计表

表 14　　单位：万元

往年工程、土地收储补偿费、拆迁补偿费	新增征地费	新增拆迁补偿费	新增土地收储补偿费	新开工工程费	项目补贴	合计
209287	20271	19771	57553	32214	48728	387824

【投资评审管理】 依据基本建设资金计划和项目的轻重缓急，强化与建设、施工单位对接沟通。针对往年工程款支出压力大问题，调整、规范、理顺资金计划编制流程，从各环节科学合理压缩项目资金计划，设专人对计划进行评审，适度缓解支出压力。全年编制标底控制价 80 项、总额 8.5 亿元，完成工程结算评审 400 项，审定 12 亿元，核减 1.2 亿元；审核拆迁补偿费协议 1.8 万户，金额 4.2 亿元。编制拨款及调整计划 11 次，计划资金总额 36 亿元。在万华乙烯、金沙江路管廊、党校、八角湾国际人才港（烟台八角湾中央创新区）、八角河公园、产业文化中心、海洋创新基地等重点项目上，采取多种手段，做好工程项目关键环节评审，提升财政绩效管理水平。编制万华乙烯土方平整工程项目标底，首次将部分土方、坚石作为资源进行出售，仅出售土方一项，节省支出 1 亿余元。

【住房公积金管理】 全年归集住房公积金 14.6 亿元，增长 5%；办理公积金提取 11.9 亿元，增长 4%，惠及 8 万余人；积极运筹资金，让更多职工享受到住房公积金贷款的低息政策。全年发放公积金贷款 1.78 亿元，452 户家庭受益；实现增值收益 5142 万元。加大住房公积金催建催缴力度，新增开户单位 267 个，增加缴存额 254 万元。全年各项业务量 8.5 万笔。退休提取、全款购买商品房提取、住房公积金贷款提取等 9 项提取业务以及归还逾期、提前结清、提前还款等 3 项个人还款业务实现“零跑腿”自助办理。单位开户、开发商楼盘准入、新建商品房贷款申请等与群众密切相关的 16 个实体柜台业务累计减件 30 件，提升工作效率，提高群众办事满意度。配合市住房公积金管理中心开展网上营业厅建设，动员 900 家企事业单位开通网上缴存业务。针对放开个人提取业务以及实施全市通存通兑带来的业务骤增矛盾，在政务大厅增设 7 个窗口，增加建行代办点，解决群众排队、办事难的问题，达到等待时间不超过半小时的目标。

【政府采购管理】 全年完成采购项目 494 个，采购总额 38 亿元，节约资金 2.55 亿元。其中采购项目数量增加 94 个，增加 23.5%；采购金额减少 12 亿元，减少 24%。对街道（镇）政府采购事项，全部实现公共资源交易中心进场交易，进场率 100%。

【基层财政管理】 辖区从涉农资金审批拨付等方面进一步规范基层财政管理，完善《村级财务管理办法》，开展镇街财政所工作人员培训，提升镇街财务会计管理水平。按照《开发区镇街财务报销管理办法》，对大季家街道办事处相关账务进行抽查。4 月，市审计局对全区涉农补贴“一本通”审计发现的问题，先行组织各镇街开展自查自纠。7 月，召开全区齐鲁惠民补贴“一本通”使用管理自查自改专题会议，明确部门职责，部署开展全面自查。印发《烟台开发区财政涉农补贴“一本通”资金管理办法（试行）》，调整资金拨付流程，通过区级财政集中支付，实现“一个漏斗”向下，封闭运行。9 月，市级验收组来区检查验收，选取古现、八角 2 个街道办事处各 4 个村，随机走访 5 户家庭，就惠民补贴“一本通”政策宣传、发放情况等进行实地调查，各项要求均落实到位，顺利通过市级检查验收。全年村级运转经费支出 4783 万元，较 2018 年增长 1.63%，区级财政补助 1509.5 万元，乡镇村级支出 3273.5 万元。建立村级组织运转经费保障动态增长机制，以提升农村基层党建与服务经费保障民生工程为抓手，确保村级干部报酬、村级组织基本运转经费。支持党支部领办合作社发展村集体经济，全年拨付大季家街道孙家村、八角街道八角村、潮水镇费东村等 3 个示范村各 30 万元，连同村中自有资金共同作为集体资产入股合作社。稳步推进涉农资金统筹整合，全年整合资金总规模 1.1 亿元，其中区级 5211 万元，占比 47%。落实扶贫专项资金 177.6 万元，其中区级 121 万元，上级 56.6 万元，主要用于扶贫产业项目、扶贫特惠保险、雨露计划等项目。

【机关事业单位会计核算】 辖区在 86 个集中核算单位全面推行《政府会计制度》，升级会计核算财务软件，新增 19 个单位自行开设、管理银行账户。截至年末，集中核算单位开户 83 个。编印《烟台开发区行政事业单位财政财务管理文件选编（二）》，组织全区集中核算单位财务人员参加新版政府会计制度财务软件培训会议。

【会计事务管理】 对区内具有会计专业技术资格的人员，或不具有会计专业技术资格但从事会计工作的人员进行信息采集，全年组织信息采集 5244 人次，完成信息采集 5122 人；会计人员信息变更 65 人次。办理继续教育 4668 人次，组织继续教育补考 117 人次。注重会计专业技术人员等级考试管理，全年受理会计中级考试报名现场审核 1137 人次，高级考试报名现场审核 26 人次，完成初级考试成绩复核 5 人次。加强代理记账机构管理，完成新增代理记账机构审批业务 3 笔；组织 29 家代理记账机构年检。对 21 户企业集中开展会计信息质量检查，查出需补缴税款 72 万元，年末入库 26 万元。

税　务

【概况】 2019 年，是税务机构改革第一年。全区完成各项收入（不含海关代征）179.32 亿元，其中，完成国内税收收入 170.47 亿元，完成社保费收入 3.89 亿元，非税收入 4.84 亿元，其他收入 1235 万元；国内税收收入中，中央级收入完成 83.21 亿元，地方级收入完成 87.27 亿元；若剔除减税降费等政策性因素，国内税收收入增长 1.72%，地方级增长 5.7%，财政口径地方级增长 4.4%，财政收入中税收占比达到 84%，高出全市 10 个百分点，为开发区经济社会发展提供可靠财力保障。

【税费改革】 个人所得税第二步改革。区局成立个人所得税改革专项小组，制定个人所得税培训方案，对1.63万户扣缴义务人进行12轮次新税法及优惠政策培训，培训面100%；做好个人所得税全员全额明细申报，确保申报率和准确率“双百”达标。做好缓缴税款工作，先后3次去省税务局为辖区企业办理缓缴税款2.75亿元。1月份，开发区管委制发《开发区社会保险费和非税收入征管职责划转交接工作方案》，自2月起征收机关事业单位社会保险费，4月起征收居民养老保险与医疗保险。全年征收112户机关事业单位社保费3.29亿元，完成“六费一代”划转，累计征收教育费附加2.34亿元，地方教育费附加1.56亿元，残疾人就业保障金5092万元，水利建设基金3911万元，代收工会经费1235万元。

3月25日，区税务局在智慧自助办税服务厅税法宣传

【税收征管】 国地税征管体制改革后，开发区税务局开展金税三期税务登记信息指标统一整改。4月1日并库版金税三期正式上线，系统成功运行。起草《开发区税务局税收监管体系实施方案》，积极调整税源管理范围，对1.76万户纳税人完成管户调整工作。开展影视行业税收秩序专项工作内部“回头看”，对23户影视行业及影视从业人员两年的行业税收、减税降费、税收征收方式、行业经营变化、行业发展变化、入库等情况，分季度进行统计报送。

10月14日，税务干部到正海生物公司调查走访

【税收执法】 组织干部认真学习税收相关法律政策规定，做好依法治税实施方案的贯彻落实，针对依法治税40项工作事项，制定具体翔实的工作目标及落实措施，积极推行“三项制度”，深化内控平台应用，健全风险防控机制。制订《开发区税务局重大执法决定法制审核工作指南》。结合工作实际在高风险领域进行重点防范，处理内控平台预警信息132条，落实12大项81条审计署重点关注疑点数据核查。

8月21日，税务干部到胜地汽车公司开展实地核实

【税源培植】 积极兑现税收优惠政策，累计办理各项退税42.51亿元，其中出口退税35.28亿元，政策性退税1.9亿元，为7户企业办理留抵退税2473万元，为困难企业减免税收1579万元，办理缓缴税款2.19亿元，共为1918户企业开具退税票5837票，退税金额37.18亿元。其中为357户企业办理出口退税

30.34 亿元，690 户企业办理汇算清缴退税 3.53 亿元，为 719 户企业办理误收退税 1.52 亿元，为 48 户企业办理软件企业退税 3656 万元，为 7 户企业办理福利企业退税 1077 万元，为 16 户企业办理资源综合利用退税 9000 万元，其他各项退税 4200 万元。退税资金的及时足额到位，解决了企业的资金困难，有效缓解企业资金压力。

【深耕税费种管理】 加强核定征收工作的指导和疑点排查力度，核定征收户数 762 户，核定征收面 3.85%，较去年降低 40%。全面摸清和掌握国地税合并后的企业所得税汇缴底数，汇缴户数 1.99 万户，汇缴面 100%。核查异常凭证发票金额累计 2.27 亿元，进项税额转出 3785 万元。通过团队化作业对土地增值税清算进行有益尝试，清算应缴税款 900 多万元。将二手房评估价格更新至合理区间，在交易量同比减少 20% 的情况下，契税同比增加 7122 万元。以风险应对按期完成率和流程规范为抓手，对 57 户房地产企业开展专项风险应对工作，入库税款 563 万元。累计对 697 户纳税人进行欠税公告，并采取限供发票措施，清理欠税 6379 万元，加收滞纳金及罚款 324.8 万元。

【落实减税降费政策】 减税降费工作是党中央国务院确立的重点工作事项。区税务局把落实减税降费作为政治任务，成立“减税降费”工作领导小组，下设“减税降费”工作专班，全面加强组织领导。制定减税降费专项工作方案及工作联系制度，定期组织召开碰头会、推进会，研究解决难点问题，准确掌握企业产销量、价格走势、成本加成及税金实现情况。政府部门协同联动共治，建立以减税降费领导小组为主、减税降费专班牵头、纪检专责监督，局内各部门共同配合，政府部门协同联动的共

12 月 4 日，税务干部深入万华化学公司走访

同治理工作机制。全年共计减税降费 24 亿元，占全市 24%，其中深化增值税改革 10.3 亿元，小微企业普惠性减税 1.5 亿元，38.71 万户缴费人通过调整税率和减除费用、专项附加扣除等减税降费政策，减免个人所得税 4.2 亿元。

【纳税服务】 区税务局推出办税缴费便利化措施，完成智慧自助厅和实体厅网上和自助办税服务终端的 5G 升级改造，提速 80% 以上，建设业达智汇谷等 7 处自助办税网点，布置自助办税终端机 12 台，智能微厅 1 套，加快“10 分钟自助办税圈”便民办税进程。升级“一次办好”，实现业务流程再造，明确 29 项限时办结事项的“容缺办理”，取消涉税事项 3 项，取消办税资料 114 项，纳税人非即办事项办理

3 月 25 日，区税务局智慧自助办税服务厅为纳税人做 VR 演示

时限压缩70%。推行“无差别一窗通办”，与市场监管、不动产登记等机构打造集成服务专区，将多事项多流程合并为多事项一流程，开通“亮证应用”扫码备案服务，实现公共信息部门间“无纸化”传递共享。深化“银税互动”，83户企业凭借纳税信用获得4300多万元银行贷款，解决中小企业融资难问题，为8417户企业提供每年6次免费发票配送服务，推动发票申领向零成本、非接触式转变。对580多户纳税人开展办税需求问卷调查，在纳税人满意度调查中取得全市第三名。全面融入自贸试验区建设大局，编写推广“三项指南”，累计发放252套。落实“首席税务联络官”制度，对24户大企业实施“一户一策”服务举措，主动为纳税人排忧解难。全面推行清单化管理，对22项税收违法行为不予税务行政处罚，做到“无事不扰”。推行“先许可后核查”管理，首次办理出口退税实行先备案退税后核查管理，实现24小时退税到账。孵化培育高新技术企业，新增辅导认定81户，同比增长72.34%。

【税法宣传】 区税务局通过税务网站、办税服务厅公告栏、电子显示屏、12366热线、网上办税平台、纳税人学堂、电子邮箱、手机APP、微信公众号、即时通信软件等多种渠道，同步发布宣传内容。税收宣传月期间，积极向社会各界展现区局在纳税服务、减税降费、优化税收营商环境等方面的亮点和成效。在《中国税务报》《中国税务》《山东税务》《山东税务研究》以及央视新闻、央广网、新华网、《大众日报》等省级以上媒体发表文章58篇。

4月16日，区税务局干部开展“走街串巷话税宣”活动

Argyle
城市便捷酒店
富利华
办公家具

城区建设

Urban Construction

综 述

【概况】 全年完成建设项目规划审批 267 个（其中总平面 114 个、建筑单体 690 个），办理建设工程规划许可证 235 个，审批改变使用功能项目 4 个。围绕万华、泰和新材、华新不锈钢、威斯汀酒店、华海保险等重点项目和中小学校、安置小区等民生事项，持续更新“优秀项目库”，建立方案审批正面和负面清单，结合自贸区制度创新的新举措以及省、市审批制度改革的新要求，通过提前介入、即时审批、容缺审批等多种方式保障建设项目顺利推进。

【“放管服”改革】 全年围绕“极简审批、极速办理、极优审批”的目标，推动审批事项集约办理、审批授权向窗口集中，政务服务事项进驻综合性实体政务服务大厅，基本实现“应进必进、应进全进”。实行“扁平化”审批管理，做到“一枚印章管审批”，压缩办理时限、做优政务服务，90% 以上政务服务事项实现“一窗”受理，促进政务服务提速增效。积极承接上级部门下放的政务服务事项，承接省、市下放的行政事项 94 项，取消 8 项行政权力事项。将“房屋中介机构备案”等 8 个承诺办结事项改为即时办理，推行合并办理，容缺受理，累计减少审批时限 20 个工作日以上。自 4 月开始，消除在招投标过程中对不同所有制企业设置的各类不合理限制和壁垒，充分赋予社会投资的房屋建筑工程建设单位发包自主权。服务对象一次性在政务中心窗口交齐材料，由窗口实行内部流转，办结时限比法定时限缩减三分之二，最大限度减少企业群众跑中心的次数。行政审批事项“一次办好”事项达到 85% 以上。

【工程建设项目审批制度改革】 对工程建设项目审批制度进行全流程、全覆盖改革。对预审手续全部通过的项目从取得土地批准文件到获得施工许可不超过 10 个工作日，大幅缩短办事时限。6 个项目单位签订《自愿申请加入项目“拿地即开工”推进机制承诺书》，其中 3 个项目取得施工许可证。在全市率先施行质监安监手续与施工许可合并办理，实现一张表格、一个窗口、一套程序，集成化办理。申请材料由原来的 28 件压缩为 10 件，数量压缩近三分之二，办理时间缩减三分之一。设计方案审查只审查规划条件、建设条件及相关技术规定确定的规划控制要求，不再审查建筑内部平面及剖面设计。大幅精简审批事项和审批环节，取消基坑支护设计方案审查、合同备案等 7 个审批事项。全面开展消防、土建联合审查、联合验收，改变多头审查、多头验收旧格局。推行建设项目“告知承诺制”，施工图设计文件审查合格证、缴纳城市基础设施配套费等事项实行告知承诺和容缺受理，企业在取得施工许可证后 30 天内补齐即可，减轻企业负担。全区有 98 个项目单位通过“告知承诺制”办理了施工许可手续。

【流程再造与制度供给】 推进不动产登记数据共享，推行不见面审批。建立网上预约、预审系统，推行“一窗受理、并联办理”，不动产转移登记、抵押、预告等业务类型由 5 个工作日提速至 3 个工作日，查封、抵押注销登记即时办结，异议登记、更正登记 1 个工作日内办结。推行“大数据 + 不动产登记”模式，与税收部门“合署受理，业务联办”，与银行创建的“网上金融平台业务受理”的受理方式，实行网上预约、网上预审、网上发证等“不见面审批”方式。推行延时服务、午休预约制度。安装自助查询机，提供查询房屋权属信息、开具住房情况证明自助服务，市民可全天24小时开具房产证明及查询登记进度，节省大量时间成本。理顺物业管理体制机制，实行属地监管、动态监管。搭建物业服务企业诚信监管系统，将物业服务企业基础信息的审核权限下放至街镇、居委会。理顺物业管理体制机制，建立区、街镇、社区三级物业管理机制。成立物业管理行业协会，增强行业凝聚力，进一步提升全区物业服务水平。施工图审实施“多图联审”，建立“一窗受理”模式，统一受理房建施工图、消防设计图的集中报审，整合压减报审要件，建设单位报审时只需提供一套申请材料。进一步压减联合审查时限，7个工作日内出具审查情况报告书。推行“标准地”制度，围绕“拿地即开工”原则，严格落实“净地”出让。将环保生态红线图、林地保护利用、土地规划等各种规划红线信息，在相关业务部门实现数据共享。将地质灾害、压覆矿、用林手续前置，由政府在土地出让之前统一办理，实行“标准地”供地方式，使拟出让土地具备开工所必需的基本条件。

城区规划

【概况】 2019年，共办理项目用地坐标、规划条件135份，办理选址意见书16份，用地规划许可55份。组织召开项目审定委员会39次，专家评审会10次，回复市民对话、民生服务热线等148件。古现中心区控规及城市设计、大季家铁路以南区域控规及城市设计、柳林河（长江路—汕头大街）河滨景观设计等已经完成；平畅河总体景观概念设计完成了第二轮方案汇报。

【大交通衔接计划】 轨道交通　结合开发区发展及城市总体规划提出对沿线站点进行定位研究，形成各站功能的差异化发展，优化站点周边用地布局。八角湾国际人才港确定后，在控规阶段将轨道交通4号线规划至大学城，并增加4个站点。自贸区成立后，与地铁设计单位沟通对接，考虑适当加密站点。配合轨道交通1号线、4号线建设，解决206国道与长江路主要交通问题，委托设计单位结合1号线、4号线开展福莱山立交桥方案设计，届时与轨道交通1号线同步实施，并预留4号线施工条件。配合轨道交通1号线实施，委托设计单位完成长江路综合管廊及道路方案设计，届时与轨道交通1号线同步实施，进行市政管线迁移和道路改造。

环渤海高铁　结合烟台开发区远期发展需要最终确定环渤海高铁开发区段线位；参加环渤海高铁可研评审会议，与铁路总公司鉴定中心专家沟通大季家站和站房面积预留问题；结合龙烟铁路大季家客货运站、大季家高铁站以及轨道交通4号线，合理提出大季家高铁站的站房布局图，提出满足全区长远发展的站房规模，科学规划周边路网，做好各种交通方式的有效衔接，为未来城市交通发展提供指导。基于以大季家站综合交通枢纽为中心的“站港城”片区的发展定位和整体规划，研究适应性强、能力相匹配，集内（城市轨道交通、公交、出租、社会车辆及其他交通方式）外（国铁、长途客运、海运码头）于一体、多种交通方式交互的一体化交通规划。整合航空、铁路、公路、海运等多种方式联运、畅达时空的烟台门户枢纽、环渤海城市群的东部主枢纽。

红旗路快速化改造工程　及时梳理研究烟台开发区段的改造方案，积极配合烟台市规划局、红旗路快速化推进专班以及烟台开发区红旗路快速化专班做好开发区段快速路规划红线、规划方案以及征迁范围线等具体事项，及时与设计单位就烟台开发区段的具体设计方案进行沟通对接，针对河滨路上跨同三高速，衡山路立交节点提出建议，积极配合芝罘分局办理红旗路选址意见书。

【规划编制】 办理项目用地坐标、规划条件135份，办理选址意见书16份，用地规划许可55份；组织召开项目审定委员会39次，专家评审会10次，回复市民对话、民生服务热线等148件。完成古现中心区控规及城市设计、大季家铁路以南区域控规及城市设计、柳林河（长江路—汕头大街）河滨景观设计等；平畅河总体景观概念设计完成第二轮方案汇报。完成潮水临港产业园区规划和市政专项规划、八角湾国际人才港控制性详细规划与城市设计规划上报工作，两项规划通过市规划委员会审议；完成古现中心区控规及城市设计，大季家铁路以南区域控规及城市设计，为片区开发建设提供规划保障；完成化工产业园控制性详细规划编制，为高端化工新材料产业基地申报做好规划工作。

【建设用地规划与调整】 完成潮水变电站、现代农业教育科普中心、海洋渔业种苗培育中心等项目的土地利用总体规划修改方案，修改规模21.64公顷。完成宏瑞汽车、艾迪精密智能产业园、华新丽华配套路等三重工作项目，万华乙烯、尼龙及工业园配套项目、磁山研发中心等省重点项目，国兴铜业、会展中心、古现城市更新改造等市、区重点项目的土地利用总体规划修改方案，修改规模280.54公顷。从蓬莱市调入213.51公顷建设用地规模。

【自然保护区调整】 2006年，设立沿海防护林省级自然保护区，其中烟台开发区段1217.30公顷，主要包括夹河口至中建悦海、八角区片、大季家（山后初家山、芦洋馍馍顶、山后李家峰子山、张马海防林）、潮水平畅河至文成酒堡4段。2019年3月，烟台沿海防护林省级自然保护区调整，开发区段初步保留面积711公顷，将八角区片（36公顷）、大季家（316公顷）整体调出保护区，拟保留面积314公顷。6月，烟台市政府确定保留面积为396.5公顷；8月31日，通过山东省自然资源厅专家评审；11月4日，山东省人民政府批复烟台沿海防护林省级自然保护区烟台开发区段面积396.5公顷。分布范围4段：夹河口至昆仑山路段，面积182公顷；峨眉山路至宁波路段，面积80公顷；黄金河至白银河段，面积52公顷；大季家馍馍顶和初旺南山段，面积82.5公顷。

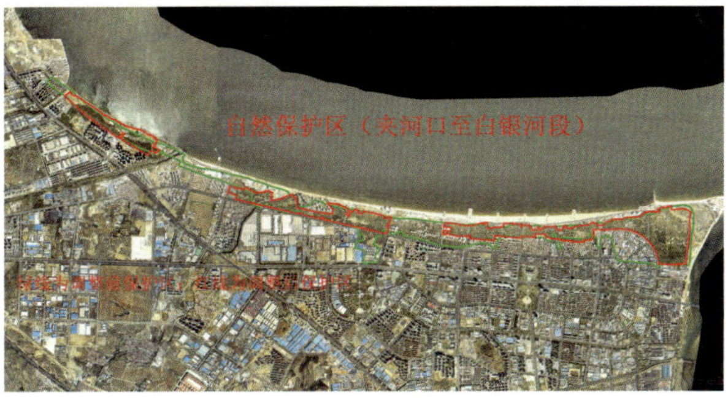

自然保护区调整

【古现中心区规划】 完成《古现中心区控制性详细规划与城市设计》，其中中心区范围约3平方公里，将依托古现王懿荣、彭雪枫、鲁菜的历史文化资源和凤凰山、黄金河的独特山水脉络格局，整合新型商业、文创办公、科技研发、休闲娱乐等元素，使区片既有文化特色，又具产业载体。

【大季家火车站以南区域规划】 大季家火车站以南区域，位于开发区西部，西南为烟台蓬莱国际机场，北临大季家街道中心，规划面积6平方公里，规划统筹周边人口8万人。按照规划，大季家火车站以南区域突出创智、门户、生态、融合，依托交通枢纽，汇聚智力资源，以研发、商务办公为主，助力烟台开发区产业提升发展。规划形成“一心、多点、两轴、六区”的整体结构，通过产城融合、通山理水、便捷畅达、空间优化四大发展策略，筑牢“山水林田湖草”生命共同体，打造“一体化联运”的高铁枢纽，塑造“小而精、体验十足、乐趣十足”的空间形态，希冀未来形成“自然之力、交通之枢、城市之机”的绿色生态创智之城。

基础设施建设

【概况】 2019 年，新开和续建基础设施工程 81 项。对金沙江路、秦山路、扬州大街、中古路等 10 余条道路进行新建和改造，完成西宁路、西安路、秦淮河路、扬子江路等 16 条道路绿化工程，建设金沙江路电力隧道工程、C-31 雨污水工程、扬州大街雨污水工程、西安路路灯工程、中古路路灯工程等 53 项配套雨污水和电力工程，完成柳林河公园及黄金河公园改造提升工程，进行第十一小学、第十二小学、森林消防站等项目建设。

【基础设施规划设计】 完成八角湾国际人才港滨河南路、滨河北路、滨河路和长春大街 4 条道路施工图设计和滨河南路、滨河北路、滨河路、长春大街和八角中心大街 5 条道路景观施工图设计。根据宏瑞汽车、长江汽车等重点项目要求，对项目周边道路及配套市政管线规划设计进行调整。完成潮水片区 206 国道跨平畅河路立交、沿铁大街跨平畅河立交、机场南外环立交方案设计，完成嘉陵江路跨夹河桥方案设计。结合东区城市更新项目进展、东区控规调整，完成电力、热力、自来水、污水等管线的规划设计调整，及时对老旧管线进行更新，对不满足城市发展要求管线进行扩容，对布局不合理管线进行优化调整，结合片区内工业用地转变为居住、商业用地的特殊情况，针对性地对管线种类、数量、管径等要素进行研究，结合项目需求，满足城市更新项目配套。提出化工园区化工管廊规划设计条件，充分考虑化工园区建设需求，配合化工园区管理局及设计单位，对化工管廊的市政管线种类、规模、廊架高度、建设位置等进行深入研究，满足化工园区建设推进需要，保证沿线其他市政公用管线合理建设，同时考虑景观需求，助力建设“最美化工园区”。出具新奥环城高压燃气管线、保利协鑫西港区 LNG 管线、山东油气天然气北干线初步选址意见，召开多次专家论证会，确保管线满足相关安全规范，处理好线路与沿线村庄、企业的关系，在满足规划要求的基础上，将村庄企业搬迁降至最低，减轻建设单位负担，加快工程推进。配合铁塔公司及烟台开发区 5G 推进工作小组开展有关工作，为 5G 基站布点规划提供基础材料。

【道路工程】 新开续建工程 10 项，新建、改造道路总长度 24 公里。东区完成 2 项道路新建、改造工程，包括金沙江路改造工程及 F-1 规划路工程；西区完成 8 项道路工程，包括中古路改造工程、济南路工程、天水路工程、扬州大街道路工程、芦洋复合立交匝道工程、湘潭路道路工程、秦山路道路工程及福州路道路工程等。为东区生活品质提升和西区企业出行提供

11 月 10 日，济南路工程

更优质服务。

【电力工程】 为满足华路变电站出线需求，对金沙江路沿线220千伏架空线路进行入地，工程西起奇山路，途经昆仑山路、天山路、凤台山路、衡山路、黄山路、天山路、庐山路口，东至五指山路，长7.5公里，进行电力隧道建设。根据全区工业项目及非工业项目配套工程10千伏配电网络建设要求，对海信天山郡四期、波尔多小镇二期、马尔贝拉二期三期、中南山海湾、中南熙悦、香橙二期、磁山御水雅都、中节能、佰和荣筑、天颐郦城、臻悦府、C-5小区B区及C区等12个住宅区进行外网电力配套；对人力资源服务中心、洪钧顶水厂、金沙江路广电大厦电力配套、A-45二期泵站电力配套、第八中学、业达科技园、哈工程等10项公益事业及工业项目进行电力配套。新建220千伏花岩变电站配出隧道工程。为进一步亮化城市道路，对古现大街、洛阳路、澳门路、珠海大街、西安路、天津南路、贵阳大街、湘潭路、中古路、嵩山路、上海大街与三亚路口、万泉河路、石家庄路、北京南路、衡阳路、长江路西延、万寿山路、北京路、长江路等19条道路路灯安装和更新，共计785盏。

【公益事业工程建设】 新建公益事业项目4项。其中：第十一小学工程占地2.16万平方米，设置32个教学班，总建筑1.8万平方米；第十二小学工程，占地1.94万平方米，设置30个教学班，总建筑面积1.5万平方米。建设森林消防站，总建筑面积2861平方米。建设中小学综合实践学校宿舍楼，一期宿舍楼建筑面积4600平方米。

【污水工程建设】 为满足投产企业和落户项目的配套需求，完成C-31规划路、扬州大街、B-1规划路、C-6规划路、A-29规划路、A-46规划路、中南熙悦规划路、厦门大街、古现大街等9条道路的雨污水工程，长度9公里。打通城市排水盲端，满足周边重点项目、企业及住宅小区的配套要求。完成1号、2号、3号污水泵站改造，对原污水泵站内设备进行更新，地上新建泵房车间、配电室、值班室等。新增泵站安装离子—生物除臭设备等。

【绿化工程】 启动16项绿化工程，新增绿化面积20万平方米。东区完成秦淮河路、扬子江路、F-2规划路、凤台山路、华圣学校规划路、柳子河路6条道路绿化完善工程；西区完成西宁路、西安路、济南路、白云山路、秦山路、B-41规划路、杭州大街、贵阳大街、石家庄与206国道路口、滨海路补植等10条道路绿化及绿化完善工程，主要栽植柽柳、蜀桧、龙柏、垂柳、水杉、紫叶李、樱花等苗木。

【山体修复】 辖区矿产资源丰富，露天开采历

2018年11月28日，大季家街道馍馍顶山体修复前

馍馍顶山体修复后

史悠久，部分山体遭到破坏后未能及时进行修复，形成强烈的视觉污染，影响全区整体形象。为贯彻“绿水青山就是金山银山”的发展理念，打造良好的城市形象，结合区内建设项目施工产生的废弃渣土多、处理难的现状，烟台开发区积极开拓创新，探索出一条利用废弃渣土进行损毁山体修复的新路。是年，开发区投入财政资金 3000 万元，对阳山、磁山、九目山等 8 处损毁山体组织生态修复施工，共消化废弃渣土 40 余万立方米，治理面积 22.59 公顷。

【湿地保护河湖治理】 全区湿地面积 8346.89 公顷。其中柳林河、黄金河、平畅河、峰山河、落驾河、五十堡河、大沽夹河等河流湿地 797.59 公顷（其中大沽夹河湿地 558.61 公顷），滨海湿地 7407.57 公顷，塘坝、水库、养殖池等零星湿地面积 141.73 公顷。为增加湿地修复，改善湿地生态环境，全年投资 5000 万元，对柳林河湿地及黄金河湿地进行提升改造，其中柳林河湿地增加绿地面积 7.18 万平方米，主要栽植蜀桧、龙柏、垂柳、水杉、花碧桃、美人梅等苗木。黄金河公园完成 1 号、2 号两座钢坝闸的建设，保证黄金河景观带的需水量。

柳林河河道湿地

【人防设施建设】 全区结建人防工程 40 多万平方米、单建人防工程 1.1 万平方米。10 月，人防结建审批权由烟台市下放开发区。全年完成 5 个审批事项，为 25.71 万平方米建筑办理审批手续，审批法定义务面积总和 1.72 万平方米。结合“放管服”“一次办好”等工程建设项目审批制度改革要求，将人防审批工作转入行政审批窗口办理，完善理顺工作程序。易地建设费均足额收取并缴纳财政，全年对 43 个项目共 1.48 万平方米收取易地建设费 2950.62 万元。委托烟台恒安人防有限公司对全区结建人防工程、单建人防工程进行日常巡检。在“8·15”演练前，对统控分中心及全区 41 台警报器进行全面检修、调试，保证统控分中心和警报器均能保持良好工作状态，确保战时能够顺利启用。结合 F-1 项目，加快推进县级人防基本指挥所工作，完成规划方案、扩初设计和 ETC 招标工作。

【城市品质示范区建设】 3 月起，对全区 140 余个建设项目，按照场地条件推进文明施工提升工程，主要有三部分内容：一是对建筑施工围挡采用绿草皮（绿铁皮）围挡，加设公益广告，提升建筑围挡与城市环境的融入感；二是在建筑工地试点推广可周转钢板硬化路、定型化临建板房、垃圾和污水处理通道，遏制施工过程中扬尘污染，同时试点采用洗车池、洗车台“双保险”冲洗制度，进一步强化车辆出场冲洗管理；三是强化远程视频监控系统、扬尘在线监测系统的运行使用，将扬尘监测系统接入远程视频监控管理平台，实现远程可视化监管，实时调度、分析和预测施工现场 PM10、PM2.5、噪声、风速等有关数据，建立周报送制度，实现实时监管。

建筑业管理

【概况】 2019 年，烟台开发区开工建设项目

163个。其中：工业项目108个，非工业项目55个；工程开工建筑面积380.37万平方米，其中工业项目开工面积135.4万平方米，非工业项目开工面积244.9万平方米；全年完成投资69.4亿元，其中工业项目投资27.65亿元，非工业项目41.76亿元。全年收取城市基础设施配套费3亿元。

【建筑施工管理】 全年受理安全措施备案139项，监督在建工程总建筑面积400万平方米；质量监督注册123项，竣工验收138项、建筑面积164万平方米。开展季节性综合执法、起重机械、住宅“两书”推行情况等质量安全、扬尘治理专项检查共16次，下达隐患整改通知书1400余份，监督整改质量安全、扬尘等隐患5610余条，未发生重大安全生产事故，全区建筑业安全生产形势稳定。培育创建国优工程1项、泰山杯工程3项、省优质结构工程11项、省级安全文明工地8个、省绿色施工示范工地1个，工程质量安全管理水平持续提升。在全市率先推出工程质量安全监督手续与施工许可合并办理，实现“一张表单”申请、“一个窗口”受理。工程质量、安全监督手续办理时限纳入施工许可证核发办理时限，办理时间缩短为1天，缩减三分之一以上。强化质量巡查及专项执法，加大现场检查频次、材料抽检频次及执法处罚力度，全年检查工地100余个，下发整改通知单70余份，约300条隐患。对现场质量管理较差，存在较大质量隐患的25家施工、监理单位给予不良行为记录，30余家施工单位全区通报批评。7月份，对在建的住宅、医院、学校等29个项目、43个标段开展第三方检测评估，标段最高分89.12分，综合平均得分79.30分，19个标段高于平均值，标段质量表现较好。全年抽查33个消防项目，下发备案抽查不合格整改通知书19份，查处消防

12月22日，第十一小学建设工地

隐患100余条。

【建筑企业资质管理】 2019年，烟台开发区有独立资质的建筑业企业170家，其中房屋建筑总承包企业28家，市政公用工程总承包企业31家，电力总承包企业2家，矿山总承包企业1家，专业承包企业85家，劳务专业承包企业23家。一级资质企业10家，其中房屋建筑总承包企业6家，市政公用工程总承包企业2家，建筑幕墙工程企业1家，城市及道路照明企业1家。有13家企业新办理16项资质，6家企业增加8项资质。

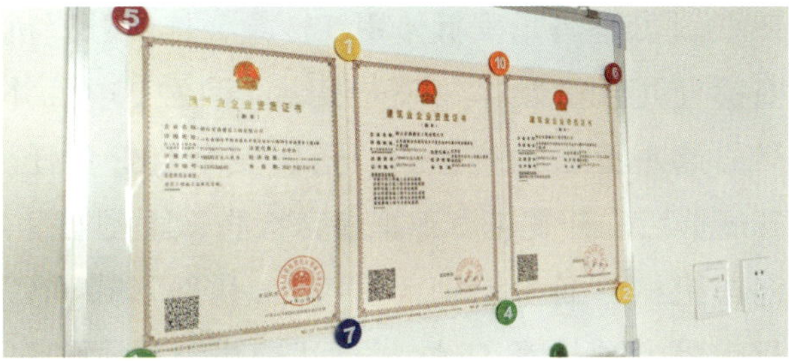

建筑工程企业资质证上墙

【招投标管理】 完成金沙江路道路及电力隧道工程设计施工总承包（EPC）、新建第十一小学、第十二小学等86项建筑工程招标、评标工作，总计中标金额81.4亿元。有36个项目采用招标人承诺制提前完成招投标工作，占项目总数的42%，通过大幅压缩招标前准备时间，项目建设周期再缩短30天，为重点项目快开

工早建设提供保障。加强建设工程项目标后管理，印发《关于进一步加强房屋建筑和市政工程项目履约监管工作的通知》，确保投标承诺在工程建设中得到全面落实，营造依法经营、诚信履约的市场环境。组织开展标后专项检查2次，监督整改违规行为为58条，维护招投标市场良好秩序。从4月份开始，开展房建、市政和交通领域招投标突出问题专项治理工作，对照10个重点治理问题排查227个建设项目。应招标工程的实际招标率、进场交易率均达到100%，未发现涉及招投标领域的违法违纪违规问题。10月18日，业达地产有限公司业达城市广场工程监理项目在烟台市公共资源交易中心开发区分中心完成招标，该项目首次采用“网上开标”+“无主持评标”模式，实现烟台开发区建设工程招投标交易从电子化向网络化的新跨越。

【建筑业安全管理】 监督在建工程总建筑面积400万平方米，实现施工许可与安全监督手续合并办理。全年办理建筑施工安全措施备案103项，市政工程、挡土墙工程安全措施备案36项，办理塔吊安拆使用323项，施工升降机安拆使用153项，吊篮使用登记1221项，并严格起重设备抽查检查、落实安全监管责任。开展节后、开复工、春季综合执法、危大工程、起重机械、扬尘治理“雷霆”“利剑”“闪电”行动等专项检查10次，下达隐患整改通知书702份，监督整改安全、扬尘等隐患3955余条，未发生重大安全生产事故，确保全区建筑业安全生产形势的稳定。培育创建省级安全文明工地8个，市级文明工地25个，4个建设项目通过山东省绿色施工示范工程中期验收。持续深化远程监控管理体系建设，将视频监控、塔机监控、人脸识别及扬尘监测有机结合，打造远程综合管理平台。全年局域网监控中心利用远程监控巡查工地、塔机等安全运行情况980余次，下达隐患整改通知书216份，监督整改各类安全、扬尘隐患750余条，实现与现场监督的有机结合，全方位监管。借助第三方服务机构专业人员构建网格化监管体系，接茬开展安全生产巡查及各类专项整治，其中季节性综合执法检查3次，126个项目因质量安全等问题被通报批评，62家施工、监理单位因质量安全管理较差被诚信扣分。危大工程专项执法检查1次、起重设备安全专项检查2次，抽调4名起重设备专业技术人员，对全区起重设备进行全面排查，共查处起重设备安全隐患260余项，3个项目的4台塔吊被强制退场。

11月12日，大季家街道天水路C-5安置小区工地安全检查

【建筑施工企业选介】 烟台市红旗置业有限公司 2000年5月成立，注册资本2.5亿元，具有房屋建筑工程施工总承包一级资质。2019年施工工程有龙湖天钜项目、龙湖春江悦茗项目、天马相城四期项目、盈科品园项目、烟台开发区人力和社会保障综合服务中心暨人力资源产业园项目、红旗集团产业工人建研基地项目、万科城3.2期项目等7项，施工面积45万平方米，完成施工产值6.3亿元，实现税收1845万元。烟台盈科花溪径小区5号楼获得山东省建筑质量“泰山杯”工程、烟台经济技术开发区人力资源和社会保障综合服务中心暨人力资

源产业园和盈科品园小区3号楼工程获得2019年度“山东省建筑工程优质结构”工程、万科城24号楼工程、花溪径1-3号、5-6号工程、中节能聚创新城17号、25-29号住宅楼及Z1地下车库工程、盈科品园小区1-8号楼及地下车库工程、红旗集团产业工人建研基地1号食堂、2-8号宿舍楼、龙湖天钜小区1-8号楼及地下车库荣获烟台市优质结构奖。公司被烟台市住建局及烟台市建筑业联合会评为烟台建筑业优秀企业。

烟台市政建设集团有限公司　1997年8月成立，注册资本3.6亿元，具有市政公用工程施工总承包一级、建筑工程施工总承包二级、城市及道路照明工程专业承包二级资质。2019年施工工程23项，涉及道路、绿化、污水、管涵、亮化、自来水、热力、建筑等领域，参与PPP项目施工2项，实现施工产值1.7亿元，实现税收683万元。公司承办由山东省“千名干部下基层”民营企业高质量发展烟台服务二队和中国市政工程协会民营企业分会主办的福莱山论坛——民营市政企业发展高峰论坛。邀请国务院参事室特约研究员、国家统计局原总经济师兼新闻发言人姚景源作为论坛的演讲嘉宾，来自全国各地的参会人员393人，参会企业248家。公司被山东省市政行业协会授予“2019年度山东省优秀市政工程施工企业”荣誉称号，获“烟台市市政工程优质工程奖”和“烟台市市政标准化示范工地”奖各1项，获省级工程建设工法1项、省级QC成果奖4项，被评为烟台市建筑市场信用管理考核AAA级企业、烟台市市政行业诚信企业。

烟台胜利建筑工程有限公司　1987年7月成立，注册资本1.28亿元，具有建筑工程施工总承包一级资质、市政公用工程施工总承包三级、建筑装修装饰工程专业承包二级、钢结构工程专业承包三级、起重设备安装工程专业承包三级、铝塑门窗制造及安装资质。2019年，公司有职工650人，参建工程主要有凯恩新材料厂房及办公楼工程、烟台开发区森林消防站工程、爱迪特厂房及办公楼工程、蚕业研究所工程、粮库包装车间工程、南涂山新城工程、冀东油田陆地钻前工程等，施工面积6.4万平方米，完成施工产值1.1亿元，实现税收297万元。其中在冀东油田陆地钻前工程中被授予“提速提效优胜基层队”和“红旗专业服务队”称号，连续3年被评为建筑业信用企业。

烟台双鹏建设工程有限公司　1996年10月成立，注册资本2亿元，具有房屋建筑总承包一级、建筑装修装饰工程专业承包二级、钢结构工程专业承包二级、市政工程施工总承包三级、起重设备安装工程专业承包三级资质。2019年承建的香橙小区20号住宅楼荣获烟台市优质工程，第一小学综合教学楼荣获烟台市优质结构和烟台市文明工地，烟台正海生物科技有限公司生产车间1号、办公楼荣获烟台市优质结构和烟台市文明工地以及山东省优质结构。

烟台市惠安建筑工程有限责任公司　1996年成立，注册资本8000万元，具有房屋建筑工程施工总承包一级资质，省级重合同守信用企业。2019年，公司有各类工程技术人员、经济管理人员302人，施工工程7项，施工面积6.2万平方米，完成施工产值1.1亿元，实现税收372万元。承建的天颐郦城工程被评为“市文明工地”。

烟台宏源建设工程有限公司　1997年成立，注册资本1.88亿元，具有房屋建筑工程、金属门窗安装制造一级，市政公用工程、起重设备安装工程、防水防腐保温工程、建筑装修装饰工程、消防设施工程、建筑幕墙工程二级，钢结构工程三级资质。2019年，公司有职工1500人，施工工程13项，施工面积60.8万平方米，完成施工产值 10 亿元，实现税收 1524 万元。荣获“2019 年度中国工程建设安全生产标准化示范单位”和“2019 年度烟台市建筑业优秀企业”等称号。

烟台开发区金桥建筑安装有限公司　1995 年 3 月成立，注册资金 8000 万元，具有房屋建筑工程施工总承包一级、建筑装修装饰工程一级、消防维护保养检测一级、消防设施工程二级、市政公用工程总承包三级、钢结构工程三级资质。2019 年施工工程 6 项，施工建筑面积 40 万平方米，完成施工产值 3.2 亿元，实现税收 1100 万元。

新兴交通建设有限公司　1994 年 9 月成立，注册资本 3 亿元，具有市政公用工程施工总承包一级、公路工程施工总承包二级、桥梁工程专业承包二级、公路路面工程专业承包二级、公路路基工程专业承包二级、土地开发整治乙级资质。2019 年，有员工 220 余人，完成施工产值 3.72 亿元，实现税收 586 万元。承建工程荣获中国安全产业协会建筑行业分会“2018—2019 年工程建设安全生产标准化示范工地”奖。

【建筑工人工资保障与清欠】 3 月起，在建筑施工现场实施建筑工人实名制管理，全区 127 个在建工程与平台数据对接成功，实现在建工程实名制管理全区覆盖。为根治欠薪问题，在全市首先制定出台《关于进一步加强建设领域农民工工资支付管理的通知》《关于烟台开发区房屋和市政工程建设领域农民工工资保证金管理的通知》《关于烟台开发区房屋建筑和市政工程建设领域农民工工资预储金管理的通知》等文件，加强行业管理，加大检查力度和检查频次，全面排查并及时化解拖欠农民工工资的问题。全年开展建筑市场综合执法检查 3 次，7 家施工单位被限制承揽工程半年、9 家施工单位被清出烟台开发区建筑市场。8 家单位在省就业和农民工工作联席调研抽查中迎检充分，予以通报表扬及加分。

【建筑工程设计】 完成 223 个项目的图纸审查工作。山东普来恩工程设计有限公司完成施工图建筑面积 328 万平方米，营业收入 4344 万元。公司承接的烟台开发区烈士陵园纪念馆建筑和景观获烟台市优秀工程勘察设计成果一等奖，烟台开发区八角第二小学获烟台市优秀工程勘察设计成果二等奖。

【建筑业资质培训】 烟台开发区建设业联合会组织开展建设行业专业人员培训 2020 人，其中一建二建（建造师）人员新取证 500 人，办理注册类业务 1800 余家，特殊工种人员培训 616 人，建筑施工企业安全管理人员新取得证书人员共计 626 人、延期 278 人。

房地产业

【概况】 2019 年，烟台开发区房地产行业继续保持平稳向上的发展态势，在建房地产项目 30 个，完成投资 47 亿元，在建建筑面积 380 万平方米，年度开工面积 180 万平方米。盈科品园、佰和荣筑、万泰金沙汇等重点旧村改造和服务业项目快速推进；新技术、新工艺得到全面推广应用，万华节能研究中心项目获评 2019 年度省级装配式示范项目，A-45 二期试点应用钢结构装配式建筑，中南熙悦、盈科品园等 28 万平方米居住建筑完成绿色建筑二星级评定，指导海信岱岳府项目进行高星级（三星级）绿色建筑创建工作，城市建设品质进一步提升。

【住房保障体系】 对符合条件的保障家庭，在

"应保尽保"的基础上，实施实物配租与租赁补贴发放"多元化"保障模式。为解决实物配租后的运营管理问题，通过公开招标形式聘请第三方运营服务管理公司，从事全区保障房项目实物配租后的运营管理服务。全年实施租赁型保障性住房实物配租2681套次、收缴租金785.39万元；对247户家庭发放廉租房租赁补贴23.54万元。

【房地产开发项目管理】 全年在建项目30个，总投资242亿元，完成投资47亿元，在建面积380万平方米，年度开工面积180万平方米。4个重点房地产项目列入全区三重项目，其中旭辉A-2地块（辉盛岚海）由烟台泰博房地产有限公司开发建设，总投资19亿元，总建筑面积28.46万平方米，年底完成基础施工60%，部分进入主体施工；佰和荣筑一期由烟台佰和投资有限公司开发建设，总投资10亿元，总建筑面积15万平方米，年底幼儿园封顶，基础施工基本完成；盈科品园由烟台盈科置业有限公司开发建设，总投资6.3亿元，总建筑面积10.7万平方米，年底主体施工完成60%；中节能聚创新城二期由中节能（烟台）国际节能环保有限公司开发建设，总投资5.1亿元，总建筑面积13.6万平方米，年底完成主体施工。下半年，结合自贸区建设创新工作模式，编撰《房地产项目建设告知事项及服务指南清单》，内容包括招标、施工、质量、安全、验收等各环节的注意事项清单及办事明白纸，让开发企业一目了然，提高办事效率。

【房地产行业管理】 定期进行市场分析，落实房地产项目建设推进情况每月调度机制，及时掌握项目现场进展，完成每月市场运行情况简要分析及每季度的综合运行情况分析。在房地产企业资质管理方面，积极与市审批中心对接，明确审批流程。上半年办理新成立企业暂定资质5家，资质升级、延期及法人变更手续25次。积极组织产品认定和监督管理工作，上半年办理节能产品认定3个、新型墙材应用及节能评价意见48例，现场检查56次，办理返还墙材基金项目16例。结合住建领域突出问题专项整治"利剑"行动，排查烂尾楼盘及长期拖延交房项目情况，摸排全区住宅项目中配套幼儿园应建未建、未在首批项目同步交付等问题，形成专题报告，对存在问题的项目逐一下达整改通知，督促项目尽快完成整改事项。

【房产交易】 房产交易管理建立"双随机一公开"监管体系，实时监督预售资金的缴存和使用拨付，采取灵活、人性化的管理方式，保证企业的资金需求，做好房地产市场调控政策的实施。全年批准预售项目68个，预售面积125.28万平方米（11092套），同比分别增长28.30%、23.99%。其中：住宅113.68万平方米（9334套），同比增长14.57%；非住宅11.60万平方米（1758套），同比增长8.31%。预售网签备案8699套共97.23万平方米，预售金额108.05亿元，同比分别下降34.26%、29.30%、16.54%。其中：住宅7857套，同比下降32.17%；面积89.01万平方米，同比下降28.57%。非住宅面积8.22万平方米，同比下降36.42%。商品房销售均价11112元/平方米，同比增长18.06%，其中住宅销售均价11216元/平方米，同比增长19.34%。截至12月，商品房库存为123.20万平方米，其中住宅58.13万平方米。商品房去化周期10.75个月，住宅去化周期5.61个月。

【房屋中介管理】 为适应不动产登记改革后房产交易监管的需要，根据市交易中心的统一部署，统一交易合同，推行存量房交易网上签约制度。2018 年 7 月起试点运行，2019 年 4 月在全市全面推开，实现网签全覆盖和“一份合同用到底”。以网签合同实现交易价格申报和交易信息的互通共享，有效防范“低价纳税，高价贷款”等风险。加强中介备案管理，截至 12 月，备案房产中介 249 家，二手房网签 3121 套。

【老旧小区提升改造】 烟台开发区自 2011 年开始对老旧小区进行改造，并将该项工作命名为“美化家园”工程。2019 年，投入 1500 万元对福东、福西、奇章一期等 3 个小区进行基础设施改造，涉及居民 2464 户。其中福东、福西小区改造主要内容为主、次干道路面维修和硬化，奇章一期改造主要内容为道路维修硬化和局部雨污水管网维修。截至年底，福东小区、奇章一期完成验收。福西小区在改造过程中，应居民要求，同意由居民自筹资金增加热力管网和燃气管网工程项目。

2018 年 11 月 29 日，福东小区改造前

2019 年 11 月 25 日，福东小区改造后

【“大棚房”专项整治】 1 月，烟台开发区成立“大棚房”问题清理整治指挥部。经排查，发现 3 处“大棚房”问题，针对存在问题推进整治工作。对其中 1 处将看护房改变用途用于居住的“大棚房”问题，由指挥部组织进行拆除整改，恢复耕种；对其中 2 处特定时期兴建的新农村建设和乡村振兴项目，本着尊重历史的原则，采取完善用地手续的方式推进整改。3 处“大棚房”问题均在规定的期限内完成整改。

【棚改】 烟台开发区棚户区改造计划共 2 个项目 2007 套安置住房，占全市年度总任务的 55%。争取上级棚户区改造专项奖补资金 3884 万元，获得专项债券 8.45 亿元。至年底，2 个项目均开工建设，其中 C-5 小区 C 区项目 405 套安置住房，主体工程全部封顶。A-45 小区（S2 地块）进行主体工程及基础工程施工。

12 月，大季家街道 C-5 小区 C 区安置小区项目建设工地

【物业管理】 至 2019 年，烟台开发区已交付备案且实施物业管理的项目 156 个，总管理面积 2200 余平方米，由 86 家物业服务企业承管。其中住宅项目 132 个，建筑面积 2041 万平方米；非住宅项目 24 个，建筑面积 159 万平方米。本年度，银和怡海国奥天地项目获得“山东省物业行业文明创建示范项目”荣誉称号，烟台佰和物业管理有限公司获得“山东省物业行业文明创建标兵企业”称号，2 名物业服务从业者获得“山东省物业行业文明创建服务明

星”，烟台开发区建设交通局获得“全省物业服务行业文明创建模范单位”的荣誉称号。出台《关于实施“红心赋能”工程，以党建引领提升物业管理水平的意见》，以党建引领为中心，以完善体制机制为手段，促进全区物业服务水平和业主满意度的提升。制定《关于强化党建引领加强业主大会和业主委员会建设的指导意见》，引入党建力量，强化党建引领的思想和原则，明确业主大会成立相关条件及程序。制定详细可操作的《物业服务考评指导意见》《关于物业管理招投标的指导意见》等文件，将包括“物业服务考核”在内的物业管理权限下沉街镇。成立开发区物业行业党委及物业行业协会，将党建引领深度融入行业管理，并组织开展6次行业培训、观摩等活动，进一步提升行业凝聚力。筛选培养金城小区等5个“红心物业”示范项目，通过树立典型，以点带面，激发基层自治活力，带动全区物业服务水平整体提升。

正海集团
ZHENGHAI GROUP
热烈祝贺 烟台正海生物科技股份有限公司

公用事业

Public Utility

自来水

【概况】 全年总供水量6309万立方米，日均用水量17.28万立方米，用水用户17.75万户。4月16日，开发区自来水公司与山东水务蓬莱华建水业有限公司签订实物资产交易合同，以993.52万元价格购买蓬莱华建水业潮水片区实物资产，对相关工作人员进行接收。截至年底，区自来水公司固定资产原值10.70亿元，净值7亿元。公司设办公室、财务部、综合管理部、生产管理部、技术部、客户服务中心、安全生产办公室、物资部、设备部、营业部、古现营业处、八角营业处、大季家营业处、第一净水厂、第二净水厂、凤凰山水厂、清源公司等17个部门以及重点工程推进办公室1个临时机构，在册职工327人。

【供水保障】 公司有净水厂1座（第二净水厂，亦称卧牛山水厂）、应急水厂1座（凤凰山水厂）、在建水厂1座（洪钧顶净水厂）、合建水厂1座（福山20万吨新水厂）。有5个加压泵站（分别位于开发区衡山路、八角、大季家、白云山、福莱山），2个高位清水池（分别位于开发区A-33、A-54地块），对全区供水管网压力进行调节，以满足全区供水需求。有马家、巨峰、大葛家3个井群。是年，开发区DN100以上供水管道总长度1107公里。全年公司承担各类给水工程104项，其中给水配套工程20项，用户工程84项，总投资7496万元。完成管道安装7.51万米，砌筑井室1172座，水表安装1.10万块。全年总供水量6309万立方米，其中非居民用水占79%，居民用水占21%，日均用水量17.28万立方米，最高日用水量24.56万立方米。全年用水用户17.75万户，其中居民性质用户16.46万户，非居民性质用户1.29万户。年度新增用户2.55万户。用水量较大的用户有万华化学集团、宏华胜精密电子有限公司、烟台国际机场集团有限公司、业达热电集团、烟台港西港区发展有限公司等。积极推进供水工程改造与建设。5月底，卧牛山改造工程完成并投入使用，水厂日处理能力由14.5万立方米提升至18.5万立方米；协调推进福山20万吨新水厂建设，厂区管网基本敷设完成。

第二净水厂一体化水处理设备

【水质安全】 5月，对水厂制水工艺进行改进，在第二净水厂（卧牛山水厂）取水泵站和凤凰山水厂进水口新增过硫酸氢钾投加消毒设备，去除自来水中的藻类、消除异味。8月，将第二净水厂的净水剂由固体聚氯化铝自行配制更换为液体聚氯化铝，投加量控制更加精准，进

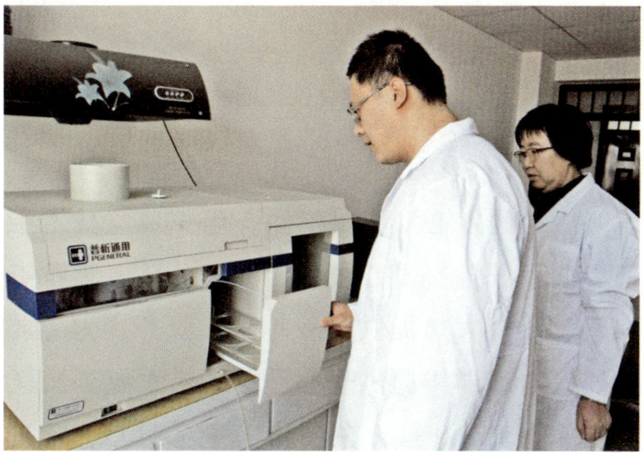

水质检测

一步降低出厂水浊度。推进洪钧顶净水厂深度处理工程建设，在新建的洪钧顶净水厂采用臭氧、活性炭、紫外线杀菌等深度处理工艺。截至年底，主体工程完工。在自来水的生产和供应过程中，严格对水源水、出厂水、管网水进行检验化验，累计检化验 1.7 万余项次，出厂水水质合格率 100%。

【重点工程建设】 2019 年，开展新水源项目建设。新水源项目包含洪钧顶净水厂工程、山吴家水库工程以及洪钧顶水厂至大季家输水管线工程 3 部分。截至年底，洪钧顶净水厂土建工程主体完工，洪钧顶水厂至大季家输水管线工程主体完工。上夼梨花村以北东侧管线通水工程竣工，通水试运行，解决原玻璃钢管线的爆管隐患，提高供水保障能力。应急管网联通供水工程竣工并完成调水调压试验，实现第二净水厂与凤凰山水厂供水的互联互通，改变开发区东区供水完全依靠第二净水厂的现状，提高全区供水安全系数。

洪钧顶水厂建设工地现场

【供水服务】 4 月，公司推出“优质服务零距离，爱心服务暖人心”党员活动，组织成立技术服务、便民服务、爱心服务 3 个小分队，为重点项目、用水大户提供“一对一”服务，为老弱病残等特殊群体提供爱心服务，供水服务满意率显著提升。9 月，在公司“不忘初心、牢记使命”主题教育活动的调查研究过程中，广大党员、干部深入基层、深入一线调查研究，在水质水压、抢修维修、工程施工、收费服务等问题上听取用户意见，回应群众关切。公司推进建立“互联网 + 用水业务”新模式，全面实现用水性质变更等线下业务线上办理。全年网上收费 27.51 万笔，金额 2992 万元，同比增长 45.24%。全年完成数字化城管信息 40 起，受理网上市民对话 56 次，处理民生热线 373 起，接受水费查询和业务咨询 1.9 万余例。

慰问老人并提供上门收费服务

【安全管理】 为保障全区供水安全，对重点部位进行 24 小时监控。完善智慧水务平台功能模块，利用平台大数据，对全区供水情况进行实时监控。12 月，完成智慧水务平台智慧消防栓监控项目的合同签订。建立健全应急预案体系，将相关的应急队伍及抢修设备设施、物资集中在 A-33 高位清水池进行统一管理，确保

A-33 高位清水池泵房

在最短时间完成抢修任务，恢复供水。建立健全安全生产管理体系，公司特殊工种持证上岗率 100%，安全生产责任状签订率 100%，隐患整改率 100%。全年未发生安全生产责任事故。

供　电

【概况】 开发区供电公司设置营业班、抄表班、用电检查班、装表接电班、古现供电所、八角供电所、大季家园区供电所 7 个服务部门，有职工 240 名。全年完成全口径售电量 75.14 亿千瓦时。参加重大活动保电 36 次，出动发电应急车 24 台次，完成老年旅游大会、中高考、研究生考试、金沙滩马拉松等重要活动、会议、考试的电力保障工作，实现重大活动零停电。

【电力供应】 2019 年，全区完成全口径售电量 75.14 亿千瓦时，10 千伏及以下售电量 39.54 亿千瓦时，较上年同期增长 6.65%。接收市公司移交 10 千伏以上用户 9 户，全年售电量 35.6 亿千瓦时。其中，居民生活用电 2.98 亿千瓦时，农业生产用电 0.23 亿千瓦时，工商业、大工业用电量 71.93 亿千瓦时。全年完成低压新装增容 0.93 万户，新增报装容量 5.68 万千伏安。

【一户一档】 为保障开发区电网供电稳定性和可靠性，面向开发区 10 千伏及以上高压直供户 1312 户全部开展“一户一档一案”专项走访工作。走访中发现电力隐患 74 处，下发客户安全隐患限期整改告知书 74 份，其中重大电力隐患 5 处，已按期整改 5 处，完成度 100%。协助 24 户用户提报月度停电计划进行电力工程改造，协助 8 户用户提报临时停电计划进行紧急避险。督导 16 户用户进行电气预防性试验和周期试验。查处窃电用户 1 户，追补损失电费及违约金 51 万元；查处超容量用电户 4 户，已按期整改 4 户。夏季用电高峰期间，12 户企业主动调休，共限负荷 2 万千瓦；4 户企业参与需求响应工作，响应量 8.1 万千瓦；协助 3 户企业参与精准切负荷工作；协助 3 户企业与综合用能公司对接能源优化项目；挖掘 62 户直购电潜力用户，22 户与综合用能公司对接。

【电网项目建设】 4 月，220 千伏花岩输变电工程竣工送电；9 月 7 日，110 千伏西区一站送电成功，为西港区供电提供保障并辐射周边用电需求；12 月，220 千伏华鲁输变电工程启动初步设计。全年，完成 10 千伏台北线、10 千伏广厦线等 12 条线路改造工程，解决迎峰度夏期间重（过）载问题；投资 1370 万元，完成艾迪精密、中节能万润等重点项目电源配套工程。新建、改造中低压线路 26 公里，新增更换配变 15 台，整修农村配电室 40 座，重点满足新增负荷、解决设备重过载、优化网架结构、消除设备安全隐患等。台区总漏电保护器投运率 100%，农村户均配变容量提升至 2.35 千伏安，绝缘化率提升 8 个百分点，城农网供

11 月 1 日晚，古现大街路灯电缆施工现场

电可靠率 99.96%，位列 13 个市县区第二。完成年度扶贫项目，潮水镇新增变压器 2 台，新增容量 630 千伏安，变压器增容 200 千伏安，线路改造 1 条，共 550 米。支援潮水镇善集村基础设施建设，投资 10.5 万元安装路灯 19 盏。截至年底，开发区电网已形成以岗嵛站、新港站等 4 座 220 千伏变电站为主动电源，以 220 千伏、110 千伏为主干的供电网络。拥有 110 千伏公用变电站 11 座，主变数量 22 台，变电容量 1174.5 兆伏安。

供　热

【概况】 烟台业达热电集团有限公司负责全区热力生产供应。全年发电量 2.98 亿千瓦时，供热量 947.39 万吉焦。累计敷设热力管道 804 公里，其中热水管网 712 公里，蒸汽管网 92 公里。换热站 398 座，其中大型换热站 143 个，公建用户自管站 255 个。

【供热】 全年新增供热面积 188 万平方米，其中居民用户新增 155 万平方米，公建用户新增 33 万平方米；实现入网面积 3081 万平方米，其中居民用户 1889 万平方米，公建用户 1192 万平方米；实际供热面积 2174 万平方米，其中居民用户 1171 万平方米，公建用户 1003 万平方米；实现入网用户 19.66 万户，其中居民用户 19.19 万户，公建用户 4700 户；实际热用户 12.28 万户，其中居民用户 11.98 万户，公建用户 3030 户。

【供热设施建设与改造】 全年热力基础设施建设重点工程项目 6 项。八角电厂热力管网配套项目（南部热源—长江路段、长江路—青岛大街段、八角电厂—青岛大街段），11 月建成投产，敷设 DN1200、DN1400 热力管道 23.5 公里；万华研发中心热力管线配套工程（恒源热源沿杭州西大街及三亚路），项目总投资 2007.32 万元，11 月份建成投产；烟台西部热电有限公司华鲁厂区首站及配套蒸汽管网改造工程，项目投资 800 余万元，10 月份建成投产；1 号一级热力站及配套热网工程，项目总投资 1.45 亿元，10 月竣工投产；金沙江路热力管网改造工程（蒸汽、热水），项目总投资 8209 万元；北京北路一级热水网工程（天水路—西宁路），项目总投资 2585.26 万元。完成 10 项新建小区的热力基础设施建设，17 项公建单位热力基础设施配套。新装热量表 8642 套、温控阀 8678 套，涉及 11 个居民小区。全区总计安装热量表 13.41 万套，温控阀 13.44 万套。实现按表收费 13 个小区，共 1.84 万户。投资 933 万元，完成全区 154 个换热站、8244 个热水井室、129 个蒸汽网井室的热力设备设施及 645 公里的热水管网、92 公里的蒸汽管网的全面检修维护保养及设备消缺，对部分老旧小区的换热站及二级网实施技改和更新。完成 2548 户居民室外分户箱的更新改造，供热效果和供热安全得到保证，群众满意度进一步提升。

【热电设备及改造】 2019 年装机规模：华鲁厂区 1 台 130T/H、4 台 75T/H 循环流化床锅炉，2 台 12 兆瓦和 1 台 6 兆瓦汽轮发电机组；西部厂区 2 台 130T/H、3 台 75T/H 循环流化床锅炉，2 台 15 兆瓦汽轮发电机组；恒源厂区下设恒源热源、南部热源、大季家热源和潮水锅炉房，其中，恒源热源 1 台 116 兆瓦循环流化床热水锅炉、2 台 64 兆瓦热水锅炉，南部热源 2 台 116 兆瓦循环流化床热水锅炉，大季家热源 2 台 29 兆瓦热水锅炉，潮水锅炉房 2 台 7 兆瓦燃气热水锅炉。是年，完成 19 台锅炉、5 台汽轮机组及电气、自控、仪表附属设备的技术升级工作。华鲁厂区完成主蒸汽管道改造，首站管网及其配套设施改造，35千伏1号馈线、2号馈线电缆随着金沙江路改造工程全部更换；西部厂区完成1号炉加装水冷屏、低温过热器改造，脱硝超低排放喷枪优化改造，渣库加装收尘器;1号炉、2号炉、1号机DCS系统改造，新增脱硫滤料烘干设备；恒源厂区完成3台低压电容器柜改造，实现自动投切功能和自动无功补偿，有效提高功率因数。

【环保设施提升改造】 烟台西部热电有限公司对华鲁、西部、恒源厂区实施锅炉系统提效优化改造，改造完成后，锅炉烟气排放中的氮氧化物浓度达到超低排放标准≤ 40mg/Nm^3；实施脱硫废水处理车间建设，该项目具备15立方米/小时的脱硫废水处理能力，能有效处理脱硫废水中含有的杂质，主要包括悬浮物、过饱和的亚硫酸盐、硫酸盐以及汞、铅、铬、铜等重金属,处理后的废水将重新回收利用。5月，西部热电厂区实施脱硫滤料烘干项目建设，12月投产运行，日烘干50吨脱硫滤料。

【供热服务】 烟台业达热电集团自行承担770余万元，提前7天为全区居民供暖。全面梳理热力配套工程报装材料和报装流程，申报材料由5项缩减至2项，报装时限由30个工作日压缩至8个工作日。在集团公司网站推出12项“百姓用热零跑腿”事项和3项“热力报装一次办好”业务，按照“互联网+政务服务”要求，供热报装业务在山东政务服务网上线运行，实现用户“少跑腿”。开展“供暖管家”服务试点，在凤台、丹阳、大季家3个班组试行“管家式”服务,对热用户进行“一对多”“网格化”服务，实现服务工作“细、精、实”。

11月，热电集团检修供热管网

燃　气

【概况】 2004年，开发区供气门站建成投运。至2019年，全区共有门站1座，中压调压站2座，中低压调压站569座，次高压管线7.25公里，中低压管线528公里。全区天然气民用户14.25万户，用气量1650万立方米；工商户358户，用气量8807万立方米。全区石油液化气民用户1.5万户，用气量5699吨。

【天然气供应】 为确保安全供气，烟台新奥燃气发展有限公司严格按照国家《城镇燃气设施运行维护和抢修安全技术规程》《城镇燃气埋地钢制管道腐蚀控制技术规程》《城镇燃气管网泄露检测技术规程》等文件要求，积极开展管道检测和竣工检测验收工作，全年抢修抢险485次，其中漏气抢修43次。

【液化石油气供应】 全区有石油液化气公司2家，分别为烟台开发区兴顺液化气有限公司和烟台汇鑫燃气有限公司，共有储气能力239吨、储罐10台。其中5台50立方米储罐，2台30立方米储罐，2台20立方米储罐，1台10立方米储罐。随着区内旧村改造的开展，全区石油液化气居民用户数量由5年前的3万余户减少至1.5万户。至年底，全区更换智能钢瓶7367只，普通钢瓶保有2690只，置换报废钢

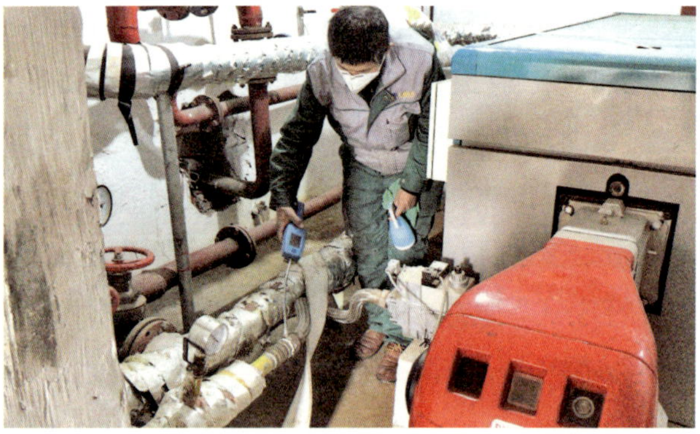

3 月 6 日，兴顺液化气有限公司管道安全检查

瓶 9057 只。

排　水

【概况】 2019 年，维护管理污水管线 366.3 公里、雨水管线 474.5 公里，管理泵站 9 座、涵闸 1 座。通过开展规范排水许可和日常监测、管道清淤工程和强化泵站运行维护等多项举措，保障全区管网通畅，排水秩序及设施运行良好。全年处理污水 3155 万吨，污水处理达标率 100%；处置污泥 2.5 万吨，污泥无害化处置率 100%。完成削减污水中氨氮、总氮、总磷等污染物的要求，出水水质长期稳定达标，保护了全区的水资源及自然环境。

【管道检测清淤工程】 引进先进的市政管道CCTV 检测机器人技术，开展管道清淤检测，累计疏通雨、污水管道 135 千米、清淤 500 吨，改善和解决老旧管网堵塞腐蚀严重、汛期积水问题，确保排水管网通畅。

【规范排水许可管理】 完善排水企业档案管理，对 382 家月均用水超过 100 吨的企业排水档案资料进行梳理和复核，对档案资料不全的排水单位下达限期办理通知，补充完善档案资料。全年下达限期办理通知 160 家，规范建档 392 家。建立周巡查制度，对全区 104 处入河入海雨水排放口采取低潮位巡查。引入专业水质检测机构，定期将全区 3 个主要污水总口水质纳入常规监测范围，一周一测，发现问题溯源排查，对违规企业下发限期整改通知。全年开展检测 786 次，下达整改文书 589 份，处置整改混排错接管线 53 处。

【泵站安全运行保障】 泵站改造，1 号和 3 号泵站改造完工，2 号泵站进入变压器安装阶段。日常维护，采取增频次减时长，降低故障率的方式，重点抓好日常检查，增加检查和小修频次，降低设备突发故障大修频次和井下作业时长，确保泵站运行良好。做好有限空间作业安全管理，严格执行作业审批制度、安全员现场监督制度，确保规范作业，全年开展有限空间

9 月 21 日，长江路管道检测清淤

7 月 9 日，2 号污水泵站维护作业

作业 59 次，各类维修作业 112 次。

【建成区道路防汛】 提前安排车辆 31 辆和各类物资，组织 120 人的防汛队伍，明确职责分工，划分责任区域，预备防汛值守。全区环卫人员 630 余人参加防汛，负责降雨期间雨水篦子的垃圾清掏，在主汛期前完成 4000 多个雨水篦子清理工作，确保道路泄水通畅。加强与河道主管单位、污水处理厂沟通，及时排放河道蓄水，减轻泄洪压力。加强积水点位抢排调度。对易积水薄弱点位，气象预报中雨以上，要求人员和排水设备提前到位。并加强安全防范，抢排积水过程中落实安全规范要求，对发生冒顶的井盖及时设置围挡，保障行人、行车安全。9 号、13 号台风登陆期间，对重点部位路面积水情况每 15 分钟调度一次，确保根据情况及时调度人员和设备处置。汛期共计组织夜间应急值班 7 次，排除城市主汛期道路内涝隐患，保障社会生产和群众出行安全，完成年度防汛任务。

8 月 11 日，舟山路 9 号台风防范准备

【污水处理厂】 2019 年，开发区有城镇污水处理厂 2 座，分别是古现污水处理厂和大季家污水处理厂。古现污水处理厂位于黄金河入海口西侧，是北京中联环工程股份有限公司投资建设运营的 BOT 项目，负责处理古现及八角部分区域的污水。一期项目处理能力 2 万吨 / 天，二期项目为山东省第一家全地下式污水处理厂，处理能力 4 万吨 / 天。全厂设计处理能力 6 万吨 / 天，实际处理 4.3 万吨 / 天，出水执行国家一级 A 排放标准。大季家污水处理厂位于大季家平畅河末端东侧，由马来西亚金诗投资公司以 BOT 形式承建运营，负责处理开发区大季家及八角部分区域的污水。一期项目处理能力 2 万吨 / 天，二期项目处理能力 2 万吨 / 天。全厂设计处理能力 4 万吨 / 天，实际处理 4.34 万吨 / 天，出水执行国家一级 A 排放标准。

11 月 5 日，中联环污水处理厂安装加药设备

公共交通

【概况】 1987 年 9 月 25 日，烟台开发区公共交通公司成立。2014 年，公司改制为国有独资有限责任公司，成立烟台经济技术开发区公共交通集团有限公司，注册资金 5000 万元，固定资产 3.25 亿元，职工 895 人。2018 年 11 月 29 日，烟台开发区公共交通集团有限公司包括国有产权，全建制无偿划转到烟台市公交集团有限公司，成为下属子公司，公司更名为烟台市公交集团开发区有限公司。2019 年 4 月 8 日，烟台市公交集团梳理组织架构，将原开发区公交集团下属的出租汽车公司、旅游汽车公司、交通汽车修理公司、交通汽车检测公司、业达汽车服务公司，与原开发区公交集团分离，移至

烟台市公交集团相应对口公司管理。烟台市公交集团开发区有限公司仅运营区内公交运营业务。2019年，公司完成载客里程2749.14万公里，营运班次90.72万班，客运量5340.15万人次。

【线路调整】 2月，对206路、207路、526路优化，将线路延伸至八角公交场站。3月，对211路完成优化延伸并增加4台运力，实现磁山风景区至市区线网连接，调整优化后每日48个班次。6月，对217线路进行优化，优化后每日16个班次；增设217路大季家公交场站—女王山区间线路；开通218线路，大季家公交场站—潮水接夼，每日6个班次；增设218路大季家公交场站—小雪村区间线路，每日16个班次。9月，开通221线路，天马相城—福柳新居，每日28个班次。9月，开通223线路，天马相城—开发区妇幼保健医院，每日28个班次。开通假日专线：5月1—3日，开通张裕博物馆—磁山假日景区专线，投入运力两台，共计47个班次；10月1—7日，开通潮水—万达假日专线，投入运力2台，共计28个班次；6月7—9日，开通金沙滩—彩云城微循环线路，投入运力1台，共计16个班次。开通定制公交，10月15日，开通从富士康人力资源—莱山生物科技园线路、怡海翠庭—莱山生物科技园2条定制公交线路，每天2个班次。试接驳公交，11月26日，开通大季家瑞祥花园—育萌幼儿园免费接驳线路，方便瑞祥花园及周边小区居民出行换乘，每天36个班次。

【运营线路设置】 公交运营线路30条，公交线路车394台。21路，开发区天马相城客运站—芝罘区塔山娱乐城，全程27.2公里，配置10米以上大客49辆；22路，开发区SK润滑油—芝罘区塔山娱乐城，全程24.5公里，配置10米以上大客18辆；23路，汽车西站—莱山区烟台大学文经学院，全程39公里，配置车辆34辆。25路，开发区业达汽车服务有限公司—芝罘区康和新城公交场站，全程19.1公里；27路，汽车西站—芝罘区东林，全程33.5公里，配置10米以上大客42辆；28路，开发区天马相城客运站—芝罘区旅游大世界，全程39.2公里，配置10米以上大客40辆；201路，开发区公交公司—大季家公交站，全程35公里，配置10米以上大客17辆；203路，开发区公交公司—石岚村，全程23.2公里，配置8.7米以上大客12辆；205路，汽车西站—富士康E区，全程25.9公里，配置10米以上大客35辆；206路，汽车西站—富士康八角工业园，全程27.9公里，配置10米以上大客20辆；207路，开发区公交公司—八角生活区，全程29.3公里，配置10米以上大客19辆；208路，开发区公交公司—八角，全程29公里，配置10米以上大客14辆；209路，开发区公交公司—山后李家，全程33.5公里，配置10米以上大客10辆；210路，开发区富士康E区—烟台辅特戴斯酒店，全程24.5公里，配置10米以上大客19辆；211路，烟台火车站北广场—磁山公园，全程34.5公里，配置8米以上大客5辆；212路，开发区公交公司—张裕城，全程16.3公里，配置10米以上大客5辆；213路，汽车西站—福康社区，全程19.8公里，配置10米以上大客10辆；215路，大季家公交站—SK润滑油，全程39公里，配置10米以上大客12辆。521路（东线），福山区福山一中公交场站发车—福山一中公交场站，车辆环型运行，全程28.4公里，配置10米以上大客14辆；522路（西线），福山区福山一中公交场站—福山一中公交场站，车辆环型运行，全程28.4公里，配置10米以上大客14辆；526路，福山区福山一中公交场站—开发区八角生活区，全程28.6公里，配置10米以上大客12辆；551路，天马相城客运站—华安工业园，全程 26.5 公里，配置 10 米以上大客 6 辆；K2 路，汽车西站—城铁南站，配置 10 米以上大客 7 辆；烟开 K1 路，线路贯通开发区海边主要旅游景点，开发区公交公司—天马相城客运站；院下区间车线路，属道路客运班车线路，开发区公交公司—院下，全程 18.6 公里，配置 8.7 米以上大客 1 辆。216 路，天马相城客运站—大季家公交站，全程 33 公里，配置 10 米以上大客 8 辆；217 路，天马相城客运站—大季家公交站，全程 14 公里，配置 10 米以上大客 1 辆；218 路，大季家公交场站—大季家公交场站，车辆循环运行，全程 28 公里，配置车辆 2 台；221 路，天马相城客运站—福柳新居，全程 6 公里，配置车辆 1 台；223 路，天马相城客运站—开发区社会福利中心，全程 12 公里，配置车辆 2 台。

市容环境

【概况】 2019 年，市政环卫部门积极推动环卫、市政业务综合市场化，将道路保洁、生活垃圾清运、环卫和市政设施维护、建筑垃圾收运、防汛、清雪等业务综合纳入市场化管理范围，提升全区环境卫生管理和市政设施维护水平。城区道路保洁面积 883.39 万平方米，生活垃圾收运覆盖 154 个居民小区、946 家企事业单位、22 个村居，年收运垃圾量 15.2 万吨。维护管理公用垃圾桶 474 个、垃圾房 12 座、地埋式垃圾桶 70 个、果皮箱 662 个、固定和轻型公厕 38 座，小型生活垃圾压缩站（以下简称小压站）43 座、3 座垃圾中转站。管理桥梁 45 座，维护道路 147 条。

【市政环卫综合市场化改革】 为提升全区城市管理水平，提高城市环境卫生质量，按照“招大引强”原则公开招标，选取业绩优良、资金充足、设备良好、技术先进的国内行业一流养护企业，从事开发区市政环卫工作。4 月完成资产评估、作业质量标准及考核办法编制等准备工作。11 月 14 日，经公开招标后由烟台业达建设集团有限公司与中环洁环境有限公司联合体中标。该联合体成立中环洁业达环境服务（烟台）公司承接各项具体业务。12 月 19 日完成全部人员交接，各物业公司交接人员 616 人，中心交接 260 人、依法辞退 10 人。12 月底完成车辆、公厕、小压站、中转站和泵站涵闸，以及专用设备、清雪防汛设备等固定资产及物资移交，实现各项业务工作平稳过渡。综合市场化改革后，市政环卫中心不再担负具体业务，实现管干分离。

12 月 25 日，天山路立体洗扫

【道路与市政设施维护】 年初，开展道路普查。根据道路破损情况，综合考虑安全性、防汛等

8 月 28 日，牟黄路破损路面修复

因素制定道路修补计划。全年道路和市政维护投入专项资金 400 万元。破损沥青路面修补 5992 平方米、人行道维修 1.15 万平方米、修整路沿石 7790 米、树盆 551 套；维修更换井盖、篦子 1991 套，保障市政设施完好率。完成 45 座桥梁的两次常规定期检测和长江路夹河大桥的特殊检测。开展桥梁安全隐患整改工作，安装防撞桶 48 个，设置标识警示牌 128 处。

【环卫设施建设与管理】 对 8 座陈旧固定公厕、42 座生活垃圾小压站进行改造提升。公厕按照“完善功能、体现细节、朴素大方、一所一策”的改造思路，进行外观和内装饰翻新，合理布局内部空间，更新洁具，增加通风、母婴室、盥洗间、第三卫生间、空调设备等。小压站按照垃圾无残留，污水不暴露的标准全面加设围栏、密闭排水口，消除异味影响，提高整洁度。9 月底完成招标并施工，至年底，完成各公厕上下水电管网的敷设，外墙及地面的保温、防水、涂料的施工，瓷砖铺贴、设备安装等工作，完成总工程量的 50%。制定印发《小型生活垃圾压缩站管理规定》，明确小压站保洁和养护标准，加强小压站养护管理。根据《公厕日常考核管理办法》规定，每天对 38 座公厕开展巡查，对缺勤、保洁未达标人员进行处罚，全年共处罚 47 人次，罚款 1.29 万元。协调天山郡小区完成生活垃圾小压站建设，解决小区无环卫规划预留及垃圾箱长期占道影响市容市貌问题。

【道路保洁管理】 开展道路冲洗作业，各保洁公司投入人力 616 人，道路清扫车 18 台、洒水车 9 台、高压清洗车 9 台、应急车及巡查车辆 14 台、电动保洁车辆 407 辆，保障保洁作业需求。道路清扫保洁以机械化作业为主，人工为辅，推行道路湿法保洁，对开发区东区全部主次道路进行冲洗。人行道保洁以人工为主，重点加强对学校周边、农贸市场、繁华商业街区等人流密度较大部位周边道路保洁，通过增加重点部位保洁人员数量和巡回捡拾频次，确保保洁质量。10 月，落实扬尘治理及大气污染治理要求，在自有机械设备基础上，外雇社会洒水车、洗扫车等车辆，满足道路冲洗要求。延长作业时间，开展除污降尘，每天 6—21 时进行冲洗作业，日均出动洒水车 16 台、高压冲洗车 9 台、多功能抑尘车 3 台，用水 770 吨。市政环卫综合业务市场化改革后，中环洁业达环境服务（烟台）公司按照作业质量标准要求，先期采购投入 12 台大洗扫车、3 台冲洗车，采取洒水车、洗扫车立体化、阶梯式作业模式对道路进行洗扫作业，道路保洁效果提升明显。精细化保洁考核，在日常作业考核基础上，开

10 月 17 日，古现垃圾中转站生活垃圾收运

6 月 5 日，柳子河路环卫工人冲洗人行道板

展“徒步查”活动，提高检查精细度，与保洁费拨付挂钩。建成区道路划分 34 个责任路段，各责任路段每周检查一次，即查即改。对各保洁责任单位保洁人员在岗情况进行考核，确保保洁人员在岗人数达标。对上级督查发现问题整改不及时、不到位的予以扣分。全年因保洁不达标、人员缺岗等原因共扣罚保洁责任单位 2.74 万元。完成 70 多次线路保障任务。

12 月 7 日，珠江路清雪防滑机械作业

【道路清雪防滑】 2019 年，早计划、早准备，储存环保融雪剂 400 吨、防滑沙 100 立方米，预备 13 台撒布机、雪铲 45 台，滚刷 20 台，为年度道路清雪防滑工作做好准备。坚持雪日 24 小时值班制度，根据天气预报组织值班备勤。实行清雪防滑网格化管理，对融雪剂撒布及机械作业人员进行分组，划分和明确责任区域。落实严控融雪剂使用的要求，购置高效清雪设备，以雪为令，加强机械的调度安排。雪季，安排清雪值班和作业 46 次，完成东区主次干道道路清雪防滑任务。

【环境卫生管理】 合理调配车辆，及时清运生活垃圾，确保居民小区和公用垃圾容器垃圾无满溢，做好收运点位的路面冲洗，达到车走地净要求。全年清运生活垃圾 15.2 万吨。城乡生活垃圾一体化服务 22 个村居，其中古现区域 10 个村庄、八角区域 6 个村庄、大季家区域 6 个村庄。3 座垃圾中转站年转运量 8100 吨。生活垃圾全部密闭化运输，实行统管统运，无害化处置率 100%。开展餐厨废弃物收运专项整治行动，查处违规倒运 2 起，进一步增强餐饮企业规范收运意识。至 12 月底，全区签约餐饮企业 823 家，配桶 2740 个，收运 1.47 万吨，收运量居全市前列。

【环境质量提升】 加大道路洗扫力度。为提高道路清洁度，增强除尘降尘效果，11 月 26—30 日连续 4 天启动夜间冲洗，分别开展借雨冲刷作业、联合机组冲洗作业。自 12 月 9 日开始，组织中环洁新到位的 12 台大洗扫、3 台冲洗车分组开展机械化立体排扫作业，清除道路积尘效果明显。打造城市深度保洁示范路，2019 年新申报城市保洁示范路 2 条：柳子河路（庐山路—衡山路），长度 1494 米；天山郡南规划路（凤台山路—乐山路），长度 1484 米。严格按深度保洁标准进行保洁，获验收通过。至 12 月，全区深度保洁示范道路 6 条。

9 月 27 日，珠江路道路冲洗

【市容环境整治】 落实文明城市提升整治要求，加大巡查，及时发现和清理城区卫生死角，重点对农贸市场、学校、医院、商城周边区域加大保洁力度，及时清理野广告、捡拾漂浮物、烟头，累计清理卫生死角垃圾 47 吨，清除野广告 1 万处，有力保障城区环境卫生质量。督查问题点位整改，及时对路面粘带、流

11 月，嵩山路垃圾清运

黄进行清理和冲洗，对全区裸露土地、工地、土路口等扬尘污染源进行摸排，及时发现问题，立行立改，确保路见本色。累计整改问题点位 241 处。

园林绿化

【概况】 2019 年，全区公共绿地及公园广场的养护管理任务共 1002 万平方米，包括 100 多条道路、6 个大公园广场及 6 个小游园。其中园林公园管理中心自行承担 846 万平方米的养护管理任务，其余 156 万平方米由 16 家企业承包。

【绿地管理】 综合行政执法局园林公园管理中心下设 10 个养护管理班，一个司机班，有正式员工 19 名，临时工 258 人，负责全区 846 万平方米的公共绿地养护管理。全年共清理绿地废弃物 5296 立方米，清理野广告 1609 个、破损条幅 66 个。修剪 52 万株花灌木、6 万株行道树；对 846 万平方米绿地的草坪及模纹进行修剪。对温室大棚 244 株铁树、石楠等特种树及 1700 余株造型景观树进行造型修剪和越冬管理。全面清查因市政工程施工、苗木老化受病死亡等原因造成的裸露地块，对泰山路、秦淮河路、秦山路、黄金河与 206 国道交界处等裸露地块的绿化进行整治，栽植木槿、连翘、紫叶李等花灌木及石楠、女贞、黄杨等模纹 1.3 万平方米，提升相关地段的景观效果，解决相关地段绿地停车问题。“五一”劳动节和“十一”国庆节，在区行政中心南广场、天地广场、泰山路、夹河公园南出口摆栽牵牛、万寿菊等时令花卉 28 万余株，根据花期的不同随时更换时令花卉，确保四季有鲜花。

8 月 9 日，秦淮河路绿地除草

【公园广场绿化】 夹河公园、天地广场、黄金河公园、白银河公园、福莱山公园（一期、二期）、柳林河公园等 6 处公园广场，面积 165 万平方米，养护管理工人 143 人。

天地广场　修剪花灌木 580 株，修整树盆 2480 个，草坪修剪 10 遍，累计修剪 110 万平方米，为 8000 株花灌木、乔木涂白，更换牵

12 月 15 日，天地广场种植羽衣甘蓝

牛花、羽衣甘蓝等时令花卉8.1万盆，提升广场整体绿地景观效果。26名园林工人清理绿地枯枝死树、落叶、烟头、纸屑等垃圾410立方米，清理广场、甬路积雪50万平方米。维修广场宣传栏，维修景观灯、庭院灯等灯具170余组。修复科技园荷花池坍塌部分堤坝。维修天地广场甬路100平方米。安装草坪文明提示牌5个、摆放公益广告牌44个，悬挂宣传横幅5个。22名保安三班倒巡逻维护广场秩序，设立志愿者服务点1处。

夹河公园　修剪花灌木1180株，乔木2590株，修整树盆8400个，为6300株花灌木、乔木涂白，为公园水体补水3.5万立方米。28名园林工人清理绿地枯枝死树、落叶、烟头、纸屑等垃圾620立方米，26名园林工人清理广场、甬道积雪35万平方米。维修3个广场破损广场砖300平方米，厕所增加残疾人设施5处。安排园林工人对不文明行为进行劝导。设立志愿者服务点1处，安装公园指示牌20个、摆放公益广告牌25个。

黄金河公园　修剪花灌木650株，修整树盆2900个，累计修剪草坪110万平方米，为4200株花灌木、乔木涂白。25名园林工人清理绿地枯枝死树、落叶、烟头、纸屑等垃圾350立方米，清理河道水草2800立方米，清理野广告225个，清理广场、甬路积雪22万平方米。更换电缆50米，维修道板3处、浇水管道5处，黄金河大桥护栏喷刷漆1万平方米，更换防腐木30多块。6名保安巡逻维护公园秩序。安装草坪文明提示牌25个、河道边警示牌15个，悬挂宣传横幅4个。

白银河公园　修剪花灌木450株，修整树盆2550个，修剪草坪70万平方米，为2700株花灌木、乔木涂白。18名园林工人清理绿地枯枝死树、落叶、烟头、纸屑等垃圾350立方米，清理河道水草3500立方米，清理野广告195个。18名园林工人清理广场、甬路积雪26万平方米。维修更换景观灯77套，公园道路更换方整石180平方米，防腐木刷漆1.3万平方米。8名保安巡逻维护公园秩序。安装草坪文明提示牌36个、河道边警示牌68个，悬挂宣传横幅6个。

福莱山公园　修剪乔灌木2.8万株，修整树盆9000个，修剪草坪19万平方米。更换花箱草花两次8万株，为3万株花灌木、乔木涂白。26名园林工人每天清理公园卫生，共清理绿地枯枝死树、落叶等垃圾320立方米，保证公园卫生整洁。

柳林河公园　2019年10月，柳林河公园由综合行政执法局园林公园管理中心接收管理。接管后，为2800株花灌木、乔木涂白，修剪草坪3万平方米，模纹修剪8000平方米，锄地5万平方米，清除河道中苇草3300平方米。15名园林工人清理绿地枯枝死树、落叶、烟头、纸屑等垃圾80立方米，清理野广告85个。

4月2日，柳林河治理开工前

5月30日，柳林河治理完工后

【病虫害防治】 5月初，采用生物、物理及化学防治相结合的方式，为国槐行道树悬挂4.8万张黄色粘虫板防治国槐小卷蛾、蚜虫及木虱；6月初，开始为国槐、大雪松、法桐等行道树喷施药液870吨防治尺蠖虫、蚜虫、木虱、白蛾等病虫害；7月中下旬，开始为法桐打药防治白蛾及网椿；9月，为草坪打药防治黏虫。为控制病虫害的发生，全年摘除白蛾网幕2279个。

4月27日，珠江路悬挂黄色粘虫板

生态环境保护和综合治理

Ecological Environment Protection and Comprehensive Governance

生态环境管理

【概况】2019 年，开发区深入贯彻落实习近平总书记生态文明思想，牢固树立“保护生态环境就是保护生产力，改善生态环境就是发展生产力”的理念，坚持创新引领、超前谋划，扎实推进省、市“1+1+8”污染防治攻坚战部署，全力以赴打好蓝天、碧水、净土保卫战。VOCs 治理、智慧环保、社会化服务、污染源普查等十几项工作走在全市或全省前列，大气污染防治取得关键进展，地表水水质基本达到环境功能区划要求，没有黑臭水体，地下水水质总体保持稳定良好，近岸海域水质、声环境质量持续保持良好，土壤污染治理基础进一步夯实，环境安全风险防控进一步强化，环境质量总体改善。开发区连续两年荣获国家级经开区“绿色发展最佳实践园区”称号，成为省内唯一、全国仅有的 7 个获此殊荣的园区之一。

【第二次全国污染源普查】3 月，组织第三方服务机构参加山东省重点企业数据规范性审查；4 月，组织第三方机构参加山东省入户调查数据汇总评估及质量提升指导、污染物产排污核算等培训，完善全区第二次污染源普查入户调查和污染物核算信息；组织重点企业填报数据反馈问题修改和入户调查数据质量集中审核，完成 1192 家工业污染源、98 家农业污染源、10 家集中式污染治理单位、30 家移动污染源、12 家生活污染源、78 个行政村产排污量核算，累计修改完善 1.8 万余个异常指标；8 月，代表烟台市参加国家质量核查，抽查 12 家企业档案和 5 个现场点位均没有提出修改要求，数据质量位居全市第一，获得国家、省、市普查办一致好评。按照行业、污染源分类进行污染物产排量数据分析，编制第二次全国污染源普查数据分析报告、第二次全国污染源普查工作总结报告和第二次全国污染源普查验收工作自评估报告，对清查、普查阶段产生的各类污染源档案分类收集整理，包括编码、盖章、装订、编制档案目录等，整理完成污染源档案 4972 件，管理类档案 236 件，同时完成电子版存档。

【“四减四增”污染防治】印发实施全区推进“四减四增”（减少过剩和落后产业，增加新的增长动能；减少煤炭消费，增加清洁能源使用；减少公路运输量，增加铁路运输量；减少化肥农药使用量，增加有机肥使用量）三年行动方案，围绕产业、能源、运输、农业投入四个结构调整优化的 12 项考核指标，以及 5 项主要污染物削减指标，细化分解年度 109 项工作台账，确定目标任务，完善工作机制，强化协调配合，每月汇总工作进展，推进产业、能源、运输、农业投入四个结构不断优化。

【国家生态工业示范园区建设】2 月，按照生态工业示范园区标准和管理办法要求，生态环境部门牵头调度全区生态工业示范园区建设工作进展情况，形成烟台开发区 2018 年度国家生态工业示范园区建设评价报告，按时上报国家生态环境部。在 2019 年商务部公布的 219 个国家级开发区考核评价中，烟台开发区各项生态环保指标远低于全国平均水平，连续二年位于全国领先水平。

【建设项目环境管理】严把环评审批关，落实环境影响评价文件质量考核办法、建设项目环境影响评价审批监管办法等制度，规范约束企业自主决策和中介服务机构行为，邀请高水平技术专家，强化环评技术评估，为环境决策提供依据。全年受理办理建设项目环评报告书 7

件、报告表158件，环评登记表备案199件，拒批不符合环保要求和产业政策项目13个，从源头杜绝环境风险隐患。对重大项目、急需办理的项目环评，提前介入、跟踪服务；对上级生态环境部门审批的项目，积极争取支持。万华聚醚多元醇、云博化工等项目第一时间取得上级环评批复，受到企业好评。向15家重点企业发送环评服务“一封信”，及时提供环保审批建议，解决项目推进环保问题，为企业环评审批提供一站式服务。项目环评审批实现全程网办、不见面审批、零跑腿，全年完成网上报批188件次，寄送审批文件146件次。加强环评审批信息报送质量，生态环境部一季度抽查考核评价为优秀，在全市位列第一。

【排污许可证管理】 按照“核发一个行业、清理一个行业、规范一个行业、达标一个行业”要求，全面落实排污许可制度。深入开展固定污染源排污许可清理整顿，摸清已完成排污许可证核发的火电、钢铁等24个重点行业201家排污企业情况，为众鑫金属、信一锻压2家企业补办排污许可证。将污水处理、汽车制造业、环境治理业等21个行业企业列入排污许可名单，为中联环污水处理、上汽通用东岳、鑫广绿环等79家企业办理排污许可证。

【清洁生产审核】 将15家重点企业纳入本年度清洁生产审核计划，指导企业优化生产工艺，进一步节能减排。组织专家对企业重点污染物排放情况进行审核，并将环境信息向社会公开。全区开展清洁生产审核企业累计132家，位居全市第一。

【环境统计】 将74家重点工业源、6家集中式污染治理设施纳入环境统计范围，对核算方法、核算要求等问题培训讲解，完成企业网上申报数据审核。4月份，根据全省集中会审要求，优化调整开发区环境统计数据库，全区工业化学需氧量、氨氮、二氧化硫、氮氧化物4项主要污染物排放量分别为580.71吨、23.43吨、2389.58吨、2394.87吨，为商务部考核国家级开发区综合发展水平提供基础数据。

【生态保护与环境治理宣传教育】 6月，组织开展“6·5”环境日宣传教育系列活动，线上线下同步征集主题歌曲《让中国更美丽》传唱作品。组织机关干部、环保志愿者深入践行“美丽中国，我是行动者”，走进学校、走进社区、走进超市、走进街道，多角度、多层次引导全社会关心、参与和爱护我们共同的生态环境家园。10月，管委在烟台金海岸希尔顿酒店承办2019生态环境烟台院士讲坛系列活动，三位院士作主旨演讲。中华环保联合会培训中心等项目签约，促进企业、资本、技术、人才的交流。先后组织开展全区危险废物规范化管理、排污许可证核发等培训，参训企业300多家。组织重点企业参加大气污染物新排放标准宣讲会和重污染天气应急减排座谈会，开展挥发性有机物治理现场交流会，做好对企业的宣传、引导和服务。

6月5日，生态环境分局在海河幼儿园开展环保宣传活动

【环境信访】 长年坚持每天24小时2～3人

在岗值班，第一时间赶赴现场查处群众环境举报投诉，及时处置各类环境舆情。实行夜查雨查常态化，夏季每周夜查不少于2次，全年累计夜查130余次。积极开展环境信访案件化解攻坚行动，加大环境举报投诉查处力度，及时电话回访沟通回复，民生热线群众环境满意度达到97%以上。

环境监测监察

【概况】 生态环境部门把群众感受作为环境质量标准，持续保持环境执法高压态势，督促重点企业开展深度治理，采取第三方监督性监测、专家辅助执法、倡导“环保管家”等有效措施，累计开展第三方监督性监测企业776家次，专家辅助检查企业300多家次。扎实开展污染源企业“双随机”（随机抽取检查对象，随机选派执法检查人员）抽查和专项执法行动，对所有企业一视同仁，对环境违法行为保持“零容忍”。坚持严格执法、规范执法、文明执法、夜查雨查常态化，累计检查企业2000多家次，依法处罚环境违法行为43起，罚款99.96万元。超前谋划创新，积极推进环保先进技术应用。在全省率先配置VOCs走航车，可对100多种挥发性有机物进行实时检测。3月到位后，快速完成特征污染物排放源谱库，使走航车成为快速溯源污染源企业的利器，全年完成300多家次企业走航监测。在全市首先开展道路积尘走航监测、激光雷达扫描监测以及大气颗粒物走航监测，分析颗粒物分布、跨区输入路径等信息，为精准推进大气污染防治提供技术支撑。首先在全市建成投用2座园区VOCs超级监控站。投资195.68万元，在西宁路建成固定水平式机动车遥感监测设备，24小时监测过往车辆尾气排放情况，对排放超标车辆及时预警并上传数据，提高移动污染源监控力度和水平。严格企业污染源在线监控安装要求，新增监控点位10余处，全区累计90处，基本覆盖污染物排放较大企业和重点区域。组织开发污染源地图，安装执法终端APP，接入整合自动监控系统，基本建成全市第一个具备实时监控、执法、预警等功能的综合性一体化环境监控平台，为环境治理科学决策和提升监管水平发挥重要作用。

【督察整改】 5月13日，组织召开全区中央生态环境保护督察“回头看”反馈意见整改工作专题会议。5月14日，印发《烟台开发区贯彻落实省第四环境保护督察组反馈意见整改落实实施方案》，组织各镇街、相关部门，建立任务台账，明确整改时限，定期调度落实。中央生态环保督察反馈的20个共性问题完成整改17个，“回头看”反馈的8个共性问题完成整改4个，省环保督察反馈的28个共性问题完成整改18个，均达到序时进度要求。对中央和省环保督察交办的89个信访案件，定期开展“回头看”检查，防止问题反弹，6月，顺利通过生态环境部到区现场抽查。通过省自然保护区督查、省市人大常委会“一法一条例”大气检查、重点领域重点行业大气污染防治专项督查、危险废物排查整治省级核查、市环保督察“回头看”、省“1+1+8”污染防治攻坚战驻区督察等60余次各类现场检查，对反馈的100多个环境问题，及时督导相关部门，全部整改到位。

【大气环境质量】 开发区二氧化硫、二氧化氮、可吸入颗粒物、细颗粒物大气监测采用地面自动监测系统，点位设在香山花园、卡斯特酒庄，通过对2个点位的环境空气自动监测数据进行统计分析，全年环境空气质量优良天数289

天，优良率 78.6%。其中 SO_2 浓度年均值 0.008 毫克 / 立方米，同比持平，日均值浓度范围 0.002 ～ 0.027 毫克 / 立方米，超标率为 0，年均值符合 GB 3095 ～ 2012 一级标准；NO_2 浓度年均值 0.029 毫克 / 立方米，同比上升 11.5%，日均值浓度范围 0.002 ～ 0.082 毫克 / 立方米，超标率 0.27%，年均值符合 GB 3095–2012 一级标准；PM2.5 浓度年均值 0.034 毫克 / 立方米，同比上升 25.9%，日均值浓度范围 0.005 ～ 0.196 毫克 / 立方米，超标率 9.59%，年均值符合 GB 3095–2012 二级标准；PM10 浓度年均值 0.073 毫克 / 立方米，同比上升 4.3%，日均值浓度范围 0.009 ～ 0.324 毫克 / 立方米，超标率 8.49%，年均值不符合 GB 3095–2012 二级标准，超标倍数为 0.04 倍。监测降水 11 次，开发区全年降水量 281 毫米，比 2018 年减少 54.6%；降水 pH 值在 6.10 ～ 7.08，加权平均值 6.60，所有降水样品 pH 值均大于 5.60，未出现酸雨污染情况。

【水环境质量】 地下水和地表水质量，按枯、丰两个水期，分别在 5 月、9 月对地下水水质进行例行监测，监测项目为氯化物、总硬度等 18 项指标。全年监测结果统计分析，监测项目均达到《地下水质量标准》（GB/T14848–93）中Ⅲ类标准，所测地下水水井 3 眼，其水质级别良好率达到 100%，区域地下水水质级别为良好，水质量稳定。按照监测计划对黄金河两个断面水质进行例行监测，监测项目有化学需氧量、氨氮等 23 个项目。全年监测结果统计分析，黄金河福康断面因受上游蓬莱影响，未达到Ⅲ类水质标准。近岸海域水质监测点位 10 个，5 月、8 月、10 月各监测一次，全年监测结果表明，开发区近岸海域 10 个点位所测项目均达到二类海水水质，近岸海域海水水质整体保持良好。7—9 月，开发区按照每周 1 次频次对海水浴场开展 3 个点位水质监测，定期在网络和烟台晚报发布海水浴场水质周报。海水浴场 3 个监测点位全年评价结果中，水质为“优”的结果占总体监测结果个数的 92.3%，水质为“良”占总体监测结果个数的 7.7%，无“差”水质发生。

【声环境质量】 通过全年声环境质量监测结果分析，区域环境噪声、功能区噪声及道路交通噪声均不超标，且基本稳定，无明显变化趋势，表明开发区声环境质量持续保持良好。

水污染治理

【概况】 制定印发《打好黄海区域环境综合治理攻坚战》《入海排污口排查整治》《打好饮用水水源水质保护攻坚战》等实施方案，全面推进水污染防治工作。组织各镇街、相关部门积极推进落实河长制，加强污水处理厂、企业污水排放等执法检查。对 140 家涉水企业进行排查，核实补充纳管企业清单，对所有纳管企业污染物排放情况进行分析评估，及时查处雨污混流入河等违法违规问题。定期开展河流、近岸海域、海水浴场、地下水水质监测。制定开发区省级贫困村饮用水水源地网格化监管巡查工作方案，落实监管巡查制度。生态环境部门联合潮水镇政府对 6 处贫困村饮用水水源地定期巡查。作为国控省考入海河流考核断面，平畅河因上游等原因长期断流。为实事求是地争取国家取消该考核断面，按照“十四五”国控断面设置要求，生态环境部门会同水文、气象、农海等部门根据降雨量、径流量、水系图等资料，提出取消平畅河国控断面设置的建议，积极向上沟通汇报，顺利通过生态环境部核查组现场审核，“十四五”期间将取消平畅河国控断面。

【化工企业集聚区地下水污染防治】 建设完成11处地下水环境监测井，安装标识牌等附属设施，对大季家小学1处地下水监测点位安装在线监控设施，实时掌握地下水环境质量。开展化工企业集聚区地下水污染防治评估，对上级专家组提出的整改意见，逐条制订整改方案，按期完成整改任务。

【入海排污口排查】 按照省、市统一部署，开展黄海入海排污口排查整治专项行动。组织召开5个镇街工作会议，印发《关于开展入海排污口摸底自查的紧急通知》，明确入海排污口排查范围和对象、工作分工和要求。对入海排污口点位进行现场检查，徒步排查海岸线70多公里，按期完成卫星遥感监测疑似点位现场排查和信息上报，核查点位700多处，排查入海排污口158个，为溯源整治、打造河畅水清的水环境奠定基础。

10月31日，八角入海排污口采样排查

【农村生活污水治理】 组织开展农村生活污水治理现状调查，对全区101个行政村污水去向、改厕情况、村庄区位情况等62项信息进行调查，全面掌握农村生活污水处理情况。根据全省农村生活污水治理大纲，编制全区农村生活污水治理实施方案，明确治理计划和治理措施。扎实推进农村生活污水治理，每月调度，16个村完成年度治理任务，农村生活污水治理实现良好开局。针对省定贫困村费西村水质超标，组织安装水质净化设备，实现稳定达标，保障饮用水安全。

大气污染治理

【概况】 2019年，面对干旱少雨、平均气温高、风速小、扩散差等近年来最为不利的气象条件，以及区域污染输入、重污染天气等叠加因素，坚持科学治污、精准治污，加强工业废气污染综合整治，持续推进重点企业VOCs治理、燃气锅炉低氮改造、工业窑炉提标升级等。采取机动车遥感监测、柴油货车路查、场地检查等措施，抓好机动车污染防治和非道路移动机械管控。强化扬尘治理督导考核，每月通报各镇街空气质量改善情况，全年空气优良率78.6%，$PM_{2.5}$、二氧化硫、二氧化氮均值分别为34微克/立方米、8微克/立方米、29微克/立方米，空气质量改善综合考核六区排名第一，获得上级生态奖补资金642万元，为烟台市年度空气质量达到国家二级标准做出贡献。

12月，斗山工程机械RTO挥发性有机物治理改造项目投运

【挥发性有机物治理】 作为工业集聚区，开发区工业企业多，VOCs排放总量比较大。生态

环境部门前瞻性地开展治理，每年筛选确定一批重点项目，连续三年集中突破，督促企业加大环保投入，先后建成投用废气治理项目 30 个，其中采用沸石转轮 +RTO 焚烧等先进设施的项目 16 个，不仅解决部分区域“达标”扰民的异味问题，而且废气排放大幅削减，改善开发区 PM2.5 环境。6 月，全市大气环境现场观摩会连续两年在开发区召开。组织汽车维修行业 31 家企业开展挥发性有机物治理和升级改造。制定加油站规范化管理检查标准，建立 30 家加油站及 8 家储油库档案，定期开展检查，督促企业完成基础信息上报和问题整改，所有加油站全部完成三次油气回收改造。对企业 207 台燃气锅炉核查建档，对其中需要治理的 75 台，全部完成低氮燃烧改造，减少了氮氧化物排放。在全省 163 个县市区 1—12 月排名通报中，开发区 PM2.5 名列前茅，位居烟台市六区第一、全省第八。减排的污染物变废为宝、积少成多，为重点项目落地提前腾出宝贵的总量指标，有力保障万华等一批重大项目落地需要。

11 月，中节能万润 RTO 挥发性有机物二期改造项目投运

【扬尘污染治理】 开发区开工项目多，工地规模大，总面积比烟台其他五区之和还多，扬尘污染治理任务重，改善 PM10 指标压力大。为扎实推进秋冬季大气污染综合治理，特别是扬尘污染治理，10 月开发区成立由管委主要领导任总指挥，分管领导任副总指挥，各镇街、相关部门主要负责人任成员的全区大气污染防治指挥部。从工委办公室、建设交通局、综合执法局、生态环境分局等相关部门、单位抽调 20 多人组成 5 个督查小组，每天对所有建筑工地进行检查并全区通报，每周夜查不少于 3 次。对排查出的所有问题点位，当场通知有关责任部门进行整改。全部建立台账，逐一明确治理标准、细化整改举措、限定完成时限。截至年底，共检查扬尘点位 5270 处，发现问题点位 1806 处，印发督查通报 95 期。其中：福莱山街道检查点位 1687 处，发现问题点位 559 处；古现街道检查点位 1159 处，发现问题点位 376 处；大季家街道检查点位 1191 处，发现问题点位 525 处；八角街道检查点位 1233 处，发现问题点位 346 处。累计复查问题点位 1694 处，完成整改 1266 处，有力遏制扬尘污染，改善环境空气质量 PM_{10} 指标取得明显成效。

【机动车尾气治理】 生态环境、交通、公安等部门每月联合开展柴油货车路查、场地执法检查，累计核查车辆 443 辆，查处不合格车辆 11 辆。加强机动车检测线现场检查，严格网上审核，对检查发现的一级标气虚假、设备示值超出误差范围、车辆审核不接采样管、探头长度不够等问题，及时约谈有关企业负责人，督促开发区康安汽车检测公司、烟台福莱山机动车检测公司、允诚机动车检测有限公司 3 家机动车检测机构按期完成整改。全年检测机动车 5.55 万辆，其中合格 4.83 万辆，合格率 87%。9 月，制定印发《开发区非道路移动机械摸底调查和编码登记工作实施方案》，投入财政资金 100 万元，通过政府招标采购委托第三方启动推进非道路移动机械摸底调查和编码登记。年底，完成非道路移动机械登记 3285 台，数量位列全市第一。从机械排放阶段来看，纯电动1822台，占比58.3%；国II阶段505台，占比16.2%；国I及以下阶段330台，占比10.6%；国III阶段328台占比10.5%；其他140台，占比4.5%。从机械种类来看，叉车1617台，占比51.74%；牵引车398台，占比12.74%；堆高机194台，占比6.21%；厂内车辆186台，占比5.95%；空气压缩机154台，占比4.93%；装载机147台，占比4.70%；挖掘机100台，占比3.2%；机场地勤设备74台，占比2.37%；其他255台，占比8.16%。

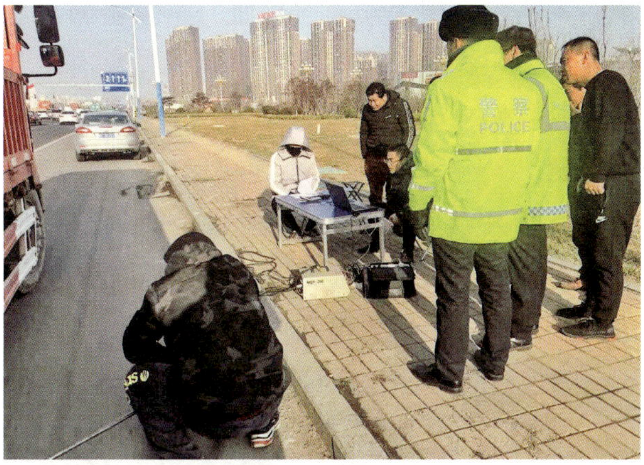

12月10日，生态环境分局会同公安、交通部门开展柴油货车联合执法检查

【重污染天气应急管理】 12月，重新修订印发全区重污染天气应急预案，对15个行业进行分级分类，实行“一厂一策”，对30个行业重新调整减排措施，新增254家企业纳入应急减排清单。根据全市统一部署和要求，全年启动重污染天气应急预案7次。

固体废物和危险废物治理

【概况】 开展工业固体废物环境问题排查整治，推进工业固体废物资源综合利用。2019年，全区一般工业固体废物产生量114.27万吨，主要类别包括粉煤灰、炉渣、冶炼废渣、其他废物等。其中：综合利用量114.35万吨（含往年贮存量0.31万吨），综合利用率99.80%；一般固体废物处置量0.24万吨，处置率0.20%。坚持全领域、全过程、全覆盖监管，扎实推进企业危废规范化管理，持续提升危废处置能力和水平，坚决打好危险废物治理攻坚战。作为全市工业企业集聚区，开发区纳入市级监管的重点产废企业136家，数量全市最多，种类涉及24大类，年产废量近30万吨。全市医疗废物处置中心、危废处置中心、危废填埋场、生活垃圾填埋场、烟台市化学工业园均位于开发区，环境监管和风险防控任务繁重。把危废监管治理工作摆在极端重要位置，健全完善危险废物规范化管理工作规程、危险废物规范化管理评估工作方案等一系列制度文件，按照危废产生、转移、处置、贮存等全过程、无缝式监管的要求，持续强化申报登记、转移报批、转移联单、管理计划备案。对141家产废单位（含5个经营单位）多次现场检查，提高规范化管理水平。高效利用危废监管信息化系统，全年审查管理计划备案文件385件次，出具备案证明330件，批准380个危险废物转移报批表。积极引导东岳汽车、万华化学等产废量大的单位自建危险废物综合利用处置设施，实现厂内废物的资源化和减量化。“十三五”（2016—2020年）期间，开发区11个项目列入烟台市危险废物处置利用规划，已建成9个，剩余2个正在抓紧推进。开发区持证危险废物经营单位6家，危废综合处置能力合计27万吨/年。

【危废治理专项行动】 辖区生态环境、公安等7部门联合印发《烟台开发区坚决遏制固体废物非法转移和倾倒，进一步加强危险废物全过程监管实施方案》，明确部门工作职责，加强部门联动配合，深入组织开展危废治理专项行动。加大涉危废重点企业的检查执法力度和频次，邀请上级环保专家协助检查涉危废企

3 月 25 日，烟台开发区危险废物规范化管理专题培训班

业 286 家。结合日常监管、双随机抽查、信访查处等工作，持续保持危废监管高压态势，严厉查处一批涉危废重点案件，有力震慑环境违法行为，维护区域环境安全。开发区企业规范化管理达标率持续保持在 90% 以上，在省级、市级年度专项考评中，抽查开发区的 19 家企业达标率均为 100%。

辐射污染防治

【概况】 全区共有 49 家核技术利用单位，其中 5 家使用放射源，45 家使用射线装置。辖区本地放射源 56 枚，其中 II 类源 2 枚、IV 类源 8 枚、V 类源 46 枚，主要应用于工业探伤、料位仪、测厚仪方面；使用射线装置 124 台，其中 II 类装置 23 台，III 类装置 101 台，主要应用于工业探伤、放射诊疗方面。

【辐射安全管理】 对使用放射性同位素和射线装置的单位实行辐射安全许可管理，对核技术利用单位的放射性污染防治进行监督检查，开展放射源安全检查专项行动。补充更新相关单位在国家核技术利用辐射安全监管系统中的管理信息，建立完善的辐射监管数据库。高风险移动源是辐射安全管理的重点，辖区移动源全部为异地放射源，年使用量在 15 ～ 35 枚之间，移动源实行异地使用备案管理。异地源全部用于工业伽马射线探伤，作业场所集中在万华工业园。园区建有一座放射源贮存库，源库实行 24 小时值班制度，并配套与公安部门联网的视频监控和红外报警系统。每月通过开展源库盘存、放射源出入库视频抽查、移入地首次作业现场检查等方式加强对移动源的监管。不定期对废旧金属回收冶炼企业进行监督检查，烟台华新不锈钢有限公司是全区唯一一家金属冶炼企业，公司在废旧金属运输车辆入口设有 1 台门式放射性自动检测仪，对入厂原料进行放射性检测，全年未检出放射性超标的金属废料。建立完善区域辐射事故应急体系，及时修编应急预案，开展桌面演练，提高事故应急响应能力。全年未发生辐射事故。

9 月 25 日，环境分局组织辐射应急演练

土壤污染治理与修复

【概况】 烟台开发区有耕地面积 6970 公顷，园地面积 6550 公顷，林地面积 3223 公顷，草

地面积 2580 公顷等。一年来，辖区坚持土壤环境保护与污染治理修复同等重要的原则，不断加强土壤污染防治治理体系和治理能力现代化水平的提升，持续保持优良的土壤环境。

【监测治理】 落实土壤污染防治目标责任，制定印发全区土壤污染防治工作方案，明确 45 项重点任务，加快构建土壤污染防治体系。对已签订土壤污染防治责任书的鑫广绿环、黄金冶炼、立衡环保、中节能万润、九目化学 5 家企业，督促开展隐患排查、自行监测、信息公开；筛选海虹老人、泰和新材等 5 家企业纳入 2019 年度重点监管单位目录。对全区 54 个地块基本信息、污染源信息、迁移途径信息等 19 项内容进行调查，将调查信息录入土壤信息填报专网系统，采集信息通过上级质量抽检，根据专家风险纠偏结果，确定 11 个地块为土壤详查地块。

绿源
开发区专卖店

经济管理

Economic Management

综　述

【概况】 2019年，随着自贸区建设和园区体制机制改革向纵深推进，随着“一年大突破、三年大提升、六年大变样”的顺利实施，经济管理领域各项改革开发和服务实体经济的措施也不断完善。优化营商环境，创新发展，聚势赋能，经济管理与监督各部门强化大局意识、服务意识，为经济发展保驾护航。

【管理体制改革】 以深化园区体制改革为引领，深化国有资本布局，出台国资国企改革的意见和国企改革“三年行动计划”，开启新一轮国有企业改革。物价监督检查职能划归改革，统一规范，建立宽松有序的市场监管环境。

【服务经济】 不断完善经济管理服务体系，为全区高质量发展增档提速。在国土资源、质量技术、食品药品、安全生产等各项监督管理中，各个部门自觉以经济建设为中心，转变观念，靠前服务，保障经济和社会发展健康运行。

发展改革与宏观调控

【概况】 2019年，按照“稳中求进、务实固本、创新聚势、集成赋能”的工作思路，突出产业培育和科技创新，坚持流程再造和创新突破，稳定经济发展预期，有力保障全区“烟台市现代化经济中心”建设。地区生产总值增长7.5%，分别高于全省、全市2个百分点；规模以上工业增速8.8%，分别高于全省、全市7.6个和3.8个百分点；固定资产投资增长9%，分别高于全省、全市17.4个和4个百分点；20个项目入选省新旧动能转换重大项目库，总数35个，占全市1/2；战略性新兴产业产值增长8%，其中生物医药产业增长37.5%，先进结构材料、生物医药两大产业集群入选全国首批66个国家级战略性新兴产业集群。

【规划引领与政策供给】 委托中航规划设计研究总院有限公司编制烟台蓬莱国际机场临空经济核心区产业及空间布局规划。空港新区（临空经济区）总面积约90平方公里（未最终确认），主要依托烟台蓬莱国际机场的辐射带动，以及中国（山东）自由贸易试验区烟台片区、中韩产业园等多项政策叠加红利，开发区优质的产业基础和良好政策环境，打造临空产业经济区，带动烟台城市向西发展。空港新区将着力构建“双核两区六组团”空间结构，努力打造渤海湾门户枢纽空港、科创型临空产业新区、国际化海滨生态航城。“双核两区”就是以蓬莱国际机场为核心的空港功能区、以大季家高铁站为核心的高铁功能区。“六组团”主要包括新能源新材料、新一代信息技术、生命健康与海洋科技创新、全球配套服务、生活配套服务、国际科创技术服务等6个产城融合组团。

【平台引建和科创融合】 2019年，烟台正海磁性材料股份有限公司获批钕铁硼磁性材料及表面处理技术国家地方联合工程研究中心，山东隽秀生物科技股份有限公司获批山东省工程实验室。蓝海博隆超纤新材料有限公司、博森科技发展有限公司、斗山工程机械（中国）有限公司获批山东省企业技术中心。

【经济稳定和民生协调发展】 统筹推进基础设施升级、社会事业布局和城市更新，完成金沙江路、中古路等7条道路改造提升和19条道路绿化升级。柳子河公园入选首批15个“山

东省最美绿道”。卧牛山水厂到区内的新输水管线完工投用，彻底消除困扰多年的爆管断水隐患；建成第八初级中学等 3 所学校、3 所幼儿园，办学条件走在全市前列；全面启动古现、八角驻地改造；开工扬帆广场、后沙广场、业达城市广场等 8 个城市更新项目。工委党校改建项目主体完工，国际会展文旅中心加快推进，城市品质持续跃升。

【全省第二批新旧动能转换优选项目】 辖区共有 20 个项目列入山东省新旧动能转换第二批优选项目库，总投资 272 亿元，项目涵盖新一代信息技术、高端化工、高端装备制造等“十强产业”。其中：投资 20 亿元以上项目 7 个，10 亿元以上项目 4 个，大项目带动能力整体较强；先期开工项目 5 个，新开工项目 13 个，储备项目 2 个，项目梯次接续合理，突出质量优先、规划引领、条件完备三个原则，具备良好的示范带动作用。

国土资源管理

【概况】 烟台市土地变更调查数据（2018 年）：烟台开发区管辖总面积 35876.58 公顷，其中耕地面积 6820.73 公顷、园地面积 6472.66 公顷、林地面积 3221.67 公顷、草地面积 2516.24 公顷，城镇村及工矿用地面积 10148.66 公顷，交通运输用地面积 2500.90 公顷，水域及水利设施用地面积 2017.64 公顷，其他土地面积 2178.08 公顷。

【耕地保护】 2018—2019 年度，烟台开发区耕地保护责任目标调整为 1126.53 公顷，基本农田保护责任目标为 37.27 公顷。烟台开发区实际耕地面积为 2664.38 公顷，超额完成保护指标；基本农田面积为 37.27 公顷，数量未减少，质量未降低，圆满完成保护指标，顺利通过年度耕地保护目标履行情况考核。

【地籍管理】 2019 年，全面推进第三次国土调查工作，数据通过省级核查，等待国家的最终验收。完成各类权属审核 140 宗、地籍调查 68 宗，每一宗地均到实地进行现场勘界、调查核实，做到产权清晰、面积准确、四至界线无争议。完成 21 个批次共计 332.93 公顷，涉及古现、八角、大季家 3 个办事处 43 个村；烟台蓬莱国际机场供油工程项目、烟台蓬莱国际机场二期扩建供油工程、烟台蓬莱国际机场二期工程等单独选址项目 3 个批次共计 96.83 公顷，涉及潮水镇 4 个村 3 个批次 18.53 公顷及潮水镇 6 个村的农用地土地报批权属调查和勘测定界工作。

【不动产登记管理】 不动产登记中心设置 24 小时全天候自助查询机，办事群众只需在查询机前读取身份证并进行人脸识别，即可出具相关房屋证明、查询业务办理进度等信息。为特殊群体开辟绿色通道，为“老弱病残”及社会特殊群体实行上门服务，急事急办，特事特办；配合房产交易中心推行二手房网签业务，加强对二手房市场的监控，保障二手房交易双方的合法权益；新开通不动产登记移动电子支付功能，办事群众办理不动产登记缴费业务时只需用手机打开微信，便可支付，实现银行卡、微信、支付宝多元化、便利化缴费模式。

【建设用地管理】 完成 36.8 亿元的土地出让金收缴任务，处置批而未供土地 46.93 公顷。办结土地出让审批 34 宗、面积 316.10 公顷，土地出让价款 15.46 亿元。划拨用地审批 7 宗、面积 11.97 公顷，土地划拨价款 2653.19 万元。

办结土地续期审批 8 宗、面积 3568 平方米，土地出让价款 1235.67 万元。办结土地收回审批 9 宗、面积 21.43 公顷，办结土地调整审批 5 宗、面积 7.86 公顷。

【地质矿产资源管理】 聘请两名县级矿产资源督查员，继续推行矿产资源督查制度，强化矿山监管力度。全年组织矿产资源专项督查检查 48 次，开展矿山动态巡查 54 次，为全区矿产资源开发与保护打下基础。组织矿山企业开展“安全生产责任落实月”“安全生产月”等专项活动，为矿山企业安全生产提供保障。办结万华、宏瑞汽车等 60 余宗建设项目压覆矿产资源查询和地质灾害易发情况查询业务。财政投入资金近 1000 万元，对 3 处探矿权进行补偿退出。组织地质专家对所有地质灾害隐患点开展一次全面排查检查，实地对办事处工作人员和地质灾害群测群防员进行防灾培训，制发地质灾害防治工作明白卡，落实地质灾害防治各环节责任人。潮水镇庄官村附近由于历史采矿形成地面塌陷区域，严重影响周边群众的生产生活安全，财政投入资金 400 余万元，通过公开招标方式聘请山东地矿工程集团对地面塌陷区域进行详细勘查，采取针对性的防范措施，确保周边群众生命财产安全。通过购买服务的方式聘请地质单位对区内废弃矿井进行封堵并实施变形监测和应急巡查，以确保人民群众的生命财产安全。

【执法监察监测】 依托土地矿产卫片开展自然资源监察监测工作，共核查土地卫片图斑 1038 个，监测面积 1333 公顷（耕地 497.67 公顷）。核查矿产卫片图斑 4 个，监测面积 31.06 公顷。经核查判定存在土地违法问题图斑 101 个，监测面积 37.47 公顷（耕地 11.97 公顷）。矿产卫片图斑无违法问题。对存在违法用地问题图斑，

大季家街道九曲河北岸违法占地问题整改前照片

大季家街道九曲河北岸违法占地问题整改后照片

全部移交综合行政执法部门查处，并积极协调推进复耕复垦工作。

【地理信息管理与服务】 组织全区测绘资质单位完成上一年度测绘资质报告、测绘统计网络直报等工作，对全区测绘资质单位进行年度测绘资质巡查、测绘地理信息安全检查及质量监督检查，保障全区测绘行业健康稳定发展。向上级主管部门汇交基础测绘成果，详细提报自然资源信息化建设情况，为全区群众享受地理信息服务提供便利支持。以挂横幅、竖展板、发传单、进校园等多种形式参与“8·29”全国测绘法宣传日活动。完成烟台开发区大比例尺地形图修补测及航摄两个基础设施投资计划项目，通过省测绘产品质监站验收。完成蓬莱机场二期、烟台西港原油作业区、烟台西港疏港大道、万华硅烷气体项目等 26 个地块建设

用地报件勘测定界图绘制工作，面积 313.47 公顷。完成招拍挂等供地地籍测量、勘测定界工作 40 余宗，面积约 317.73 公顷；测量、绘制不动产登记宗地图 90 余宗，面积 729.2 公顷，为全区项目建设提供准确的测绘地理信息服务保障。

【土地资产经营】 为优化工业项目拿地程序，紧紧围绕土地出让计划，组织国有建设用地“招标、拍卖、挂牌”工作。全年发布 12 个批次 35 宗国有建设用地的土地出让公告，其中成交土地 33 宗，成交总面积 238.38 公顷，成交总价款 15.06 亿元。其中：工业用地成交 28 宗，成交总面积 228.92 公顷，成交总金额 11.93 亿元；经营性用地成交 5 宗，成交总面积 9.46 公顷，成交总金额 3.13 亿元。

【土地保障】 为有效衔接市级主管部门新的组卷报批审查流程，对烟台开发区项目用地使用新增建设用地计划指标予以规范，健全完善烟台开发区城市分批次项目用地报批方案评审机制。通过调整土地利用总体规划，购买增减挂钩指标解决房地产开发项目用地，省重点项目用地需求从无到有、争取省级计划指标，以及年底争取省奖励计划指标和省、市调剂计划指标等多种方式，向上级自然资源部门上报分批次城市建设用地 20 个批次，单独选址项目 2 个，批准落实各类新增建设项目用地 455.13 公顷，创 10 年以来报批数量新高，有力保障荣昌生物、国际会展中心、艾迪智能制造、第二高级中学、化工园区应急救援中心和万华系列等重点项目用地需求。指导各镇街推进征地、流转实施工作，及时保障各类项目用地。全年签订征地补偿协议 32 份，面积 351.73 公顷；地上附着物补偿协议 29 份，面积 183.13 公顷，补偿协议金额 4 亿元；完成 15 个项目的土地流转申报，8 个项目的土地流转周转金拨款申请审查工作。

国有资产监督管理

【概况】 2019 年，围绕服务园区体制机制改革，深入推进国资国企改革，组建“两集团一公司”。组织开展国有房产清理，清理清退 500 多套。制定《双招双引房产出租管理办法》，房租“先交后返，收支两条线”，降低政策兑现风险，提高资产运营效益。首次实施政府向市人大报告国有资产管理情况制度，推进国资管理公开透明。辖区荣获“2019 年山东省国有资产监管系统先进集体”。

【国资国企改革】 烟台开发区以深化园区体制改革为大纲，围绕“党工委（管委会）+ 平台公司”的模式进一步深化国有资本布局，出台《关于进一步深化国资国企改革的意见》和《区属国有企业改革“三年行动计划”（2019—2021 年）》，开启新一轮国有企业改革，组织实施 9 户企业股权及经营性资产划转，将原“四大板块”国有经济布局向三大国企优化集中，组建业达经济发展集团、业达城市发展集团两大集团公司（简称“经发集团”“城发集团”）和烟台业达国有资产经营公司（简称“业达经营公司”）。经发集团以烟台业达海洋产业发展有限公司为主体组建，业达热电整体划转经发集团，注册资本 30 亿元，下属企业 15 户，控股企业 1 户，业务包含 3 个板块涵盖三方面主业，即综合能源供应、专业园区开发运营、科创金融服务。探索实施“机构 + 配套公司”管理运营机制，管理机构负责园区的顶层设计、宏观管理，配套公司以市场化手段开展招引、开发、建设和运营等。城发集团以烟台开发区国有资产经营管理有限公司为主体组建，业达建设集团整体划转至城发集团，注册资本30亿元，下属企业9户，控股企业3户，确定三项主业，包括重点项目建设板块、城市更新建设服务板块、城市发展综合服务板块。业达经营公司以烟台开发区经销中心有限公司为主体组建，注册资本1.3亿元，下属企业4户，控股1户。公司主要承担双招双引房产管理、服务保障功能类企业运营及资产管理等业务。为适应国企改革后公司业务发展需要，做大经发集团和城发集团资产规模，区国资局履行程序后向经发集团注入估值约37.13亿元经营性资产，向城发集团注入估值约6878万元经营性资产。健全国有企业法人治理结构。按照“党的建设与国企改革同步谋划、党的组织和工作机构同步设置，董事会、经理层和党委成员交叉任职”原则，经发集团和城发集团设立党委，下属企业设立基层委员会或党支部，加强国企党的领导；根据企业规模、经营难度等因素，合理确定企业领导班子职数，经发集团和城发集团班子成员分别为4人和3人，同时将两企业董事会成员由3人调整为5人。改革选人用人机制，加强人才队伍建设。国有企业根据自身实际，研究制定集团组织架构、岗位设置及职责方案，并采取不同方式选配人员。经发集团首次试点委托中介猎聘方式，择优选聘8名专业技术人才，经发集团和城发集团通过市场化方式公开招聘38人。业达经营结合实际，科学设置6个内设机构，通过公开竞争上岗的方式选聘中层管理人员。

【国有资本管理】 组织开展2018年度国有资产统计工作，纳入统计范围的包括34户国有及国有控股企业和1户实行企业化管理的事业单位（烟台金沙滩旅游度假区管理处）。上年末，列入统计范围的企业资产总额385.21亿元，同比增长9.68%；负债总额208.21亿元，同比增长15.46%；所有者权益总额177亿元，同比增长3.57%；所有者权益中国有资本38.32亿元（其中国有法人资本29.13亿元），上年末国有资本权益总额176.92亿元。上年实现营业收入22.11亿元，同比增长14.31%；缴纳各项税金7600万元。2019年，通过产权登记系统对区内新成立或产权登记有变动的烟台业达建设集团有限公司、烟台银桥融资担保有限公司等13户区属国有企业进行产权登记，其中二级企业4户，三级企业9户。截至年末，产权登记所涉及的资产总额34.37亿元，负债总额12.04亿元，所有者权益合计22.33亿元。国有资本总额12.30亿元，其中国有法人资本12.30亿元。开展国有企业国有资产评估，评估标的涉及资产转让和股权转让的3项，放弃优先购买权4项。其中，涉及资产及股权转让项目资产总额5608万元，评估值6602万元，增值994万元，增值率17.72%。强化企业负责人经营业绩考核，对纳入考核范围的公交集团、热电集团和自来水公司3户直属企业负责人2018年度经营业绩进行考核。委托中介机构对三企业财务状况和经营情况进行审计，国资部门根据审计报告及日常监督检查，确认经营业绩并与企业负责人年薪兑现挂钩。2018年度热电集团国有资产保值增值率超0.02个百分点，经营业绩考核为A级；自来水公司国有资产保值增值率超1.16个百分点，经营业绩考核为B级；公交集团经营业绩考核为B级。

【国有资本运营】 发挥国有资本引领带动作用，区属国有企业围绕主责主业，积极拓展上下游产业，以投资入股或兴办企业方式强化国有资本运营。经发集团认缴出资2000万元，与万华化学集团股份有限公司等投资方共同成立烟台兴华能源有限公司，参与增量配电改革，推动战略性新兴产业发展；认缴出资100万元，与北京木牛领航科技有限公司合作成立木牛（烟台）科技有限责任公司，建设木牛雷达技术研发测试生产基地；认缴出资1225万元，与国家电网有限公司合作成立合资公司国网电商物联科技园区（烟台）有限公司，打造泛在电力物联网应用示范区；认缴出资1亿元，与山东省金融资产管理股份有限公司等共同成立山东烟台登瀛资产管理有限公司，为自贸区烟台片区挂牌成立以来首家地方资产管理公司；认缴出资1.5亿元，与江苏高科技投资集团有限公司、山东省新动能基金管理有限公司等共同成立山东毅达创业投资基金合伙企业，注册资本30亿元，为全区政府引导基金参股设立子基金中规模最大的基金。城发集团根据福莱山公园周边统一规划，与加宝食品公司签订资产转让合同，收购公司房产，并作为集团办公场所；认缴出资1960万元，与中环洁环境有限公司共同成立中环洁业达环境服务（烟台）有限公司，参与全区城市环卫园林一体化市场改革，提升全区城市环卫保洁水平。

【国有资产分类管理】 开发建成“烟台开发区国有资产运营管理信息平台”，实现行政事业单位资产、国有自然资源资产和市政公共资源资产全覆盖。出台《烟台开发区国有公寓管理办法》《烟台开发区双招双引用房出租管理办法》，从入住和清退两个关口着手，提高国有房产使用效益。按照各级“三闲”清理要求，开展全区行政事业性国有住宅专项清理工作，共清查国有住宅279套，清退44套；清查国有公寓205间，清退107间。提高国有资产处置收益，委托中介机构网络拍卖行政事业单位老旧住宅，成交住宅27套、车库3个，成交价款1700.42万元，均价9342元/平方米；持续推进事业单位车改，49辆车拍卖70.18万元，有8辆车报废。首次向市人大常委会报告国有资产管理情况，提报的《关于2018年度开发区国有资产管理情况的综合报告》和《关于2018年度开发区行政事业性国有资产管理情况的专项报告》通过常委会审议。年末，全区有行政事业单位100户，其中行政单位28户，事业单位72户。行政事业资产总额46.74亿元，负债5.71亿元，净资产41.02亿元，其中流动资产总额6.77亿元，固定资产总额38.56亿元。包括：房屋建筑物16.41亿元，交通工具0.41亿元，通用设备1.72亿元，专用设备2.96亿元，文艺体育设备，图书文物及陈列品0.28亿元，家具用具0.56亿元等。全区有公共基础设施类资产12大项，主要包括：粮食储备1.52万吨，价值3000万元；等次公路，二级公路17.73公里、三级公路38.90公里、四级公路14.31公里；治涝工程，渠（管、隧）道851公里，价值10.5亿元；城市道路370.07公里，价值34.8亿元；城市桥梁45座，价值4.1亿元；园林绿化930.87万平方米，价值23.8亿元；城市排水和污水处理设施，收集设施851公里、价值10.5亿元，污水处理站1座、价值5000万元；城市环境卫生设施，生活垃圾无害化处理厂48座、价值2000万元；公厕37座、价值1000万元；公共体育文化设施33个，价值9000万元；省级文物保护单位5个，市级文物保护单位1个；公租房2230套、价值5.3亿元，政府储备土地46公顷、价值1.6亿元；公积金32.1亿元，社会保险基金68.0亿元。

【国有企业监督管理】 强化章程约束，对经发集团、城发集团的公司章程重新修订完善，依法理顺国资监管机构、党组织、董事会、经理层和职工代表大会的权责，发挥章程在公司治理中的基础作用。全年完成23个预算指标下达，涉及国有投资款11.9亿元。认定国有企业资产损失3项，价值47.9万元。核准或备案企业国有资产报废347项，原值4004.4万元，净值808.9万元。核准企业非生产性资产购置72项，价值262.6万元。备案国企间担保5项，涉及金额2.7亿元。备案国企土地对外租赁3项，年租金17.4万元。

审 计

【概况】 2019年，区工委审计委员会成立。完成2019年度审计计划和预算执行计划的制定，对2018年区级预算执行和其他财政收支审计及中央、省重大政策措施落实结果等进行公告。完成审计项目69项，其中国家政策措施落实跟踪审计5项，财政预算执行审计1项，镇街财政决算审计2项，经济责任审计37项，自然资源离任审计1项，政府投资跟踪审计19项，落实中央八项规定精神专项调查1项，信访专项调查审计1项，配合上级审计机关组织莱州、龙口交叉审计2项。全年共查处各类问题资金18.08亿元，其中延压预算12.80亿元，调增少报民营企业中小企业拖欠3.38亿元，资金长期账外存放39.49万元，其他违规和管理不规范金额1.15亿元。办理审计移送10项，取消违规挂证3人，上报审计典型问题5个。节约财政资金2000余万元，增加财政收入112.68万元，责令企业补交社保资金28.26万元，补发补贴1.36万元。强化上年度审计项目问题整改落实，落实整改项目20个，整改问题30余个，落实整改金额3.41亿元，出台管理制度2项。督促使用扶贫项目资金60万元，发放改厕资金31万元，危房改造资金92万元，收回乱发补助61万元，上缴财政收入3.25亿元。

【预算执行审计】 审计部门组织财政预算执行审计项目1项，并结合国资经营管理、政府债务化解、清理拖欠民营企业中小企业账款、网络安全等4个专题开展审计。审计发现财政及下属管理部门和企业存在问题14项，包括延压预算1.18亿元，收入确认不及时1.01亿元。财政资金长期投资效率低下，存在大量房产闲置未使用，土地流转和土地收储资金占用量大，账务处理错误3323.05万元，拆迁安置房空置量多造成资产闲置问题，拆迁安置房建设移交环节衔接脱节超出躲迁费合理支出7494.84万元等问题。

【乡镇财务决算审计】 11月1—29日，对八角街道办事处2018年度财政决算和其他财政财务收支情况进行审计。审计发现办事处应缴未缴预算收入289万元，针对预算编制不完整、内控制度执行不到位、暂存款列收支等问题，审计建议八角办事处针对审计指出的问题及时整改并建立长效管理机制。区审计部门根据工委管委部署，针对村居财务管理松懈、规章制度执行不严、违规问题时有发生等情况，组织各镇街开展村居审计，要求各镇街对辖区内村居3年轮审一遍。至年末，指导各镇街审计村居177个，审计发现民主决策不规范、报支手续不完善、报支票据不合规、账务处理不规范、工程管理不规范、“四议两公开”执行不到位、乱发津补贴、违规处置资产、套取拆迁补偿、现金管理不规范、材料和固定资产管理不规范、内控制度执行不到位、合同管理不规范等13大类2000多个问题。收回资金44万元，修订完善规章制度7项。区审计部门指导各镇街陆续对村居开展专题培训活动。

【经济责任审计】 领导干部经济责任审计。区审计部门对工委管委辖属部门20名主要领导干部和有关基层机构负责人进行任中经济责任审计。审计过程中重点关注了贯彻落实中央八项规定精神情况、贯彻执行工委管委有关经济政策和决策部署以及履职情况、重大经济决策和国有资产管理情况、预算执行情况、机构编制管理和执行情况等事项。审计过程中，向纪检监察部门移送案件线索 4 起，均被受理。领导干部自然资源资产离任审计。结合对八角办事处 2018 年度财政决算审计，对八角街道办事处党委书记、主任在任职期间自然资源资产管理和生态环境保护责任履行情况进行审计。重点审计森林、水、扬尘治理等自然资源和相关生态环境保护情况，以及履行其他相关责任情况。

【专项审计和审计调查】 按照山东省审计厅和烟台市审计局的统一安排，开展 6 项关于“稳增长、促改革、调结构、惠民生、防风险”国家政策措施的具体部署、执行进度、实际效果等情况的审计，具体包括财政政策支持加快发展“十强”现代优势产业集群政策措施落实跟踪审计、推进“一次办好”和减税降费政策措施落实情况跟踪审计、全区清理拖欠民营企业中小企业账款情况审计、人防工程专项审计等项目。财政政策支持加快发展“十强”现代优势产业集群政策措施落实跟踪审计，审计结果表明烟台开发区管委在优化优势产业和推动内生经济发展动力方面能够不断推出新政策、新举措，产业转型升级有序推进，高新技术企业规模不断壮大。推进“一次办好”和减税降费政策措施落实情况跟踪审计，审计结果表明，烟台开发区能够紧紧围绕建设烟台市现代化经济中心的战略部署，坚守“烟台第一、全国一流”目标定位，以相对集中行政许可权改革作为重大契机，在深化“一次办好”改革、提升交易平台建设两个层面先试先行、走在前列，开创重点项目“保姆式”审批服务，大力推动审批服务便民化，减税降费工作取得阶段性成果。全区清理拖欠民营企业中小企业账款情况审计，审计组及时协调各相关部门对拖欠民营企业中小企业账款问题进行排查，重点审查政府隐性债务系统和政府工程信息管理系统的相关数据。排查增加拖欠民营企业账款 261 家 / 项，金额 3.38 亿元；审计调查落实累计拖欠民营企业账款 267 家 / 项，金额 3.38 亿元。审计发现在清欠工作中还存在拖欠规模底数不清、拖欠民营企业中小企业账款规模较大的问题；人防工程专项审计，对开发区人民防空办公室 2013 年以来防空地下室易地建设费征缴管理、专项资金分配管理使用、所属单位有关经济活动监管、人防工程规划建设、人防工程资产运营管理及以前发现问题整改落实等情况进行专项审计，抽查 6 项人防工程，其中单建人防工程 1 个、防空地下室 5 个，涉及资金 5633 万元。延伸调查烟台业达实业有限公司等 6 家相关单位。对省厅下发的 45 条审计疑点进行逐项排查，涉及资金 1.40 亿元。发现人防主管部门未按要求编制人防工程建设控制性详细规划、单建人防工程未办理人防工程竣工验收备案手续等问题 4 项，提出审计建议 3 条。根据市审计局统一调配，对莱州市惠农一本通政策落实情况、对龙口市推进清理拖欠民营企业中小企业账款政策落实情况开展交叉审计，配合市审计局开展保障性安居工程审计工作。

【固定资产投资及效益审计】 固定资产投资审计工作以区内重点工程建设项目跟踪审计为主，分别对第八中学、第一小学综合楼、滨海路工程、大季家医院、人力资源和社会保障服务中心、古现第二小学、万华土方三期、哈尔滨工程大学烟台研究（生）院、开发区新高职、八角电厂热力管网、八角河改造等十多项工程的招投标及现场管理情况进行审计监督检查，发现常住监理人员未到岗、监理资料不完善、砼施工质量问题、设计变更程序不完整、设计图纸审查不及时等问题，发出跟踪审计建议书5份，相关单位对审计发现问题进行整改落实，规范工程建设程序和建设管理单位的履职行为，通过审计监督过程节省财政资金2000余万元。

【审计业务培训】 组织各种专题培训近40次，主要有审计署大讲堂活动10期，审计署业务系列培训6次，省厅业务培训3次，市局审计质量培训2期，市纪委培训4期，区执法培训、当前形势培训、安全培训、业务培训各1次，组织外出业务培训8人次。开展农村审计培训7次。

【农村审计监督】 加强村居财务监管，组织指导各镇街聘用中介机构对177个村进行审计，发现13大类2000多个问题，收回资金44万元，修订完善制度7项。

统　计

【概况】 2019年统计处充分发挥统计监督和统计服务职能，以加强企业统计工作规范化建设为突破口，不断夯实统计工作基础，提高统计数据质量、统计能力和统计公信力，促进统计改革创新、规范统一和公开透明。

【全国第四次经济普查】 2019年，开发区第四次经济普查工作严格按照《全国经济普查条例》《全国第四次经济普查方案》规定和国家、省、市统一部署，加强组织领导，强化政治站位和责任担当，狠抓普查数据质量落实，摸清全区经济家底，为下一步全区经济发展和自贸区建设提供有力保障。努力做到“真的一个不少、假的一个不要，搞全搞实”，确保普查对象应登尽登，采取摸底调研、重点企业座谈等多种形式客观真实反映全区经济家底，高质量完成普查各阶段数据处理和审核验收工作，顺利通过国家、省、市数据质量抽查，圆满完成第四次经济普查工作，获得国务院全国第四次经济普查领导小组颁发的“全国第四次经济普查先进集体”称号。

【新增单位纳统工作】 多次召开专题调度会和企业座谈会，落实各项工作责任，安排部署相关工作，积极协调对接税务、市场监管等部门。充分利用四经普数据资料，建立“拟升规企业动态储备库”。

【加强统计基层基础建设】 圆满完成全区“四上”单位2018年报和2019年定期报表的“企业一套表”联网直报工作，企业报送率和直报率均100%。全面完成统计系统、商务部、省商务厅等园区统计报表任务。全年对全区700多家规上单位进行数据质量核查，确保数据真实准确。同时，以此为契机，把“准确、科学、实事求是”的工作作风作为统计部门的政治纪律和政治规矩树立起来、并逐级贯彻落实到每一个调查单位。

【做好经济运行分析，为各级领导当好参谋】 每月以全区《经济运行情况分析和下月预测》《统计快报》《统计月报》《开发区主要经济指标占全市比重》《我区主要经济指标总量和增幅在全市各县市区排位》《全区46家重点工业企业主要经济指标完成情况》《全区主要指标分行业情况》《我区进出口占全省、全市比重》《限额以上酒店主要指标情况》等形式，为领导掌握全区经济建设发展情况科学决策提供翔实的统计数据依据。

质量技术监督

【概况】 2019年，开发区以质量强区战略为抓手，创新机制，优化环境，不断增强以质量为核心要素的区域竞争力，为服务新旧动能转换、实现高质量发展提供保障。成立质量强区工作领导小组，把质量工作纳入管委工作重要议事日程，围绕标准、质量、品牌、计量等方面，制定出台质量提升行动等政策措施，建立稳定增长的质量资金保障机制。

【推进质量强区建设】 3月，组织区内优质制造业企业申报“2019年制造业高端品牌培育企业”，在15个大类中，有3家企业上榜，其中泰和新材入榜新材料行业类别，舒朗时装入榜纺织服装鞋帽业类别，欣和食品入榜食品制造业类别。舒朗、泰和、正海磁材上榜“2019年山东省民营企业品牌价值100强”，品牌价值分别为15.57亿元、14.78亿元、12.42亿元。4月，组织华润、舒朗、正海生物等企业参加山东省质量评价协会举办的卓越绩效自评报告编写培训班。5月，组织万华化学等4家企业参加省市场监管局“中国品牌日”系列活动。6月，组织10家企业参加市市场监管局“唱响烟台品牌，助力高质量发展”品牌提升微论坛活动。

9月29日，在天地广场举办检验检测机构开放日活动

【标准化管理】 9月4日，烟台磁山颐生苑医养结合服务标准化试点和烟台市民办学校安全管理服务标准化试点，被批准承建省级标准化试点项目，建设周期2年。10月17日，万华化学集团股份有限公司申报的国家级创新基地顺利通过国家市场监督管理局专家论证，被国家标准委批准筹建国家技术标准创新基地（化工新材料），建设周期为2年。12月13日，山东安源水产股份有限公司、烟台海益苗业有限公司、烟台宗哲海洋科技有限公司承担的“国家海洋水产养殖综合标准化示范区”项目，通过山东省市场监管局专家评审。该项目承建3年来，在标准制定与实施、组织管理、保障与服务体系建立、长效机制建立、生产档案管理、示范效果方面均取得较好的经济、社会和生态效益。组织企业特别是规模以上企业，继续实施产品和服务标准自我声明。全年有88家企业的387个标准，涉及2094种产品发布。根据烟台市市场监督管理局推荐企业参加“百城千业万企对标达标提升专项行动”要求，组织12家企业参加百城千业万企对标达标活动。组织开展“加强电动自行车国家标准实施监督”专项活动，推进强制性国家标准的实施。10月，

6月12日，市场监管部门对电动车进行检查

组织参与标准化工作先进企业参加世界标准日座谈，组织企业参加“共创烟台质量建设质量强市”展会。年度有8家企业和单位的10项国家标准、11项行业标准和7项地方标准符合烟台市政府标准化资助申报条件，组织各单位申报并通过审查。12月17日，烟台市市场监管局公布2018年度烟台市标准化资助项目名单，对全区项目发放资助123.2万元。

【产品质量管理】 组织开展2次劳动防护用品质量安全监督检查，重点打击生产销售不合格安全帽、安全网、安全带等关系劳动人民生命安全健康劳动防护用品的行为。出动执法人员75人次，检查生产主体2家，销售主体33家，督促11家经营业户按规定建立执行进货检查验收制度。开展农资商品质量监督检查，摸排区内化肥、农膜、农机等农资生产经营业户31家，建立动态监管台账，督促经营业户建立“两账两票一卡一书”制度，落实主体经营责任。抽检区内化肥生产企业2家5批次，检验合格率100%。开展重点儿童和学生用品监督检查。组织开展2次专项监督检查行动，突击检查区内16家大中型商超、批发市场、塑胶跑道生产企业、校服生产企业以及儿童玩具生产企业。出动执法人员130余人次，摸排辖区内校园周边商店52家，严厉查处牙签弩、口袋弹弓、金属飞镖、电击玩具等危险玩具，不符合强制性标准要求的产品、“三无”产品及假冒伪劣产品。开展医疗废弃物再生料监督检查，以塑料制品企业、儿童玩具生产企业为重点，配合卫生、环保、公安等部门开展医疗废弃物再生料监督检查，排查存在使用医疗废弃物再生料风险的企业14家。开展重点工业产品监督检查，将区内危化品及其包装物、化肥、建筑用防水卷材等重点工业产品生产企业作为监管重点，组织专家现场检查十余次，根据专家意见督促企业完成整改工作。开展成品油质量监督抽查，组织第三方检验检测机构对区内29家在营加油站进行4次质量抽检，全年抽检汽油190批次、柴油120批次，配合烟台市市场监管局抽检仓储企业成品油11批次、柴油7批次，成品油质量合格率100%。开展工业产品质量抽检，组织对区内各大中型商超、工业产品生产企业、工商个体户等工业产品生产经营企业进行质量抽检，全年抽检商品200批次，涵盖家用电器、儿童玩具、学生用品、装饰装修材料、眼镜等10余类，其中2批次产品经检验不合格，已依法进行处理。

10月9日，市场监管部门对中石化烟台第69加油站进行成品油抽检

【计量监督管理】 通过山东省市场监管局网站“计量管理”系统，受理、审核129家企业1.45万件强检计量器具申请。通过国家市场监管总局的“中国电子质量监督”门户网站受理、审核213家1.58万件强检计量器具申请，比2018年同期上涨32%。两次对开发区3家销售电子秤的店铺进行检查，检查电子秤264台，未发现违法行为。出动监管人员127人次，对全区眼镜配制店进行拉网式排查，检查涉及眼镜配制的强检计量器具108台，对1家存在强检计量器具超期未检定的予以警告。针对13家眼镜店已进行网上强检申报，搬动设备不便的，区市场监管局采取请市计量所派人上门服

务的方法予以解决。开展计量“惠民”活动，先后聘请烟台市计量所专家 12 人次，对开发区 14 家集贸市场 3857 台电子秤提供现场检定服务。以“5·20”世界计量日为契机，开展计量服务民生专项宣传和现场检定活动，邀请烟台市计量所专家深入农贸市场现场为商铺业户检定电子秤，宣传计量知识，涵盖区内 7 个市场，共发放宣传材料 5600 多份，检定电子计价秤 1710 台。开展“综合防控儿童青少年近视眼镜经营场所强检计量器具专项检查”“集贸市场计量专项监督检查”“加油机计量专项监督检查”“开展能效标识监督检查活动”“开展夏粮收购用计量器具监督检查工作”“开展安全防护计量器具监督检查”等 7 项专项计量强检器具监督检查专项行动。聘请烟台市计量所专家，按照“双随机一公开”方式，从辖区食品企业中抽取 8 家 26 个批次产品进行定量包装抽检，经检查全部合格。对开发区 29 家加油站先后进行 4 次强检计量器具使用监督检查，责令 2 家超出检定时限的加油站立即予以整改。召集开发区 17 家重点用能单位参加的能源计量专题业务培训。

5 月 21 日，市场监管部门聘请专家对德胜商城业户电子秤进行现场检测

【质量技术认证管理】 出台《实施标准化综合改革试点开展质量提升行动的实施方案》，鼓励区内企业开展 ISO14000 环境管理体系认证、ISO22000 食品安全管理体系认证，对通过认证的企事业单位，在通过监督性审核和再认证审核后，每个单位每年给予 1 万元奖励。做好资质认定检验检测机构监督管理工作。对 8 家涉环保检验检测机构推进“四减四增”工作进行约谈。督促 3 家汽车检测线完成新标准换版和扩项评审。开展环境监测机构专项整治行动，6 家环境检测机构完成自查并签订诚信检测承诺书。配合烟台市市场监管局和烟台市生态环境保护局，对全区环境监测机构实行全覆盖检查，完成 7 家环境监测机构专项检查，除环境监测站注销资质外，其他 6 家完成整改。下半年完成建工类检测机构省级飞行检查 1 家；农业类检测机构省级飞行检查 2 家；司法类检测机构省级飞行检查 1 家；环境类检测机构省级飞行检查 3 家。完成市级机动车飞行检查 2 家。协助市市场监管局完成现代汽车研发中心办理“免 3C 证明”现场检查。开展电动自行车强制认证监督检查，加大对非法销售电动自行车执法检查力度，严厉查处违法销售未经强制认证产品的行为。聘请专家对开发区强制认证企业集中进行强制性产品双随机检查，检查企业 11 家。

食品药品监督管理

【概况】 全区新增获得食品经营许可证业户 1899 家，其中餐饮单位 844 家、单位食堂 88 家、食品销售经营者 967 家。新增获得小餐饮备案证业户 264 家。区市场监管部门对辖区 110 家食品生产企业、3375 户食品经营业户、359 家小作坊开展日常监督检查，配合市、区行政审批服务部门参与食品生产许可现场核查工作，累计新发食品生产许可证 10 家企业、13 个产品单元。有药品经营批发企业 7 家。有药品零售连锁总部 3 家、药品零售连锁门店 255 家、单体零售药店21家，连锁化率91.8%。有医疗机构244家，医疗器械经营企业529家，其中二类医疗器械经营企业470家，三类医疗器械经营企业59家，高风险经营企业占三类经营企业的一半以上。

【食品生产经营监督管理】 辖区对食品生产企业按风险程度进行分级分类管理，科学确定企业监管等级和监督检查频次，制定年度日常监管计划。全年对110家食品生产企业进行日常监督检查，出动执法人员300余人次，发现问题21项，对发现问题的5家企业下达责令改正通知书，督促企业按期整改。开展“双随机、一公开”监督检查，检查食品生产企业8家，出动执法人员20余人次，检查结果按照要求录入信用监管平台。对生产企业生产食品进行抽检，配合国家级抽检63批次、省级抽检50批次、市级抽检89批次，组织开展区级抽检101批次，公示区级抽检信息101批次。对各级转交的6批次不合格报告开展调查处置，处理相关投诉62起，与公安食药环配合联动2次，立案查处1起。对21家大中型商超、7家农贸市场、3345家食品经营业户、农村大集的食品质量进行分级分类监管。创建烟台永旺东泰商业有限公司烟台金沙滩店、烟台市家家悦超市有限公司万达广场店两家放心肉菜示范超市，烟台鼎能商贸有限公司1家省级规范化农贸市场。食品流通环节开展国家级、省级、市级、区级各类抽检1229批次，抽检不合格食品24起，全部立案办结。加强对小作坊的监管力度，开展小作坊专项监督抽检。结合食用植物油专项整治抽检食用植物油4批次，结合区级抽检对小作坊抽检40批次。

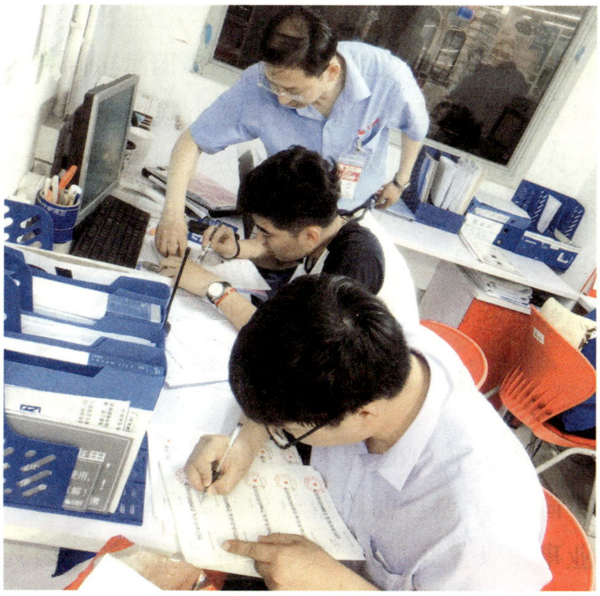
5月22日，市场监管部门对烟台大润发超市食品进行抽检

【食品安全联合整治行动】 辖区制定《开发区整治食品安全问题联合行动组织协调机制》和《整治食品安全问题联合行动专项整治工作台账》，开展全区“不忘初心，牢记使命”主题教育中整治食品安全问题联合行动工作。联合整治行动中，对3家无证无照生产经营主体进行立案处罚，罚款6000元。对5家保健食品生产企业、85家保健食品经营业户、5处保健品销售场所进行监督检查，下达责令改正通知书3份。建立校园周边业户监管台账，对27所中小学周边的103户食品经营业户进行全面摸底排查，下达责令改正通知书40余份。进行食品安全监督抽检30批次，检验结果全部合格。对91所学校实行每季度全覆盖检查360余次，与区教体卫生部门联合检查9次，举办学校食堂开放日活动12次，招募130名校园志愿者参与食品安全管理工作。受理投诉举报166起，全部在规定时间内办结，群众回访满意率98%以上。组织开展“食安护佳节”行动。对15家重点食品生产企业、21家大中型商超、763家超市、4家农贸市场进行检查。对涵盖肉及肉制品、水产品、酒类、乳制品、调味品等10个类别的30批次产品进行专项抽检，抽检结果全部合格。继续开展“非洲猪瘟”防控

工作，重点检查商场超市、农贸市场、农村大集和其他各类交易市场在售生猪产品的检验检疫情况。执法人员对3家猪肉制品生产企业、1家以生猪产品为原料的生产企业，坚持每月现场督导检查。开展食用植物油标识专项检查工作。出动执法人员417人次，检查食用油销售业户293家次、食用植物油生产企业2家、食用油小作坊45家次，对4家食用油小作坊的油品进行抽样检测，检测结果全部合格。开展农村假冒伪劣食品专项整治行动。开展为期4个月的农村假冒伪劣食品专项整治行动。出动执法人员73人次，对133家经营主体、7家集贸市场、13家小作坊进行执法检查。开展桶装饮用水专项整治。对全区4家桶装水生产企业逐一开展现场检查，查处无证生产大桶水黑作坊1家，没收水桶117个，没收违法所得2063.6元，罚款5000元。开展侵权假冒葡萄酒类违法行为专项监督检查。对20家葡萄酒生产企业的生产车间、成品库、原辅料包材库及生产管理制度落实情况进行严格检查，重点查看企业的商标取得使用、产品标签是否合法合规。开展易与特殊食品药品混淆的食品专项整治行动。重点对母婴用品店、母婴护理机构、医院及周边的超市和药店进行排查，着重检查标称“配方粉”“蛋白粉”“益生菌粉”“营养粉”等暗示婴幼儿食用的普通食品，出动执法人员52人次，检查医院周边超市8家、医院周边药店10家、母婴用品店7家。开展蛋白饮料、风味饮料标签虚假标识专项整治行动。对各商场超市特别是农村、城乡接合部的食品店、超市、农村大集等加强日常监管，重点检查蛋白饮料、风味饮料的“傍名牌”产品。

【开展校园周边食品安全专项整治行动】 制定下发《烟台经济技术开发区关于开展“五毛食品”质量安全专项整治的通知》《开发区校园周边食品经营业户检查计划》《烟台开发区校园周边食品安全损害群众利益问题专项整治实施方案》，组织各市场监督管理所对校园周边食品经营业户全面开展专项整治。建立监管台账，加大监管力度。对全区29所中小学周边的56户食品经营业户进行摸底登记，建立专项整治工作台账，保持动态更新，并在网上公示。各市场监管所将监管责任落实到人，一周一查，不定期抽查。出动执法人员760余人次，检查食品经营业户1140余家次，下达责令整改书40余份。针对社会高度关注的小食品等风险点，安排两次校园周边专项抽检，累计抽检小食品40个批次。注重宣传教育，营造关注食品安全舆论氛围。印制1万份“致学生和家长的一封信”、1000份“致校园周边经营业户的一封信”分别发放给全区中小学生、校园周边食品经营业户，号召大家远离“五毛食品”。印制2000份宣传健康饮食、诚信经营的宣传条幅，发放到校园周边经营业户张贴。在各学校组织开展“远离五毛食品，守护身体健康”的专题讲座活动，联合教体卫生部门对全区中小学及幼儿园的食品安全管理老师开展“校园周边食品安全宣讲活动”。

7月11日，市场监管部门对校园周边食品经营业户监督检查

【保健食品生产经营监督管理】 组织5家保健食品生产企业开展自查，出动执法人员20人

次，对5家保健食品生产企业进行监督检查。配合市市场监管局督导检查组对4家保健食品生产企业进行监督检查，发现问题5个，配合省局对1家保健食品生产企业进行现场发证审核，发现问题4个，9个问题全部落实整改。出动执法人员400余人次，对200余家保健食品零售经营主体进行检查。主要检查保健食品经营主体的食品安全管理制度、进货查验制度落实情况。配合市市场监管局对1家生产企业3个批次产品进行监督抽样，对2家药店经营的6个批次的保健食品进行市级监督抽样，抽检结果均合格。对被投诉举报的食品生产企业的9个批次产品进行监督抽检。

2月26日，市场监管部门检查爱华学校食堂食品安全

【餐饮服务食品监督管理】 检查餐饮环节食品经营单位2900余家，对集体用餐配送单位开展两次专项检查，妥善处置36起疑似食物中毒、投诉事件。为第二届中国虚拟现实创新创业大赛、中日韩青年创新创业论坛、帆船“两赛一会”、2019能源年会暨人才交流大会等重大活动提供餐饮保障29次。开展区级餐饮领域抽检980批次，配合完成国家、省、市级餐饮环节抽检320余批次，依法对29批次不合格食品进行后处理，约谈不合格食品经营单位26家。春（秋）季学校开学前，组织学校食堂负责人及食品安全管理员进行食品安全培训及食品安全事故处置应急演练。联合教体卫生部门对全区91家学校及托幼机构食堂实施季度检查，开展大宗米、面、肉、油专项检查。摸排重点餐饮单位1400多家，下达责令整改40余份。对全区49家大中型宴会厅逐一检查，督促整改。

2月20日，市场监管部门对全区学校、幼儿园进行春季开学前食品安全培训

【药品医疗器械化妆品监督管理】 聚焦药品零售环节监管工作，实行问题清单管理。将全区所有零售药店按照所属地域全部纳入监管网格，按照“定区域、定人员、定职责、定标准”“四定”要求，明确每家零售药店的监管责任人、监管职责、检查频次、检查内容、检查标准，建立企业监管档案。开展零售药店交叉监督检查。采取“双随机、一公开”和各市场监管所交叉检查的方式，对全区药品监管网格进行全面检查。按照50%比例抽取，检查零售药店117家。组织集中销毁假冒伪劣产品。在鑫广绿环再生资源有限公司集中销毁一批假冒伪劣药品、医疗器械、化妆品以及统一回收的居民家庭过期失效药品3吨，涉及心脑血管用药、降糖药、呼吸系统用药、儿童用药、滋补类用药等600多个品种。完成单体药店和连锁门店核发、变更、换发等许可事项，现场核查GSP认证事项90家，受市市场监管局委托开展第三类医疗器械经营许可现场核查9家。

对新开办的第二、三类医疗器械经营企业、《医疗器械经营环节重点监管目录》中涉及的6大类经营企业实施全覆盖监督检查，检查经营企业35家，检查医疗器械使用单位12家。完成“两品一械”不良反应评价工作。对国家药品不良反应监测系统的500份、医疗器械不良事件301例、化妆品不良反应事件80例报表进行评价上报。

【药品专项整治】 针对药品零售环节监管工作开展监督检查。开展芬太尼类等特殊药品监督检查。采取企业自查、现场监督检查的方式，对1家二类精神药品批发企业、13家取得“麻醉药品、第一类精神药品购用印鉴卡”的医疗机构进行排查。及时发现和处置芬太尼类等特殊药品管理存在的风险隐患和薄弱环节，严防特殊药品通过经营使用合法渠道流失和滥用，确保不发生流弊事件。开展疫苗使用和预防接种管理专项监督检查。上半年、下半年分别对区疾病预防控制中心和7家疫苗预防接种单位实施全覆盖检查。

6月6日，市场监管部门对零售药店进行专项检查

【医疗器械专项检查】 无菌和植入性医疗器械监督检查。2家生产企业、23家经营企业、12家医疗机构完成自查。对13家经营企业、8家医疗机构进行监督检查，发现问题39处，责令限期整改。规范儿童青少年近视矫正专项检查。对学校周边近视防控门店进行摸底调查，检查门店8家、隐形眼镜经营企业15家，重点检查企业是否有合法资质，是否存在“康复”“恢复”“降低度数”“近视治愈”等引人误导的宣传。医疗器械“清网”行动专项检查。坚持“线上线下”联动原则，对7家网络销售医疗器械企业实施全覆盖检查。避孕套专项检查。对辖区内持证企业和可能经营避孕套场所进行检查，共检查经营单位30余家，发现问题15项，重点对经营单位是否取得“第二类医疗器械经营备案凭证”，产品是否具有医疗器械注册证书，购进渠道是否合法等环节进行检查。

【化妆品专项检查】 开展化妆品“线上净网线下清源”风险排查，对区内397家化妆品经营企业进行排查。开展美容单位违法违规经营化妆品专项整治，年内进行两次美容单位化妆品专项检查，共抽查39家美容经营业户。

【全面落实“四个最严”要求】 餐饮服务食品安全监管方面，餐饮服务经营者量化分级管理覆盖率95%，学校食堂“明厨亮灶”率100%。对立案查处4家网络餐饮经营单位，累计罚没款1.1万元。2家零售药店被撤销“药品经营质量管理规范认证证书”，2家零售药店被收回“药品经营质量管理规范认证证书”。13家不凭处方销售处方药的零售药店被顶格行政处罚，罚款1.3万元。对6家未按照要求实施《药品经营质量管理规范》的零售药店给予警告。对存在不按照规定条件储存陈列药品，开架销售处方药，不按“三专一证”（专人管理、专柜陈列、专册登记、凭身份证购买）销售含麻黄碱类复方制剂的60家零售药店责令限期改正。对医疗器械经营使用单位下达《责令改正通知书》4份，下达《限期提供材料通知书》1

份，发送《协查函》1 份，处理网络投诉 2 起。完成化妆品一般程序案件 4 起，罚款 3790 元，没收“三无”化妆品 313 件。

【净化网络餐饮市场】 先后 6 次对“美团”“饿了么”等主要外卖平台负责人进行约谈，累计出动执法人员 2892 人次，线上排查入网餐饮单位 769 家，线下检查入网餐饮单位 1386 家，敦促 498 家不符合条件经营业户予以下线处理，下达责令整改通知书 35 份，对问题较为突出的 4 家业户进行立案处罚，累计罚没款 1.1 万元。

特种设备安全监督管理

【概况】 2019 年，围绕落实对特种设备经营、使用、检验、检测和作业人员监督管理的总体工作目标，结合特种设备安全监察工作重点，开展各类特种设备专项整治及安全保障工作。检查特种设备使用单位 133 家次，出动执法人员 282 人次，下达监察指令书 34 份，对 2 家存在违法行为企业进行行政处罚，罚款 8 万元，发现并消除各类问题隐患 162 处，全年特种设备定检率保持在 99% 以上。

【涉氨特种设备专项检查】 按照特种设备监管“三落实、两有证、一检验、一预案”的总体要求，聘请特种设备专家对 10 家涉氨企业的 186 台（套）设备进行评估。列入评估范围的特种设备主要是压力容器（贮氨罐、冷凝器、氨油分离器）和压力管道。评估发现，大部分涉氨企业在用的压力容器、压力管道、安全附件能够做到数量明确、检验合格、登记及时。个别企业存在一些问题，集中表现在：有的企业安全管理机构或人员配置不到位；未制定年度教育培训计划，未对特种设备管理、作业人员进行定期的安全教育及培训；特种设备安全附件校验不及时；部分企业虽然制定《特种设备事故应急预案》，但未按要求开展每年两次的事故应急演练。针对这些情况，区市场监管部门下达《安全监察指令书》，责令其限期整改，并对有问题的单位实施追踪监察，直至安全隐患彻底消除。

7 月 16 日，对山东岩海土石方有限公司特种设备进行检查

【电站锅炉安全及节能整治】 电站锅炉及管道隐患专项排查整治活动，共检查锅炉 25 台，发现并排除安全隐患 17 起。开展锅炉安全与节能集中排查整治攻坚战，对全区 19 台 10T 以上工业锅炉开展能效测试，其中 10 台完成测试、5 台无需能效测试、4 台停用。围绕中央环保督查，配合锅炉节能环保治理工作，对关停改造的 10T 以下 11 台的燃煤锅炉进行复查，发现均已报废拆除，没有死灰复燃的现象。电站锅炉范围内管道整治，全年出动执法人员 8 人次，检查锅炉使用单位 2 家，检查锅炉 9 台，下达安全监察指令书 1 份，排除安全隐患 3 起。

【大型游乐设施安全隐患专项排查】 对 37 度梦幻海、马家沟景区的大型游乐设施进行检查。重点检查事故应急预案修订，应急演练开展情况，设备安全保护装置及设备日常巡检、警示

标志、身高标尺、游客须知的张贴等。出动执法人员 32 人次，检查设备 15 台，发现并排除安全隐患 4 起。

【化工特种设备专项整治】 将化工企业的特种设备监察作为安全监察工作的重点，多次聘请特种设备检验专家对企业监管人员进行培训，向企业下发安全警示案例及追责通报，强化企业主体责任。聘请专家对高危企业进行安全评估。评估涵盖化工企业 13 家，设备 73 台套。区市场监管部门对区直化工企业检查覆盖率 100%，隐患整改率 100%。

【气体充装特种设备安全检查】 检查企业 3 家，出动执法人员 26 人次，发现并排除隐患 16 起。组织开展隐患钢瓶置换工作，通过质量月活动、特种设备宣传进社区活动，向市民分发气瓶安全宣传页 200 余份。管委继续执行隐患钢瓶置换补贴政策，完成发放智能瓶 3.41 万只，报废 3.24 万只。

【电梯安全大检查】 对全区 28 家电梯维保单位进行大体检。出动执法人员 89 人次，检查电梯 206 台，排除安全隐患 7 起。开展老旧电梯评估工作，将在用的 5094 台电梯进行逐一排查，排查使用年限 15 年以上的老旧电梯 168 台。对需修理、更新、改造的电梯向建设管理部门申请专项维修基金；对评估中存在事故隐患的电梯，下达相关法律文书；对未按照要求完成隐患整改的电梯责令立即停止使用。

【节假日期间特种设备监督检查】 按照《特种设备现场监督检查规则》要求，开展元旦、春节、两会、清明节、“五一”、端午节六个节假日期间的特种设备安全监察。对重点企业和人员密集场所进行拉网式安全隐患排查整治，排查学校、幼儿园、医院、车站、宾馆酒店、商场、公园等公众聚集场所的特种设备，重点整治长期没有开展过应急演练及对特种设备管理人员、作业人员培训不到位的情况。出动执法人员 42 人次，检查企业 56 家，检查设备 98 台套，发现并排除隐患 22 起。

【厂车安全专项监督检查】 出动执法人员 97 人次，检查厂车使用单位 43 家，检查厂车 113 台，发现并排除隐患 11 起。

【安全生产宣传活动】 开展“3·15”宣传活动、“安全生产月活动”“安全生产七进活动”等宣传活动。联合教体部门开展电梯安全进校园活动，先后前往 4 所小学举办讲座，向 2000 多名师生宣传普及安全乘坐电梯常识。走进星海湾社区，组织专家、业主、物业、维保公司开展拉家常座谈会，化解百姓对电梯的误区。聘请万华安全专家举办双重预防体系培训班。结合新中国成立 70 周年专项整治行动，下发《特种设备风险隐患排查整治指导目录》，制定《特种设备风险隐患自查表》，督导企业安全管理人员加强学习，按照指导目录开展隐患自查自纠，消除隐患。联合区电视台制作专题节目，刊发特种设备监管新闻，强化特种设备安全教育。加强应急预警，恶劣天气下，及时将气象信息通知有关企业，督促做好应急防范工作，应急预警工作成为常态。

物价管理

【概况】 2019 年，两次更新《烟台开发区行政事业性收费清单》和《烟台开发区实行政府定价的经营服务性收费标准清单》，公共事业性收费标准保持基本稳定。各类幼儿园收费分类管理，实行政府指导价和市场调节价相结合的办法。中学教育按非营利性民办学校收费政策和义务教育阶段标准收费。机构改革职能划分后，监督检查职能（开发区价格监督检查局）划归区市场监督管理局。

【行政事业性收费】 根据《山东省定价目录》以及相关政策调整变化，于7月、12月两次更新《烟台开发区行政事业性收费清单》和《烟台开发区实行政府定价的经营服务性收费标准清单》，并通过政府网站向社会实时公开，确保已经取消、停征、免征的收费项目不再收取。及时更新《区级政务服务事项中介服务项目清单》，配合市场监管局检查清理政务服务事项和中介服务收费项目。全区施行行政事业性收费单位共14个，年度收费1.09亿元。

【公共事业性收费】（2019年4月收费标准）

供水价格 市区居民供水价格，“一户一表”抄表到户居民用户，第一阶梯年用水量144立方米（含）供水价格3.35元/立方米，第二阶梯年用水量144～204立方米（含）供水价格4.35元/立方米，第三阶梯年用水量204立方米以上供水价格7.35元/立方米。市区非居民及特种供水价格。非居民供水销售价格执行5.02元/立方米，特种供水销售价格执行15.76元/立方米。市区再生水价格，按照国家再生水价格指导性意见，再生水最高价格暂按供需双方的协议价3.8元/立方米执行，试行期一年。

供气价格 市区居民供气价格，按照第一阶梯年用气量300立方米以内（含）2.98元/立方米；第二阶梯年用气量300～420立方米（含）3.58元/立方米；第三阶梯年用气量420立方米以上4.47元/立方米。非集中供热天然气，独立采暖居民用户，用气量在居民用户生活用气第一阶梯气量基础上增加采暖用气800立方米，即用气量在0～1100（含）立方米之间，执行居民生活用气第一阶梯气价2.98元/立方米，年用气量超过1100立方米的，执行居民用户生活用气第二阶梯气价3.58元/立方米。非居民用天然气销售价格为基准价格，经营企业可以基准销售价格为基础，上浮20%、下浮不限的范围内确定具体销售价格。2019年4月1日起，基准销售价格为3.15元/立方米。

供电价格 居民供电价格，“一户一表”居民用户第一阶梯年用电量2520度以内（含）0.5469元/千瓦时；第二阶梯年用电量2520～4800千瓦时（含）0.5969元/千瓦时；第三阶梯年用电量4800千瓦时以上0.8469元/千瓦时。未实行“一户一表”的合表居民用户，供电价格为每千瓦时0.555元，此电价为到户电价，转供电单位不得自行加价；电网对电压等级1千伏及以上居民合表用户供电价格为每千瓦时0.501元。工商业及其他用电供电价格，单一制电压等级不满1千伏，0.6559元/千瓦时；电压等级1～10千伏，0.6409元/千瓦时；电压等级35千伏及以上，0.6259元/千瓦时。两部制电价电压等级1～10千伏，0.6172元/千瓦时；电压等级35～110千伏以下，0.6022元/千瓦时；电压等级110～220千伏以下，0.5872元/千瓦时；电压等级220千伏及以上，0.5722元/千瓦时。同时，实行峰谷分时电价政策。居民电代煤用户清洁取暖电价，政府认定的“一户一表”居民电代煤用户，采暖季（11月至次年3月）用电按居民阶梯电价第一档电价标准执行。年度周期内，非供暖季继续执行居民阶梯电价政策，其中一档电量为1470千瓦时，二档电量为1470～2800千瓦时，三档电量为超过2800千瓦时部分。供电公司按照政府提供的“电采暖”居民用户名单执行相应电价。农村地区以村或自然村为单位，通过电代煤改造使用电采暖或热泵等电辅助加热取暖实行总表计量的，按照居民合表电价 0.555 元 / 千瓦时执行；实行分表计量的，与"一户一表"居民电代煤用户执行相同的价格政策。

供热价格　市区居民供热价格为 23.00 元 / 平方米（建筑面积），计量供热价格实行两部制，即基本热价 6.90 元 / 平方米，计量热价 41.82 元 / 吉焦。市区非居民供热价格为 34.50 元 / 平方米，计量热价为 89.61 元 / 吉焦。

【物业服务收费管理】 辖区物价管理部门组织召开物业服务收费工作会议，100 余家物业公司参会，对物业服务收费政策进行解读，对普通住宅前期物业公共服务收费备案进行布置安排。普法日，物价管理部门走上街头、进入社区，把物业服务收费政策宣讲到市民家门口。定期参加物业服务收费联合监督检查，解答民生服务热线和市民对话关于物业服务收费问题。全年普通住宅前期物业服务收费备案 55 家，其中调整收费标准 5 家，发放《烟台开发区物业服务收费政策宣讲读本》1000 册，发放《烟台开发区物业服务收费明白纸》4000 份，解答市民物业服务收费问题 1600 余起，全面规范开发区物业服务收费工作，提升物业服务收费工作满意度。

【教育收费管理】 各类幼儿园收费实行分类管理，根据办园性质分别实行政府指导价和市场调节价。公办幼儿园的保教费、住宿费实行政府指导价；民办幼儿园的保教费、住宿费实行市场调节价。全额财政拨款幼儿园保教费收费标准：省级示范性幼儿园 400 元 / 生·月，市级示范园 360 元 / 生·月，县级一类园 300 元 / 生·月，县级二类园 240 元 / 生·月，其他园 190 元 / 生·月。差额财政拨款幼儿园保教费收费标准：省级示范性幼儿园 480 元 / 生·月，市级示范园 432 元 / 生·月，县级一类园 360 元 / 生·月，县级二类园 288 元 / 生·月，其他园 228 元 / 生·月。无财政拨款幼儿园保教费最高收费标准：省级示范性幼儿园 520 元 / 生·月，市级示范园 468 元 / 生·月，县级一类园 390 元 / 生·月，县级二类园 312 元 / 生·月，其他园 247 元 / 生·月。省级十佳幼儿园保教费收费标准，在同类别幼儿园收费标准的基础上适当上浮，上浮幅度不超过 15%。普惠性民办幼儿园最高收费标准控制在不超出同类别无财政拨款公办幼儿园收费标准 50% 的幅度。烟台爱华双语学校和烟台经济技术开发区耀华实验学校两所非营利性民办学校，依据 6 月份核定两所学校义务教育阶段收费标准。

【价格认证】 6 月，价格认定综合业务平台上线试运行，标志开发区价格认定业务迈入电子化、无纸化阶段。全年，开发区价格认证中心主要受理烟台市机场分局和开发区公安分局（含下属海河派出所、金桥派出所等 10 多个派出机构）的价格认定协助申请，完成涉案刑事价格认定案件 153 起，认定总金额 434.86 万元。

2019 年烟台开发区价格认定业务案件类型统计表

表 15　　单位：起、万元

	认定数量	认定金额
合计	153	434.86
盗窃类	117	294.82
毁财类	36	140.04

2019 年烟台开发区价格认定业务标的类型统计表

表 16　　　　单位：起、万元

	认定数量	认定金额
合计	153	434.86
手机	49	17.87
汽车	26	68.82
电动车	18	7.34
电脑	9	2.01
贵金属	6	212.81
日化用品	5	109.63
电缆	5	1.99
摩托车	4	0.74
工业品	1	5.90
其他	30	7.75

安全生产监督管理

【概况】全区不断强化安全生产“红线”意识和底线思维，认真贯彻落实国家、省、市关于安全生产工作的指示精神。全面推进落实《关于深入推进安全生产领域改革发展的实施意见》，突出六大方面、25 项具体措施，进一步明确责任，推动工作落实到位。辖区安委会办公室设立 14 个安全生产专业委员会，明确委员会工作职责，优化工作运行机制。安委会办公室设立 14 个安全生产专业委员会，健全完善安委会 + 专业委员会工作机制，明确委员会工作职责，优化工作运行机制。

【安全生产责任体系建立】制定全区安全生产工作考核办法，把安全生产纳入经济社会发展综合考核评价体系，采取日常考核、年度考核、约谈等形式，强化考核约束和促进作用，推动安全生产措施落实、落地、见效。制定《烟台开发区实施〈地方党政领导干部安全生产责任制规定〉细则》，明确界定全区各级党政领导干部安全生产的职责、考核考察、表彰奖励、责任追究。制定《烟台开发区 2019 年安全生产工作要点》，明确任务，落实责任。召开全区安全生产工作会议、季度安全生产工作例会及专题会议 5 次，通报情况、分析形势，部署工作。组织开展安全生产责任落实月活动，督导协调各层面签订安全生产目标管理责任书。

【安全生产专项整治活动】全区围绕“控风险、除隐患、防事故”主题，聚焦重点区域、重点行业领域、重点企业、重点环节及工序。部署开展迎接新中国成立 70 周年安全生产专项整治行动。检查危化品企业 619 家次，责令停产停业整顿、停止项目建设或停止使用设备 41 家次。检查工贸企业 449 家次，责令停产停业整顿 1 家、停止使用设备 7 家。检查特种设备使用单位 393 家次。停工整改施工项目 17 个，强制退场塔吊 4 台。约谈道路运输企业和货运企业 12 家，处理超限车辆 20 车次，停业整顿 3 家，吊销道路运输经营许可证 2 家。检查渔船 217 艘次，整治安全隐患 39 处。清理燃气管道占压隐患 14 处，立案 1 起。检查各类单位场所消防安全 2225 家，立案 46 起，临时查封单位 16 家，责令“三停”10 家。现场抽查爆破作业 31 次、视频抽查 193 次。各镇街和其他行业领域结合各自实际，深入开展隐患排查整治和“打非治违”等工作，消除一大批事故隐患。工委、管委各领导定期带队督导检查，推动和加强安全隐患排查整治工作。根据安全生产工作特点，组织开展“五一”“十一”、火灾防控、汛期安全、燃气安全、防范一氧化碳中毒等安全生产整治活动。

5 月 1 日，安全生产“护节”专项行动

【双重预防体系建设】 分批次组织 4 次有限空间、涉氨制冷、涉爆粉尘、金属冶炼企业双体系现场观摩会，1 次区内工贸行业企业双体系平台专项培训班。组织 7 家企业进行第一批小微企业双体系试点，全部完成验收。申请小微企业专项资金，聘请中介机构对全区 400 家小微企业进行指导，计划 2020 年全部通过验收。鼓励企业自行聘请行业专家对双体系建设运行进行指导帮扶，部分危化品生产企业邀请滨化集团等行业专家驻厂指导，取得效果。全年完成双体系评估 339 家，其中规模以上企业 293 家，小微企业通过验收 46 家，评估范围覆盖危化品、金属冶炼等全部高危行业企业和部分规模较大、风险较高的一般行业企业。

【安全生产行政监督执法】 制定 2019 年度安全生产行政执法监察工作计划，对工贸企业和危化品、医药化工、非煤矿山、烟花爆竹等行业企业进行日常执法检查。全年检查企业 928 家次，完成隐患整改 2996 处，下达责令限期整改指令书 381 份、现场处理措施决定书 71 份、整改复查意见书 376 份。定期对化工园区内违停危化品运输车辆及停车场进行检查，清理违停车辆 100 余辆。9 月，全面完成市局督查组对辖区危化品、化工企业开展的督查复验工作，对 21 家企业开展复验工作；12 月，夜查 12 家危化品、化工企业，重点检查企业领导值班带班情况，夜间生产有无“三违”现象，现场职工应急处置能力等。对烟花爆竹零售许可申请进行核查，共 40 家零售店（点）按照最新规范逐一排查，严格把关。

3 月 22 日，在烟台海川化学制品有限公司进行安全检查

【安全文化建设】 组织开展“安全生产月”现场咨询日、宪法日集中宣传等活动，开展“安全生产公众开放日”活动，44 家企业主要负责人讲授“安全生产公开课”。组织开展“企业家谈安全生产主体责任”活动，撰写谈安全生产主体责任文章 30 篇。组织 42 家机关事业单位和社会公众积极参加全国“安全生产月”官网举办的危险化学品安全知识网络有奖答题和“抖除隐患”抖音话题活动。在区电视台开设《聚

6月14日，在彩云城开展安全生产月宣传活动

焦应急》栏目，播出专题节目25期。

【安全教育培训】全年开设特种作业人员培训班45期，培训2600人；主要负责人、安全管理人培训班22期，培训1900人；韩资企业韩籍主要负责人、安全管理人员培训班1期50人；防爆电器培训班1期60人；电工（防爆电气）安全技术人员培训班1期，培训60余家企业，参加培训人员全部考取上岗证。

烟草专卖

【概况】2007年7月，开发区烟草专卖局组建，负责全区烟草市场监管及卷烟零售行政许可等工作。2019年，从业人员24人，辖区有1147户卷烟零售客户，全年查处各类涉烟违法案件47起，查获万元以上大要案10起，查获各类违法违规卷烟69.29万支，案值43.33万元，为卷烟消费提供了良好的市场环境。

【市场管理监督】将专卖科职能和基层服务站专卖职能有机结合，按照"眼睛向内，精准打击"的要求，将重心从物流寄递渠道向辖区市场转移。以"深耕除莠"专项行动为契机，以市场监管为载体，通过创新监管模式、强化市场检查等方式，进一步提升卷烟市场净化水平。对中小学校周边零售户进行全面排查。加大对辖区零售户的监督，同福山区烟草专卖局营销部门密切合作、多管齐下，拓宽市场监管手段。对辖区重点户、重点区域、重点市场提高检查频次，建立违规户、违法违规大户信息库，有针对地开展日常监管工作。深入开展卷烟市场整治活动，集中解决市场监管难题，与有关部门密切合作，对节日市场、娱乐场所采取重点打击，集中整治的管理措施。利用日常检查与夜查相结合的方式，消灭检查留白的情况。

【破网打源】围绕"市场净化率始终保持在98%以上"的工作目标，夯实责任，积极推进破网打源工作进程，秉着"有假烟必有络，有络必有大要案"的打假破网工作理念，加强协作，主动出击，加强同公安部门协调联系，建立长期合作机制，加大与检察院、法院等职能部门的联系，建立长期有效的沟通机制，形成公检法三方合力打私打假新局面，达到以案追案的最终目的。全年刑事拘留7人、逮捕6人、判刑4人。

【宣传教育】把加强烟草专卖法律法规政策宣传作为卷烟打假工作的一项重要内容，利用多种形式，全面深入地开展宣传活动。在日常的市场检查工作中，专卖稽查人员向零售客户、消费者宣传烟草专卖法、假烟辨别知识等，引导零售客户守法经营、消费者明白消费。利用"3·15"消费者权益日广泛开展烟草专卖法律法规宣传咨询活动，将相关法律条款、典型案例摘编成宣传单，在主要道路设立咨询站宣传烟草专卖法律法规。组织专项宣传活动3次，发放宣传单1300余份。

烟草守法经

综合行政管理

Integrated Administration

人力资源管理

【概况】 全力推动重点群体就业，帮助就业困难群体就业1130人。发挥失业保险作用，向328家企业发放失业稳岗补贴4241万元，惠及职工12万人。以省、市开展“四型就业社区”创建活动为契机，健全完善服务平台建设，为辖区居民就业创业提供全面周到的服务。全年新增就业再就业2.82万人，其中失业职工再就业1793人，城镇登记失业率控制在2.5%。城镇新成长劳动力1.08万人，农村劳动力21.60万人，就业转失业人员1793人，签订劳动合同总数6.83万人。

【推动创业创新】 发放创业补贴524.8万元，发放创业担保贷款4755万元。联合福莱山街道办，举办“烟台开发区第四届创业创新大赛暨大学生创业大赛”，吸引烟台市范围内创业者参与，引导优质项目落地。加强创业载体建设，对9家市级创客空间进行现场调研，对拟创建载体进行走访座谈。积极参与协助虚拟现实全国创业大赛总决赛、金融系统首届“好伙伴成长计划”投贷联动大赛等。举办创客空间扶持政策、创业e平台操作和创业政策等培训

12月17日，第四届创业创新大赛

3期，培训100余人次。各镇街面向下乡返乡创业人员开展政策宣讲活动，为200余名下乡返乡创业者进行系统培训。

【九大中专毕业生专场招聘会】 正月初九，烟台开发区举办2019大中专毕业生专场招聘会。参会企业210家，提供岗位6915个，进场求职人数4800人，达成意向1228人，满足企业招聘高层次、高技能人才的需求。

【人力资源服务】 3月30日，在开发区希尔顿酒店，举办“新经济形势下的竞争战略与劳动关系”高峰论坛。论坛的举办，带来新的发展理念、发展方法，注入新的发展活力，为全区经济社会发展聚集人力资源。9月11日，举办第一届中国（烟台）人力资源服务高峰论坛，发挥人力资源是社会经济发展的第一资源，有效推动中国（山东）自由贸易试验区经济发展质量变革、效率变革、动力变革，进一步增强烟台经济发展竞争力。

9月11日，人力资源服务高峰论坛

【招才引智】 加强与区内重点企业沟通，了解人才需求。加强与驻烟高校、科研院所产学研合作，举办“驻烟高校、科研院所业达行”等系列活动。瞄准科研院所、海外留学等多类型人才，创立“才企合作”“以才引才”等引才模式。针对多数留学人员有项目、无资金、缺

市场，而相当部分企业研发能力不够、创新发展后劲不足的实际，凭借“知识产权 + 特殊才干 = 企业持股 + 受聘职务”的引才“公式”效用，使企业与人才形成利益共同体，切实提高了海外人才吸引力。全年通过“政府搭桥、人才匹配、企业发展”的模式，成功引进培育 12 名市级以上人才（其中省级以上人才 7 名）。

2019 年烟台开发区引进人才情况统计表

表 17　　　　单位：人

干部	工人	毕业生	总数	高层次人才				
				博士	硕士	大本以上学历	高级职称	中级职称
5367	56	3132	8555	15	894	5416	36	161

【和谐工业园区】 3 月 7 日，省人社厅、市人社局和部分区县人社局人员到区调研座谈。调研组听取全市企业劳动关系建设情况和发展过程中的难点问题汇报，对烟台开发区 2 家企业进行实地调研，5 家民营企业在座谈会上交流发言。调研组了解和掌握全区民营企业发展中存在的困难，调研取得良好效果。3 月 28 日，国家人力资源和社会保障部等 5 部门联合下文，授予烟台开发区“全国模范劳动关系和谐工业园区”荣誉称号。7 月 11 日，开发区有关领导前往北京参加全国表彰大会并代表山东省做典型发言。

【事业单位招聘】 组织事业单位招聘考试 4 次，报名人数 7660 人，审核通过 6252 人，缴费 5626 人，笔试人数 3789 人，面试人数 657 人，笔试、面试考务人员近 300 人，录取 254 人。学历结构：本科 138 人（54.3%），研究生 98 人（38.6%）、大专及以下 18 人（7.1%）；性别结构：男性 82 人（33.3%），女性 172 人（67.7%）。

【档案管理】 不断提升档案管理的规范化、信息化和效能化，组织完成全区各部门单位散材料（考核材料、工资材料、学习材料、职称材料等）的鉴别、归档工作，存入档案材料 1800 余份。进行事业单位工作人员档案的装订、编目、整理、入库工作，共计 340 余卷档案。完成公安系统 369 卷档案移交工作。

【薪酬制度改革】 11 月 9 日，开发区工委会研究通过《烟台经济技术开发区薪酬制度改革实施方案》，方案明确：打破原有的体制、编制、身份界限，实行企业化管理和职员制；打破原有的工资收入分配体系，构建适应开发区体制机制建设的岗位职级薪酬结构和挂钩绩效考核的绩效薪酬体系；实行“以岗定薪、薪随岗动，总量控制、动态管理，绩效考核、拉开档次，突出重点、面向一线”的薪酬分配制度；建立“挂钩一组经济发展指标、确定一个工资总额基数、构建一个收入构成框架、制定一个绩效考核办法、建立一套岗位薪酬体系”的“五个一”动态调整机制。

【人才市场】 举办专场招聘会、“圆梦金沙滩”“春风行动”“民营企业招聘”等 150 场各类专项及日常招聘活动，入场招聘企业 1.05 万个（次），提供就业岗位 21.56 万个，入场求职 18.21 万人（次）。其中组织困难群体招聘专场 12 次，组织大型毕业生专场招聘会 5 次，组织行业分类专场招聘会30余次。加大招才引智、“百企进百校”等系列招聘活动，组织区内企业赴外招聘会12次，组织校园专场招聘会14次。

人才信息交流服务

【人才管理与服务】推进人才载体平台建设，申报省级专家服务基地，8月获批，为全市唯一入选单位。对重点人才企业推荐申报全市高层次载体，其中11家重点企业获评全市高层次人才载体称号。为87人发放高层次人才购房补贴178万元，协助博士后科研工作站申请各项补贴共计22万元。

【专业技术职务评聘】全年审核推荐各类申报材料2300余份，办理各类资格证1700余份。全年新增专业技术人员1700人，其中高级144人，中级580人，初级976人。

【劳动与仲裁监察】受理监察案件2047起，其中立案439起，立案处结404起，案前调处582起，按期结案率和处结正确率均为100%。为职工追发工资待遇3518.29万元，追缴社会保险费141.02万元，新增参保登记职工168人。作出行政处理20起，涉及金额6771.27万元；行政处罚15起，涉及罚款19.4万元。受理仲裁案件1114件，较去年同期增加9.9%，集体劳动争议11起，涉及206人，累计处结案件数961件，处结率86.3%。调撤案件891件，调解率80%，一裁终局434件，一裁终局率39%，经过调解、裁决，累计为当事人挽回经济损失1200.33元。开展农民工工资支付情况专项检查、清理整顿人力资源市场秩序专项检查、用人单位遵守劳动用工和社会保险专项检查，共计检查用人单位826户次，涉及职工3.48万人。

行政审批服务

【概况】烟台开发区行政审批服务以打造最优营商环境为使命，紧抓自贸区建设新机遇，坚持“全省领先、全国一流”目标定位，大力开展制度创新、流程再造，倾力打造以“极简审批、极速办理、极优服务”为核心内容的“业达政务服务”品牌，为建设烟台市现代化经济中心、推动高质量发展做出贡献。9月2日，中国（山东）自由贸易试验区烟台片区政务服务中心启动运行。印发《关于促进自贸区建设进一步优化政务服务工作的20条意见》，“大胆闯、大胆试、自主改”，推出并运行“探索实行审批服务‘自我声明制’”“建设自贸区企业服务专区”“推行企业开办‘集成合一’审批服务”“推行‘中日韩跨国审批’模式”“以‘三极服务’推行‘一证办一照’”“‘证照同办、多证联办’制度创新”等6个改革新模式。政务服务中心设6个办事大厅，设置窗口180个，进驻机构部门、单位42个。镇街便民服务中心5个。

【“极简审批”环境构建】3月，开展“规范建设月”活动，制订《行政管理制度汇编》《窗口管理制度汇编》和《“一枚印章管审批”制度汇编》，搭建起较为完整的制度框架。建立法律顾问制度，在临时用地施工许可、现场勘验标准以及复议应诉等 29 个问题上做好法律咨询。按照“拆无可拆，分无可分”原则，精简审批材料，将承接的 160 个事项进行颗粒化分解，实际拆分成 561 个办理项，为拓展改革深度建立前提条件。按照“六个一律精简”原则，将 3557 件申请材料压减至 2731 件，压减比例 23.22%，有效破解重复提交、多头分散的问题。优化审批流程，推动审批“扁平化”，将审批授权尽可能向处室和窗口集中，压缩领导审批事项，处室、窗口审批事项占 71.8%。对 189 个事项流程进行优化，最大限度集约审批、告知承诺，做到窗口审批和现场勘验有效衔接。规范审批标准，对 547 个办理项逐项编制《业务手册》《办事指南》，对 86 个现场勘验事项逐一形成制式表单，确保同一事项无差别受理、同标准办理、零自由裁量。深化集约集成，优化三个大类、七大领域的“一窗受理”机制，将跨窗口、跨行业的事项予以优化整合，做到“一窗办多事”。对养老机构设立、民办教育机构设立、办理公积金贷款等 56 个“百姓眼中的一件事”，建立“一链办理”机制，做到“多事一流程”。增设网上政务服务平台模块，深化“一网通办”，全区行政许可事项可全程网办率 100%。

【争创“极速办理”新速度】 对标省内青岛开发区、国内苏州工业园及最发达地区，单个事项平均承诺时限和营商环境核心指标取得重要突破。审批事项时限大幅压缩，平均办理时限由 3.93 天压缩至 2.56 天。政务服务中心全部事项平均办理时限由 4.25 天压缩至 3.98 天，“即办件”数量 290 个。对标“全国最快”，做实做细统计工作，行政审批服务局 80% 和政务服务中心 70% 以上可比事项进入“全国最快”行列。将企业开办所涉及的注册登记、涉税办理、印章刻制、银行开户等全要素整合进驻中心，通过流程再造、网上办理，实现企业开办“只进 1 扇门，最多跑 1 次，2 小时办结”，并率先实现“免费刻制公章”。不动产登记窗口通过“全市三个率先”打基础、推行“四个一审批”提速度，实现一般业务 2 日办结，对重点项目全部实现 1 日办结。建设项目施工许可取得突破性进展，在“拿地即开工”项目推进机制的框架下，制定《烟台开发区“拿地即开工”项目审批模块实施方案（试行）》，保证进入该“绿色通道”、预审手续全部通过的项目，从取得土地批准文件到获取建筑许可证用时不超过 10 个工作日。10 月 24 日，为烟台韩晔机械有限公司颁出该机制下首张施工许可证，用时 7 个工作日。施工许可证核发环节，由原来承诺的 3 个工作日缩减为 1 小时颁证。实行工程质量监督、安全监督手续和施工许可证合并办理，申请材料数量压缩 2/3，在资料齐全条件下即刻办理。

11 月 14 日，极简审批，极速办理

【推行“极优服务”新举措】 加强窗口日常管理，创新推出《优化窗口服务便民利企十条措施》，政务服务中心全年受理事项 111.3 万件，窗口服务跟踪回访满意率 99.9%。推行政务服务标准化管理，坚持领导带队检查、窗口联合巡查、每日巡查管理、首席代表例会等工作机制，下达《政务服务督查单》70 份，规范窗口人员行为举止。落实街道（镇）便民服务中心、部门专业服务大厅“一体化监管”，维护全区政务服务窗口的良好形象。注重群众意见诉求，在服务大厅入口处亮出看板，开展政务服务“好差评”活动，听取企业群众最真实的意见反馈。开通24小时群众咨询投诉热线，实现服务群众“全天候”。设置自贸区企业服务专区咨询台，提供引导服务和政策解答。提供保姆式、个性化服务，通过联合导办、帮办代办、联审联办等，先后为欣和食品、宝能物流、宏瑞汽车等15个重点项目提供“保姆式”审批服务。升级微信公众号预约功能，为600余名办事群众提供午休服务。组织将老年证、市民卡等事项向镇街延伸，积极探索“就近办”。打造“不打烊”服务窗口，在政务服务中心AB座开辟2个“24小时自助办事区”，设置商事登记、税务、社保等各类政务服务自助终端36台，走在省市前列。推行“窗口无否决权”机制，印发《关于实行“窗口无否决权”服务机制的通知》，在政务服务中心全面推行“只说YES不说NO，窗口无否决权”服务机制。

9月2日，行政审批服务部门为企业帮办代办

【优化自贸区政务服务】 出台《关于促进自贸区建设进一步优化政务服务的20条意见》，为企业群众提供“金牌保姆式”审批服务。实行自贸区“一窗通办”，组织企业注册登记、行业经营许可、项目立项备案、施工许可、涉企不动产和外资外贸（咨询代办）等六大类涉企事项进驻自贸区企业服务专区，实行无差别“一窗通办”。推行“证照同办、多证联办”，深化“证照分离”改革，针对“准入准营不同步”问题，通过线上增设审批模块，线下实行综合受理，10大领域的31个联办事项实现证照“同步申请、一窗受理、同步审批、一并出证”。实现仅凭身份证领取营业执照，申请人办理自然人独资的简单企业，仅提交个人身份证，即可完成企业设立登记手续，从咨询开始全程帮办代办、1小时内领取营业执照，实现“进门自然人、出门企业主”。试行“自我声明制”，筛选7个主项39个子项的审批事项组织试行，企业开办者以自我声明方式免于提报部分要件材料，审批部门直接作出审批决定或予以核准、同意。申请材料由原来的231项精简至149项，压缩比例35.5%。审批承诺时限由原来的平均3个工作日变为即来即办、立等可取。将政务服务延伸至日本、韩国，实现中日韩跨国审批，投资经营者不出国门就能快速办理企业营业执照和经营许可证，在境外最短5天（含证照快递时间）可获得证照，实现跨国“零跑腿，不见面”审批。10月17日，为韩国投资者山东米美生物科技有限公司，颁发首张跨国审批营业执照。

12月10日，实现中日韩跨国审批

【投资建设审批】 全年累计办理投资建设类审批服务事项1570件，其中投资项目核准、审批、备案590件、节能审查13件、门头牌匾设置

审批512件、施工许可160件、市政设施建设类审批118件、污水排入排水管网许可证核发97件、水土保持方案审批37件、其他行政审批事项43件。“一窗受理”窗口提供业务咨询服务879件。在全市率先将工程建设项目审批流程优化整合为立项用地规划许可、工程建设许可、施工许可、竣工验收4个阶段，一窗受理窗口由原来5个压缩至4个。采取“告知承诺”“容缺受理”和“并联审批”等多种方式相结合，由“一事跑多窗”改为“一窗办多事”，变“多头受理”为“一窗受理”。深入推行“拿地即开工”审批模式，烟台瓦鲁智能装备有限公司智能设备项目从取得不动产权证到取得建设工程规划许可证和建筑工程施工许可证，仅用时2个工作日，创造全省“拿地即开工”项目审批时间最短纪录。

【商事登记审批】 全年新设立企业5277户，同比增长23.21%，期末实有企业2.84万户，同比增长7.84%；期末办理企业变更登记5608笔，同比增长17.74%；注销登记3020笔，同比增长26.04%。特种设备作业人员资格认定4429人，水产苗种生产审批3件，计量标准器具核准48件，食品生产许可20件。9月2日，自贸区政务服务中心启用当天，办理企业设立登记84户，为8月份日均办件量的4倍，其中自贸区内79户。截至12月25日，自贸区内共办理各类企业登记1900户，同比增长54.1%；办理各类企业变更登记2034户，同比增长6.88%。实行“一证办一照”代办服务，鼓励符合条件的企业借助全程电子化登记APP，实现零见面无纸化审批。办理全程电子化登记1215户，占新设立企业的22.84%。推行“证照同办、多证联办”方式，办理业务登记22笔。

【社会事业审批】 全年累计办理社会事业类审批业务9375笔，其中道路普通货物运输车辆年度审验办理2686笔，普通货运车辆《道路运输证》配发（核发、补发、换发）办理1960笔，山东省老年人优待证发放办理1609笔，其他3120笔。自贸区社会事业类行政许可业务54笔。梳理20个高频审批服务事项，推出服务指南“码”上服务，实现企业群众办事快捷化、便利化。制定《审批事项网上申报工作明白纸》及《网上预审操作流程》，服务更加便民高效。将涉及老年优待证办理、公共卫生许可等6个贴近群众的审批服务事项下放街道办理，打通服务群众的“最后一公里”。

【审批机构管理】 以《窗口单位及工作人员管理办法》《2019年政务服务工作考评办法》为重点，修订完善全区政务服务工作各项规章制度，共25项。维护大厅秩序，加大检查力度和频次，全年处置各类突发事件14起，确保大厅和谐稳定。做好群众失物认领和查阅监控工作，累计收到失物108件，已认领50件；为群众查阅剐蹭车、寻找失物视频45次。面向社会招募34名志愿者参与大厅服务，加强大厅咨询引导力量。截至年底，共有窗口工作人员270名。全年召开5次首席代表例会、1次全体窗口工作人员培训会议，通报窗口工作中的重点问题。开展11次工作纪律专项检查，发放督查单72份，处理民生热线交办事项268个（其中投诉类86个，咨询类182个）。建立健全政务服务“好差评”制度，通过评价箱、问卷调查、电话回访等形式，全面推行政务服务“好差评”工作，年度全区政务服务工作群众满意度为99.83%。优化午休预约办件服务，重新组织研发“午休预约办件”微信小程序，6月24日上线运行。全年提供午休预约办件650余人次。

【政务服务】 9月6日，行政审批服务免费为新开办企业提供一套印章。截至年底，累计提供印章857套，为企业节省成本80余万元。深化“一网通办”，推动网上服务延伸。按照“三级十同”要求，指导相关部门对7类申请办理事项进行标准化认领、梳理，各部门新认领911个事项全部纳入政务平台运行。组织优化网上审批服务水平，统一提出梳理优化要求，各部门新认领事项99%可提供全程网办服务，百分之百事项实现“跑一次腿”“零跑腿”。各部门全年使用政务平台受理业务7.72万件、回复网上咨询80起，按期办结率100%。推动网上服务向镇街延伸，5个镇街在全市率先开通网上政务服务平台，使用平台办理业务5048件。健全代办体系，5个镇街实现便民代办全覆盖。便民服务中心有代办人员214名、可代办事项188项，社区（村）便民代办点209个、可代办事项151项，基本形成“15分钟便民服务圈”。先后为韩烨机械等15个重点项目提供“保姆式”代办服务。积极推进区域化评估评审，组织622万平方米地块的区域评估评审，涉及“地灾、水保、震评”3个事项。完成“地灾、水保”评估报告。

【公共资源交易】 交易中心承接进场项目656个，较去年增长13.64%。成交金额39.22亿元（不含总包类项目），较去年减少34%。节约财政资金2.71亿元，较去年增长12.9%。总包项目（EPC）完成16个，是上年的2.7倍。开展政府采购网上商城的运行维护，协助21家单位完成小额采购订单69笔，成交额176.3万元，节约预算资金18.4万元。参与完成全市建设工程招投标领域突出问题专项整治，通过抽取资料、现场查看等方式，复核项目116个，形成问题台账和整改报告。对170个项目的500多家投标单位进行满意度回访，收集意见建议，对问题纠正情况进行反馈。

市场监督管理

【概况】 2019年，市场监督管理部门以发展辖区经济为首要任务，深化“放管服”改革，承接省市下放职能权限，推行“双随机一公开”监管模式，努力营造宽松便捷的市场准入环境和安全放心的市场消费环境。

【“放管服”改革】 推进全区“证照分离”改革。结合开发区体制机制改革后部门及职能调整变化，全区13个相关部门对照全国“证照分离”改革的第一批106项具体事项，与原试点实施的103项进行比对、梳理，将所有改革事项进一步明确责任部门，确保改革工作任务贯彻落实。调整完善改革工作领导机制，通过取消审批、审批改为备案、告知承诺和优化准入服务，减少申报材料和环节、压缩审批时限、提高透明度，为创业创新主体进入市场消除障碍，降低制度性交易成本，解决“办证多”“办证难”问题，提升群众满意度，释放市场主体经营活力。开展自贸区“证照分离”改革全覆盖。制定《中国（山东）自由贸易试验区烟台片区“证照分离”改革全覆盖试点工作方案》，全面梳理各部门承担的行政审批事项，明确各成员单位“证照分离”改革责任，做好上下沟通对接以及改革措施落实落地。“证照分离”改革全覆盖试点实行清单管理制度，涉企经营许可事项清单中央层面设定的523项和省级层面设定的12项，共计535项。

【省市管理权限下放承接】 对照山东自贸区烟台片区建设目标和方向，积极争取承接省、市相关事权，加快推进审批、服务流程系统再造和集成创新。市场监管领域争取承接省级事权269项，新增省级事权52项，争取承接市级事权833项，新增市级事权61项。

【市场主体信用监管体系建设】有序推进年报公示信息工作。制定2018年报公示工作实施方案，开展年报公示工作。通过移动公司4次向市场主体发送温馨提示短信6.6万余条。在区电视台滚动播放年报通知，印制《年报指南》宣传册3万余份，在服务窗口摆放提示牌进行宣传提醒。5月16日，组织召开全区市场主体信息公示宣传培训会议，120余家市场主体相关负责人及代表参加培训。2018年度应公示企业24518户，已公示21584户，年报率为88.03%；个体工商户应公示22630户，已公示12917户，年报率为57.08%；农民专业合作社应公示287户，已公示281户，年报率97.91%。企业年报率比上年提升0.5%。全年受理市场主体移出经营异常名录2089户，3124条。其中：企业1354家，个体工商户733户，农民专业合作社2户。对符合严重违法失信企业修复条件的市场主体进行信用修复，全年共恢复正常经营状态企业18户。多次督促、指导涉企信息归集部门，及时录入、认领、推送信息。截至12月底，共录入行政许可信息1756条、行政处罚信息183条。

【"双随机一公开"】贯彻《国务院关于在市场监管领域全面推行部门联合"双随机、一公开"监管的意见》，在市场监管领域健全以"双随机、一公开"监管为基本手段、以重点监管为补充、以信用监管为基础的新型监管机制。2月，组织全区13个部门参加国家市场监管总局"双随机、一公开"电视电话培训会议；5月，制定下发开发区市场监管局2019年度"双随机、一公开"抽查工作计划；10月18日，组织召开推进全区"证照分离"改革、"双随机、一公开"监管和"互联网+监管"及营商环境评价相关工作会议，重点对跨部门"双随机、一公开"相关政策进行解读并对工作流程进行培训。对省市场监管局抽中的市场主体与执法人员进行随机匹配，制作《检查工作指引》《抽查事项清单》《抽查告知书》《抽查工作流程》等相关文书材料。6月4日至12月18日，先后6次组织开展省市场监管局下达的"双随机、一公开"抽查任务，对1985户市场主体年报公示信息及经营行为抽查检查，并及时公示抽查结果。将公示信息隐瞒真实情况、弄虚作假的155户企业，通过登记住所无法取得联系的688户企业和73户个体工商户，列为经营异常名录或标记为经营异常状态，向社会公示。完成被抽查的1985户市场主体的年报数据和企业财务报表等资料审核，出具1177份审计报告。牵头开展市场监管领域跨部门联合"双随机、一公开"抽查。9月，联合区教体卫生局、人社局开展全区校外培训机构联合检查任务，检查校外培训机构9户。

【"互联网+监管"事项目录清单认领】落实全区"互联网+监管"清单认领、编制工作和调度工作，认领监管事项目录清单869项，编制检查实施清单751项，认领、编制数量均位居全市前列。

【文明市场创建】召开2次农贸市场建设情况碰头会，经发科创局、财政金融局、招商合作局等部门和金东、八角、皂户头3个农贸市场投资方参会。走访市场投资方，金东与A-17小区投资方克服困难完成土地摘牌。8月，八角市场开工，12月封顶。完成恒达、星海市场改造复审验收，农贸市场专项奖补资金余款拨付到位。农贸市场建设列入全区重点工作考核，

12 月 27 日，八角农贸市场举行封顶仪式

按期完成相关工作进度。在第三季度市文明办组织的文明测评考核中，开发区农贸市场项目综合得分列全市第一。

【商标广告管理】 按照2019年知识产权执法“铁拳”行动方案要求，区市场监管部门结合整治“保健”市场乱象百日行动，开展保健市场商标专项整治。出动执法人员36人次，在农村农贸集市、边远农村地区、大型商超等易发生商标侵权行为的区域进行重点排查，办理知识产权类案件7起，涉案金额11.07万元，罚没款7.5万元，没收物品货值3.4万余元。针对群众高度关注的服装产品，区市场监管部门组织开展为期一周的服装领域打击侵犯知识产权专项行动。组织开展春节期间地理标志使用专项整治工作，对2家烟台海参地理标志使用企业进行走访调查，规范企业地理标志使用方式。5月，开展春茶地理标志专项整治，出动执法人员24人次，对辖区茶叶产品生产企业和销售企业进行突击检查，向经营业户普及相关法律以及地理标志使用管理规范。开展户外广告、医疗广告等专项整治7次，督促全区整改内容不规范户外广告23处。按程序做好广告举报受理、调查、回复等工作，受理各渠道广告举报近500起，实地检查100多家，立案行政处罚1起，处结网络舆情2起。

6 月 12 日，市场监管部门扣押涉嫌商标侵权葡萄酒现场

【企业品牌战略】 2019年，《山东名牌管理办法》废止，政府主管部门评名牌活动取消。7月开始，辖区组织企业申报“山东优质品牌”活动，申报企业19家，其中产品16个、服务项目3个。13家企业同时申报山东省品牌促进会举办的“山东知名品牌”评比，其中舒朗、欣和、哈大电气等3家企业参与“山东名片”品牌影响力TOP榜评比。舒朗、金河、美瑞等企业的14个产品被认定为“2019年度山东优质品牌产品”；万虹家政、东方纵横的2个服务项目被认定为“2019年度山东优质品牌服务”。泰和新材、胜地汽车、欣和食品等14个产品被认定为“山东知名品牌（产品）”；云沣环境、东方纵横、万虹家政的3个服务项目被认定为“山东知名品牌（服务）”。

11 月 26 日，“媒眼看烟台．聚焦品牌烟台建设”活动在欣和食品

【商品市场交易监管】 区市场监管部门重点围绕无证无照、食品质量、商品质量、违禁品等，对全区 7 处农贸市场开展食品安全、商品质量、野生动物等专项检查，抽检食品 200 多批次，下架不合格商品 6 批次，对 1 户业户食品过期实施行政处罚 5000 元，张贴禁止野生动物交易通告 200 张，检查各类商户 320 家。

【消费者权益保护】 3 月 15 日，区市场监管局联合区消防大队、烟台开生医药有限公司、烟台欣和企业食品有限公司、烟台煜桓饮食管理有限公司等部门和企业，在彩云城广场开展主题为“信用让消费更放心”的消费者权益保护日活动，宣传《中华人民共和国消费者权益保护法》《中华人民共和国电子商务法》等法律法规。全年受理“12345”民生热线、全国“12315”平台、胶东在线网上民声、烟台市民对话等各渠道投诉举报事项 9535 件，其中民生热线投诉举报 7981 件，满意率 93%。全年为消费者挽回各类经济损失总值 2000 余万元。

【网络交易监管】 开展“6·18”“双十一”“双十二”“网剑行动”专项整治。市市场监管局转交 37 条涉及合同和广告方面网络违法线索，全部落实整改。

【执法监督】 市场监管执法大队充分发挥执法监督作用，全年审核一般程序案件 72 件。加强指导培训，规范各部门的行政执法行为，举办市场监管办案程序培训，统一市场监管局行政执法办案文书。举办食品安全监管、产品质量监管、药品监管等十余次培训，提高监管水平与监管质量。加强法治政府建设，积极贯彻落实国务院“三项制度”。组织执法办案部门执法骨干培训，运行司法厅行政强制与行政权力网上办案系统，录入案件 20 件。落实国务

11 月 8 日，食品安全联合整治活动统一无害化销毁现场

院“三项制度”（行政执法公示制度、执法全过程记录制度、重大执法决定法制审核制度），及时举办“三项制度”培训，在政府门户网站公开“三项制度”实施方案、“三项制度”文件、行政执法事项、资格清单、执法办案流程图等 2000 余条信息。组织 2 次罚没物资销毁工作。为配合“保健食品百日整治行动”，将在行动过程中清点整理的近 8.9 吨涉嫌不合格或过期保健品及其他食品进行无害化销毁，消除不合格保健品再次流入市场的危险性。在全省“不忘初心，牢记使命”主题教育食品安全联合整治活动中，参与市市场监管局统一组织的罚没物资统一销毁活动，将全年行政执法案件没收的约 2 吨不合格产品、过期食品等进行集中无害化销毁。

综合行政执法

【概况】 通过园区改革，在原划转的八个综合行政执法领域的基础上，部分环保执法事项（社会噪声污染、建筑施工噪声污染、餐饮油烟污染）划转综合行政执法范围。综合行政执法全年立案 353 件，结案 284 件，行政处罚金额 252 万余元。行政复议案件 3 件，行政诉讼案件 2 件。

【城市管理行政执法】 综合行政执法部门组织清理占道经营3.5万余起，纠正店外摆放行为4.2万余次。拆除各类违规广告牌、门头牌匾、户外灯箱4590余处，其中违规广告牌匾1868处，侵占路灯、道路指示牌的广告牌60余处，违规广告式隔离板600余处，楼顶和大型户外墙体广告25个，户外灯箱、丁字牌442个。清理野广告300余处，撤除广告横幅400余处。本着“禁止碳烤、禁止户外摆放桌椅”的原则，对区内饭店碳烤、店外经营等行为及违规设置的露天烧烤摊档开展专项整治行动32次，清理户外违规烧烤800余次。

1月24日，上海大街广告牌整治

【城乡规划行政执法】 3月26日，制定印发《烟台开发区深入开展违法建设治理行动实施方案》，成立全区违法建设治理专项行动领导小组和违法建设治理行动指挥部，将违法建设治理专项行动列入全区重点工作。组织各镇街先后三次在全区进行“拉网式”排查，摸清违建底数、建立违建台账。组织自然资源、农海等部门、街道办事处（镇政府），对违法建设拆除整改。全年共拆除违法建设1758处，累计拆除违建面积65.79万平方米。

6月12日，G206与上海大街交汇处违法建设拆除

【国土资源行政执法】 1月4日，召开全区开展“大棚房”问题专项清查整治行动、坚决遏制农地非农化动员会议。在整治行动中，综合行政执法部门积极配合自然资源、农海等牵头部门，对全区“大棚房”问题排查、研究确定整治方案。按时完成潮水马家沟乡村旅游、古现鼎丰生态农业等项目立案查处工作。2019年土地卫片执法检查中，综合行政执法局对自然资源局移交的92宗、33.34公顷违法违规用地完成查处整改。其中：立案查处66宗、24.82公顷；非立案处理25宗、5.67公顷；暂缓处理1宗、2.85公顷。

11月27日，F-6违规地块查处

【文化旅游市场行政执法】 1月24日，印发《综合行政执法局关于开展春节期间文化旅游市场专项整治行动的工作方案》，对全区互联网上网营业场所、歌舞娱乐场所、游艺娱乐场所及旅行社、旅行社分社、旅行社服务网点等文化旅游市场经营单位进行为期一个月的全覆盖摸排整治行动，出动执法人员550余人次，执法车辆197车次，现场检查88家文化旅游经营单位，保障全区春节期间文旅市场平稳有序。7月2日，印发《综合行政执法局开展文化和旅游市场秩序和安全综合整治实施方案》，对

全区文化和旅游市场秩序和安全开展全面性综合整治，整治行动持续到10月15日结束。9月2日，印发《校园周边文化市场整治行动实施方案》，以校园周边文化市场为重点开展专项整治行动，为未成年人身心健康营造良好环境。出动执法人员146人次，执法车辆55车次，检查文化经营单位46家，未发现相关违法违规情况。全年开展卫星电视传播秩序专项整治行动3次，对烟台静海大酒店有限公司、烟台融通新时代酒店有限责任公司擅自安装和使用卫星地面接收设施的违法行为依法进行查处，对擅自安装的地面卫星接收设施予以没收。

7月13日，开展文化和旅游市场综合整治

【道路交通运输行政执法】 综合行政执法部门监管和控制区内从事建筑垃圾、工程渣土运营单位和车辆，组织召开道路撒漏污染专项整治座谈会，向与会运输企业负责人发放整治通告，从源头严防道路撒漏问题。开展“24小时”日巡夜查和“零点行动”，采取机动巡查、定点值守、区域联动、夜间行动等工作方式，全面打击渣土车辆违法行为，使规范行使、覆盖严密、装载规范、不撒不漏成为渣土车的运输常态。全年出动执法人员7100余人次，执法车辆2400余车次，检查车辆2900余辆，有效解决撒漏带来的城市环境污染、危害交通安全、影响城市形象等突出问题，维护全区道路环境干净整洁。

6月13日，206国道撒漏行为专项执法检查

【市场监管行政执法】 按照《全区联合整治“保健”市场乱象百日行动工作方案》部署，开展“保健”市场专项整治行动，以日常巡查与专项检查相结合的形式，对全区社区、公园、广场、旅行社、农村集市等场所区域进行全面检查。出动检查人员620余人次，检查社区、公园、广场、旅行社、农村集市等场所128处。

12月27日，墟里集市巡查

【水政行政执法】 综合行政执法部门对洗车场、洗浴中心进行摸排，并建立一户一档，将日常巡查台账、检查表、营业执照等资料全部纳入一户一档档案管理。对烟台鑫广投资有限公司、潮水镇善集沙场、九水水泥管厂非法开采地下水行为进行立案查处，相关取水设备均依法拆除。

4 月 3 日，查处地下非法取水设施

应急管理

【概况】 2019 年，全区积极推进应急管理体系建设，持续提升综合防灾减灾能力，强化城市公共安全综合治理，在全市率先实行城市安全风险辨识评估，为全区高质量发展及人民生命财产安全提供坚实保障。

【应急队伍管理】 3 月，完成应急队伍普查，全区专（兼）职应急救援队伍 114 支。包括 1 支综合性应急救援队伍、1 支森林防火队伍、2 支医疗卫生救援队伍、1 支空中应急救援队伍、15 支危化品应急救援队伍、7 支海上应急救援队伍、59 支企业应急救援队伍等。5 月，与九九九空中救护有限公司、蓝天救援队达成救援合作协议，加深与应急救援队伍沟通合作，进一步增强全区应急救援能力。

九九九空中救护

【城市公共安全体系构建】 成立城市公共安全委员会，建立会议、联络员、通报、督办、评估“五项工作制度”，进一步强化城市公共安全综合治理。起草《关于推进全区城市安全发展的实施意见》，明确全区城市安全发展工作的总体目标和 10 大项、36 小项主要工作任务，明确各项任务的责任单位。

【城市安全风险辨识评估】 在全市率先开展城市安全风险辨识评估工作，完成城市风险辨识评估报告，编制城市安全发展、综合防灾减灾、化工产业安全发展 3 个规划和安全风险、安全隐患、重大危险、脆弱性目标 4 个职责清单，绘制城市安全风险空间分布地图，制定重大风险临时管控措施。通过赴天津、杭州、青岛等先进地区调研学习，起草风险项目论证报告、财政支出项目绩效表、请求拨付资金的请示等材料。召开专家评审会议，公开招标确定评估服务机构。召开全区城市安全风险辨识评估动员部署暨专题培训会议，印发《烟台开发区城市安全风险辨识评估整体工作方案》。完成 8 处商超、5 处高层建筑、36 所学校幼儿园、115 个居民小区、200 余家重点企业调研。

【应急预案编制】 邀请省委党校专家到区做应急预案编制专题讲座，对全区各级各层面应急预案编制工作进行指导讲解；会同专家组先后 7 次调研、5 次部门座谈会、100 多次电话、微信沟通，编制完成《烟台经济技术开发区突发事件总体应急预案》，形成应对突发事件“1 个响应总册 +36 个分类别手册 +10 个保障机制”的应急工作体系及“扁平化”组织体系。

【突发事件预警】 8月，九号台风“利奇马”来临之际，应急部门向企业发送预警信息3000多条，提醒企业做好安全防范工作。向67家高危企业、152家重点工贸企业派出安全监察人员，现场发放《防台风告知书》。8月10—11日，向万华化学、万华氯碱、金河保险粉、新金峰矿业等8家重点企业派驻督导员，驻厂盯守、指导协助企业防汛防台工作。对12家暂时停产避险的高危企业提出的复工申请，及时研究部署，安排专业力量逐家进行评估。

【应急演练】 承办烟台市危化品应急演练，举办开发区地震桌面应急演练、森林防火应急演练、空中应急救援演练和海上应急救援演练等活动。其中，6月份承办的烟台市危化品生产安全事故应急救援演练，近百名消防队员、急救人员参与，出动消防和救援车辆19台、直升机1架、消防机器人4台，300余人参与观摩。指导工贸企业完成应急预案演练227次；组织金属、非煤矿山企业举办应急演练4次，参演人员95人，演练投入4.2万元；烟花爆竹企业共举办应急演练2次，参演人数10人，演练投入0.9万元；危险化学品企业共举办应急演练310次，参演人数9856人，演练投入214.6万元。

5月24日，全区森林防火演练

【宣传整治活动】 开展“防灾减灾周”活动和“畅通生命通道”专项整治，联合教体卫生局等部门进行专项排查52次，确保应急救援和疏散通道畅通无阻。在彩云城举行防灾减灾宣传活动，悬挂横幅16条，摆放看板23块，累计发放地震自救互救等宣传手册3000余本（份）。

【灾害民生综合保险】 申请财政资金102万元，用于民生综合保险项目，为受灾居民提供基本生活保障。年度保险结案16起，共赔款48.78万元。

【自然灾害应急救援】 7月，潮水镇出现旱情，区应急管理部门会同农海、消防救援机构启动应急保障措施，采用“送远水到村＋打井解渴”的方式，保障村民基本用水，启动民生综合保险项目备用。8月，为防范“利奇马”台风，制定《应急管理局防台风部门应急预案》，成立应急工作领导小组；协调各镇街可调用防汛大型装备，准备挖掘机24台、铲车39辆、自卸车28辆等；联系消防救援大队、各镇街防汛队伍、蓝天救援队等进入战备状态，随时投入救援。台风对开发区影响较小，无灾害发生。

8月，潮水镇打井现场

【地震观测】 2019年，由于万华项目建设，影响原有地震测震台数据监测，开发区应急管理部门重新选址。经评估测量，新地址确定在

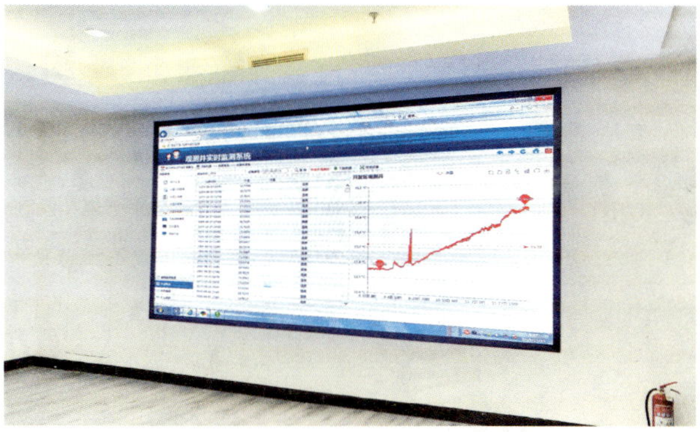

12 月 13 日，地震观测井实时监测系统

大季家街道房家村峰山脚下荒坡处。12 月 27 日，设备安装调试完成，新址地震测震台正式投入使用。

消防救援

【概况】 开发区消防救援大队下辖泰山路、长江路、八角、汕头大街和潮水消防救援站 5 个消防队站，共有消防指战员 157 人，其中干部 16 人，消防员 19 人，政府专职消防员 122 人。配备执勤消防车 22 辆，行政车辆 9 辆，运兵车 1 辆，战勤保障皮卡车 3 辆，装备器材 5929 件套。载水量共计 148.2 吨，载泡沫量共计 30.2 吨。主要履行消防监督管理、灭火救援、应急抢险和消防宣传等职责。

【火灾防控与救援】 4 月，市消防救援支队决定在全市开展“双随机、一公开”消防监管试点。开发区消防救援大队作为试点单位先行一步。11 月 9 日，在全国第 29 个“119 消防宣传日”，消防救援大队组织指战员在万行爱琴海广场围绕“防范火灾风险、建设美好家园”主题，开展宣传教育活动，辖区群众广泛参与。12 月 5 日 15 点 30 分许，多保精密（烟台）有限公司厂区北侧涂装车间在停产改造过程中仓库起火。烟台市区两级消防部门及时赶到现场扑救，火势被迅速扑灭，无人员伤亡。

【消防装备建设】 2019 年，消防救援大队投入财政资金 611.5 万元，购置装备器材 3082 件套。投入资金 476 万元，优化选配性能好、可靠性强的进口底盘消防车，更新抢险救援 18 吨泡沫消防车 2 辆，实现消防车辆装备保障优化升级。立足全市“石油化工灭火救援专业队”建设目标，邀请专家现场进行调研评估，并根据指导意见，管委财政投资 1276 万元，购入 56 型举高喷射、化学洗消、干粉泡沫联用等专勤消防车 5 辆，其中进口底盘消防车 4 辆。投入 475.6 万元，为全体指战员配齐统型的 2017 式新型灭火防护服和抢险救援服等个人防护装备，保障指战员人身安全。

【救援服务】 6 月 29 日 9 时 45 分，消防救援大队接到报警称区内一小孩的腿被自行车卡住，情况危急。接警后，八角消防中队立即出动 2 辆消防车，13 名指战员赶赴现场处置，发现小孩的左腿被卡在了脚蹬和车架之间，无法动弹。征得家长同意，指挥员立即下令使用绝缘剪对自行车脚蹬架进行剪切，但是由于自行车脚蹬架过于坚硬，绝缘剪无法将其剪断，消防救援人员迅速改用钢筋速断器进行剪切，同时，为了稳定小孩情绪，消防员不停地安慰小孩，拿着玩具吸引小孩注意力。经过紧张救援，随着“啪”的一声，自行车脚蹬部位被剪断，小孩左腿成功解困。

【救援演练】 6 月 14 日，烟台市危化品生产安全事故应急救援演练在烟台港西港区举行，开发区应急管理局、化学工业园管理中心、大季家街道办事处、公安分局、教体卫生局、生态环境分局、气象局、企业专职救援队等部门和单位参加演习。开发区消防救援大队按照演习要求，派出八角、长江路、汕头大街 3 个消防中队参加演习，圆满完成演习任务。300 余人观摩演练。

【宣传教育】 11 月 9 日，在全国第 29 个“119 消防宣传日”期间，消防救援大队组织指战员在万行爱琴海广场围绕“防范火灾风险、建设美好家园”的宣传主题，开展了一系列丰富多彩的宣传教育活动，吸引辖区群众广泛参与，收到良好效果。活动现场，设置了大队改制转隶一周年成果图片展、消防安全咨询服务区、新型消防车辆及器材装备展示区，消防员灭火救援现场模拟表演区及群众互动体验等参观区域。期间，消防宣传人员穿插消防知识有奖问答活动，引发现场群众的积极参与，很多群众也在现场详细咨询家庭常见隐患、如何有效预防火灾事故发生、消防产品真伪辨别方法等问题，在互动体验区设置的水带保龄球、灭火服穿戴体验、灭火器材体验、乘坐云梯车等 10 余项集体验性、知识性、趣味性为一体的主题活动，吸引大家争先观摩体验，学习初期火灾扑救的方法与逃生技巧，营造了“人人关注消防，人人学习消防”的浓厚氛围。

5 月，彩云城防灾减灾日宣传活动

教　育

Education

综　述

【概况】 2019年，烟台开发区有各级各类幼儿园、直属中小学校86所，在园在校幼儿、学生5.5万余人，教职工近4500人。开发区教育行政部门连续3年获烟台市教育发展卓越贡献奖。

2019年烟台开发区普通中小学情况统计表

表18

学校	招收学生		在校学生		毕业学生		学校驻地
	2018	2019	2018	2019	2018	2019	
第一小学	303	335	1607	1594	360	359	福莱山街道
实验小学	442	441	2000	2020	413	414	福莱山街道
第三小学	332	299	1222	1209	189	214	古现街道
第四小学	299	374	661	1064	0	0	福莱山街道
第五小学	411	441	1210	1557	114	190	福莱山街道
第六小学	304	300	1601	1598	332	325	福莱山街道
第七小学	174	253	362	688	0	0	福莱山街道
第八小学	262	249	1158	1180	209	214	福莱山街道
第九小学	349	349	1545	1611	202	281	福莱山街道
第十小学	310	418	761	1196	0	45	福莱山街道
金东小学	175	206	981	953	218	247	福莱山街道
金城小学	433	433	1945	1988	423	386	福莱山街道
古现中心小学	147	207	710	807	139	132	古现街道
古现第二小学	0	212	0	459	0	0	古现街道
八角中心小学	153	173	865	874	201	171	八角街道
八角第二小学	173	156	452	511	0	31	八角街道
大季家中心小学	200	276	1038	1061	254	234	大季家街道
潮水中心小学	163	133	713	685	164	165	潮水镇
淳于小学	34	30	163	150	54	40	潮水镇
实验中学	496	598	2649	2552	497	691	福莱山街道
第一初级中学	488	468	1583	1748	300	316	福莱山街道
第二初级中学	414	513	1597	1734	316	386	福莱山街道
第三初级中学	472	187	1556	1034	223	321	八角街道
第四初级中学	242	259	847	907	173	193	福莱山街道
第五初级中学	234	219	939	961	252	197	大季家街道
第六初级中学	479	455	774	1237	0	0	福莱山街道
第七初级中学	266	265	266	530	0	0	福莱山街道
第八初级中学	0	304	0	701	0	0	古现街道
潮水中学	222	204	780	803	137	184	潮水镇

续表

学校	招收学生		在校学生		毕业学生		学校驻地
	2018	2019	2018	2019	2018	2019	
高级中学	1099	1250	3110	3353	894	1005	福莱山街道
船舶工业学校	860	789	3388	2688	977	1126	福莱山街道

2019 年烟台开发区各类幼儿园分布情况统计表

表 19　　单位：人

镇街分布	数量（所）		招收幼儿		在园幼儿		毕业幼儿		幼儿教师	
	2018	2019	2018	2019	2018	2019	2018	2019	2018	2019
合计	55	58	4364	5042	14393	16038	4560	5065	1108	1187
福莱山街道	35	38	2953	3213	9911	10777	3313	3508	786	820
古现街道	9	9	721	983	2268	2817	512	806	167	189
大季家街道	4	4	273	438	922	1117	294	323	67	76
八角街道	3	3	257	250	756	786	252	262	58	67
潮水镇	4	4	160	158	536	541	189	166	30	35

【管理体制改革】 为深入贯彻落实省委再造开发区体制机制优势、促进开发区高质量发展的重要决策。通过“市级上收、下沉镇街”等方式，剥离社会事务管理职能。11 月 29 日，开发区教育局由“市级上收”，设立烟台市教育局开发区分局，为正科级规格，由市主管部门和开发区管委双重管理，以市主管部门管理为主。

【教师队伍建设】 2019 年，教育部门重点瞄准北京师大、华东师大等教育部直属师范高校招聘优秀毕业生，招聘教师 200 多名，进一步满足学科教学需求。建立“教坛新秀—学科带头人—名师”教师层级培养机制，不断开阔教师视野、提升专业水平、推动教师成长成才。至年底，教师中有 4 位齐鲁名师、2 位省特级教师、22 位烟台名师、11 位烟台名班主任、33 位烟台市学科带头人，92 位烟台市教坛新秀，占在编教师总数的近 10%，入选比例位居全市前列。深化校长职级制改革，逐步扩大办学自主权，在职校长中齐鲁名校长 2 人，齐鲁名校长建设工程人选 2 人，烟台名校长 4 人，烟台名校长建设工程人选 4 人，推动校长队伍走上教育家办学之路。建立义务教育校级后备人才库，有 43 名正职、87 名副职入库；开展校级领导干部公开竞聘，聘任 10 人为中小学校级正职，34 人为中小学校级副职，进一步优化学校领导结构。

【教育信息化 2.0 行动计划】 结合开发区实际情况，贯彻落实教育部《教育信息化 2.0 行动计划》，扎实推进教育信息 2.0 行动。投入资金 1600 多万元，为直属学校配备更新班班通、师生用机、微机室、学科专用设备、有线无线网络、录播教室、音体美、图书、图文发布系统等 13 个项目产品，满足学校教育信息化、教育教学及综合改革的需要。实验小学在全国教育信息化应用成果展示交流活动中作为烟台市 3 个典型学校之一进行成果展示，在烟台市教育信息化工作会议上进行了典型经验交流。投入 60 万元，安装了 IPS、日志审计、安全感知探针等安全设备，新购置精密空调及 UPS 电源，更新机房消防设施设备，购买网络运维及安全服务，委托专业公司进行网络管理。推进校园电视台应用，开展影视作品制作技术培训，现场、远程培训相结合，扩大培训范围和精准度，提高培训实效。组织中小学影视节目制作评比活动，参赛作品 39 件，推荐 10 件全部荣获市级奖项。

【学生资助】 坚持把学生资助工作作为改善民生的重点工作来抓，落实上级减免补助政策，构建起覆盖学前、小学、初中、普通高中、中职和大学六位一体的学生资助体系。学前、义务段、高中、中职国家助学政策规定的资助标准、资助比例全面落实，生源地信用助学贷款应贷尽贷，对残疾学生和建档立卡贫困家庭学生进行专项补助。全年为困难幼儿发放政府补助金 165.06 万元，惠及幼儿 1376 人；义务段寄宿生困难补助 144.38 万元，惠及学生 1168 人；高中免学杂费 4.64 万元，惠及学生 29 人；中职免学费 1166.11 万元，惠及学生 2820 人；中职国家奖学金 2.4 万元，惠及学生 4 人；为残疾幼儿学生发放补助 41.70 万元，惠及幼儿 278 人；为 16 名大学生办理生源地助学贷款 13.64 万元。

【特殊教育】 规范特殊学生学籍管理，积极与区残联对接，掌握最新的残疾学生信息。对比残联数据库和全区在校残疾学生数据库，筛选未入学残疾学生名单，逐个核实未入学残疾学生信息，学校为有入学意愿的孩子建立学籍，确保残疾儿童少年义务教育入学率达到 96% 以上，随班就读学生比例达到残疾学生总数的 60% 以上。完成海河幼儿园、八角街道中心幼儿园、第一小学、大季家中心小学的资源教室配备工作。完善残疾学生信息库，组建残疾人教育专家委员会，形成残疾学生入学鉴定机制。

学前教育

【概况】 2019 年，全区各级各类幼儿园 58 处，在园幼儿总数 16590 人，幼儿教师 1187 人，持证上岗 928 人，教师持证上岗率 78.2%；专科以上学历 1086 人，占比为 91.5%。其中公办及公办性质园 14 处，在园人数 3527 人，公办率为 21.26%。普惠性民办幼儿园 39 处，在园人数 11204 人，普惠率为 88.79%。优质园（省、市示范幼儿园）42 处，占比 72.4%。

【公益性与普惠性】 围绕《烟台开发区第三期学前教育三年行动计划（2018—2020 年）》要求，突出公益性、普惠性，扩大普惠性学前教育覆盖面。增加公办园数量，新建福莱山街道中心园、柳林小区幼儿园 2 所公办园，福康四期、天山郡、瑞祥小区 3 所公办园进行装修，竣工后即投入使用。增加普惠性民办园数量，新审批的民办幼儿园均举办普惠园，新增加 4 所普惠园。区教育、财政、经发、市场监管 4 部门联合制订《烟台开发区幼儿园生均公用经费补助资金管理办法》，按每生每年 710 元的标准对普惠性幼儿园进行补助。

【居住区配套园专项整治】 工委管委召开全区层面整治会议，成立专项整治领导小组和工作小组，出台《烟台开发区城镇居住区配套幼儿园专项整治工作方案》《关于加快烟台开发区城镇居住区配套幼儿园专项整治工作的实施方案》，将建设不到位和使用不到位的 41 个项目，按照有无合同约定、产权属性等，通过启动约

谈机制和落实 710 元生均经费补助、免房租的扶持政策，引导高收费幼儿园举办普惠园。

【教育内涵发展】 成立 6 个课程游戏化实践研究教研组，以公办园为组长园，带领本小组民办园所定期进行课例展示、集中教研、观摩参观，通过“小组教研以点带面”调动广大教师主动性、创造性，提升区域民办园保教质量。全年组织自主游戏等培训活动 2 次，参加人员 300 余人次。开展课题研讨活动 10 次，组织开展优质课、优秀课例评选活动。获评烟台市幼儿园教师优质课 6 节，获评烟台市幼儿园优质课程资源一等奖 6 个、二等奖 6 个、三等奖 4 个。海韵幼儿园《二月二，龙抬头》自主游戏获全国幼儿园优秀游戏活动案例；海滨幼儿园一教师入选齐鲁名师建设工程人选。

小学教育

【概况】 全区有小学 19 所，在校生 21205 人，教师 1307 人。其中，福莱山街道 11 所，古现街道 3 所，大季家街道 1 所，八角街道 2 所，潮水镇 1 所。

【校舍建设】 新建扩建小学 5 所，其中建成投用 2 所，在建 3 所。新建古现第二小学，占地 3.6 万平方米，建筑面积 1.3 万平方米，设置 30 个教学班，9 月投入使用。扩建第一小学综合教学楼，在学校北侧新建综合教学楼一处，建筑面积 1 万平方米，9 月投入使用。在建第十一小学，占地面积 2.16 万平方米，建筑面积 1.5 万平方米，设置 30 个教学班，主要用于解决衡山路以东、珠江路以南区域初中生就近入学需要，9 月 30 日开标，年度进行基础施工，计划下年度 8 月底前投用。在建第十二小学，占地 1.9 万平方米，建筑面积 1.5 万平方米，设置 30 个教学班，主要用于解决天山路以西、昆仑山路以东、金沙江路以北区域小学生就近入学需要，9 月 18 日开标，年度施工准备、基础施工，计划下年度 8 月底前投用。在建第十三小学，占地面积 2.32 万平方米，建筑面积 1.5 万平方米，设置 30 个教学班，主要用于解决天山路以西、昆仑山路以东、金沙江路以南区域小学生就近入学需要，年度施工准备，计划下年度 8 月底前投用。

【党支部品牌创建】 做优第六小学党支部品牌，带动“一校一品”党建品牌创建。培养树立省、市先进集体 3 个。发挥党员骨干带动作用，6 名党员教师主动到镇街学校执教，14 名党员荣获市教书育人楷模等荣誉称号，带动全体党员争做“四讲四有”合格党员。

【心理健康教育】 组织实验小学、金城小学和第八小学完成山东省心理健康教材的五年级上下册编写工作。第三小学“促进深度学习的课堂教学策略研究”、实验小学“全员育人制—小学心理健康教育模式的实践创新”立项为省基础教育教学改革项目。

中学教育

【概况】 全区公办中学有 11 所。其中初级中学 10 所，在校生 12207 人，教师 1008 人；高级中学 1 所，在校生 3353 人，教师 327 人。另有十二年一贯制民办学校 1 所，在校生 2744 人；九年一贯制民办学校 1 所，在校生 192 人；招收外籍人员子女学校 1 所。

【校舍建设】 新建第八初级中学，校址在古现街道 A-25 小区内，占地面积 7.68 万平方米，建筑面积 2.78 万平方米，寄宿制学校，设置 32 个教学班，9 月投入使用。

【教师专业发展】 探索以校为本的教师教研成长机制，锻造名师、骨干教师团队。为新教师配备成长导师，实现教师专业成长“1+1>2”的良性循环。高级中学 11 名教师荣获烟台市教育先进个人，2 人获得烟台市教育特别贡献奖，14 人执教市级优质课。

【课程和教学研究】 开发区高级中学语文、物理、生物 3 个学科是市级学科教学基地，省语文课程基地。科学推进新高考选课走班，结合学生选课和发展需要，开足开好 20 种选课组合，加强校本教学研究，全面推行 OKAY 智慧课堂，创新课堂教学模式，促使师生的教与学获得全新体验。

【德育活动机制】 完善年级主题德育活动机制。高一围绕“亲近自然　励志青春”组织开展研学旅行活动；高二围绕“十八而志　责任与青春同行”举办成人礼；高三围绕“激情冲刺　百日圆梦”举办高考百日誓师大会，引导学生点燃梦想，勇于拼搏。高级中学成人礼活动方案入选烟台市教育局与北师大出版社合作编写的五四制学校的综合实践活动教材。构建“微德育”育人体系，通过国旗下讲话、主题班会、主题征文、志愿者活动、学雷锋日等德育“微活动”，构建“大育化小、小微大作、见微知著”的“微德育”育人体系，达到“润物细无声”的效果。

【学生社团活动】 开发区中学建立 39 个社团，几乎每一位同学都有社团活动。社团成员在清华大学登峰杯、山东省机器人大赛、全国青少年科技创新大赛等各项省级、全国级比赛中取得好成绩。4 名学生参加山东大学科创营，2 名同学获得 2019 年中国信息学奥赛一等奖，2 人次获得清华大学、北京大学运动员测试资格。合唱团在山东省中小学艺术节合唱比赛中获得一等奖。2019 年烟台市男足亚军、女足季军。高级中学成为 2019 年度清华大学生源学校，被授予山东省体育专项（足球）特色学校，获得在烟台市全市招生的资格，获烟台市学校体育美育工作先进学校。

【高考】 高级中学有 974 人参加高考。自主招生批上线 459 人，比上年增加 18 人，上线率 47.13%，与去年持平；本科普通批上线 851 人，上线率 87.37%，本科上线率连续两年突破 85%。其中理科邹思涵（女）裸分 686 分，位列全省 86 名。高分优质学生保持上升态势，理科 670 分以上 5 人，其中 4 人进入全市前 50 名；660 分以上 6 人，650 分以上 12 人；有 7 人进入全省前 500 名。民办学校高考成绩取得开门红，烟台爱华双语学校首次征战高考，有 296 人参考，其中自主招生批上线 74 人，上线率 25%；本科普通批上线 212 人，上线率 71.6%。

【教育招生考试】 全年组织省级以上考试 11 次，涉考 5 万余人，3370 场次，共完成各类考试报名 9 次、补报名 8 次。成立招生考试工作领导小组，定期召开招委会成员单位会议，明确招委会成员单位职责分工，建立成员单位联络员制度，层层签订目标责任书，实施净化考试环境严厉打击考试作弊违法犯罪活动专项行动，为各项考试顺利进行提供组织保证。实施标准化考场改造，制定《烟台开发区教育招生考试标准化考点建设方案》，完成高考、中考考点及区考试指挥中心、考区保密室的改造任务。

【基层党建】 完成直属党组织换届工作。高级中学党总支调整为党委。组建31个志愿服务队，党员人均至少志愿服务社区1次，把“双报到、双认领”活动落到实处。

职业教育与成人教育

【概况】 全区有职业教育学校2所，其中中等职业学校1所（烟台船舶工业学校），高等职业学院1所（烟台工程职业技术学院）。发挥职业教育、成人教育资源，注重教人育人质量，基本形成集本科、专科、中专教育为一体，学历教育与职业培训并举、升学与就业并重的现代化职业教育与成人教育体系。

【烟台船舶学校】 2019年，全面推进开发区职业教育创新发展，着力提升管理质量，成功承办全省职业教育活动周启动仪式和首届烟台市技能文化节开幕仪式，被授予“山东省教育系统先进集体”荣誉称号，连续第13年获得“开发区教育系统先进集体”。学校有教师212人，全年招生788人，其中三二连读招生专业7个，招生近600人。毕业生793人，其中就业789人，绝大部分就业于区内重点企业，实现优质就业。争取项目专项资金157万元，用于省职业教育品牌专业建设、省教学团队建设、省技艺技能传承创新平台、省名师工作室建设和省技能大赛等职业教育改革项目，助推开发区职业教育内涵发展。特种焊接技术、工业机器人编程、云计算平台运维与开发等3个专业成为国家1+X证书制度试点专业。完成首批省示范校验收评估市级复评，复评成绩970分，全市排名第一。立项中国职教学会课题2个、省教改立项课题1个。推荐申报市级课题5个，结题6个。在参加省市职业学校技能大赛中，市赛参赛项目32个，获得一等奖7个；省赛参赛项目4个，获得一等奖1个、二等奖1个、三等奖2个。参加首届上海合作组织国家职业技能大赛获二等奖2个、三等奖2个。春季高考质量提升，本科上线63人、自主单招75人，其中“3+4”分段培养转段通过率100%。办学条件改善，投入资金530万元，用于更新计算机、电子商务、机器人、汽车、艺术等以及实验实训室。10月，学校工业机器人应用编程、特殊焊接技术、云计算平台运维与开发3个专业入选全国第二批1+X证书制度试点。项目建设期3年，起止时间为2019年10月至2022年9月。新校区建设正式启动，规划面积33.3公顷，其中一期规划面积17公顷，建筑面积17万平方米。施工前准备工作基本完成。

【烟台工程职业技术学院】 与烟台市技师学院合署。2019年，学校有教职工806人，其中教授、副教授168人，省级教学名师3名，省级教学团队5个，山东省首席技师2名，省青年技能名师、技术能手5名，烟台市首席技师、突出贡献中青年专家、突出贡献技师、技术能手等32名。设机械工程、电气与新能源工程、信息与传媒、经济管理、汽车工程、航空服务、动力工程、工业技术应用8个系。学院高职招生4153人，其中80.4%为烟台市外生源；高职毕业生3407人，就业率97.27%，其中1761人留烟就业，占就业生总数的51.7%。围绕烟台产业发展需求和新旧动能转换，倾力打造智能制造、海洋与环境、商贸流通、城市交通、现代服务、文化传媒、高端化工与材料、信息技术等八大专业群，建有省财政支持重点建设专业10个、省级特色专业4个。优化专业布局，增设“智能控制技术”“大数据技术应用”“工业网络技术”等新专业，“网店运营推广”“电子商务数据分析”“工业机器人应用编程”三项证书获批教育部第二批 1+X 证书试点，空中乘务专业获批参与国家级教学资源库项目。倾力打造“智能制造与控制专业群”，机电一体化技术、机械制造与自动化两个专业被教育部命名为国家级骨干专业，省级教学名师孙彩玲教授领衔的名师工作室被评为省级名师工作室，赵炫弟博士领衔的“特种机器人技术技能创新团队”获批山东省高等学校青创人才引育计划团队建设项目。以赛促教，教师指导学生参加省级以上技能大赛获奖 72 项。其中：“工业产品数字化设计”赛项获得全省一等奖和全国三等奖，学生参加全国职业院校师生礼仪大赛（高职组）获一等奖 17 个；3 名教师参加山东省职业院校教学能力大赛分获一、二、三等奖。截至年底，学生参加山东省职业院校技能大赛获得一等奖 2 项、二等奖 1 项、三等奖 8 项。学院与武汉大学、东北师范大学等十余所“双一流”高校建立人才输送通道，创设优惠政策吸引高层次人才到烟台就业，2019 年引进各类人才 57 人，其中烟台首席技师 2 人，博士研究生 1 人，硕士研究生 31 人，师资队伍结构和层次不断优化。

【成人教育】依托烟台开发区职业中专，开展广播电视大学开放教育办学和中国石油大学（华东）远程教育，开放教育招生 15 人，石油大学招生 5 人。规范教学和学籍管理，组织开放教育机考 220 人次、网考 621 人次、笔试 680 人次，办理发放 233 名学员毕业证书。开展食品安全员职业培训 329 人次，合格率 100%。

科学技术

Science and Technology

科技管理

【概况】 2019年，科技管理工作着眼全区经济发展和科技创新大局，努力打造烟台科技创新中心，推动各项工作取得新进展。全年新增市级及以上科技计划项目51项。获得省科技进步一等奖1项，省科技进步三等奖2项。科技成果在辖区转化落地，年技术合同成交额20.38亿元，居全市第一。

【科技产业融合发展】 开发区大力鼓励区内企业与国内外顶尖科研院所合作，通过高校科研院所系、央企系、国际系三条主线集聚高端创新资源，共建与辖区产业关联度高的高端研发机构或创新平台，形成“校所产城”融合发展的良性互动局面。引进西安交通大学（烟台）智能传感器产业技术研究院、山东大学冰轮山大氢能装备技术研究院等科技创新平台11个，全年合作高校院所18家、新设立院士工作站1家、达成产学研合作40项。获批2个省级创新创业共同体，分别是山东省微纳传感技术与智能应用创新创业共同体、山东省抗体药物创新创业共同体。

【科技项目】 全年新增获批各类市级及以上科技计划项目51项，其中重大科技专项27项，争取各级无偿资金2.8亿元，有7个项目支持资金超过千万元。在国家级层面，荣昌生物制药（烟台）有限公司牵头，与烟台迈百瑞国际生物医药有限公司联合申报的国家“重大新药创制”科技重大专项“创新抗体——药物偶联（ADC）药物及关键技术”，获得经费6480万元。在省级层面，万华化学集团股份有限公司和中节能万润股份有限公司各承担一项厅市联合类项目；烟台正海磁性材料股份有限公司承担的“年产3000吨新能源汽车用超高性能稀土永磁体研发及产业化项目”和烟台民士达特种纸业股份有限公司承担的“年产1500吨风力发电用关键纸基材料的研发及产业化”等7个项目跻身竞争择优类第一批项目。烟台泰和新材料股份有限公司承担的“芳纶制备与工程化关键技术”与烟台万隆真空冶金股份有限公司承担的“高强高弹钛青铜真空连铸带坯的产业化研究”等5个项目成为竞争择优类第二批项目。有22项课题得到烟台市重点研发计划支持。

【科技攻关】 辖区各科技型企业、科研机构在化工新材料、高端装备制造、人工智能、重大新药创制与高端医疗装备等新兴技术领域开展前瞻性基础研究和应用研究，储备一批关键共性技术。

“尼龙12全产业链制造成套技术开发及产业化”项目 是为打破国外技术垄断，整体达到国际领先水平，使万华成为继德国赢创之后，全球第二家打通尼龙12全工艺流程的企业。

“面向复杂作业环境智能协作机器人关键技术和应用验证”项目 烟台清科嘉机器人联合研究院有限公司联合清华大学刘辛军教授团队等3家优势团队，共同开展“面向复杂作业环境智能协作机器人关键技术和应用验证”项目研究。建立高带宽自适应柔顺运动控制器以及基于深度学习和强化学习的视觉语义感知和决策系统；开展研制面向复杂作业环境的智能协作机器人装备，进而开展面向制造生产、3C装配、助老助残等行业的应用验证，以此加速智能机器人产业在国内的发展，促进智能协作机器人在工业和服务业的应用。

“微纳三维制造及其光敏材料开发”项目 烟台魔技纳米科技有限公司是国内唯一一家独立掌握基于多光子聚合技术实现纳米3D打印

系统的团队。“微纳三维制造及其光敏材料开发”属于前沿领域类项目，其核心技术“基于多光子聚合技术的纳米三维制造”在高端制造领域具有无可替代的补充作用，属于金字塔的顶端。技术在微纳米尺寸上制造有着明显的优势，包括独立设计、多样化制备、自由度高、成本低、不需要掩模等。可在人造超材料、生物、制药、光电芯片等领域满足微、纳米尺寸三维制造的需求，可服务于国内高端研发领域，为国内高校院所的理论研究提供高质量、高效率实验设备和服务，促进国内基础理论研究发展。

“渤海‘零排放’水基钻完井废弃物处理关键技术研究”项目　作为科教融合试验田，哈工程烟台研究院聚焦“大海工”领域的基础研究、关键技术、核心装备的体系化发展，引进国际国内高层次领军人物，培养“大海工”领域的高端创新人才，服务于国家海洋战略，支持国民经济发展。科研项目“渤海‘零排放’水基钻完井废弃物处理关键技术研究”，是水基钻完井废弃物处理技术和无害化、再利用技术，可达到立体化的钻完井废弃物管理目标，降低海洋石油开发单位经济损失，有利于推动海洋石油开发、海上运输、近海港口建设等海洋经济的发展。

【科技成果】“表面材料水性化的关键树脂及应用解决方案”技术　万华化学集团股份有限公司的该项技术获省科技进步一等奖，这是公司连续 2 年获得此奖。万华公司建立水性化核心技术体系，开发出水可分散性好、树脂成膜后性能佳、施工方便的水性树脂合成，大规模制造和应用技术。并以水性鞋胶、汽车内饰胶、水性木器涂料、水性金属涂料、纺织涂层、水性建筑涂料等关键行业为突破口，开发基本覆盖各领域的系列化水性树脂与应用解决方案，解决制约聚合物表面材料水性化的瓶颈性难题，使中国成为世界上少数掌握表面材料水性化树脂制造核心技术的国家之一。

“低分子肝素纯化关键技术及产业化应用”技术　烟台东诚药业集团股份有限公司与其子公司烟台东诚北方制药有限公司联合申报的“低分子肝素纯化关键技术及产业化应用”技术获省科技进步三等奖。东诚药业将离子交换层析法和凝胶过滤法应用于低分子量肝素生产中，建立末端结构分析方法，在不影响产品结构的前提下，提高分级效率，提升收率和产品经济效益。通过该项技术方法，降低生产成本，提高药品质量，保障药品安全性和临床疗效，对国内复杂多糖药物的开发具有技术引领和推广示范效应，为实现国内高端制剂的出口奠定技术基础。

“基于视觉测量技术的车轮定位仪”技术　烟台开发区海德科技有限公司作为第二完成单位参与的项目“基于视觉测量技术的车轮定位仪”技术获省科技进步三等奖。

【科技市场】出台《烟台经济技术开发区关于促进技术转移转化管理办法》，通过提升技术转移转化水平，加快推动自贸区科技创新协同化、融合化发展。全区年度技术合同成交额 20.38 亿元，居全市第一。7 月，辖区承办山东省技术经纪人培训班（烟台），旨在贯彻落实《关于加快全省技术转移体系建设的意见》，培育一支高水平科技成果转移转化服务队伍，加快推动科技成果转化为现实生产力。全省有 200 多人参加培训。举办中国科学院服务烟台经济高质量发展成果发布会。中国科学院系统 13 个院所的代表到会发布成果，烟台市 117 家企业的 152 名代表参加对接。拟在烟台转化落地的项目 17 个。在会上集中发布推介的优秀科研成果 620 多项，初步达成合作与技术服务意向 55 项。

【高新技术企业】 5月，出台《烟台经济技术开发区关于引进培育高新技术企业行动计划》，召开新闻发布会。成立高新技术企业引进培育工作专班，将引进培育高新技术企业列入“一把手工程”和全区双招双引考核，集中推动高新技术企业集聚发展。举办高新技术企业申报培训会4场，覆盖区内全部国家科技型中小企业，参训人员500余人次。其中3月份联合税务部门举办专题培训，针对汇算清缴等业务进行具体指导，规范科技型企业财务核算。联合科技孵化器和服务中介，对科技型企业全面摸底、梯队培养。新入高新技术企业培育库企业88家，占全市25%。截至年底，全区高新技术企业总数超过200家，另有402家通过备案成为国家科技型中小企业，占全市的30%。兑现首次认定的高新技术企业和培育库企业奖补资金1440万元。组织27家科技服务机构召开座谈会。

【科技人才队伍】 持续强化人才支撑，不断扩充高层次创新人才规模。山东宝源生物科技股份有限公司1人入选泰山产业领军人才高效生态农业创新类人才名单，烟台艾睿光电科技有限公司、烟台龙源电力技术股份有限公司、烟台德邦科技有限公司、万华化学集团股份有限公司、烟台荣昌制药股份有限公司等企业5人入选泰山产业领军人才战略性新兴产业创新类人才名单，山东渤聚通云计算有限公司、烟台台芯电子科技有限公司、烟台六谛医药科技有限公司等3人入选泰山产业领军人才科技创业类人才名单，烟台华正科信实业有限公司、烟台泰和新材集团有限公司等2人入选山东省外专“双百”计划项目。毅康科技有限公司院士工作站成功备案。

知识产权

【概况】 2019年，开发区紧紧围绕建设烟台市现代化经济中心工作目标，聚焦打造全市科技创新中心，以高质量发展为主线，以“国家知识产权示范园区”“国家知识产权质押融资试点园区”“国家专利导航产业发展实验区”三大国家级园区建设为抓手，加快构建知识产权服务体系，充分释放知识产权综合运用效应，促进经济创新力和竞争力不断提高。

【知识产权服务体系】 2019年，对知识产权代理机构进行3次检查，审查代理条件，保证代理人职业资格证有效，保证代理机构代理质量。全区有服务场所代理机构9家，企业专利代理率80%以上。全区80%规模以上工业企业设有专职或兼职知识产权管理人员，高新技术企业全部设立知识产权工作部门，基本形成上下联动、运转协调的知识产权管理机制。激励和指导具备条件的企业贯彻落实国家《企业知识产权管理规范》。是年，万润药业有限公司、山东宝源生物科技股份有限公司、烟台开发区博森科技发展有限公司、山东国兴智能科技股份有限公司、荣昌生物制药（烟台）有限公司、烟台市晟宝丽壁纸有限公司6家企业获得企业知识产权管理规范认证证书，烟台正海生物科技股份有限公司和烟台泰和新材料股份有限公司被认定为国家级示范企业，山东先声生物制药有限公司、美瑞新材料股份有限公司被认定为国家级优势企业。全区累计拥有国家知识产权示范企业5家、国家知识产权优势企业13家、山东省知识产权示范企业12家、烟台市知识产权优势企业11家、烟台市知识产权培育企业26家。

【专利成果】 2019年，全区发明专利申请1404件，发明专利授权390件，位居全市前列，新增首次申请专利企业10家。辖区累计获得中国专利金奖2项、中国专利优秀奖13项、山东省专利奖12项、烟台市专利奖16项。烟台泰和新材料股份有限公司和烟台东诚药业集团股份有限公司两家企业获得中国专利优秀奖。万华化学集团股份有限公司的脂肪/环族异氰酸酯制造技术关键技术专利群和荣昌生物制药（烟台）有限公司的注射用重组人源化抗HER2抗体-MMAE偶联剂关键技术专利群两个项目上榜全省第三批关键核心技术知识产权（专利群）项目，其中万华集团系二度入围该榜单，全区累计有3家企业获得该项目。开展小微企业专利“清零”活动，组织北京轻创、上海精晟、中济纬天等知识产权服务机构开展“一对一”指导帮扶，促进小微企业创新发展，科技型企业数量不断增多，创新能力不断提升。

【知识产权质押贷款】 为解决科技型中小微企业融资难、融资贵的困境，在知识产权质押融资方面主动与企业、银行、中介对接，创新质押流程，简化申办操作程序，知识产权质押融资运行机制更为顺畅，缓解中小微企业融资困境。全区16家企业提交质押贷款申请，累计贷款金额5000余万元。发放省级、区级质押贷款补助，惠及企业12家，累计补助资金近1000万元。

【知识产权保护】 市场监管部门开展一系列知识产权保护工作，成立专项检查小组，出动执法人员200余人次，对区内大中型商超、药店、农贸市场、农村大集等消费密集区域进行监督检查，重点查处商标、专利、地理标志等侵权行为。向企业普及《中华人民共和国专利法》等相关知识产权法律法规，提高企业知识产权保护意识。对专利被侵权企业实行跟踪服务，与企业一起研究解决办法，为企业出谋划策、排忧解难。与区公安分局建立协作联动机制，依法严格打击知识产权侵权违法行为。建立知识产权保护应急和预警机制，帮助行业协会密切关注本领域国内外知识产权发展新动向和趋势，向企事业单位发布预警信息，指导企事业单位运用知识产权国际惯例，采取应对措施。

【知识产权宣传教育】 利用“4·26”世界知识产权日、“5·15”打击和防范经济犯罪宣传日、“12·4”普法宣传日开展宣传教育、咨询活动，通过发放宣传材料、开展培训等形式。从知识产权研发与创造、转化与实施、保护等方面，增强全区企业的知识产权意识。通过知识产权远程教育形式，强化对机关工作人员、知识产权管理人员、企事业单位科技工作者的基础知识和业务技能培训。选派60家企业100余人次参加省、市培训，举办区级培训班2期。针对企业需求，组织中介机构为企业开展专题培训教育10余次，累计培训知识产权专员、企业管理人员、企业技术人员100多人次。开展“大走访”和“百家企业走访行动”，登门走访科技型企业、知识产权优势企业、零专利企业，通过政策红利等途径促进企业创新发展。

4月26日，开展“世界知识产权日”宣传活动

气 象

【概况】 2019年，烟台开发区气候特点是：气温与常年（1981—2010年平均值，下同）相比正常略偏高，降水偏少，日照偏少。其中气温较常年偏高0.8℃，降水较常年偏少271.6毫米（少45.0%），日照时数较常年偏少140小时（少5.3%）。主要灾害性天气有台风暴雨洪涝、阶段性重旱、高温、大风、雾霾、风雹灾害、寒潮造成的低温雨雪冰冻等。总体分析，全区降水时空分布不均匀，汛期降水较常年严重不足，强对流天气频发，大雾出现次数多且无明显季节特征，高温持续时间长，秋冬多强冷空气和偏北大风，天气气候异常。

【主要气象要素变化】 气温 年平均（自然年年平均，指2019年1月1日至12月31日平均，下同）气温13.6℃，较去年和常年同期分别偏高0.5℃和0.8℃。冬季（2018年12月至2019年2月，下同），全区平均气温-0.3℃，比去年同期偏高0.9℃，与常年同期持平；春季，平均气温13.3℃，比去年和常年同期分别偏高0.1℃和1.3℃；夏季，平均气温25.3℃，比去年同期偏低0.5℃，较常年同期偏高0.8℃；秋季平均气温15.0℃，比去年和常年同期分别偏高0.5℃和0.8℃。全年最高气温39℃，出现在7月29日；最低气温-8.1℃，出现在1月3日。

降水 年总降水量328.6毫米，比去年和常年同期分别偏少303.7毫米和271.6毫米。降水时段分布不均，全年降水量均较常年同期偏少，汛期干旱严重。冬季降水50.3毫米，比去年和常年同期分别偏多3.1毫米和12.5毫米；春季降水量46.1毫米，比去年和常年同期分别偏少105.8毫米和54毫米；夏季降水量137.3毫米，比去年和常年同期分别偏少190.7毫米和222.8毫米；秋季降水量131.6毫米，比去年和常年同期分别偏多64.7毫米和24.9毫米。

日照时数 全年日照时数2454小时，比去年和常年同期分别偏少100.4小时和140小时。全年各个季节日照时数均较常年偏少。冬季，日照时数462.9小时，比去年偏多8.1小时，较常年同期偏少63.8小时；春季，日照时数759.5小时，比去年偏多17.5小时，比常年同期偏少1小时；夏季，日照时数657.2小时，比去年和常年同期分别偏少106.2小时和42.1小时；秋季，日照时数576.7小时，比去年和常年同期分别偏少50.5小时和32.7小时。

【主要气象事件及其影响】 台风 年度内有2次台风（或外围环流）影响，分别为9号台风“利奇马”和13号台风“玲玲”。其中，“利奇马”给全区带来暴雨洪涝灾害，“玲玲”的影响则主要是海上大风。8月10—13日，受9号台风“利奇马”和西风槽弱冷空气共同影响，8月10日20时到13日6时，辖区普降暴雨。全区平均降水量59.2毫米，最大降水出现在潮水站76.7毫米，最大小时降雨量为20.2毫米，出现在11日4时的潮水站。9月6—7日，受台风“玲玲”影响，辖区大部分地区出现小雨，全区平均降水量12.8毫米，最大降水出现在新奥燃气门站18.6毫米。7日，白天出现偏北大风，海面最大风力7～8级阵风9级，陆地6级阵风7～8级。

强对流及风雹灾害 6—8月上旬，辖区出现8次雷电、雷雨大风、短时强降水或局部冰雹等短时强对流天气。其中：6月4—5日，受高空冷涡影响，大部地区出现雷阵雨天气，局部地区伴有雷雨大风；11月10日，白天到夜间，受华北冷涡影响，开发区部分地区出现短时小软雹，未造成灾害损失，此次冰雹创下本

8月14日，台风利奇马过后，气象局果业中心工作人员到潮水镇费县中村调查苹果受灾情况

地1981年以来最晚冰雹记录。

局地暴雨　辖区出现2次局地暴雨天气过程。分别出现在8月10—13日和9月3—4日。其中8月10—13日暴雨过程由台风“利奇马”造成，9月3—4日全区平均降水量49.5毫米，最大降水量80.5毫米，出现在八角中学站。

高温　全年平均气温13.6℃，较常年偏高0.8℃，为1951年以来第二高值。全年有11个月气温较常年偏高，其中3月和5月为历史第三和第二高值，全区出现35℃以上高温日数20天。全年年度极端高温39℃，出现在7月29日潮水站。

阶段性重旱　进入汛期后，全区平均降水量较常年同期明显偏少，特别是7月份，全区平均降雨量仅为24.9毫米，较常年同期偏少113.2毫米（7成），是历史同期第三少。而7月平均气温又较常年偏高，尤其是7月下旬，全区平均气温30.0℃，较常年同期偏高3.7℃，是历史同期第二高。受降水异常偏少、气温偏高、蒸发量大影响，开发区部分村庄出现人畜饮水困难，农作物、经济作物普遍受灾严重。直至8月中旬“利奇马”台风为开发区带来明显降水，全区旱情才得以部分缓解。

降雪和道路结冰　降雪过程少，未出现大雪及以上降雪天气，但降雪过程造成的道路结冰仍然对全区交通和民众生活造成一定影响。12月，出现2次降雪，基本为小雪，局部中雪。19日傍晚到夜间，出现1.1毫米的降雪。30日白天到夜间，出现小雪。

大雾　1月—4月、6月、9月—10月以及12月，辖区共出现15次大雾天气。大雾天气出现次数多，对交通出行造成一定影响。1月13日早晨到14日上午、4月22日早晨、10月21日夜间到22日上午、12月9日夜间到10日早晨，12月16日傍晚到夜间，出现大范围能见度低于500米的大雾天气，局部地区能见度低于200米。

寒潮　受强冷空气影响，辖区出现5次寒潮天气，分别出现在3月21—22日、11月13—14日、11月17—19日、11月23—25日以及12月29—31日。其中11月连续出现3次寒潮天气，带来持续性大风及强降温，给农业和交通运输带来不利影响。

大风　秋冬季和春季多大风天气。春季，南北大风转换频繁；秋冬季，冷空气影响频繁，大风寒潮等灾害性天气频发，海面多出现7级以上大风。沿海海面出现7级以上大风天气16次，基本为偏北大风。其中3月、10月和11月大风频率最高，分别出现4次、3次和3次。

【应急气象响应】 年内辖区共启动9次重大气象灾害预警防御应急响应，其中7次重污染天气应急响应，分别于1月2日、2月22日、3月1日、10月31日、10月20日、12月7日和12月19日启动；台风应急响应，分别于6月10日和8月9日启动。

【气象宣传普及】 3月23日，区气象局在彩云

8月9日，启动台风应急响应，气象工作人员实地测量风力风向

11月5日，开发区第八小学学生观看气象科普展板

城开展防灾减灾宣传教育活动，向来往群众发放传单及宣传材料，推广避灾自救技能。11月5日，开发区第八小学启动“气象科普宣传周”活动，开发区气象局在校园内布设气象科普展板，现场讲解气象知识。

水　文

【概况】 2019年，区内中小河流水文监测系统建设完备并投入工作，水利工程带水文项目进展顺利。全区主要河道、水库雨水墒情动态监测、区域用水总量监测、水质监测及水土流失监测等工作圆满完成。防汛抗旱与水文信息服务水平大幅提高。

【水文测站管理】 本年度是《山东省水文局水文测站工作考核暂行办法》实施第八年。开发区水文局结合所属水文站实际情况，从规章制度、测报整编、设施设备、属站管理、规范管理、学习培训、文明创建、水文服务等方面入手，逐项优化落实。至年末，区内水文站规范化测验、整编、测站运行管理水平较往年均有明显提高。

【基层水文服务体系建设】 基层水文服务体系建设逐步完善。至年末，全区各类水文监测点总计139处。其中降水量监测点77处，蒸发站2处，排污口水质监测站5站，地下水监测点25处，国家基本水文站3处，水位站6处，中小河流水文站5站。水土保持监测站11处，墒情监测点4处。

【地表水文动态】 全区年平均降水量为363.3毫米，比上年同期偏少40.5%，比多年平均偏少47.7%。其中汛期6—9月份为245.4毫米，占全年降水量67.5%。8月份为101.6毫米，占全年降水量28.0%，占汛期降水量41.4%。本年度较大降水过程次数较少，仅8月11日、8月19日、9月4日发生3次较大降水过程。其中8月19日降水量最大为88.5毫米，占汛期降水量36.1%。受本区自然气候条件影响，区内各主要河道多数月份流量很小，春秋冬三季大部分河道干涸或因拦河闸（橡胶坝）拦蓄出现断流。年末，区内土壤墒情基本适宜，趋于轻度旱情。水资源质量总体情势与去年变化不大。

【水情信息服务】 全年发布“开发区水文信息简报”56期，在8月超强台风“利奇马”过境期间，实时为政府及防汛指挥部提供“水文信息简报”29期。完成土壤墒情监测站田间持水量测定工作，为旱情发布提供可靠依据。充分利用及推广“开发区水文”公众号，实现实时雨情信息查询功能，为防汛抗旱工作提供及时准确的雨水情信息。

【水生态监测工作】 根据开发区地域特点，积极开展水生态监测工作，向水行政主管部门报送《开发区水生态监测报告》4 期。

【水质监测】 每季度对区内河流、水库等地表水体进行抽样检测，经山东省水环境监测中心烟台分中心检测，地表水水质为Ⅲ类—Ⅳ类，与往年同期水体质量持平。

文化　体育

Culture and Sports

文　化

【概况】 2019年，全区文化领域围绕党的中心工作，围绕改革开放和经济建设大局，以基层文化建设为抓手，开展群众喜闻乐见的文化活动。在“渔灯节”“三月三古现文化传承节”等地方特有的民俗活动中，植入开发区现代文化元素，吸引区内外万余群众参与；利用元旦、春节、端午等重要传统节日，区宣传文化部门坚持党的文化自信理念，组织镇街和社区居民开展丰富多彩的文化活动百余场。利用图书馆、文化馆、青少年宫等各种文化载体，读书育人，寓教育于有形活动中。

【基层文化建设】 2019年，烟台开发区5个基层综合文化站室内总面积6000平方米，室外活动场地2万多平方米，藏书16万余册，信息共享移动终端设备80余台。古现街道和万家社区、大季家街道恒祥社区综合性文化服务中心相继建成投入使用。和万家综合性文化服务中心建筑面积1800平方米，设立“四德榜”“图书借阅室”“电子阅览屏”“书上说APP”等公共文化服务设施，“民俗展示馆”以古现街道历史变革为主线，集中宣传王懿荣“甲骨文”文化、鲁菜文化，展示乡村传统剪纸作品、农具老物件、旧居老照片等实物。潮水镇费东村女王山民俗文化博物馆，建筑面积2400平方米，设有传统生产工具展区、传统生活用品展区、传统经济商务展区、传统工艺美术展区、非遗物品展区、胶东电影展区、字画展区，馆藏物品总计2万余件，藏品时间跨度近千年，是当地乃至胶东地区民俗文化代表性传承展区。恒祥社区综合性文化服务中心建筑面积4000平方米，建有曲艺室、棋牌室、舞蹈室、乒乓球室、图书室等。社区文艺队每个月都为社区群众表演文艺节目，社区乒乓球协会定期举办乒乓球比赛，丰富基层群众的文化生活。

女王山民俗博物馆瓷器展示

【首届市民文化节】 3月30日，首届烟台市民文化节烟台开发区开幕式暨“文化服务日”活动在天地广场举行，同时，在社区、景区、厂区、商圈、机关、楼宇等区域设立文化活动服务点，利用文化场馆、公共绿地、商业中心等多种场所，引导市民参与。全年组织开展“春之声”“夏之舞”“秋之韵”“冬之乐”各类文化活动2000余场，参与群众达20万余人次，活动体量与频次在全市居首。

【农村公益文化】 2019年，全区农村公益电影放映首次采用公开招标方式确定承接主体并引

潮水镇六十堡农家书屋图书

入绩效评价机制，设立 116 个放映点，覆盖所有镇街，总放映 1392 场次；农家书屋图书补充更新 2.06 万册，种类近百种，组织群众积极参与全省新时代农民阅读大赛和第 19 个“4·26 世界知识产权日”宣传活动。

【中华人民共和国成立 70 周年暨建区 35 周年文化活动】 10 月，推出以“爱国情，业达梦”为主题的庆祝中华人民共和国成立 70 周年暨建区 35 周年重大主题活动 12 项。来自开发区机关、企事业单位的近两千名党员干部职工代表用大合唱方式礼赞新中国 70 华诞，欢度烟台开发区 35 周岁生日。大合唱分为：“初心如磐”“奋斗逐梦”“奋进新时代”三个篇章。开发区文化馆策划展出的庆祝中华人民共和国成立 70 周年暨建区 35 周年诗书画摄影展，涵盖书法、国画、油画、水彩、摄影、版画等门类，吸引广大市民的关注，成为市民的热门打卡点。

10 月，中华人民共和国成立 70 周年暨建区 35 周年大合唱

【扫黄打非】 组织开展“2019 年绿书签行动”等打击盗版专项治理行动，累计出动执法车辆 42 车次，执法人员 144 人次，检查校园周边商店 70 余家，检查音像书店、印刷企业等文化经管场所 60 余家。对盗版或违法经营活动都按规定进行处理。

图书馆

【概况】 2019 年，烟台开发区图书馆馆藏资源总量 55 万余册，全年接待进馆读者 87 万余人，借还图书 64.6 万余册，借还人次 7.4 万余人次，新增借书证 4500 余张。入藏各类文献 1.56 万种，3.35 万册；其中：成人图书 9080 种，1.84 万册；儿童图书 6110 种，1.20 万册；地方文献 118 种，270 册；期刊 315 种，2751 册。参与捐赠图书的读者 162 人，入藏符合标准的图书 768 册。烟台开发区图书馆受邀参加中国图书馆年会风采展示活动，是全国唯一参展开发区，全省唯一一家参展城市。图书馆组织推荐申报的八角街道海韵社区获得全国“书香社区”荣誉称号。

【全民阅读推广活动】 图书馆充分发挥公共图书馆设施场地全、群众基础好、文化氛围浓的特殊优势，开展绘本故事会、儿童书画展、英语角、小博士信箱、读书分享会、中老年人计算机基础培训、读者座谈会等各类活动。围绕传播社会主义核心价值观，开展“尼山故事会”“尼山国艺堂”“尼山国学堂”“心灵驿站”等主题活动，打造国学堂、国艺堂等精品栏目，

4 月 27 日，全区市民读书朗诵大赛

举办庆祝中华人民共和国成立70周年主题活动、"4·23全城共读"活动、全区市民朗诵比赛、首届烟台少儿诗词诵读大赛、"礼赞新中国，诵读新时代"主题诵读诗文会、第三届"讲烟台故事，建文明城市"比赛、"拥抱海洋"爱国主义主题教育等多场大规模活动。1月20日，举办"喜阅新时代——烟台开发区2018年度《公共图书馆法》宣传暨全民阅读推广工作表彰大会"，对评选出来的阅读之星、优秀阅读推广人及书香家庭进行表彰。是年，图书馆举办各类阅读推广活动360余场次，其中国学活动40余场次，服务读者近2万人次。

【分馆及流通站建设】 积极吸引社会力量和资本，探索合作建设城市书房的新路径，在新时代城市书房、爱琴海城市书房的基础上，又增加双美城市书房和理想城市书房。双美城市书房建筑面积180平方米，藏书1万册，设有阅览席位30余个。双美城市书房是开发区尼山书院的分院，也是烟台市首家分院。理想城市书房建筑面积500平方米，藏书1万册，设有阅览席位50余个，实现与总馆的通借通还。开放以来举办读书会、作家签售、艺术品展览、原创音乐现场、周五放映、手作课程、亲子阅读等多场艺文活动。开发区图书馆新增开发区农林水利海洋局、烟台市中医院开发区扶正堂暨健康管理中心、烟台业达建设集团有限公司等3处图书流动服务站。

理想城市书房

【图书流动服务】 为满足群众阅读需求，完善阅读体系建设，开发区图书馆规划覆盖全区的"书香地图"，让流动车成为移动的图书馆，流动的广播，行走的"使者"。将图书借阅服务送到办事处、村镇、社区、学校、幼儿园等，送到信息相对闭塞的偏远村居，满足群众的借阅需要。全年开展流动服务62次。

7月，流动服务车进贫困村居

【网络服务平台】 网络服务平台，让图书馆从线下走入线上，阅读变得更加"便携"。开发区图书馆的微信公众号设有书目检索、书目导航等基本功能，为读者提供"微信绘本馆""移动图书馆"等数字阅读服务。2019年，微信平台共发布消息632条，图书馆官方网站发布信息131条，发布宣传活动稿件344篇，其中国家级信息36篇，省级信息1篇，市级信息307篇。

【队伍建设】 2019年，图书馆有职工36人，其中在编15人，辅助岗位21人。建立完善的目标管理考核和考评激励制度，经常组织学习交流、演讲比赛等活动，定期开展职业道德培训，每季度开展一次服务之星评比，不断激发员工爱岗敬业精神，在馆内形成争创一流服务的良好氛围。

【社会志愿服务】 招募培训学生志愿者到馆服务 2197 人次，累计服务时长 6658 小时。

文化馆

【概况】 2019 年，文化馆把充分发挥社会服务功能放在第一位，面向市民实行开放制度，在服务模式和服务手段上力求创新。从免费开放服务，到文艺展演惠民；从全民艺术普及，到精品文艺创作。在市、区文化生活满意度考评中均获较好评价，荣获“2018—2019 年度山东省今冬明春文化惠民活动品牌”“山东省文化和旅游系统先进集体”“山东省青少年优秀传统文化重点教育研究基地”等多个省市级荣誉。

【群众文化活动】 全年举办及指导基层开展各类示范性、引导性主题文化活动 200 余场次。先后培育“我们的节日”“我们的中国梦”“渔灯春晚”“红色文艺轻骑兵”“精彩群艺”等数十个惠民文化品牌；举办特色民俗活动“渔灯春晚”“三月三巡演”“中国梦，劳动美”五一展演、“七一党建会演”“火热夏之舞，激情金沙滩”等系列活动；承办世界旅游老年大会开幕式特色迎宾演艺活动等，促进开发区中外文化的深入交流。首届烟台市民文化节烟台开发区开幕式暨“文化服务日”组织策划活动中，绘画大赛 11 人位列全市前五十强，获得烟台市民绘画家称号；广场舞比赛 6 支队伍进入五十支优秀队伍；书法比赛少儿组入展作品 4 幅、成人组 18 幅，获得优秀市民书法家称号的少儿组 2 人、成人组 8 人；器乐大赛 6 组选手入列前五十强，获烟台市民演奏家称号。

【文化艺术展览】 2019 年，引进“大美民间”胶东民间窗花剪纸艺术展、“鹤寿千年”精品书画展、逄小威京剧摄影作品展、“讴歌新时代，共筑中国梦”学习中共十九大精神主题书法展等。其中“讴歌新时代，共筑中国梦”学习中共十九大精神主题书法展，得到中国书法家协会支持，实现开发区“国字号”展览零突破。策划烟台开发区纪念改革开放 40 周年摄影作品展、国家级非物质文化遗产主题展、庆祝中华人民共和国成立 70 周年暨建区 35 周年诗书画摄影展、“寻找最美笑脸”烟台市民摄影大赛优秀作品展等，把家国大事、主题庆祝活动用艺术的形式展现给群众。举办第三届“盛夏之约”当代中青年艺术家烟台写生展、“文化烟台，最美瞬间”摄影大赛作品展等，把更好的展览办到群众家门口。文化馆多次为展览

3 月 30 日，烟台市民文化节开发区绘画、书法大赛现场

2019 年 3 月，区文化馆举办国家级非物质文化遗产渔灯主题展公教活动

推出美术公教活动及讲座，其中“大家美术馆”一场展览带来10场学术讲座，衍生近百场公教活动，吸引全区数万名市民参与。

【文化艺术培训】 举办春秋大型公益培训、社区骨干培训、志愿者培训等各类公益艺术培训，有针对性开展广场舞、合唱、美术、摄影、主持朗诵、乐理基础、器乐等20余个门类的公益培训班百余期次，惠及学员3万余人。组织文艺宣传辅导队开展新时代文明实践走基层文艺骨干培训辅导活动，建立“结对子、种文化”包片辅导制度，通过选送一批经过培训的群众文艺骨干进驻社区、村居，实现“培训一个人，带起一支队伍，影响一个社区”的成效。到年底，全区培养基层文化工作者千余名，成立各类群众文化队伍136支，文艺从业人员及各类文艺爱好者4000余名。

3月，“精彩群艺”公益培训舞蹈课

【数字化服务】 在开展线下培训的同时，各艺术学科积极开展线上范性微课建设，全年发布文化信息323期，阵地服务、流动服务、数字服务惠及群众15万余人次。以门户网站、微信公众号、小程序、文化一体机等为载体，构建起涵盖信息发布、活动展示、线上展览、辅导培训等多重内容的文化信息发布和共享平台，使公共文化服务迈入了数字“微时代”。

【文化志愿服务】 以文化志愿“艺”站建设为抓手，大力开展文化志愿服务，推进全民艺术普及。一支支由烟台开发区优秀文化志愿者组成的“红色文艺轻骑兵”小分队走进社会福利中心、老年公寓等单位，开展各种新春慰问活动。强化人才队伍建设，将常态化文化志愿服务与专业化艺术普及项目有机结合。贯穿全年的“我们在路上”新时代文明实践志愿服务走基层活动，从新春送祝福精彩启幕。组织各界优秀文化志愿者，把优质的公共文化产品，送到乡镇、社区、村居及社会福利中心和敬老院等单位，全年文化志愿服务受众10万余人。

【非物质文化遗产保护传承】 2019年，开发区文化馆以乡村学校、文化场馆为阵地，举办民俗摄影主题展及巡展、开学非遗第一课、“编制中国结，绘制中国梦”“精彩非遗，心随手动”面塑制作体验等“精彩非遗”系列传承分享活动10余场，服务群众上万人次。新春之际，开发区文化馆群艺大厅举办集观展、赏灯、猜谜相联合的新春灯谜艺术节。活动期间，吸引3万余人参与；借助开发区文化馆微信公众号、门户网站等新媒体平台，在全区范围内进行广泛宣传，受到社会各界广泛关注。

青少年宫

【概况】 2019年，坚持以立德树人为根本任务，面向全区未成年人，提供公益性校外教育及特长培训服务，广泛开展普及性、体验性、实践性、参与性强的文体、科技活动，为青少年全面发展提供有力保障。

【校外培训】 聘任各专业优秀教师51名，全年开设演艺、科体、美术、群文、音乐5大类

40门课程；组建合唱团、舞蹈团、国学社、管乐排练课、民乐排练课5个少儿艺术团，累计350个班次，培训学员4.8万人次。

【活动开展】 全年组织各类校外教育活动80余场，接待服务青少年儿童5万余人次。1月，举办“我们的新时代”青少年文化艺术节暨庆祝改革开放40周年文艺晚会，600余名师生参加演出，500余名家长现场观看。2月，举办“团圆享天伦，浓情中华魂”元宵主题享乐会和“旅行到宇宙”主题英语角活动，100余组家庭参加活动。3月，举办“绿意书香，将爱传递”书籍爱心传递、“手中的绿色，心中的未来”主题英语角和“礼赞新中国，奋进新时代”爱国主题教育培训活动，800余名学员和家长参与。4月，举办“亲近自然，拥抱春天”踏青福莱山主题英语角和“小小书皮，环保我行”世界读书日主题亲子DIY活动，100余名学员及家长参加。5月，举办“用花语说爱您”母亲节插花、“如果国宝会说话”主题英语角、2019“书香伴家庭”亲子伴读主题活动，500余名学员及家长参加。6月，举办庆六一“创意时装秀”亲子T恤衫涂鸦、“听爸爸的话”主题英语角和“礼赞新中国，奋进新时代”父亲节主题教学培训活动，200余名学员及家长参与。8月，举办两期“倾听传统之音，探寻文化之源”暑期传统文化主题活动周活动，课程内容为剪纸、陶泥、插花、扎染、面塑，为200组家庭提供传统文化课程讲解。9月，举办“礼赞新中国，奋进新时代”中秋节主题亲子活动、“It's delicious”青少年宫主题英语角活动，200余名学员及家长参加。举办“携手新时代，童心筑未来”庆祝中华人民共和国成立70周年、开发区建区35周年暨迎中秋青少年文艺晚会。晚会分3个篇章、14个节目，300余名学员参与演出，500余名学员及家长现场观看。10月，举办“礼赞新中国，奋进新时代”全民共度国庆主题活动、“秋天的落叶”青少年宫主题英语角和“多彩宝贝”手工DIY活动，400余名学员及家长参加。11月，举办“我是创造家”亲子DIY、“爱我你就画画我”亲子绘画活动和“The year of the mouse”主题英语角，150余名学员及家长参加。12月，举办“活力国风”猜成语趣味主题活动、“Winter is coming”主题英语角，“环球地理”带孩子一起看世界之走进挪威主题活动，150余名学员及家长参加；举办“壮丽七十载，追梦新时代”2019年青少年宫文艺会演暨迎新年元旦晚会，分为《传承》《追寻》2个篇章13个节目，400余名青少年宫学员参加演出，600余名学员家长到场观看。是年，青少年宫共举办10期“礼赞新中国，奋进新时代”亲子观影活动，观影学员及家长4000余人次。

1月6日，在青少年宫剧院举办“我们的新时代”青少年文化艺术节暨庆祝改革开放40周年文艺晚会

【赛事 交流】 大力弘扬国学艺术和经典文化，举办国学知识竞赛、国际象棋“棋王小棋后”争霸赛、围棋“九路棋王争霸赛”、第四届“千人百团”围棋定级赛，“因材施教，文言重建”国学经典教育公益讲座、“学国学，诵经典，传美德”第三届国学知识pk赛、2019年烟台开发区青少年才艺大赛暨开发区少儿艺术团选拔赛等重要赛事和交流活动。8月，组织童声合唱团参加“2019亚太国际城市合唱·独唱艺

8月20日，青少年宫在“2019亚太国际城市合唱·独唱艺术节”获得金奖

术节”，获得合唱比赛少年组金奖，团员安思润、季鸿涛分别获得少年组独唱第九、十名。

【公益行动】 2019年，开办30期“父母加油站”主题公益课堂，学员家长2500余人次参加。每周邀请心理咨询专家围绕不同主题普及家庭教育知识，教育引导家长树立正确教育观，推进家庭教育与校外教育融合发展。关注青少年兴趣发展和健康成长，创建烟台市科普教育基地，举办“小航模，大梦想”青少年宫机器人体验活动、“甜饮料的秘密”青少年宫饮食健康和“牙齿那些事儿”青少年口腔卫生健康等主题公益讲座，200余名学员及家长参加。开展以青少年为主体的禁毒预防教育，传播禁毒知识，青少年宫禁毒预防教育基地向全区中小学生免费开放，全年接待中小学生2000余人次。

体　育

【概况】 2019年，开发区瞄准建设烟台市现代化经济中心的目标，把发展体育事业作为打造现代服务业中心和城市品质示范区的重要抓手，通过区级全民健身运动和各类专项赛事活动，让群众不出远门就能体验到高端运动赛事。优化体育设施，统筹规划，合理布局，建成区、街镇、村（居）三级群众健身场地设施网络，为2020年基本形成“十分钟”健身圈打下坚实基础。

【体育设施建设】 投入资金230余万元，采购体育器材800余件，按照配置均衡、规模适当、方便实用、安全合理的原则，优先为扶贫村配建体育器材，实施潮水镇农民体育工程，全区公共体育设施基本实现全覆盖。

国奥天地·国家羽毛球训练基地羽毛球厅，运动面积2880平方米，18块标准场地，可容纳5000名观众

【体育公共服务】 对全区体育场地进行专项调查，严格落实山东省体育局、发改委、教育厅、财政厅《关于组织开展全省体育场地专项调查工作的通知》《山东省体育场地专项调查方案》和烟台市体育局相关要求，了解掌握体育场地建设数量、面积、功能、结构、布局、运营、管理、投资、效益等基本情况，核实体育场地管理运营单位的基本信息及其体育活动开展情况，涵盖5个大类、70个中类和125个小类场地。共调查体育场地400余个，面积达22万余平方米。配合相关部门制定足球场地建设实施方案，新增建设8个足球场地面向群众开放。其中，柳子河七人制笼式球场和金沙滩2个临时沙滩球场建成投用；金沙江路沿线公园内2个笼式球场以及F-6地块3个五人制笼式球场、

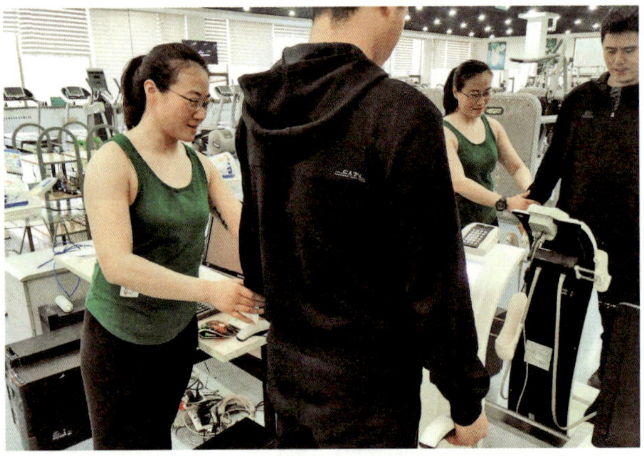

国民体质检测

1个七人制笼式足球场，完成工程招标。组织烟台开发区国民体质测定运动健康指导站推进体能测试项目，对青少年、成年人和老年人的人体成分分析、骨密度、心肺功能、身高、体重、血压、肺活量、台阶测试、坐位体前屈、握力、闭眼单脚站立、反应时等12个项目进行测试。全年完成测试1000人次，为实施全民健身计划提供科学数据和指导。

【2019烟台金沙滩新年马拉松赛】 1月1日上午9时，中信银行烟台分行·2019烟台金沙滩新年马拉松赛在烟台开发区海螺广场鸣枪，来自全国各地3800余人雪中参赛。此次比赛由烟台经济技术开发区管委会主办，开发区教体卫生局、开发区工委宣传和群团工作部、烟台

1月1日，中信银行烟台分行·2019烟台金沙滩新年马拉松在烟台开发区海螺广场鸣枪开跑

永辉体育发展有限公司承办。设半程马拉松、享跑10公里、享跑5公里三个项目。比赛自海螺广场起跑，沿海滨路向西至天马栈桥附近折返，全景呈现开发区美丽宽阔的万米金沙滩海岸线。最终，半程马拉松男子组以1小时08分39秒、女子组以1小时19分17秒摘冠。

【全民健身】 制定《烟台开发区第九届全民健身运动会总规》，于3至11月举办烟台开发区第九届全民健身运动会，以全民健身运动会为载体，举办田径运动会、“健步行”、篮球赛、乒乓球赛、羽毛球赛等全区性体育活动，实现了“月月有比赛，常年不断线”的赛事活动格局。3月31日，在金沙滩公园举办2019烟台国际金沙滩半程马拉松暨烟台市迎春长跑·开发区第二十届“农行杯”沙滩健步行。此次活动由中国田径协会主办，烟台开发区管委会承办，共5000余人报名参加。5月13日—6月20日，在柳子河公园足球场举办烟台开发区第九届全民健身运动会足球比赛。该活动由烟台开发区教体卫生局主办，开发区足球协会承办，共有24支队伍，300余人参赛。6月22—28日，在福莱山公园举办烟台开发区第九届全民健身运动会篮球比赛。该活动由烟台开发区教体卫生局主办，开发区篮球协会承办。13支企业队伍，25支机关队伍，约300余人参赛。6月15—16日，在世佳运动中心举办烟台开发区第九届全民健身运动会乒乓球比赛。该活动由烟台开发区教体卫生局主办，开发区乒乓球协会承办，共计240人参赛。6月27—30日，在国奥俱乐部举办烟台开发区第九届全民健身运动会羽毛球比赛。该赛事由烟台开发区教体卫生局主办，开发区羽毛球协会承办。近30支代表队，200余人参赛。8月24—25日，在世佳运动中心举办烟台开发区第九届全民健身运动会台球比赛。该活动由烟台开发区教体卫

生局主办，开发区台球协会承办，共计 30 支代表队，近 200 名选手参赛。9 月 2 日，在丹阳小区举办烟台开发区第九届全民健身运动会老年人门球比赛，共计 100 名老人参赛。9 月 21 日，在高级中学举办烟台开发区第九届机关运动会，来自全区 31 家机关事业单位代表队，近千人参赛。此届机关运动会共设置九大项 57 个比赛项目，除传统田径类项目外，还设置趣味投篮、靶盘射箭、众星捧月、财源滚滚等趣味体育项目。经过精彩赛场竞技，教体卫生局、大季家街道、公安分局代表队分别获得团体总分一、二、三等奖，共有 7 人打破 7 项纪录。11 月 9—10 日，在柳子河公园网球馆举办烟台开发区第九届全民健身运动会网球比赛。该活动由烟台开发区教体卫生局主办，开发区网球协会承办，共设置 4 个比赛项目，近 30 名网球爱好者参赛。

3 月 31 日，金沙滩半程马拉松

6 月 16 日，区第九届全民健身运动会乒乓球赛

【全国体育赛事】 6 月 27—30 日，举办 2019 年全国沙滩手球锦标赛，来自全国 22 支（包括 2 支香港代表队）省级男、女子沙滩手球队，近 400 名选手参赛。9 月 13—21 日，2019 帆船“两赛一会”系列活动举办，包括全国帆船冠军赛、全国青少年帆船联赛、帆船产业高峰论坛。

【体育产业】 经过调查研究，初步确定开发区今后一个时期体育产业工作目标：以打造体育产业城市新名片、满足人民群众日益增长的多元化多层次体育需求为目标，坚持解放思想，改革创新，探索建立政府引导、社会多方参与、公益性与市场化协调发展的服务体制机制，坚持“世界眼光、国际标准、烟台特色”，为开发区体育产业不断丰富体育供给，促进体育消费，构建现代化体育产业体系，为建设烟台市现代化经济中心提供新动力。力争到 2025 年，基本建成布局科学、特色鲜明、效益明显的体育产业体系，产业结构更加合理，体育服务业在体育产业中的比重显著提升，成为经济社会高质量发展的重要组成；公共体育设施网络化布局基本完成，社会力量参与建设、运营体制机制更加完善；体育产品和服务更加丰富，消费需求愈加旺盛，对相关产业和新增就业的带动作用明显增强；群众体育健身意识显著增强，人均体育消费支出明显提高，健康素质主要指标位居全市前列；充分利用万米金沙滩和海洋资源，形成一批有影响力的精品赛事活动，打造海洋体育、国际休闲体育和沙滩运动的新名片，精心培育体育消费新业态。在此基础上，扎实推进《关于进一步加快体育产业发展的实施意见（征求意见稿）》起草工作。该意见文稿先后经上海体育局、鲁东大学体育学院、上海体育学院专家专业审核。3 月 29—31 日，省、市体育行政部门、体育企业、体育发展智库负责人莅临开发区，共同见证体育盛会，参与构建“一赛一展一论坛”的体育赛事运营模式。“一赛”，即 2019 烟台国际金沙滩半程马拉松。该赛事系中国田径协会认证的国家级 A2 类赛事，是中国北方唯一的国家 A 类沙滩半程马拉松，赛道全程设在万米金沙滩。本次比赛除了大量国人积极参加，还吸引了来自美国、英国、日本、蒙古国、韩国等 5 个国家跑者参赛，共计超过 5500 名跑者参赛。最终，来自肯尼亚、蒙古国的选手分别夺得男、女沙滩半程马拉松第一名。“一展”，即齐鲁体育嘉年华暨烟台市新春体育庙会。该庙会在烟台开发区城市展示中心广场举行，由省体育局指导，系开发区首个体育类展会活动。参展项目包括体育特色项目展演、现场体验活动，以及体育用品、器材、体育旅游、培训、体育赛事及相关资源的展示、宣传、销售。该展会共吸引 60 多家区外健身企业、40 多家省外体育企业参展。“一论坛”，即山东体育产业高峰论坛。这是开发区乃至烟台市承办的首个省级体育产业高峰论坛。世界体育休闲协会、中国旅游经济与政策研究中心、北京体育大学等高端体育组织、高校智库的学者专家参会研讨。论坛共达成合作意向 6 个，其中全国帆船冠军赛、全国青少年帆船联赛落户开发区；好家庭集团山东分公司与开发区海乐福体育公司签订运动康复中心合作协议。

【体育彩票销售与管理】 立足区体育彩票事业基础，积极作为，深挖潜力，努力实现以竞彩玩法为主，带动实现其他玩法均衡发展，特别是围绕大乐透、即开等阶段活动力促指标，严格执行省市中心各项规定，全面加强培训、巡店等工作，以保障区彩票市场安全、稳定运行。全年体育彩票总销量达 18033 万元（含手机在线），目标任务完成率 114.36%，同比增幅 13.24%，体彩公益金返还 656 万元。

体育彩票销售点

卫生　健康

Hygiene and Health

综　述

【概况】 2019年,辖区有医疗卫生机构270所,床位1668张,医生1223人,护士1401人。在专业公共卫生服务方面,坚持严格防控,获得省级慢病综合防控示范区。

2019年烟台开发区医疗卫生机构情况统计表

表20

项目	单位	2018	2019
机构数量	所	240	270
床位数量	张	1834	1668
技术人员数量	人	2511	2624
其中：医生数量	人	1071	1223

2019年烟台开发区卫生机构分布情况统计表

表21　　单位：所

镇　街	合计	公立医院	妇幼保健机构	民营医院	街道、镇卫生院	社区卫生服务站	门诊部
总计	46	1	1	10	5	18	11
福莱山街道	38	1		10	1	15	11
古现街道	2		1	0	1	0	0
大季家街道	3			0	1	2	0
八角街道	2			0	1	1	0
潮水镇	1			0	1	0	0

【法规政策落实】 加强卫生健康法治建设,推动卫生健康法规政策落实到位。行政审批许可工作规范有序,全年实现案件零投诉。年内有许可审批事项5项,完成审批97件。简化优化政务服务事项2项。开展计划生育卫生、公共场所卫生、职业卫生、生活饮用水卫生、放射卫生、学校卫生、医疗卫生和传染病防治等执法行动,全年监督检查925家,上传监督执法记录1227条；完成国家"双随机"(随机抽出检查对象,随机选派执法检查人员。)监督抽检105项,完成率100%；办结行政执法案件119件,收缴罚没款37.6万元；没收牙椅2台,没收药品和器械16箱,吊销执业证书1件。通过发放宣传材料、微信公众号、图板展示、横幅标语等形式,开展卫生法律法规宣传活动13次；通过电视、网络、报刊等大众传媒,曝光非法行医典型案例16件。

【医务人员培训】 组织60余名医务人员参加全市基层卫生人员服务能力培训班,实施封闭式培训,切实提高业务能力和水平。组织基层医务人员参加全市实用慢性病、基本药物等一系列培训和练兵活动,提升医务人员基本素质。

【基层医卫建设】 卫生、人社两部门联合下发《烟台开发区“百名专家联镇街，千名医生下基层，健康服务入万家”活动实施方案（2019—2021 年）》，推动各项活动有序开展。从烟台业达医院选派管理人员任潮水中心卫生院院长，由潮水中心卫生院组成 7 个家庭医疗团队深入各村卫生室、服务点每周进行定时、定点巡诊服务。为潮水镇符合条件的 561 名退休乡村医生核发补助金 285.6 万元。推进“六统一”区域医共体建设。烟台开发区医共体第一届理事会于 2019 年 8 月 27 日成立。8 月 29 日，国家卫生健康委、国家中医药管理局发布《关于印发紧密型县域医疗卫生共同体建设试点省和试点县名单的通知》，开发区被列为紧密型县域医共体建设试点，是烟台市唯一被列入试点的区域。

【医疗费用控制】 合理控制医疗费用增长幅度。按照烟台市卫生健康委员会的《规范用药专项整治活动实施方案》《医用耗材专项整治活动方案》等文件要求，实行药占比（即药品收入占总收入比重）管控，年内全区药品收入占比继续呈下降态势。将耗占比（即耗材收入占总收入比重）纳入医疗机构科室绩效考核指标，年内公立医疗机构耗材收入得到持续有效控制。

【处方点评】 落实处方点评制度。在各医疗机构药事管理委员会和医疗质量管理委员会领导下，由医务科和药剂科共同组织实施临床药学负责处方点评的具体工作，定期公布处方点评结果，通报不合理处方。门诊处方点评方面，每月以系统自动抽查的样本为依据，按照相关规定由临床药师进行点评；住院医嘱点评方面，临床药师每月对医嘱病例进行点评；药物专项点评方面，临床药师每月对抗菌药物使用情况进行点评；临床药师对抗菌药物的 I 类切开预防应用情况、围手术期抗菌药物使用情况、抗菌药物、DDD 值较大的科室使用情况进行点评；临床药师对特殊管理的碳青霉烯类抗菌药物使用情况进行点评；临床药师对糖皮质激素使用情况进行点评。

【健康信息化平台建设】 全面推进健康信息化平台建设。开展全区范围内影像、区域心电等远程诊疗服务。依托烟台区域卫生健康平台现有网络，街镇医院（卫生院）与烟台业达医院之间实现区内影像、心电等医疗数据互联互通，推动优质医疗资源纵向流动，让群众看病“少跑腿”。积极参与国家医疗健康信息互联互通标准化成熟度测评。有序推进烟台业达医院数据平台建设项目，将信息系统资源进行有效整合、利用，实现数据标准化、准确化、精细化，消除医院各个信息系统之间的信息孤岛现象。

【健康公共服务】 开展优质基层服务行活动。6 月底前，指导各基层医疗卫生机构进行自评；8 月底前完成对自评达到基本标准或推荐标准的基层机构的审核，其中大季家医院和潮水中心卫生院达到推荐标准并顺利通过市级审核。截至 12 月底，全区建立居民电子健康档案 29.8 万份，建档率 81.43%；新生儿预防接种建卡、建证率 100%，疫苗接种率 98%，0～6 岁儿童健康管理率 91.78%，孕产妇健康管理率 98.37%，老年人健康管理率 68%，高血压患者规范管理率 78.93%，2 型糖尿病患者规范管理率 79.67%，严重精神障碍患者规范管理率 95.9%，突发公共卫生相关信息报告率 100%，卫生监督协管信息报告 100%，老年人中医药健康管理率 64.35%，儿童中医药健康管理率 67.31%，结核病患者健康管理率 100%，服务对象满意度 98%。各项指标均高于市考核标准。全区共有卫生健康监督协管员16名，卫生健康监督信息员51名。

【老年健康服务体系建设】 围绕《老年健康核心信息20条》，开展老年健康保健知识进社区、进家庭、进机构等宣传活动，引导更多老年人了解健康知识、增强健康意识。12月，福莱山街道华电社区开展老年人心理关爱项目点入户调查工作，对450名65岁以上常住老年人进行心理健康状况评估。

【医养结合】 围绕构建以居家为基础、社区为依托、机构为补充的医养结合服务体系目标，大力实施“大养老+小医疗”“大医疗+小养老”“居家养老+医疗网络”等医养结合模式，全区建有医养结合机构4家，医养结合床位2348张。积极推进医养结合示范单位创建，其中古现街道被命名为山东省首批医养结合示范乡镇，磁山颐生苑老年公寓被授予烟台市医养结合示范单位荣誉称号。

医　院

【概况】 年末，全区有各类医疗卫生机构270所。其中医院、卫生院16所，妇幼保健机构1所，社区卫生服务站18所，村卫生室40所，门诊部16所，口腔诊所37所，中医诊所23所，其他诊所、医疗机构（医务室、卫生所）119所。有医疗卫生机构床位1668张，卫生技术人员2624人，其中医生1223人、护士1401人。

【建立健全现代医院管理制度】 根据公立医院改革相关要求，对《烟台业达医院章程》进行修订。全面实施总会计师制度，成立预算管理委员会，制定《预算管理委员会职责》《全面预算管理办法》《全面预算审批制度》《全面预算调整制度》等制度，设置总会计师岗位，实行全面预算管理，严格按照预算调整流程，按季度进行预算执行及调整分析。积极推进三级公立医院绩效考核。8月份，完成第一阶段和第二阶段数据核查和质量控制，并在国家三级公立医院绩效考核系统上传自查报告。业达医院结合《国务院办公厅关于加强三级公立医院绩效考核工作的意见》要求，针对存在差距加强各项指标的监控管理，确保在医疗质量、运营效率、持续发展、满意度评价等指标考核取得好成绩。

【推进区域医疗共同体建设】 烟台业达医院牵头成立烟台开发区医疗共同体，印发《烟台开发区医共体章程》。全年共选派48名医务人员到北京、上海等地进修学习，接收6名基层医务人员到烟台业达医院进修学习。组织学术讲座6次，引进中高级专业人才7名、硕士研究生4名，聘请2名当地知名专家到院做首席医学专家，推动医院的专业发展。烟台业达医院与北京协和医院、宣武医院、301医院、北京积水潭医院等国内知名医院开展合作，脊柱外科、关节外科、手足外科、胃肠外科和神经内科等国内知名专家，定期到院坐诊，让老百姓在家门口就可以得到北京高端专家的医疗服务。年内，专家到院开展大手术60余台，接诊门诊患者800余人次。与山东省远程医学中心建立远程会诊，方便群众疑难疾病的诊断。加入北京、上海等大医院的7个专科联盟，在皮肤科、呼吸内科、急诊科等专科开展多种形式的合作。

【推行临床路径管理】 在妇产科开展4个病种临床路径基础上，制订《临床路径实施方案》，启动临床路径考核工作，按照奖惩并举的原则，循序渐进地督促各临床科室逐步扩大临床路径管理病种覆盖范围，进一步规范诊疗行为，控制医疗费用，临床路径入径病种数、出院病人数、完成率逐月提升。年内，开展临床路径管理的病种数 198 个，临床路径入径率 58.08%、临床路径入组完成率 96.23%，入径率与完成率逐步提高。

【综合医院】 烟台业达医院暨烟台眼科医院是滨州医学院附属医院、三级乙等综合医院。医院占地面积 4.64 万平方米，建筑面积 7.77 万平方米。设有 43 个临床科室，7 个医技科室，3 个社区卫生服务站；职工人数 1107 人，其中专业技术人员 1031 人（不包含管理和工勤人员数），高级职称人员 133 人，博士研究生 2 人，硕士研究生 156 人。设置床位数 1030 张，开放床位数 891 张。医院年门急诊量 87 万人次，年住院量 3.5 万人次，年体检量 25 万人次。先后组建由 5 家街镇医院卫生院参与组建的区域医疗共同体，实现区域街镇医院卫生院及社区卫生服务中心全覆盖。

【中医医院】 辖区有中医医院一处，设床位 20 张。开设内科、外科、医学检验科、医学影像科、中医科、骨伤科、康复科等科室。有工作人员 24 名，其中医师 6 名（高级职称 3 名，中级职称 2 名），护士 4 名，其他卫生技术人员 5 名。

基层医疗　卫生服务

【概况】 烟台开发区有福莱山、古现、大季家、八角 4 个社区卫生服务中心和潮水中心卫生院，共 5 家公立基层医疗机构。城区社区卫生服务站 18 家，农村卫生室 18 家，基层卫生服务基本实现全覆盖。

【社区卫生服务】 各社区卫生服务中心基本达到标准化要求，并不断完善功能，提档升级。其中大季家社区卫生服务中心按二级医院规模选址新建，建筑面积 2.2 万平方米，编制床位 200 张，2019 年主体完工。新建福莱山社区卫生服务中心，建筑面积 5790 平方米，编制床位 50 张。潮水中心卫生院建设完成规划选址。5 个基层医疗机构设备除配有标准化的 10 大件外都配备了彩超、人工呼吸机、生化分析仪、血液分析仪，大季家、八角社区卫生服务中心和潮水中心卫生院还配备了 DR，大季家、古现社区卫生服务中心还配有 CT 等先进设备和仪器。

【农村卫生服务】 潮水镇有 78 个行政村，已有 18 个村卫生室。按照省级示范化标准，规划在峰山冷家新建一处村卫生室，实现周围村庄 2.5 公里范围内卫生室全覆盖。

专业公共卫生服务

【概况】 2019 年，专业公共卫生服务重点开展 6 项疾病防控。传染病防治中，重点加强 H7N9 流感疫情的防控。

【疾病防控】 本年度，重点开展慢性病防治、地方病防治、公共卫生监测、严重精神障碍患者管理、卫生应急 5 项工作。

慢性病监测　审核上报各类监测数据 3954 例，其中肿瘤病例 885 例，死因监测数据 1568 例，脑卒中监测数据 1095 例，冠心病监测数据 406 例。监测率比去年同期上升 2.91%，报告卡质量也有所提高。推进山东省级慢性病防控示范区建设。9 月，按照山东省卫健委 2019 年慢性病综合防控示范区申报、复审工作安排，向省疾控中心提报申请材料，并通过报告审核。12月18—19日，山东省卫生健康委慢性病综合防控示范区调研组对辖区8家健康支持性环境进行现场检查。12月31日，山东省卫健委下发评估通知，正式命名烟台开发区为省级慢病综合防控示范区。

地方病防治　4月，开展碘营养监测，选取潮水中心小学、古现中心小学、大季家中心小学、八角中心小学和第九小学8～10岁学生200名，以及5个街道（镇）的孕妇100名，采取碘盐置换和采集尿液方式检测。结果显示，开发区碘盐覆盖率、合格碘盐食用率达到GB16006—2008碘缺乏病消除标准的要求。6月，对古现街道三十里堡村的水源、供水工程基本情况、水源覆盖人数等信息摸底调查。经调查，饮用水中氟含量为0.2毫克/升，符合标准。对55名8～12岁儿童进行氟斑牙诊断，诊断结果显示全部正常。9月，对全区地方病专项攻坚行动情况进行自评，辖区碘盐覆盖率为94.50%，合格碘盐食用率为91.00%，儿童尿碘中位数为142.31微克/升，孕妇尿碘中位数为163.43微克/升，持续保持消除碘缺乏病状态，达到控制标准的饮水型氟中毒病区保持控制的工作目标。

5月15日，疾控中心工作人员在潮水镇开展碘缺乏病防治宣传活动

公共卫生监测　对81家公共场所、单位进行采样监测，涵盖住宿、洗浴、美容美发等行业。对烟台华安国际酒店和潮水国际酒店的集中空调通风系统进行采样监测，检测结果上报市疾控中心。实施农村环境卫生监测，选取潮水镇4个村，通过详细了解各村的人口情况、环境卫生状况、垃圾及生活污水处理情况，填写监测点情况调查表。在每个村的农田中随机采集土壤1kg左右，对采集土壤中的蛔虫卵、pH值、铅、镉、汞、砷指标进行检测，分析评价，形成分析报告。

严重精神障碍患者服务管理　3月，对登记在册1662名患者进行一次集中面访与病情评估，对查找不到的40名患者，向工委政法委、公安分局进行信息报告，协助核查患者去向。8月21日至9月5日，开展第二次集中摸排随访，共排查严重精神障碍患者1959人，其中在管患者1640人、非在管32人、失访3人、死亡284人。随访评估中有6名危险性三级及以上的患者，均按程序收治入院。按照“医保报销，民政救助，财政兜底”的救治救助原则，对建档立卡的严重精神障碍患者，住院费用个人承担部分由疾控中心调用专项经费予以结算。全年，共结算住院严重精神障碍患者46人，支付住院费用59.92万元。2018—2019年度先后与22名严重精神障碍患者监护人签订以奖代补监护协议，并按照标准发放资金3.94万元。

卫生应急处置　疾控中心修订卫生应急预案36个，补充完善《卫生应急工作操作规范》，使预案更具规范性和可操作性。开展卫生应急演练与卫生应急培训各2次，监测并审核全区食源性疾病病例1656例，处理8起食源性疾病暴发事件，调查及时率和结案率均为100%。

【传染病防治】　2019年，重点加强H7N9流感疫情监测和疫苗针对传染病防控工作，全区未暴发重大传染病。传染病网络直报系统报告全区法定传染病 1679 例（按发病日期及现住址统计），年发病率为 517.5/10 万，本年度报告法定传染病死亡 2 例。加强对手足口病、猩红热以及其他感染性腹泻的防控，对学校、幼儿园开展现场防控处置 30 次，个案调查 255 次，采集各类病例样本检测 121 份。全区报告手足口病病例 185 例、猩红热病例 48 例，通过规范有效的防控处置，阻断手足口病和猩红热在区内暴发流行。严密监测 H7N9 禽流感疫情，督导全区医疗机构发热门诊 40 次，全面监测就诊病人发热情况，密切关注不明原因发热病例。在恒达农贸市场禽类加工场所采集 60 份环境样本进行实验室检测，开展早期介入和早期预警，保证全区群众生活工作的安定。疫苗针对传染病防控，全年共处置麻疹 / 风疹疫情 7 起，其中确诊麻疹 1 例、风疹 6 例，相关病例均纳入专病管理。开展流行病学调查，确定其密切接触者，及时通知相关密接人员进行麻腮风疫苗应急接种。全年共报告 AFP（急性弛缓性麻痹）1 例，水痘 63 例，流行性腮腺炎 6 例，戊型肝炎 7 例，百日咳 2 例。

【专科疾病防治】 结核病防治。各街道（镇）医疗机构、民营医院均开展诊断，对疑似结核病人均转诊至八角医院做进一步确诊和治疗。全区 10 个网络直报单位负责网络直报，对发现的病例第一时间报告中国疾病预防控制信息系统。全年疑似患者追踪到位率 100%，确诊结核病患者 53 例，处置学生病例 3 例，涉及区内所有大中专院校和高级中学，对 200 名密接人员进行筛查。

【职业病防治】 全区重点职业病和职业病危害因素监测报告直报体系健全，监测数据主要来自区内查体机构和技术服务机构的网络直报，疾控中心负责数据审核、技术指导管理。两家查体机构共上报职业健康查体职工 4560 人。对区内 30 家企业进行重点职业病危害因素监测。相关监测对象的职业卫生培训、职业病危害因素定期检测、职业健康检查等落实到位。完成辖区内新中国成立以来 126 例尘肺病患者随访工作。

【计划免疫】 新增 1 处预防接种门诊——金鑫家园预防接种门诊，场所面积 300 平方米，8 月 14 日正式对外提供预防接种服务，缓解困扰多年的接种单位服务人口超载问题。在全市率先建成 1 处智慧化门诊——银芝小区预防接种门诊，标志着辖区预防接种服务水平提升一个新台阶。全区 8 苗全程免疫接种率为 98.56%，7 周岁 3 种疫苗加强接种率均达到 96% 以上。深入实施适龄儿童的预防接种信息化管理，区内新生儿规范建证、建卡率达 100%。继续开展长春长生百白破疫苗补种，9 月底完成补种收尾，201605014-01、201605014-02 批次长春长生百白破疫苗补种率分别为 95.23%、95.30%，均达到上级要求。顺利完成 2019—2020 年度第二类疫苗招标采购评定。确定 24 家企业 21 个品种 69 种剂型接受社会和群众监督。全年共冷链下发第一类疫苗 11.02 万支，第二类疫苗 8.41 万支。集中销毁冻干甲肝疫苗等过期需报废疫苗 728 支。

【妇幼保健】 全区有助产机构 2 家，能够提供妇幼保健服务医疗机构 7 家，妇产科医生 87 人、儿科医生 72 人，妇产科床位 100 张，儿科床位 100 张。每个季度组织妇女保健、儿童保健专家对福莱山、古现、八角、大季家社区服务中心和潮水卫生院进行督导，对督导发现的问题督促其整改，筑牢妇女儿童健康管理第一道防线。全年新生儿死亡率 1.52‰，婴儿死亡率 2.54‰，五岁以下儿童死亡率 4.57‰。无孕产

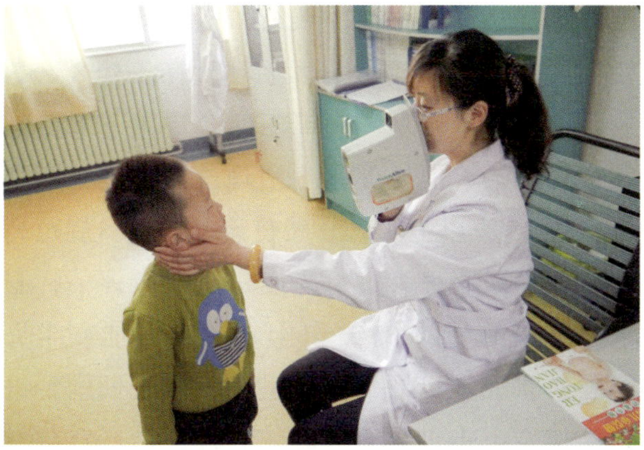

医务人员对儿童进行检查

妇死亡。3月，举办全区幼儿园园长和保健医生培训，采取以会代课的方式，提升托幼机构保健能力。6月，举行全区助产机构孕妇学校师资选拔赛。9月，开展全区出生缺陷防治技能竞赛，包括婚前医学检查、新生儿疾病筛查、孕前优生健康检查、产前筛查等4项技能竞赛，提升全区出生缺陷防治水平。组织托幼机构儿童查体1.35万人，幼师体检1974人，门诊入托查体9810人。对50所托幼机构卫生保健工作进行评审，对3所新办托幼机构进行卫生评价，围绕加强儿童疾病防治、膳食营养、食堂卫生、消毒及安全等方面进行指导，提升托幼园（所）卫生保健水平。

【计生服务】 大力实施优生促进健康工程，做好优生三免费技术服务。全区免费孕前优生健康检查411对，免费发放叶酸435人次、三优丛书413套、母子健康手册269本。推进生殖健康普查普治工作，为2.32万名已婚育龄妇女进行免费妇科查体，免费宫颈癌、乳腺癌筛查。宫颈癌筛查4384人，乳腺癌筛查774人。对于检出疾病的都给予有效治疗或转诊。加强避孕药具管理，做好避孕药具的调入、供应、发放、调出、库存的统计。实行免费计划生育手术，完成各类计划生育手术1528例，未出现并发症。严格执行《关于禁止非医学需要的胎儿性别鉴定和选择性别的人工终止妊娠的规定》，加强B超使用管理，严禁胎儿性别鉴定。

对育龄妇女进行免费查体

【急救中心】 全区承担急救业务的医疗机构有两家，分别为烟台业达医院和大季家医院，均与烟台市120急救中心联网。120急救站有主治医师6人、主管护师6人、护师13人。拥有呼吸机9台、心肺复苏机6台、全自动洗胃机3台、除颤仪6台、心电监护3台、纤维支气管镜1台等先进抢救仪器。全年急救站出诊3000余次。在保证出诊任务的前提下，积极参与上级单位组织的各项保障任务，如马拉松保障任务、应急防控、机场突发卫生事件的应急演练等活动。

健　康

【爱国卫生运动】 以卫生城镇创建和健康城市健康村镇建设为抓手，重点对城乡接合部等区域的环境卫生进行集中整治。对易于“四害”栖息场所进行彻底清理，有效改善环境卫生状况。至2019年，古现街道被命名为国家卫生乡镇，大季家、八角街道被命名为省级卫生乡镇，潮水镇范家村等5个村被命名为省级卫生村，全区省级卫生村居共54个。爱卫办组织各街道、部门单位按照“环境治理为主、药物消杀为辅”的原则，组织开展夏秋季灭蚊蝇、冬春季灭鼠灭蟑等“除四害”活动。

【家庭医生服务】 全区各社区卫生服务中心、镇卫生院全部设立家庭医生工作室和健康驿站，积极推行团队诊间签约履约服务，实行健康档案管理。组建“1+1+X”（1 名上级医院专科医师作为团队指导老师；1 名社区卫生服务中心全科医生负责指导签约病人就诊、转诊和随访管理，开展慢性病联合诊疗门诊的医疗服务，落实督促专科医师诊疗方案的执行，“X”由社区护理、公卫、药剂、妇幼等医技人员组成）签约服务团队 68 个，截至年底共签约 15.47 万人，普通人群签约率 42.26%，重点人群签约率 84.98%，居民签约协议书填写完整率 100%，签约居民对签约医生和服务内容知晓率 75%，签约居民预约就诊率 30%，按时就诊率 45%，居民满意率 100%。

【“一二三四奔健康”专项行动】 根据《健康山东·全民健康生活方式——“一评二控三减四健”专项行动方案》要求，开展一系列宣传培训推广活动。3 月 31 日，2019 烟台国际金沙滩半程马拉松暨烟台市迎春长跑·开发区第二十届沙滩健步行在金沙滩旅游景区开赛，全区 90 多家企事业单位共 2000 多人参赛。6 月 25 日，开展《山东省精神卫生条例》培训，进一步营造学法普法氛围，增强守法用法意识。6 月 27 日，疾控应急处组织办公室、医政医管处、妇幼人口处、老龄健康处、疾控中心、卫监所、各类医疗机构参加《山东省精神卫生条例》网络考试，全员成绩均在 92 分以上，为全区精神卫生工作注入法治动力。9 月 1 日是第 13 个“全民健康生活方式日”，为进一步传播和普及健康生活技能，自 9 月 1 日开始，向公众宣传“915”（就要 5 克）的减盐理念，传播低盐饮食知识，促进辖区居民共同关注并践行减盐行动。结合省级慢性病综合防控示范区创建，在各社区、学校、幼儿园等张贴“一二三四奔健康”宣传画及宣传标语，倡导健康生活理念，营造健康氛围。对 35 岁以上居民开展首诊测血压。规范高血压、糖尿病患者，每季度进行健康评估，制定干预措施。对 65 岁以上老年人失能、半失能健康状况进行评估。在世界无烟日期间，组织疾控专家走进学校、医院、社区进行宣传教育，为 27 所中小学校开展“拒吸第一支烟，做不吸烟新一代”为主题的宣传和签名活动。

【健康知识普及教育】 组织全区健康科普演讲比赛，在区电视台开设“健康卫士”“疾控之窗”专栏，定期播放相关知识。在古现街道陈家沟村建设健康知识一条街，绘制 4 块健康彩绘墙，设置 800 米健康步道。在潮水镇 6 个贫困村设置健康宣传栏，镇卫生工作人员每月到村开展健康讲座，发放健康材料。截至年底，创建健康学校 17 个、健康社区 25 个。策划编导一部健康科普微视频《认识儿童青少年肥胖》，并通过微信公众号、各网站向社会推广，填补辖区健康科普微视频制作空白。组织健康科普演讲大赛，全区 7 个医疗机构共 17 名选手参加，其中《告别甜蜜的忧伤》荣获 2019 年中国新时代健康科普作品征集大赛“PPT 类”入围奖。在元旦、春节期间，开展以“过年过节不送烟，送烟等于送危害”为主题宣传活动，发放宣传材料 2000 余份。在世界无烟日期间，走进学校、医院、社区和农村开展控烟宣传活动，发动 27 所中小学校、2.8 万名师生开展“拒吸第一支烟，做不吸烟新一代”主题宣传和签名活动，观看《无烟烟台》科普视频。活动期间收集照片 672 张、视频 8 个，发放烟草危害宣传材料 5000 余份，摆放展板 40 余块，接受群众咨询 400 余人次。

社会生活

Social Life

社会保障

【概况】 2019年，按照上级政策，辖区将医疗保险和生育保险从社会保险中分离，单独收缴。全年社会保险基金征缴收入27.88亿元，其中机关养老保险1.50亿元、企业养老保险25.08亿元、工伤保险1亿元、居民养老保险3013万元。医疗保险基金征缴收入11.19亿元，其中医疗保险10.25亿元、生育保险9395万元。

【养老保险】 企业养老保险 2018年度全省全口径城镇单位就业人员平均工资为65383元，2019年度辖区职工基本养老保险缴费基数以此为依据确定。其中：职工基本养老保险月最低缴费基数3269元，月最高缴费基数16346元；城镇个体工商户和灵活就业人员月最低缴费基数3269元，月最高缴费基数16346元。自1月1日起，调整企业和机关事业单位退休人员基本养老金。5月1日起，城镇职工基本养老保险（包括企业和机关事业单位基本养老保险）单位缴费比例由18%降至16%。

机关事业单位养老保险 2月，机关事业单位养老保险由税务部门征收。6月，机关事业单位改革，为2014年10月至2018年12月期间退休的508人，按照新办法重算养老金。重算后的养老金由基础养老金、过渡性养老金、账户养老金和职业年金构成。全年，机关事业单位参保人数6421人，基金征缴收入1.50亿元。

居民养老保险 4月，城镇居民基本养老保险由税务部门征收。1月1日起，城镇居民基本养老保险丧葬费标准由800元调至1000元。全年参加居民养老保险9585人，征缴居民养老保险基金3012.5万元；共为364名未建档立卡贫困居民的重度残疾人代缴养老保险费43900元。

【医疗保险】 4月，城镇居民基本医疗保险交由税务部门征收。9月1日起，辖区全面实施贫困人口和特殊疾病患者重特大疾病再救助制度，对贫困人口9月1日以后发生的合规医疗费用进行补偿。贫困人口因住院发生的政策范围内医疗费用支出，经过“五重保障”报销后，个人负担合规医疗费用超过5000元以上（含5000元）的部分，按照70%的比例给予再救助。年度累计救助最高限额为2万元。12月10日起，将“两病”患者门诊降血压或降血糖的药品费用纳入居民基本医疗保险基金支付范围。根据烟台市《关于完善我市居民基本医疗保险 高血压糖尿病门诊用药保障政策的通知》规定，建立“两病”患者门诊用药保障制度，一个自然年度内，参保居民在定点医疗机构门诊发生的符合规定的药费按50%比例支付，不设起付标准。全年支出职工医疗保险费5.57亿元，支出居民医疗保险费5770万元。

【失业保险】 1—10月，为失业人员每人每月发放失业金1337元；11—12月，为失业人员每人每月发放失业金1528元。全年领取失业金人数3766人，发放失业金5298万元，收缴金额9643万余元，上解金额528万元，区社保基金结余3.9亿余元。

【工伤 生育保险】 全年支出工伤保险费4225万元，支出生育保险费8855万元。

【专项资金监督管理】 严格把控每项支出事项，利用内控系统，实行线上线下双向监管，确保各项资金及时准确发放到位。开展民政专项资金自查、军休经费摸底调查、社保基金疑点信息核查、下属事业单位资金存放管理自查等活动，确保资金发放规范有序。全年共发放各项资金 2.98 万余笔，金额 7943 万元。

【居民最低生活保障】 在全区开展低保领域突出问题专项整治和脱贫攻坚低保专项治理等专项活动，安排部署各镇街对每一户在保对象进行入户调查核对，对新申请的低保家庭及时入户走访，严格审核其财产收入情况，并对每一户低保家庭经济状况进行核对，对家庭经济状况有变化的低保户及时予以注销和调整，实现动态管理下的“阳光操作、应保尽保、应救尽救、应退尽退”，维护社会救助的公平、公正。截至 2019 年底，全区共有城市低保 542 户 763 人，以每人每月 615 元标准，全年发放城市低保金 483.99 万元、取暖补贴 93.7 万元、爱心购物卡 16.27 万元、爱心药品 9.15 万元；全区共有农村低保 427 户 596 人，以每人每月 440 元标准，全年发放农村低保金 229.15 万元、爱心药品 7.15 万元。

民　政

【概况】 2019 年，牢固树立“民政为民、民政爱民”理念，紧紧围绕服务保障民生这一主题，全力抓好基层政权建设、社会福利、社会救助、社会组织管理、地名管理、殡葬管理等各项工作。年内以全市最高标准城乡低保救助 1359 人，发放低保金 713.14 万元，分散供养特困人员 85 人，发放供养资金 55.46 万元，教育救助 39 人，发放救助金 7.8 万元，临时救助困难家庭 19 户，发放救助金 9.1 万元。全区千名老人拥有床位 40 张以上，养老机构均投保综合责任险，提高应对突发意外事件的能力。

【行政区划及地名管理】 烟台开发区辖福莱山、古现、八角、大季家 4 个街道办事处，代管蓬莱市潮水镇，管辖 185 个村，29 个城市社区（其中 5 个社区在筹建中）。完成 10 个住宅小区、14 条道路的命名工作，整改国家地名数据库数据信息 200 余条。

【市民社区食堂建设】 研究制定《开发区市民社区食堂建设推进方案》和《开发区市民社区食堂建设运营扶持办法（暂行）》，确定 8 个社区食堂选址和经营主体，6 个社区食堂通过验收并正式运营，逐步满足广大市民特别是老年人的就餐需求。

【社会福利】 区社会福利中心服务功能集敬老院、光荣院、救助站、流浪未成年人救助保护中心、城镇“三无”老人（儿童）福利院、残疾人托养院六大职能合一。入住镇街社会福利机构的五保人员、城市“三无”人员 105 人，残疾托养人员 14 人，光荣疗养 50 人次，救助流浪乞讨人员 63 人。

【优抚双拥】 为 50 余名复退军人办理抚恤关系转移、伤残等级补评、伤残等级提等、带病回乡、参战、60 周岁农村籍退役士兵生活补贴等相关优抚待遇手续，为近 1400 名各类优抚对象发放抚恤定补 2086.2 万元，为 103 名现役义务兵发放家庭优待金 330 余万元。走访慰问烈属、因公牺牲军人家属、病故军人家属、在乡伤残军人和老复员军人等优抚对象 535 人，发放慰问资金 27.15 万元。“春节”“八一”期间，管委领导两次带队走访慰问烟台警备区、烟台海军预备役侦察船大队、预备役七十六师、武警中队以及海警开发区工作站等 5 个驻军部队，送达慰问金 21 万元。为 6 月 10 日移防至开发区的武警海警工作站，提供 50 万元营房建设与维护经费，向武警中队提供50万元的经费保障。

【烈士陵园管理】 2001年，辖区开始散葬烈士墓集中管理工作，借助八角街道老墩公墓，专门划出一处区域，建设289个烈士墓穴，将全区散葬烈士实行集中管理。2015年5月，在老墩公墓烈士墓集中管理处基础上建设烈士陵园，作为爱国主义教育基地、党性教育基地。2016年2月，烈士陵园整体设计方案经开发区管委会审查通过。2017年5月，开工建设。2019年末，完成陵园基本建设，开始纪念馆布展工作。项目用地面积2.91万平方米，总建筑面积约2306.41平方米。设烈士墓区（含原有墓区和预留墓区）、烈士纪念碑1座、纪念馆、纪念广场、纪念墙、办公用房等，总投资3600万元。迎面卧式巨石上镌刻着“烟台开发区烈士陵园”九个大字。拾级而上，是烈士纪念广场，广场上建有19.84米高的烈士纪念碑，纪念碑上镌刻着“革命烈士纪念碑”七个大字。南面是烈士纪念墙，纪念墙上雕刻着浮雕和烈士名录。纪念墙南面是烈士墓地。西面是烈士纪念馆和办公用房。烟台开发区烈士陵园葬有830名烈士（其中部分烈士葬在外地）。烈士纪念馆分序厅和四个单元。第一单元重点介绍了胶东党组织的诞生，“11·4”暴动、天福山起义、雷神庙战斗和张连珠、理琪等特委主要领导人的战斗事迹。第二单元红色热土、壮丽篇章，重点介绍了福山县、蓬莱县和开发区英烈们的抗日斗争、保卫胶东、进军东北的英雄事迹。第三单元英明长存、永垂不朽，重点介绍了开发区60名著名烈士的英雄事迹。第四单元革命传统、薪火传承，重点介绍了开发区人民不忘初心，建设滨海新区的恢宏画卷。

【残疾人管理服务】 4月，民政部门对全区40多户贫困重度残疾人进行集中走访。投入资金7万多元，根据个人意愿，实地确定32户无障碍改造项目，实现建档立卡重度残疾人无障碍改造全覆盖。6月份，全区第二代残疾人证十年有效期期满换证工作全面启动。8月份，结合全市残联系统扶贫工作“大回访、找差距、大整改”活动，深入潮水镇52个行政村196名建档立卡贫困残疾人家中，逐户发放开发区惠残服务手册和办证明白纸，现场为12名残疾人解决了轮椅、拐杖、助行器等辅助器具适配需求，进一步落地落实惠残政策，保障残疾人的权益。

【婚姻登记管理】 办理结婚登记1350对，离婚登记623对，补领结婚登记证210对，补领离婚登记证54对，查阅婚姻档案300多份，整理婚姻档案2200多份，维护婚姻当事人的合法权益。婚姻登记服务保持“零投诉”。

【殡葬管理与服务】 利用清明节期间社会舆论关注度高、公墓场所人流量大的时机，开展“文明祭扫，生态安葬”主题宣传活动。4月5—7日清明集中祭扫期间，利用广播、网络、挂横幅、贴标语、设宣传栏等方式，进行宣传；印制宣传单5万余份，横幅、标语220余副，在各公墓出入口重点宣传；播放安全防火案例，进一步提高辖区居民安全祭祀防火意识；充分利用公告宣传栏等形式大力宣传中办、国办《关于党员干部带头推动殡葬改革的指导意见》以及民政部等9部门《关于推行节地生态安葬的指导意见》。向符合基本殡葬费用减免补助条件的39人发放补助资金3.9万元。

【慈善事业】 开发区慈善总会以春晖义工队为依托，新办义工证150个，注册义工累计2000余人，开展各种义工活动200多次，帮扶困难

春晖义工队为特殊困难居民爱心捐款

群众100余人次，帮扶款物10余万元，服务时长6万多小时，评选出2019年度优秀义工80人，推动慈善公益事业的长效发展。

【养老服务体系建设】 辖区有1处公办老年人社会福利机构——开发区社会福利中心，4处民营老年人社会福利机构——金东颐养中心、恒达老年公寓、磁山颐生苑老年公寓、德记老年公寓，共有养老床位1243张，其中护理型床位1079张。磁山颐生苑老年公寓、恒达老年公寓、金东颐养中心内设医疗机构，德记老年公寓和医院签订合作协议，实现医养结合。组织开展老年人信息及养老需求问卷调查，发放问卷3万份，回收2.93万份，撰写调研报告，为推进居家和社区养老服务改革提供依据。对现有社区日间照料中心、农村幸福院运行管理情况进行一次全面调查摸底，摸清底数实情，建立清单台账。根据市民政局《关于对不能正常运营城乡社区养老服务设施进行整改的通知》要求，对45家日间照料中心注销和关停，积极强化措施，解决养老服务设施存在的管理粗放、运行不规范、服务人员缺乏、服务功能单一等问题。推进社区日间照料中心向综合养老服务中心转型升级，选取海韵、恒祥、中建悦海等作为试点社区，引进上海安康通、威海盛泉2家专业养老服务机构负责运营管理，打造具备助餐、助浴、助医、助洁、助行、助急等“六助”功能为一体的社区综合性养老服务中心。落实烟台市《关于完善经济困难老年人补贴制度的通知》，将补贴对象扩大至60—99周岁低保老年人，2019年度为433名经济困难老年人发放补贴资金45.90万元。

退役军人事务

【概况】 烟台开发区人力资源和社会保障局挂牌烟台开发区退役军人事务局，下设退役军人事务处和退役军人服务中心，主要负责退役军人安置、优抚双拥、退役军人和军队离退休干部服务保障、烈士陵园维护管理、革命烈士褒扬等工作。组织18名退役士兵参加职业培训，发放补贴5.2万元。

【退役军人安置】 全年接收计划安置军转干部，全部安置在行政岗位，安置随调家属6人，并接收自主择业军转干部。接收2018年度自主就业退役士兵。接收2019年春季转业士官安置到事业单位、央属企业、市属企业、区属企业。落实退役士兵安置和权益保障工作，为7批符合专项岗位条件的退役士兵安排专项岗位。接收2019年秋、冬季退役士兵，完成办理落户、组织关系、预备役登记、社会保险关系移交等手续。

【退役军人信息采集】 截至年末，全区共采集退役军人和其他优抚对象1.03万人次。

镇　街

Towns Streets

福莱山街道

【概况】 2019年，福莱山街道下辖36个村居、社区，其中城市社区22个，村改居过渡社区14个。管辖面积39.09平方公里，户籍人口14.03万人。财政总收入142.46亿元，其中一般公共预算收入69.85亿元。税收收入142.44亿元。进出口总额558.34亿元，其中出口总额326.76亿元。固定资产投资比上年增长3.3%。辖区有在册企业2.49万家，其中规模以上工业企业143家，规模以上工业营业收入401.78亿元，规模以上工业利润39.54亿元。

【基层党建】 2019年，街道党委下设22个党总支，235个党支部，党员4845人。安排4名年轻机关干部分别担任村居、社区党组织书记，为14个村居配备党建指导员。举办村居、社区"两委"成员和全体党员集中培训班，教育引导党员牢记义务和权利，增强党性修养。选派13名年轻社区书记和党建干部到大海阳社区跟班学习。选取晨光社区作为试点单位，建立问题一线征集、任务部门联解、成效街道评价的工作机制，解决晨光小区停车难、僵尸车、垃圾乱堆乱放等问题。与48家"双报到"（指机关、企事业单位党组织到所在地社区报到，实行共驻共建；在职党员到居住地社区报到，组织党员开展志愿服务）单位签订《红心服务联盟协议书》53份，确定为民服务事项203个，解决物业管理难题60余个。海信社区党总支与烟台工程职业技术学院党委联合推出"社区学院"项目，社区学院4月成立，通过"党建联盟、区校共育"，积极开展校地共建活动，让老百姓不出家门就能获得学习和技能培训的机会，实现"党建惠民"的目标。各社区根据各自情况打造不同党建品牌：澎湖社区打造"温暖澎湖"党建品牌；国奥社区围绕"联建聚民心"理念，打造"宜居国奥"党建品牌，荣获"全市先进基层党组织"；金城社区推出"情暖金城"党建品牌；晨光社区培育"红色商街"党建品牌。胜利东村党支部入选全市"乡村振兴头雁榜"，示范带动作用发挥明显。在全市率先推出"音乐党课"，为辖区170多个党组织的2200多名党员提供个性化党课。与178家商户签订协议，先后开展10场"红色联盟公益行"、拍摄创意MV等活动，成立红色联盟自管商会，引领商户由自治变共治。街道商圈党建经验做法《打造城市商圈"红色联盟"激聚区域党建新动能》被评为全国城市基层党建创新优秀案例。

11月，联合双报到单位参观磁山爱国主义教育基地

【精神文明建设】 2019年，街道以"文明实践行，情满福莱山"为主题，通过文明实践活动，展示和谐、文明、靓丽的建设成果，打造福莱山街道特色文明实践品牌。出台《建设新时代文明实践分中心试点工作实施方案》，建立联席会议制度，打造"一处讲堂、三种基地、五个站所（分别辐射6～7个村居）"，形成"讲堂为中心、基地为副中心，站所为辐射点"的文明实践全覆盖建设格局，打通文明实践的"最后一公里"和"枝梢末节"。建立"1+36+N"志愿服务机制，实行志愿服务活动积分制管理。制定7大类、35项主题"实践清单"，实施"六单"

（“居民点单”“文明实践分中心统单”“制单”“派单”“志愿者接单”到“居民评单”）志愿服务工作法，将“大水漫灌”服务改为“精准滴灌”服务。全年开展“讲评帮乐庆”文明实践活动 516 次，电影下村活动 120 场，文化惠民 6 万余人；各项志愿帮扶活动 216 次，帮助群众 9800 余人次。街道获评山东省公民科学素质提升专项行动优秀单位。

【社会保障】 完成重度残疾人护理补贴申请 172 人次、申请生活补贴 2350 人次、发放抚恤金 297 万元。春节、中秋等节假日走访特殊家庭 122 户，为年满 49 周岁的失独人员办理住院护理险、提供免费法律援助顾问、健康义诊等服务。组织 4 次计生业务培训，累计发放计生特扶金 41.73 万元、奖扶金 113.7 万元。办理城镇居民医疗保险 27260 人，受理、回复民生服务热线 4676 件，回复网上民生 364 条，按期办结率 100%。经过选址、筹建、报审、试营业等工作，辖区金东、蜜橙、金光三家社区食堂 12 月份全部建成投用。

5 月，丹阳社区义诊活动

【主题教育】 街道成立由党委书记任组长的“不忘初心、牢记使命”主题教育领导小组。结合主题教育示范单位评选推荐工作，选树胜利东村、海信社区、澎湖社区和博森科技发展有限公司作为典型，加大对各领域的示范引导力度。海信社区党总支代表烟台开发区参加中央第四巡回督导组主题教育调研座谈会，介绍社区依托“社区学院”集中力量抓学习，发挥“双报到”资源优势，实施“红心赋能”工程，活化党员党性量化积分运用方式等经验做法。制定学习教育计划，开展学习交流研讨。全年开展主题教育 42 次，发放基本教材、理论读本 1 万余册。基层党组织为党员过政治生日 240 余场次，让党员切实感受到组织的温暖。街道党委班子成员深入村居、社区调研 20 余次，听取群众意见建议 30 余条。开展“三知道、一跟上”百日大走访。36 个农村、社区党组织书记上门走访党员 724 名，通过交流，掌握党员生活、工作情况，建立党员优势资源和自身需求台账，健全党员信息库。街道党委梳理基层难点问题 34 个，确定为民服务事项 150 余个。组建党员志愿巡逻队在早中晚高峰时段到重点区域值守疏导，规范行车秩序。在老年人居住密集社区开办 3 家社区食堂，日均服务老年人 600 余人次。组织 40 多家医疗机构进社区，先后为 850 多位老人提供日常健康体检和上门医疗服务。

【城市更新】 街道成立 13 个城市更新攻坚小组，历时一个半月，拆除 158 户平房。6 月份，在管委工作组帮助下，强力攻坚，剩余 38 户全部拆迁完毕。完成 34 万平方米安置房开工建设，岗嵛、北屯、奇章社区分配安置房近 1000 套，让在外躲迁的 580 余户居民搬上新居，辖区旧村改造安置率达到 93%。针对辖区老旧小区数量多、建成早，基础设施老旧等问题，通过硬件设施美化、志愿活动帮助、公益活动评比，社区环境明显改善。对城乡接合部、社区周边城市死角、废品收购点等“伤疤”区域，会同廒上、杨家台子、舒家、奇章、胜利东村居委会及包村包片干部，先后拆除违建房屋 52 处，面积 2.5 万平方米。按照管委投资计划，协助组织完成福西小区的热力和燃气配套、福东小区的路面维修，奇章小区一期路面维修及局部雨污水管网维修工程。三个小区于 5 月 27 日开工，年底前完工。对鑫台商城、海鹰海澜、丹阳别墅、福东、福西 5 个小区的自管电进行改造，年底前完成设计招标和初步方案设计。在亚东标准件公司原址上设计打造一座集艺术品投资产业、文化研究产业、教育教学、文创品牌输出、旅游观光于一体的文创产业园，项目于 9 月份开工建设，年底，工业博物馆主体施工。

5 月，舒家拆迁现场

【创业就业】 联合市级创客空间“鼎真 · 创时代”，开展以“创赢社区”为主题的创业项目推介会，在晨光、澎湖两个社区成立“创客空间站”，送创业项目进社区，让失业群体在家门口实现创业。开展“春风行动”政策宣传周。在辖区大型商场、人流量密集的地方进行创业就业政策宣传，发放创业宣传册 2600 多份。在衡山路商圈举办“创业福莱山，魅力新女性”活动。为 100 余名女性创业者提供咨询服务。举办返乡下乡创业政策沙龙、返乡下乡创业典型指导服务等活动，帮助申请创业贷款 1790 万元。全年求职登记并成功就业 1180 人，其中困难群体就业 240 人，灵活就业 933 人。晨光、依云、黄海社区获评省级“四型就业社区”。

【物业管理】 创新对物业公司考核管理模式，制定并下发《2019 年物业服务工作考核评价办法》，牵头组织居委会、业委会和物业公司联席会议 20 余次。约谈业委会成员及物业公司负责人，协调解决山水名园、海鹰、海澜等居民小区物业纠纷 40 余件。组建 5 次业主大会并对业主委员会成员进行培训。指导黄海小区、海天花园等 5 个小区业委会换届工作，有序推进振华海滨假日、林语逸景等 6 个小区业主大会组建工作。针对辖区小区停车难问题，开展交通微循环改造工程，新增停车位 380 个，划出非机动车停车线 80 处。

【综合治理】 2019 年，街道和 32 个村居社区综治中心建设完成。5 月 12 日，建立福莱山街道青少年禁毒教育实践基地和反邪教警示教育基地，接待中小学生参观 49 批次，先后接待师生、家长 2000 余人。围绕辖区集贸市场、建筑工地、居民小区等重点区域，深挖彻查黑恶势力；利用小区宣传栏、横幅、LED 电子显示屏、微信群等形式加强舆论宣传，制作大型宣传看板 102 块，发放各类宣传资料 10 万余份，张贴海报 400 余张。在辖区营造扫黑除恶专项

5 月，青少年禁毒教育实践基地和反邪教警示教育基地成立仪式

斗争浓厚氛围。街道综治中心获评全省优秀综治中心。

【安全生产】 街道和36个村居、社区与辖区单位签订《2019年福莱山街道安全生产责任状》等5类（消防、食品安全、渔业、森林防火、防汛）责任状，签订率100%。建立领导干部“双实名”安全生产督查工作机制和领导班子成员及副科级以上干部分包检查企业制度。对专业性较强的危化企业，聘请第三方专家协助检查验收，严防各类安全生产事故发生。全年检查各类生产经营单位835家（次），查找并整改安全隐患525处。通过专家技术手段查找、整改隐患243项。是年，街道获评山东省安全生产工作先进单位。

3月，街道组织检查企业安全生产

【科普志愿服务】 选定海信社区公益学堂作为新时代文明实践站的科普志愿服务项目，对配发的27台数字科普工程终端设备进行升级维护，运行情况良好。5月份，街道被省科协评为公民科学素质提升专项行动优秀单位。

【关爱帮扶】 对严重精神障碍患者，街道组建精神卫生综合管理小组，36个村居、社区全部成立患者关爱帮扶小组，落实监护责任。国庆期间，对易肇事肇祸严重精神障碍患者进行社区管理网格化分片包干，确保稳定。

古现街道

【概况】 古现街道面积76.87平方公里，辖38个村居和2个社区，户籍人口3.64万人。2019年规模以上工业企业64家，营业收入过亿元的企业25家，过10亿元的2家。完成规上工业营业收入309亿元，进出口总额124亿元，财政总收入13.88亿元，一般公共预算收入7.04亿元，固定资产投资95.8亿元。2019年获“全国卫生乡镇”“中国鲁菜名镇”荣誉称号。

【基层党建】 街道党委下辖3个党总支，92个党支部，共有党员2045名。基层党建按照“月检查—季通报—年评比”原则，每月对各村级党支部进行检查督导。举办3期村居、企业党务工作培训班，到企业、双管单位指导工作20余次。组织26个企业300余名党员和30个村居700余名党员，分批到开发区党群服务中心政治生活馆、磁山爱国主义教育基地、刘公岛、杨子荣纪念馆等地进行主题党日等教育。设计《党员发展全流程示例图》，并制成看板发放到支部，引导基层支部规范严谨地做好发展新党员工作。制定《古现街道机关支部“做表率，当标杆”实施意见》，确保“规定动作不走样，品牌建设有特色”。组织党员集中学习20余次，交流研讨10余次。培育乐金、大丰、金河等一批优秀企业党组织典型，共有上级和外地来此观摩20余次。在棘子夼、林家两个村试点党支部领办合作社。棘子夼党支部领办的棘旺果蔬合作社，新增种植1.73公顷，帮助村民增加集体分红、社员分红、劳力雇佣、土地租赁4笔收入。63户村民入股合作社，入股资金42万元。和万家社区党支部举办首届“碧海红帆·大美古现”公益创投大赛，是全区首家街

7月8日，古现街道棘子夼村党支部领办合作社试验田长势喜人

道层面的公益创投活动。

【精神文明建设】 依托新时代文明实践分中心及和万家、磁山爱国主义教育基地等6个新时代文明实践站和“模范先锋”“小手拉大手”“喜乐广场”等7支新时代文明实践队伍，开展爱心义诊、公益理发、清洁家园、爱心花儿致敬老党员、亲子读书会、书法交流、公益瑜伽、文艺汇演、吕剧票友交流会等300余次新时代文明实践活动。其中和万家新时代文明实践站通过与高校合作、举办公益创投大赛等方式，培育孵化“管的宽调解队”“和言悦读社”等20个活跃度较高的社会组织。组织开展“红心聚贤·榜样传承”古现街道第五届道德模范、

3月7日，和万家爱新时代文明实践站“热心人理发联盟”开展公益理发活动

好房东评选活动，评选出孝老爱亲、敬业奉献、助人为乐、诚实守信、文明家庭模范20户，文明守法好房东14户。

【社会保障】 为216个低保家庭发放低保金150余万元，为3625名70周岁以上老人发放生活补贴142.12万元，为1013名居民办理首次城镇医疗保险参保登记，为46名大病和慢性病患者办理大病和慢性病统筹手续，为462名适龄退休人员审批退休手续，核算退休金并发放退休证，为3410名失地居民发放生活补贴和就业补贴179万元，为2523名居民报销挂档集体部分保费1535万元，发放丧葬费1043万元，帮助496名适龄农民、失地居民、困难群体实现就业。

【主题教育】 街道党委集中4天时间举办班子成员专题读书班，先后3次交流研讨；党委中心组围绕党章党规、习近平总书记新思想新理论、中共十九届四中全会精神等，组织6次学习。建立“午自习”和“晚自习”制度，每天中午半小时，每周二、周四下班后1小时，机关党员自学，每周抽查学习笔记。开办“大家讲堂”2期（第一期党委书记讲党课，第二期中层干部讲担当）。东村、梁家、北于家、曲家庄等38个村居支部，现代汽车、欧瑞传动等30个企业支部，到磁山爱国主义教育基地、杨子荣纪念馆以及开发区党群服务中心政治生活馆参观学习60余次。机关支部带领50名党员到烟台胶东红色文化陈列馆参观学习，接受革命传统教育。邀请市委党校教师以“组织力提升促乡村全面振兴——党支部领办合作社的烟台实践”为题，对机关和农村党员进行形势政策教育；组织基层支部通过观看《榜样4》，学习《“不忘初心、牢记使命”优秀共产党员先进事迹选编》等进行先进典型教育；观看警

示教育片《迷失的心》，进行警示教育。街道班子成员针对基层治理中的社区物业管理、乡贤作用发挥、村居作风建设、安置小区治理、党支部领办合作社等6个专题，深入调研20余次，形成调研报告6篇。在村居、社区显著位置，设立32个“家事信箱”，安排街道纪检干部每月1号、15号打开信箱，收集群众“骂声”，第一时间汇总至街道党政办。结合“轮巡为民”大走访活动，逐户发放《社情民意调查问卷》，进一步征求群众对社会治理、政务服务等方面的意见建议。组织32名中层以上干部直接联系服务196家企业，当好“店小二”，问计问需问效。组织落实“清畅行动”“扬尘专项治理”“拉网式安全生产大排查”等民生痛点整治攻坚计划，到年底清理12个小区、2处商城，共104栋楼，纠正整改800余处乱堆乱放、私拉电线等问题；完成福柳、中节能小区840余套回迁房的分房；为5个安置小区建设20组自行车棚和79组充电桩；使用新型扬尘抑制剂喷洒裸露土地7000余平方米，绿化裸露土地25万平方米。

9月18日，古现街道“不忘初心、牢记使命”主题教育工作会议

【创业就业】 2019年，组织创业就业政策宣传4次，举办创业青年经验交流会1次，发放宣传资料1000余份。4月10日，在福康社区举办返乡下乡创业政策下基层宣讲会。完成职

4月10日，福康社区返乡下乡政策宣讲会

业介绍登记705人，成功就业496人，其中帮扶失地农民实现稳定就业170人，协助创业者办理小额担保贷款205万元，协助企业办理创业担保贴息900万元，发放创业补贴20.76万元。推进省级“四型就业社区”（学习型社区、和谐型社区、服务型社区、关爱型社区）创建，天马相城居委会获评第四个省级“四型就业社区”。

【经济发展】 初步形成以富士康、喜星电子、乐金显示等电子信息产业为主导，万华、现代汽车、中金数据等总部研发经济为特色，张裕葡萄酒小镇、张裕卡斯特酒庄、希尔顿、万豪酒店、磁山温泉小镇等旅游服务业快速发展的多元产业。2019年规模以上工业企业64家，营业收入过亿元的25家，过10亿元的2家。完成规上工业营业收入309亿元，进出口总额124亿元，财政总收入13.88亿元，一般公共预算收入7.04亿元，固定资产投资95.8亿元。

【项目建设】 重点跟进万华研发中心、宏瑞新能源汽车、A-45小区二期、A-19艾迪精密、洪钧顶净水厂、力凯数控、天津南路及厦门大街土路基、秦山路东侧堆土搬移等项目建设，完成挖土610万立方米，填土330万立方米。协调辖区内项目施工，解决新水厂管线、旭辉

地产、秦山路、中古路改造、A-17 农贸市场等项目各类问题 80 余个。

【拆迁安置】 共计拆除石岚、三十里堡两个村居 1219 处房屋，完成拆迁面积 11.46 万平方米。完成石岚、陈家、小王家、潘家、大王家、梁家、四合、汪家沟、胜利 9 个村居 625 户居民、830 套楼房安置；完成第一批 217 户已婚无房户房屋分配；完成驻地东村、西村、北斗 1407 处房屋丈量评估，入户摸排化解各类问题 1000 余个，为驻地搬迁做好准备。

8 月 30 日，石岚村分房现场

【文体活动】 推出首届烟台市民文化节“春之声”“夏之舞”“秋之韵”“冬之乐”篇章相关活动，组织参加“爱国情·业达梦”大合唱展演活动，先后举办“祖国颂”烟台开发区市民读书朗诵大赛、“丹青献祖国”烟台市民绘画大赛、“梨园情”烟台市民间剧团大赛、“迈进新时代·幸福舞起来”烟台市民广场舞大赛、“我同祖国共成长”烟台市民书法大赛、“寻找百张最美笑脸”烟台市民摄影大赛等赛事的街道分赛区初赛，主办“三月三”古现文化传承节、“春韵国风”百人太极展演、“春暖古现·万家和乐”文艺演出、“小小志愿者，防火绿色行”志愿服务活动、“葫芦王”烙画手艺展示与传承展示等各类特色活动 83 场次，5 万余人次。

3 月 30 日，古现街道“春暖古现·和乐万家”群众文艺会演

【支持教育】 街道有幼儿园 10 所，在园幼儿 2700 余人；小学 3 所，在校生 2563 人；初级中学 1 所，在校生 710 人。开展校车整治、中小学校外培训机构整治、学前教育培训机构整治、幼儿园消防安全整治等多次专项活动，并在迎接中华人民共和国成立 70 周年大庆期间拟定检查和督导方案，对安保器材进行重新验收，保障校园安全。为推进街道中心幼儿园柳林分园开园，街道累计投入 200 余万元完善配套教玩具、钢琴、音体美功能厅等。设置精品录播教室，聘请专业机构多次开展空气检测、安保检查，邀请食药监和妇幼保健相关专家到园验收。10 月，柳林分园正式开园，设班级 6 个，入园幼儿 186 名。福康四期幼儿园顺利开标、开工，至年底基本达到开园标准。7 月，开发区第三初级中学南校区（原开发区八中建设项目）施工完成，9 月正式投入使用。

【卫生健康】 全年发放鼠药 1500 余袋，设置毒饵站 300 余个，组织卫生整治 10 余处，打造陈家沟村成为开发区健康促进示范村。对接区疾控中心创建开发区慢性病示范区，在金凤小区、金桂小区和办事处设立三处“健康加油站”。协同金桂小区物业工作人员开展慢性病预防宣传活动，发放宣传单 300 余份，现场讲解“健康加油站”器械的使用方法并帮助业主测量血糖、血压。1月，街道通过山东省爱卫办组织的申报国家级卫生乡镇暗访初评，总成绩在全市十个乡镇中位列第一；4月，接受市爱卫办组织的创卫明察督导；9月，古现街道获得“国家卫生乡镇”称号。

【社区服务】 高度重视民生服务，持续优化社区管理模式。在金凤、金桂小区建设安装智能充电棚并投入使用，在海晟花苑三期、福柳新居、万科回迁区增建61处充电桩，稳步推进福康小区一二期消防系统维修。全面推广“全科社工”（社区工作者要全面掌握各项社区工作职业技能，达到一人多岗、一专多能，一人即可为有不同需求的群众提供全方位的贴心服务，以更灵活的方式了解民生民情，帮助解决居民反映的问题，从而最大限度地减少工作人员缺岗即停止服务事项、业务工作分配不均的现象。）模式，实现一人多岗，让群众只跑一次腿，确保为民服务落实在社区。9月，天马相城居民委员会更名为“古现街道和万家居民委员会”。和万家居委会借助和万家党群服务中心，增强与居民间的互动，成功推出读书会、科学实验室、瑜伽公益课等众多品牌活动，每周活动2～3场，将党员群众凝聚到社区周围。11月，黄金河社区居民委员会正式受理居民业务，居委会有工作人员5名，服务范围覆盖越秀星汇金沙、黄金家园、金河名都、金桥澎湖湾、富力湾、中南熙悦、通用富馨佳苑、辉盛岚海等周边8个小区1.1万余户常住居民。

【环境整治】 联合综合行政执法大队、交警、责任村居对古现大集、北于家大集重点部位环境卫生整治，累计整治占道经营、摊外经营400余处，违规停车300余处。在各小区集中整改非机动车违规停车、乱堆乱放占用绿化

9月3日，福柳新居环境整治清理楼道

带、卫生死角、野广告等问题，适当增设公益广告、温馨提示牌。组织责任村居及服务外包物业保洁公司，累计清理卫生死角351处，清运、整治建筑垃圾87立方米，清运其他垃圾75吨。维修更换垃圾箱29个，清理私搭乱建9处、野广告188处、河塘垃圾49处。通过专项会议、微信公众号、节假日及文体活动等多种途径进行宣传教育和正面引导，努力营造全民参与的良好氛围。重视扬尘治理，辖区公路、土路等公共部位，适时洒水降尘；在裸露土地上，绿化种植面积35万平方米，完成盖网200万平方米；制定实施《扬尘整治攻坚方案》《秋冬大气污染防治》等专项推进方案，完善弃土审批手续，强化对辖区内施工单位的监督管理，发现问题即查即改，从根本上遏制乱倾乱倒违法行为。投资8万余元，对柳林河东吴家段、南夼河山王家段进行全面清淤；清理河面垃圾120立方米，河堤垃圾50立方米，拆除临河建筑两侧，河道周边环境得到明显改善。

大季家街道

【概况】 2019年，辖区总面积81.7平方公里，海岸线长27公里。下辖32个居委会，户籍人口3.4万人。规模以上工业企业76家，其中有

7家拆迁，完成规上工业主营业务收入75亿元，进出口额29亿元，财政总收入14.9亿元，一般公共预算收入7.8亿元，固定资产投资增长3.9%。全年农业总产值690.1万元，其中种植业469.2万元，林果业137.3万元。

【基层党建】 7月，确定“双领”项目（百名干部领项目、千名党员领任务）为党委抓基层党建突破口。在机关各部门、各村居（社区）范围征集6大类48个项目，经党委研究下发“双领”工程实施方案。以此为引领，对17名发展对象集中培训，接收预备党员15名。12月，对所有村居党支部的主题教育、三会一课、发展党员、党费收缴等方面进行检查评分，组织各村（居）党支部后备干部筛选确定。32个村确定96人作为后备干部人选。组织宝源生物、联发水产等9个党支部按期进行换届，新成立鸿鑫商贸党支部。恒祥社区开展“启航忆初心、薪火传使命”主题文化系列活动，瑞祥、季翔社区开展“追忆峥嵘岁月、传承红色基因”革命传统主题系列活动。

【精神文明建设】 2—3月，集中推进新时代文明实践，成立新时代文明实践分中心和两个实践站，组建大季家街道志愿服务队和两个社区志愿服务队，做到“一牌一制度，一栏一背景，两公开四展示”（一牌：新时代文明实践标识牌。一制度：新时代文明实践分中心管理制度。一栏：新时代文明实践活动宣传专栏。一背景：活动场所背景。两公开：公开活动计划、人员构成。四展示：展示新时代新思想、展示社会主义核心价值观、展示市民公约（村规民约）、展示模范事迹）。社区站点负责具体实践活动和志愿服务。7—12月，新时代文明实践全面铺开，文明实践站覆盖所有村居（社区）。依托文体活动室、道德讲堂等，推进文明实践有序展开。在中心小学开展机关党支部赠书活动，在季翔广场举办“花儿向阳开”六一专场晚会和“童心向党，共筑中国梦”文艺演出。在社区（村居）开展“党建引领，浓浓关爱暖人心”“党旗引领多彩青春”等活动。“七一”“十一”专场庆祝晚会。同时，在社区（村居）开展党团志愿者走进空巢家庭、“爱心传递，好书共享”“携手抗艾，拒绝毒品”“缅怀先烈，传承红色精神”“建言献策出谋略，品质社区大家建”等形式多样的志愿服务活动。通过道德模范评选，挖掘身边好人好事，讲好模范故事，在辖区营造学习道德模范良好氛围。

12月28日，瑞祥社区开展“情系社区 欢度元旦”联欢活动

【社会保障】 全年为失地居民核算缴纳“两保”资金共1565.47万元，发放失地农民退休死亡人员丧葬费165.04万元，发放在职死亡人员丧葬费11.02万元。核算并申请上年度生活补贴资金430.30万元，核算并申请上年度灵活就业保险回村报销费用1926.01万元。为4406人缴纳城镇居民医疗保险182.448万元。为273人缴纳居民养老保险，其中续保人数255人，新增入保人员18人，缴费额73.46万元，享受财政补助6.99万元。全年受理劳动争议调解案件67起，涉及金额78.85万元。劳动保障书面审查245家。

【主题教育】 成立“不忘初心，牢记使命”主题教育专班，为辖区 61 个党组织配齐主题教育辅导员，开设为期 4 天的读书班，将集中学习和个人自学相结合，完成党的政治建设等 5 个专题的学习研讨。建立学习红黑榜,利用“学习强国”“政能量”等媒体平台引导党员干部自觉学习。班子成员采取“四不两直”（不发通知、不打招呼、不听汇报、不用陪同接待、直奔基层、直插现场）方式深入村居、社区、派驻单位及非公企业等走访、座谈，征集意见建议 21 条，检视查摆问题 42 条，并提出整改意见。分批组织 2000 多名党员干部群众在国庆节前夕开展“同升国旗，同唱国歌”活动；建立以“五个一”（重温一次入党誓词，为党员送上一份祝福，书记开展一次谈心，对标学习一个先进典型，参加一次志愿服务。）为主要内容的“政治生日”制度，组织 552 名党员“重温入党志愿书”。将主题教育融入“三有一创”（街道有精神、科室有理念、党员有诺言、党建创品牌）和“双领”项目中，按照“四张清单”（即知即改问题清单、联动整改问题清单、领导干部问题清单、主题教育任务清单。）和 10 个专项（①整治对贯彻落实习近平新时代中国特色社会主义思想和党中央决策部署置若罔闻、应付了事、弄虚作假，阳奉阴违的问题。②整治干事创业，精气神不够，患得患失，不担当，不作为的问题。③整治违反中央八项规定精神的突出问题。④整治形式主义，官僚主义，层层加重基层负担，文山会海突出督查检查考核过多，过频的问题。⑤整治干部纪律作风问题。⑥整治，对群众关心的利益问题漠然处之，空头承诺推诿扯皮以及办事不公，侵害群众利益的问题。⑦整治基层党组织软弱涣散，党员教育管理宽松软基层党建主体责任缺失的问题。⑧整治，对黄赌毒和黑恶势力听之任之，失职失责，甚至包庇纵容，充当保护伞的问题。⑨整治扶贫领域腐败和作风问题。⑩整治简政放权不到位，工作流程不合理，政商关系不亲不清等营商环境优化不力的问题）整治内容，做好整改。

9 月 23 日，瑞祥社区组织党员群众举行“同升国旗同唱国歌”活动

【创业就业】 举办招聘会 3 场，提供就业岗位 206 个，招聘 240 人，劳动力转移就业 329 人。全年帮扶适龄农民稳定就业 160 人，登记求职 877 人，推荐就业 835 人，其中失业人员 244 人，困难群体再就业 353 人；灵活就业人数 56 人，就业困难群体 39 人，新开发公益性岗位 3 个。发动 32 个村居开展创业项目征集活动，共征集创业项目 90 余条。走访创业项目 365 户，收集创业信息 410 份，为 18 人申请一次性创业补贴，合计 8.5 万元；为 18 人申请房屋租赁

2 月 22 日，大季家街道在农商社路口举办失地农民招聘会

补贴，合计 6.6 万元，创业担保贷款 350 万元。开展就业宣传专场 4 场，发放宣传资料 500 余份，接受创业政策咨询 240 余次。举办创业知识竞赛暨技能比赛等活动，培育、扶持创业导师 6 人，树立创业典型 2 个，向区级创业大赛推荐符合新旧动能转换的创业者 10 人。

【经济发展】 2019 年，街道完成规上工业主营业务收入 75 亿元，进出口 29 亿元，财政总收入 14.9 亿元，一般公共预算收入 7.8 亿元，固定资产投资增长 3.9%。有耕地 335.7 公顷，其中玉米 175.3 公顷，单位亩产 450 千克；小麦 53.7 公顷、单位亩产 450 千克；花生 76 公顷、单位亩产 200 千克；地瓜 7.3 公顷、单位亩产 3000 千克。农作物总产量 210.42 万公斤，产值 469.2 万元。林果业种植面积 107.1 公顷，其中苹果 24.6 公顷、单产 2313 千克；樱桃 69.7 公顷、单产 1006 千克；桃子 1.3 公顷、单产 1875 千克；葡萄 11.5 公顷、单产 1552 千克。林果业总产量 220.9 万公斤，产值 137.3 万元。全年农业总产值 690.1 万元。

【项目施工】 2019 年，办事处共承担项目场地平整 15 处，施工面积 200 多万平方米，总挖方量 480 余万立方米，总填方量 350 余万立方米。其中，万华尼龙 12、万华三期、华新丽华等项目为省市重点项目，卡力农业、衣拉拉服饰、万华尼龙 12 等 8 个项目完工并交付至项目单位。江铜（烟台）国兴铜业项目占地 33.3 公顷，总挖方量 190 万立方米，合同金额 4000 万元，1 月 10 日进场开工，11 月 5 日交付。泰和新材项目总挖方量 174 万立方米，合同金额 3438.6 万元，4 月 24 日顺利完成土方平整，场地交付。万华尼龙 12 项目由国家发改委亲自督导，6 月 5 日，万华尼龙 12 池塘清淤回填项目正式动工，6 月 25 日完成回填场地交付，仅用 20 天完成 1.4 万立方米清淤量和近 80 万立方米回填土方。12 月 24 日，万华三期（其中二期、三期工程）项目土方发布招标公告。

【文体活动】 正月是大季家街道特色文化集中开展月。正月十二晚，由开发区工委宣传部主办、大季家街道办和开发区文化馆共同承办的“我们的节日·和美家园”——初旺渔灯节专场文艺晚会在山后初家大礼堂举办。正月十三，在山后初家举办渔灯节秧歌会演。正月十八，组织全街道秧歌会演，参演队伍 12 支，包括外请 4 支队伍，参演人员 570 余人。3 月 30 日，首届烟台市民文化节大季家分会场在季翔文化广场举行开幕仪式；4 月 12 日，在瑞祥社区党群服务中心组织举办“祖国颂·读书朗读大赛”大季家初赛，共有 42 组选手参赛，其中 3 组选手在开发区复赛中荣获三等奖。6 月 27 日，办事处组织 12 支广场舞队伍在季翔广场举办市民文化节八大赛事之“迈进新时代，幸福舞起来”烟台市民广场舞大季家街道初赛，其中芦洋轻舞飞扬舞蹈队、小邹家舞蹈队、初旺开心姐妹队三支队伍晋级开发区复赛。经过层层筛选，最终芦洋轻舞飞扬舞蹈队在全市总决赛中取得第九名的成绩。

正月十八秧歌会演

【卫生健康】 创建慢性病综合防控示范区，确定大季家街道办事处、大季家医院、恒祥社区、瑞祥花园、季翔花苑5个创建单位。在机关和3个社区成立群众性健康小组，建立健康教育活动室和“健康加油站”，群众可以随时进行健康体检。协调医院为辖区162户特扶家庭签约家庭医生，办理就医卡，享受“绿色通道”。全年通过区财政为计划生育特殊家庭发放扶助金51.7万元，为计划生育困难家庭发放救助金1.7万元，上报住院保险名单175人。全年共发放农村计划生育部分家庭奖励159.12万元，涉及3315人；发放城市计划生育部分家庭奖励7.97万元，涉及166人。发放独生子女奖励资金19.68万元，涉及1901户、3406人。

【社区服务】 瑞祥社区先后解决积水、乱晒衣物、连体窗晃动、小区道路维修、居民出行等各类民生问题28个；解决ACD区楼宇门前积水问题，在部分楼宇门前搭建非机动车车棚。7月完成嘉祥小区1923户、2055套房屋分配。12月，开通小区免费接驳公交，破解居民出行“最后一公里”距离难题。开展消防安全、健康、法律知识等各类讲座9次，组织6支志愿者队伍开展30余次活动，服务居民2000余人次。辖区有体育场地50个，总面积5.66万平方米，建筑面积5712平方米，从业人员69人，年接待人数21.5万余人，基本满足辖区居民日常健康锻炼需求。

【环境整治】 对辖区6个村居、3个社区、中心大街、乡村道路、规划路等多个点位开展环境整治行动。清理野广告、乱贴乱画300处；整改村居、社区、国道两侧、中心大街、市场等破损或缺失的公益广告20余处；清理村居、社区、中心大街乱堆乱放问题200余处。清理僵尸车30余辆，规范停放非机动车辆500余辆，劝返占道、乱停放机动车100余辆。改造小季家村下水道，解决路面污水横流问题。对初旺村拆迁现场进行翻土整形，施工面积8000平方米。每周对辖区6个村居、3个社区进行环境卫生检查，累计下发督查通报12期。购买第三方服务对辖区内206国道路段两侧进行环境卫生巡线清理与保持。全年迎检路线、规划路等环境综合整治10余次，出动人工近500人次、作业车辆100余车次，铺盖绿网2000余张（20万平方米），清运各类垃圾100余吨。

八角街道

【概况】 2019年，辖区总面积32.5平方公里。辖23个村及悦海社区居委会。户籍人口1.93万人。规模以上工业企业主营业务收入97.5亿元，进出口总额50.6亿元，财政总收入3.5亿元，地方财政收入2.1亿元，一般公共预算收入6158万元。

【基层党建】 实施支部提升工程。制作“抓党建，夯基础，促提升”系列小册子4类，印制书记日记、党务工作者日记，月工作计划、月例会制度，强化对支部书记、党务工作者的管理。组织3次灯塔应用系统培训，录入信息2000余条；审核党务公开400余次；春节、七一前夕走访老党员、困难党员37人次，发放慰问金11.8万元；制作各类宣传刊板、树间刊板70余处。3—5月根据市委巡察组要求准备专题教育活动材料700余份，全年迎接省、市、区各类检查20余次。组织为期2个月的农村党员培训，每名党员参加培训时间不少于24学时；组织村干部、企业书记培训班5次；强化对村干部、支部班子的管理，选优配齐配强2个村的支部班子。新成立党支部2家，按期换届2个支部。5—7月，组织“七一”庆祝活动，涵盖专题党课、志愿服务等多种形式的

9月23日，党组织走访新中国成立前老党员孟宪良

活动100余次。评选了15名省市区级优秀党员、党务工作者及先进集体。组织全体村级和机关党组织、部分企业党组织到区党群服务中心、临沂、牟平等教育基地参观，为各支部提供教学影像资料20余份。全力打造党委书记突破项目——“八角湾中央创新区·灯塔联盟”，实现服务企业有平台，对接人才有窗口，“灯塔联盟”基础施工已经完成，软装方案已定稿。

【精神文明建设】 组建一支86人的巾帼志愿服务队，参与圆梦微心愿、环境卫生整治等活动。依托盛泉养老服务中心，开办老年大学，丰富社区老人娱乐文化生活。爱莲艺术培训学校在社区开设4点半课堂，免费为社区孩子提供课业辅导。举办亲子享阅读系列活动30余场，组织文化大院、农家书屋管理人员每两月

12月10日，墨韵送福活动

培训一次。海韵社区获得全国“书香社区”称号。打造八角街道新时代文明实践分中心及海韵社区、悦海社区两个新时代文明实践站点。组建一支由优秀老党员、道德模范、书法绘画舞蹈爱好者等人员组成的八角街道新时代文明实践志愿服务队，在山东省志愿服务网上完成注册，每月至少开展一次“讲评帮乐庆”形式的文明实践活动，每次活动后将活动时间、地点、内容、参与人员等上传网站，为志愿者们录入志愿服务时长累计达135个小时。

【社会保障】 2019年，发放低保金89.62万元，购物卡2.8万元，电量补助1万元，爱心药品1.84万元，老年人补贴1.67万元，取暖费9.54万元；医疗救助16户共计6.76万元。按规定标准复核低保户113户。4户家庭申请享受低保，3户申请享受低保边缘。注销低保12户、调整3户。为25户因患大病和因灾而花费高额医药费的城乡低保、低保边缘和普通困难家庭发放医疗救助款11.67万元；救助困难低保大学生7人，发放救助金1.4万元；为11名残疾人申请贫困精神病患者免费用药救助9900元；为4278位老人发放高龄补贴86.76万元；城乡居民养老保险实际缴费人数350人，完成目标任务100%。居民基本医疗保险实际缴费人数2591人，完成目标任务（2445人）的106%，为194名达到退休年龄的居民办理退休审批手续。新建企业劳动争议调解委员会40家，成功调解劳动争议案件5起，涉及32人，为劳动者挽回经济损失16.7万余元。为7869名居民意外伤害保险投保31.47万元。4月份开始，街道办事窗口新增“老年人优待证”业务，年内共办理发放“老年人优待证”207本。为辖区534名符合参保条件的持证残疾人购买意外伤害保险，为63名低保残疾人发放生活补贴6.36万元，为151名重度残疾人发放护

理补贴13.66万元，为18名残疾儿童申请专项救助补贴3.6万元，为12名肢体残疾人申请辅助器具救助，为3名残疾人申请家庭无障碍改造。在退役军人保障方面，为优抚对象发放抚恤金180.94万元。组织13名优抚对象到区福利中心疗养。采集录入退役士兵和其他优抚对象779人，悬挂光荣牌749块。开展春节和“八一”走访慰问退役士兵活动，共走访慰问1389人次。

【主题教育】 街道党委召开专题会议7次、工作汇报会2次。为每个支部明确一名主题教育学习指导员，负责各村居、各单位主题教育督促指导，确保全覆盖。机关支部先后组织集体学习17次，专题研讨3次。街道党委协调各方资源，依托区党员政治生活馆、海韵党史馆等阵地开展组织生活。组织党员到影院观看《我和我的祖国》《开国大典珍贵彩色视频》《迷失的心》等7部影片。举办主题晚会，组织参加志愿服务活动。开展中共十九届四中全会精神系列宣讲活动27次，累计开展主题党日、党性教育等活动78次。累计开展线下指导督促活动52次，线上测试5期、累计答题892人次。确定调研题目6个，深入24个村居、社区，走访64家企业，召开座谈会13场，访谈党员干部群众155人，形成调研报告6篇，10月30日召开了调研成果交流会。街道党委班子成员精心组织党课材料，讲专题党课6场。广泛听取意见，征集服务对象、党员群众意见建议54条，工委领导小组反馈意见建议18条；11月8日，召开对照党章党规找差距专题会议，查摆问题38个。出台《村级经费包干实施方案》，为换届选举提前打牢基础。研究出台《八角街道办事处“四议两公开”操作规程》，形成长效机制。12月8日，街道党委领导班子召开专题民主生活会。

【经济发展】 2019年，街道规模以上工业企业主营业务收入97.5亿元，同比增长11.78%，进出口总值50.6亿元，其中出口32亿元。本级财政组织收入1000万元，比上年增加200万元，同比增加20%。截至年底，辖区有非公企业410余家，外商投资企业80余家，世界500强企业3家，总投资100多亿元。规上企业26家，产值过千万元的30家，涉及机械制造、电子信息、节能环保、金融投资等20多个领域。是年，美瑞新材料股份有限公司、睿创微纳技术股份有限公司入选山东省准独角兽企业，是烟台市仅有的两家入选者。

【项目建设】 八角农贸市场项目总投资1.6亿元，建筑面积3.5万平方米，引进博鸿置业2132万元的土地款及7535万元的固定资产投入。加强与哈工程烟台研究（生）院、同济大学烟台成果转化中心等科研院所的对接，向企业和科研院所推介灯塔联盟，鼓励企业加入八角湾商会。完成八角河公园项目涉及的5个村，共计69.74公顷土地和扬州西大街项目2.4公顷土地的丈量清表；完成自来水管线项目涉及的14.2公顷土地丈量、长江汽车项目15.53公顷土地的丈量清点、用地2公顷的隽秀生物项目1.33公顷土地丈量清点。普罗吉生物、隽秀生物等项目内8户拆迁顺利签约，八角河公园

11月29日，八角河公园项目工地航拍

18个重点户问题顺利解决，保障了各项目如期开工。完成玲珑智能科技、鲁银医药、富泓快件、东霖海洋生物、威斯汀酒店、龙湖地产、乐家八角农贸市场、荣昌生物、B-15小区二期10个项目共计325万立方米的土方清运及回填工作，累计帮助施工单位申请进度款645.1万元。

【社区整改】 3—4月，组织开展楼道革命。清理楼道杂物300余吨，建立“社区网格巡楼工作制度”。5—6月，组织社区封闭整治、僵尸车清理。中建瀛园物业自行投入8万元维修道闸，完成车位分配240余个。海韵社区投入30万余元增设道闸系统，分配车位2200余个。海昌、海和社区投入16万余元修缮道闸系统，分配车位930余个，集中托运疑似僵尸车90余辆。7—8月，为加强社区安全，累积整治居民违法自包消防通道阳台行为40余起。组织各物业公司定期开展防火演练和消防安全讲座，发放居家消防安全告知书和天然气使用安全知识手册2000余份。黄庄社区完成消防中控室、监控室的合并迁移，实现值班人员24小时持证上岗。海和社区消防水管冻裂问题，在办事处、消防大队、业达公司、安泰物业、华森消防等各方的共同努力下，按期整改销号摘牌。9—10月，走访海韵小区两批因质量问题造成的房屋漏雨情况，走访132户，维修房屋285栋。

【文化活动】 摸排发掘辖区朗诵、器乐、戏剧等文艺资源，举办“迈进新时代·幸福舞起来”广场舞大赛八角初赛，组织朗诵、器乐、戏剧、书法、绘画、摄影、合唱等市民文化节七大赛事，累计开展文化节相关活动86次。全年放映电影52场。举办“红色经典”诵读会、“礼赞新中国·奋进新时代”文艺会演、庆端午“浓浓粽香味，暖暖端午情”戏剧演出、“祖国颂”朗诵大赛、非遗主题宣传、庆七一“不忘初心，牢记使命”主题会演等，开展单项活动36次，举办法律知识讲解、健康知识讲座、亲子教育知识学习分享、母亲素质提升等系列培训学习活动20期。

【创业就业】 举办第三届和第四届创新创业论坛和创业宣传活动4场，发放宣传材料2500余份。树立烟台市恒信水产有限责任公司和博特教育培训学校2个创业典型。年内落实创业担保贷款1165万元，其中为圣迪木业、乐家八角各申请300万元贴息贷款，为翕赢商贸申请240万元贴息贷款、韵丰建材申请220万元贴息贷款；为8户创业者申请个贷105万元、申报创业补贴8.7万元。山东珍生康业生物科技有限公司在烟台开发区第四届创业创新大赛中，荣获初创企业组一等奖。在市级创业精英训练营活动中，成功推送海众汽车有限责任公司管理人员到市级创业训练营浙大校区培训。走访辖区企业80余家，了解用工需求，宣传创业政策，建立企业创业发展情况数据库并动态更新，健全扶持跟踪台账，持续做好跟踪服务。举办“就业援助月”“春风行动”和高校毕业生专场招聘会4场，辖区30多家企业参加，现场达成就业协议65人，全年登记求职人员700余人，成功就业人员428人，推进困难群体实现就业110人。深入社区、村居宣传就业政策，发放宣传材料1000余份，帮扶适龄居民稳定就业125人。协调推动烟台市政建设集团有限公司、烟建集团有限公司、烟台翰方市政工程有限公司等5家项目施工企业优先招用失地居民296人。为16名失业人员认定就业困难群体。10月下旬，录入未参加城镇职工保险的灵活就业人员227人。建立高校毕业生管理台账，录入本年度35名高校毕业生实现就业情况。积极争创省级“四型”就业社区，提

4 月 17 日，劳动用工政策宣传

报的青上社区和悦海社区通过省级创建小组的审核并公示，八角社区和海韵社区成功通过复审。做好辖区农民工工资支付情况专项检查工作，走访 72 家企业，涉及劳动者 3650 人，其中农民工 816 人。

【社区食堂】 9 月，悦海社区食堂投入运营；10 月，海韵花园市民社区食堂投入运营。社区食堂开在群众家门口，居民足不出社区就能享受到社区食堂的便利。引入具有良好运营资质和成熟餐厅管理经验的品牌餐饮公司经营管理。针对老年人用餐特点，制作专门营养套餐，一荤两素一汤一主食老年人套餐，每份 8 元。食堂让利于民，受到社区居民欢迎和好评。

海韵社区食堂

【环境整治】 对 5 家散乱污企业“两断三清”情况定期巡查。对 32 个燃煤小锅炉复查整治，杜绝新增和重新使用。协同项目推进办做好扬尘防治，全年启动重污染天气应急预案 4 次。全年巡河 100 余次，整改问题 2 处。在东岛发现松材线虫病按要求焚烧、灌药、填埋，清理死树 1300 余棵，投入资金 10 万余元。对辖区周边 6 处非法倾倒垃圾点进行整治，集中清理建筑垃圾 2600 余吨。投入 3 万余元，对辖区 8 处建筑垃圾违法倾倒点增设 24 小时实时监控摄像头 9 台。联合八角派出所、边防所、综合执法大队、市场监管所、街道包村包片干部，对百堡村、官庄村等 7 处非法废品收购点现场执法。清理青上板房村拆除后垃圾 700 余立方米，覆盖种植土 2300 余立方米。对青上村 6000 平方米原板房市场绿化提升，建成绿意盎然小广场。联合八角综合执法大队，对辖区老 206 国道及八角中心大街两侧店铺巡查、督促，责令清理广告牌。对施工单位监督检查，达标后方可进场施工。完成滨海路、海韵市场等 150 余处点位的环境治理整改。对辖区 6 个自然村（居）整治乱堆乱放 55 处、卫生死角 21 处、杂草 23 处、破损公益广告 18 处、破损垃圾桶 12 处、建筑垃圾 2 处、下水道疏通 3 处、河道垃圾 3 处。秋冬垃圾整治百日攻坚期间，清理八角村海参肠子 30 吨、老 206 国道杂草和树枝 5 吨、海和小区附近建筑垃圾 10 吨、规划路和荣昌制药附近建筑垃圾和生

11 月 29 日，农村人居环境整治

活垃圾10吨、龙烟铁路沿线生活垃圾及白色垃圾1吨、荣乌高速郑家庄路段建筑垃圾20吨。购买垃圾桶300个，更换村居破损垃圾桶30个。

【海参合作社】 2019年，八角村海参养殖加工户409户，占全村总户数85%，海参养殖加工收入占村民总收入80%，年加工鲜活海参万吨以上，年销售收入超过15亿元。2018年，八角村在原有合作社基础上，以“扩大规模，先行先试”思路实行党支部领办合作社，变更成立八角湾海参合作社，明晰村集体与村民收益分配比例。截至2019年底,共有会员200余人。党支部牵头制定《海参加工设备安全卫生标准》《海参加工卫生标准》《海参加工制品安全性毒理学评价程序》等17份规范性文件，实现八角海参加工规模化、标准化、优质化。合作社依托骅达冷链物流平台，形成海参生产加工销售产业链。同时牵头联系中国邮政储蓄银行八角支行、珠江村镇银行，由党支部统一提供担保为个体海参养殖加工户提供贷款。年底累计提供各类贷款4000余万元。

八角村党支部领办合作社——海参捕捞

潮水镇

【概况】 辖区面积128.6平方公里，海域面积210平方公里，78个行政村，户籍人口4.25万人。有女王山、北辰山、峰山、金果山、富阳山5个山系，山林总面积2267公顷，森林覆盖率42%，峰山河、平畅河、五十堡河3条河流流经域内，是周边地区重要水源地；耕地面积5533公顷，其中经济作物4000公顷、农作物1533公顷，主要经济作物苹果种植面积2667公顷，其他还有桃、樱桃、蔬菜等，拥有“蔬菜瓜果之乡”称号；海岸线长11公里。近年来，相继打造费东、潮水三村等各具特色的美丽乡村15个。2019年，潮水镇农村经济总收入2795.74万元，一般公共预算收入4161万元，规上工业主营业务收入9.35亿元，进出口额7541万元。

【扶贫脱贫】 选派6名第一书记到省定扶贫重点村任职，到年底，6个省定扶贫重点村和2个市级扶贫重点村顺利摘帽；858名建档立卡贫困人口全面完成减贫任务。逐户制作《脱贫实录》《年度收入明细表》，编制明白纸、应知应会手册，安排扶贫项目资金和对口帮扶人，做到精准施策。设立孝德基金，奖补贫困老人318人，覆盖率达到97%。坚持镇村两级遍访机制，开展2次遍访行动，涉及贫困人口900余人；建立致贫返贫动态监测机制，实施医疗救助24人次共3.08万元。投入基础设施项目4个，计45万元；产业项目1个，130余万元，带动29户贫困户实现稳定脱贫。对6个省定扶贫重点村和2个市级重点村优先投入建设，保证省市重点村稳定“摘帽”质量。搭建“低保兜底”平台，新纳低保贫困户8户11

人、特困贫困户 3 户 3 人，低保、特困供养覆盖率达 56%。搭建“医疗帮扶”平台，帮助 328 户 503 位贫困人口享受居民基本医疗保险政策，购买扶贫特惠保险 328 份，实行住院报销“一站式”结算，让老百姓少花钱，看好病。配合教体局对 11 名建档立卡贫困户学生实行动态管理，及时进行教育资助。对所有建档立卡贫困户房屋进行鉴定评级，完成 C 类危房改造 10 户。搭建“脱贫增收”平台，建立“政府 + 企业 + 贫困户”联动机制，组织贫困对象签订富民生产贷帮扶协议书，帮助 112 人实现稳定增收。

【公益活动】 完成新时代文明实践分中心和 12 个实践站建设，举办“春之声”系列锣鼓展演、“庆三八”广场舞展演、“第四届百花节”“非遗宣传进社区”“根雕书画展”等文化活动 10 余场，完成 78 处电影放映布点。开展“法律顾问公益行”活动，举办“订单式”法治讲座、法律服务 20 余场次，解答 100 余人次法律咨询；组织开展“一村一法律顾问”活动，为广大村民提供法律咨询 400 多次、办理法律事项 78 件、参与化解矛盾隐患 20 起。开辟镇办事大厅“失地农民服务”“老年证办理”“劳动争议调解”专用窗口 3 处。新增 60 处便民服务点，承接市民卡业务。建立“一站式”宣传点 78 处，配备 7 名专职联络员上门送政策、送服务（城乡居民丧葬补助金的办理；城乡居民养老保险金开户领取手续的办理；公共就业服务（提供招聘岗位，发布招聘信息）；居民医疗保险的收缴；新生儿的居民医疗新增；城乡居民养老保险业务的日常查询等）。举办“家政服务公益下乡宣讲”“就业培训”“政策宣讲会”等活动 10 余场。

【镇村整治】 实施村庄清洁行动“夏季战役”暨“百日会战攻坚行动”，优化镇域环境。累计投入资金 750 万元，机械 2093 套次，发动党员干部和群众参与 5614 人次，清除“三大堆”（农村草堆、粪堆、垃圾堆）6300 余吨。拆除私搭乱建 185 处，整治河道沟渠 273 处，硬化道路 7500 余平方米，绿化 2200 余平方米。对占道经营、乱倒垃圾、乱搭乱建、乱停乱放等乱象，联合公安、综合执法等部门开展专项整治行动，行政处罚与长效管理相结合，严肃遏制各类违法违规现象。在重点路段、街区推行网格化实名管理，设置“店铺有序经营承诺标识牌”，对流动摊贩实行“错时执法”和“定人、定岗、定时、定责”管理机制。增设临时疏导点，引导自产自销的农户及流动摊点“退路入市”，实行集中规范管理。升级现有垃圾中转站，中转能力由原来 54 个村扩容至覆盖全镇 78 个村。

2 月 28 日，潮水镇“创业创新”宣传月活动

9 月 12 日，潮水农村人居环境

开展社区卫生死角大清查活动，清理各类垃圾150余车，修剪绿化带8000余平方米，清除野广告130多处，更换井盖30余个、监控探头6处，维修路灯40个、垃圾箱66个，更换雨水管76节，修理房屋漏水39户、窗角漏水80多户，清理“僵尸车”10辆，检查消防栓200余个，修理地下管道破裂路面100余平方米。投资2000万元，新建水利设施30余处、安装净化水设备20个，全力保障群众饮水安全。

【支部大院建设】 潮水镇以“因村而宜、量力而行、经济适用、不大拆大建”为原则开展“支部大院建设行动”。支部大院建成后，党员教育得到保障，每月至少3次集中学习、6次分组学习。本着布局合理、大方实用、干净整洁的原则，对村支部大院进行整体改造提升。十甲、解西等村增设老党员说事室、农民夜校等特色功能室，提质增效党员教育管理，每天由老党员、老模范、退休干部等轮流值班，调解邻里纠纷，平时遇到重大问题可直接预约包片领导或镇党委相关领导一并接访。通过“村民说事、老党员理事、村党支部办事”的方式，及时化解村民烦心事，协助化解各类矛盾1000余起，信访积案30余起。为了更好地传承红色基因，费东村打造了红色记忆陈列馆，年均接待游客约1万人次，向前来参观的游客宣传、弘扬胶东革命历史；接待学生约5000人次。为78个村安装实时视频系统，打造镇村两级学习指挥综合信息平台，党员通过平台参与教育学习3.47万人次。

【安全治理】 排查塘坝35座、小型水库6个及平畅河、峰山河等重点河段，及时消除防汛安全隐患。排查2996个农田设施建设并建立安全台账78个，整改安全隐患重点区域和设施15个，安装警示标志119处。新修河堤路1.68公里，整修道路4.14公里，修缮加固危桥5座，排查22个村道路安全隐患点100处。组织开展“两站两员”管理培训2场156人次，全面提高劝导员的业务素质，为交通安全管理奠定基础。

【便民服务】 各支部便民服务室配备了《便民手册——业务办理指南》，包含与百姓日常生活息息相关的56项业务办理解读。探索实行代办制，依托便民服务室推行“村民事务代办”新机制，将村民日常生活所涉及业务汇总整理，将可代办、需亲办等业务分门别类。可代办业务做到村民不出村就能办结，需亲办的业务由代办员协助村民办理。代办员定期为行动不便群众提供入户服务，并将代办事项即时整理反馈。2019年，依托创新探索“支部大院建设行动”，整合各村支部大院服务功能，促进违建拆除、环境整治、改厕、抗旱等重点工作提质增效。

【党支部领办合作社】 在全镇范围内择选班子战斗力强、村庄基础好的村进行培育，发展党支部领办合作社。年内共有12个村党支部领办农民专业合作社。张家窑、前大雪等5个村党支部领办合作社示范村初具规模，经营项目包括旅游、洗涤、果蔬种植等。费东村党支部

潮水上营村千亩有机葡萄园

成立的烟台女王山旅游开发合作社，结合本地的人文历史和女王山独特地理优势，在保护女王山原有生态基础上，按照“因地制宜，整合资源”发展思路，大力弘扬红色文化、民俗文化，发展生态旅游，通过门票、民俗、采摘等旅游项目，每年集体可增收 15 万元。张家窑村党支部领办的果蔬专业合作社，通过果蔬规模化、种植机械化，打破“各自为战”局面，有效破解因农村老龄化导致的耕地撂荒难题，使撂荒地变“致富田”，带动群众增收 13.5 万元。党支部领办合作社促村集体经济增长 27%，人均增收 1.6 万元。

荣誉榜

Honor Roll

烟台经济技术开发区管委
关于表彰扎根烟台开发区创业二十年优秀企业、扎根烟台开发区创业二十年　特殊贡献企业家的决定

烟开〔2020〕8号

各街道（镇）办事处（政府），直属各部门、单位，中央、省、市属驻区各单位：

建区以来，一批扎根开发区、创业开发区的企业和企业家，为全区经济社会发展做出了卓越的贡献。为弘扬执着追求、敬业奉献的企业和企业家精神，以榜样力量，唤起全区企业和企业家干事创业的热情，工委、管委决定授予斗山工程机械（中国）有限公司、烟台胜地汽车零部件制造有限公司等30户企业“扎根烟台开发区创业二十年优秀企业”称号；授予中节能万润股份有限公司董事长赵凤岐等23位同志“扎根烟台开发区创业二十年特殊贡献企业家”称号。

工委、管委希望，受表彰的企业和企业家要珍惜荣誉，再接再厉，再创佳绩。同时号召全区各企业以先进为榜样，落实责任，创新发展，追求卓越，为加快建设烟台市现代化滨海新区做出更大贡献。

附件：

1. 扎根烟台开发区创业二十年优秀企业名单
2. 扎根烟台开发区创业二十年特殊贡献企业家名单

烟台经济技术开发区管委

2020年3月19日

附件 1

扎根烟台开发区创业二十年优秀企业名单

斗山工程机械（中国）有限公司
烟台东星集团有限公司
烟台新时代健康产业有限公司
烟台胜地汽车零部件制造有限公司
山东舒朗服装服饰股份有限公司
烟台泰和新材料股份有限公司
中节能万润股份有限公司
正海集团有限公司
汉高乐泰（中国）有限公司
烟台东方不锈钢工业有限公司
烟台欣和味达美食品有限公司
烟台东诚药业集团股份有限公司
山东先声生物制药有限公司
烟台霍富汽车锁有限公司
海虹老人涂料（烟台）有限公司
烟台华润锦纶有限公司
烟台宇光机械产业有限公司
烟台龙源电力技术股份有限公司
烟台荣昌制药股份有限公司
易特斯（烟台）精密纺织器械有限公司
欧瑞传动电气股份有限公司
麦特汽车服务股份有限公司
烟台路通精密科技股份有限公司
山东金河实业集团有限公司
山东日冷食品有限公司
烟台新科钢结构有限公司
烟台亚新利自动控制有限公司
烟台加宝食品股份有限公司
迈克威力（烟台）机械有限公司
烟台华新集团有限公司

附件 2

扎根烟台开发区创业二十年特殊贡献企业家名单

安孝凤　烟台宇光机械产业有限公司会长
陈国诗　烟台路通精密科技股份有限公司董事长
陈倩洁　山东先声生物制药有限公司总经理
盖　方　麦特汽车服务股份有限公司董事长
郭黎青　烟台亚新利自动控制有限公司董事长
姜国强　烟台胜地汽车零部件制造有限公司总裁
姜国武　烟台华新集团有限公司董事长
兰远红　烟台霍富汽车锁有限公司总经理
林海光　欧瑞传动电气股份有限公司董事长
林喜峰　烟台东星集团有限公司董事长
刘　胜　烟台新时代健康产业有限公司总经理
马可·赖夏特　易特斯（烟台）精密纺织器械有限公司总经理
秘波海　正海集团有限公司董事长
沙朝晖　烟台加宝食品股份有限公司董事长
宋西全　烟台泰和新材料股份有限公司董事长
孙德善　烟台欣和味达美食品有限公司董事长
王威东　烟台荣昌制药股份有限公司董事长
吴健民　山东舒朗服装服饰股份有限公司董事长
薛向群　烟台华润锦纶有限公司总经理
由守谊　烟台东诚药业集团股份有限公司董事长
张宝健　山东金河实业集团有限公司总裁
张军强　烟台新科钢结构有限公司总经理
赵凤岐　中节能万润股份有限公司董事长

烟台经济技术开发区管委
关于表彰2019年度全区履行社会责任优秀企业、新旧动能转换卓越贡献企业、“牡丹花奖”企业暨功勋人物的决定

烟开〔2020〕9号

各街道（镇）办事处（政府），直属各部门、单位，中央、省、市属驻区各单位：

2019年，全区上下按照国家、省、市经济工作部署，积极转变发展方式、精心调整产业结构，全面优化发展环境，经济社会实现了平稳较快发展的目标。区内企业积极响应落实社会责任号召，坚持扩规模、重创新、严自律、讲奉献，为推动全区经济发展、促进和谐社会建设做出了突出贡献。为树立典型、激励先进，工委、管委决定授予上汽通用东岳基地等7户企业“2019年度全区履行社会责任优秀企业特等奖”称号授予中节能万润股份有限公司等18户企业“2019年度全区履行社会责任优秀企业一等奖”称号，授予烟台艾迪精密机械股份有限公司等19户企业“2019年度全区履行社会责任优秀企业二等奖”称号，授予烟台冰轮智能机械科技有限公司等18户企业“2019年度全区履行社会责任优秀企业三等奖”称号。

鉴于企业在新旧动能转换中的杰出贡献，决定授予烟台睿创微纳技术股份有限公司“新旧动能转换卓越贡献企业奖”。根据2019年度企业主要指标完成情况，授予烟台夏业电子有限公司“银花奖”，授予烟台鞍钢国际贸易有限公司等13户企业“铜花奖”。同时，授予上汽通用东岳基地总经理潘洁波等62位同志“2019年度烟台开发区功勋人物”称号。

工委、管委希望，受表彰的企业和企业家要珍惜荣誉，再接再厉，再创佳绩。同时号召全区各企业以先进为榜样，落实责任，创新发展，追求卓越，为全区经济社会更好更快发展做出更大贡献。

附件：

1.2019年度全区履行社会责任优秀企业名单

2. 新旧动能转换卓越贡献企业奖名单

3.2019年度全区“牡丹花奖”企业名单

4.2019年度全区功勋人物名单

烟台经济技术开发区管委

2020年3月19日

附件 1

2019 年度全区履行社会责任优秀企业名单

一、履行社会责任特等奖企业名单
上汽通用东岳基地
万华化学集团股份有限公司
华海财产保险股份有限公司
汉高乐泰（中国）有限公司
斗山工程机械（中国）有限公司
烟台胜地汽车零部件制造有限公司
富士康（烟台）科技工业园
二、履行社会责任一等奖企业名单
中节能万润股份有限公司
正海集团有限公司
烟台泰和新材集团有限公司
烟台欣和企业食品有限公司
乐金显示（烟台）有限公司
烟台新时代健康产业有限公司
山东先声生物制药有限公司
烟台东星集团有限公司
烟台张裕葡萄酒研发制造有限公司
喜星电子（烟台）有限公司
鑫广绿环再生资源股份有限公司
乐金电子部品（烟台）有限公司
斗山机床（中国）有限公司
烟台东诚药业集团股份有限公司
山东联合能源管道输送有限公司
毅康科技有限公司
烟台市瑞熙信息技术有限公司
现代汽车研发中心（中国）有限公司
三、履行社会责任二等奖企业名单
烟台艾迪精密机械股份有限公司
烟台荣昌制药股份有限公司
大宇造船海洋（山东）有限公司
烟台华新不锈钢有限公司
海虹老人涂料（烟台）有限公司
山东金河实业集团有限公司
山东衣拉拉服饰有限公司
富乐（烟台）新材料有限公司
山东岩海建设资源有限公司
烟台睿创微纳技术股份有限公司
易特斯（烟台）精密纺织器械有限公司
延锋汽车饰件系统（烟台）有限公司
烟台龙源电力技术股份有限公司
烟台霍富汽车锁有限公司
烟台世杰汽车配件有限公司
山东舒朗服装服饰股份有限公司
烟台市裕同印刷包装有限公司
山东中世天然气有限公司
山东永弘工程设备有限公司
四、履行社会责任三等奖企业名单
烟台冰轮智能机械科技有限公司
美瑞新材料股份有限公司
烟台显华化工科技有限公司
烟台路通精密科技股份有限公司
烟台东方不锈钢工业有限公司
大丰工业（烟台）有限公司
麦特集团有限公司
烟台厚木华润袜业有限公司
柏美亚（中国）有限公司
多保精密工业（烟台）有限公司
烟台华润锦纶有限公司
烟台汇众汽车底盘系统有限公司
烟台科大正信电气有限公司
欧瑞传动电气股份有限公司
烟台鹏龙伟东汽车销售服务有限公司
烟台通汇汽车物流有限公司
烟台开发区振华商厦有限公司
烟台海信瀚海置业有限公司

附件 2

新旧动能转换卓越贡献企业奖名单

烟台睿创微纳技术股份有限公司

附件 3

2019 年度全区“牡丹花奖”企业名单

“银花奖”：

烟台夏业电子有限公司

“铜花奖”：

烟台夏业电子有限公司

烟台鞍钢国际贸易有限公司

毅康科技有限公司

山东先声生物制药有限公司

万华化学（烟台）容威聚氨酯有限公司

山东舒朗电子商务有限公司

烟台市瑞熙信息技术有限公司

烟台开发区宏通机械有限公司

山东衣拉拉服饰有限公司

烟台艾睿光电科技有限公司

烟台保立佳化工科技有限公司

大丰工业（烟台）有限公司

烟台市富利通商贸有限公司

附件 4

2019 年度全区功勋人物名单

潘洁波　上汽通用东岳基地总经理

廖增太　万华化学集团股份有限公司董事长

赵小鸣　华海财产保险股份有限公司董事长

王夏伟　汉高乐泰（中国）有限公司大中华区营运总监

朴伦奭　斗山工程机械（中国）有限公司总经理

董　军　烟台胜地汽车零部件制造有限公司董事长

林逸松　富士康（烟台）科技工业园董事长

赵凤岐　中节能万润股份有限公司董事长

秘波海　正海集团有限公司董事长

孙茂健　烟台泰和新材集团有限公司董事长

孙德善　烟台欣和企业食品有限公司董事长

宋彦昊　乐金显示（烟台）有限公司总经理

刘　胜　烟台新时代健康产业有限公司总经理

陈倩洁　山东先声生物制药有限公司总经理

林喜峰　烟台东星集团有限公司董事长

周洪江　烟台张裕葡萄酒研发制造有限公司董事长

全哲完　喜星电子（烟台）有限公司总经理

黄尚渭　鑫广绿环再生资源股份有限公司董事长

罗铉徹　乐金电子部品（烟台）有限公司总经理

金哲俊　斗山机床（中国）有限公司总经理

由守谊　烟台东诚药业集团股份有限公司董事长

高云宝　山东联合能源管道输送有限公司总经理

曲　毅　毅康科技有限公司董事长

赵　强　烟台市瑞熙信息技术有限公司总经理

全范埈　现代汽车研发中心（中国）有限公司总经理

宋　飞　烟台艾迪精密机械股份有限公司董事长

王威东　烟台荣昌制药股份有限公司董事长
孙在浩　大宇造船海洋（山东）有限公司总经理
林淑婷　烟台华新不锈钢有限公司总经理
宋晓琴　海虹老人涂料（烟台）有限公司总经理
张宝健　山东金河实业集团有限公司总裁
于永梅　山东衣拉拉服饰有限公司董事长
王宁宁　富乐（烟台）新材料有限公司电子事业部亚太区运营总监
谭德敏　山东岩海建设资源有限公司总经理
马　宏　烟台睿创微纳技术股份有限公司董事长
马可·赖夏特　易特斯（烟台）精密纺织器械有限公司总经理
李　源　延锋汽车饰件系统（烟台）有限公司总经理
杨怀亮　烟台龙源电力技术股份有限公司董事长
兰远红　烟台霍富汽车锁有限公司总经理
孙　达　烟台世杰汽车配件有限公司总经理
吴健民　山东舒朗服装服饰股份有限公司董事长
刘东华　烟台市裕同印刷包装有限公司总经理
崔俊强　山东中世天然气有限公司总经理
李永吉　山东永弘工程设备有限公司董事长
于本礼　烟台冰轮智能机械科技有限公司总经理
王仁鸿　美瑞新材料股份有限公司董事长兼总经理
丰佩川　烟台显华化工科技有限公司总经理
陈国诗　烟台路通精密科技股份有限公司董事长
赵　磊　烟台东方不锈钢工业有限公司总经理
村山嘉英　大丰工业（烟台）有限公司总经理
盖　方　麦特集团有限公司董事长
铃木徹　烟台厚木华润袜业有限公司总经理
冯启铿　柏美亚（中国）有限公司总经理
李太源　多保精密工业（烟台）有限公司总经理
薛向群　烟台华润锦纶有限公司总经理
关中栋　烟台汇众汽车底盘系统有限公司总经理
张吉勇　烟台科大正信电气有限公司总经理
林海光　欧瑞传动电气股份有限公司总经理
张子华　烟台鹏龙伟东汽车销售服务有限公司总经理
林洋冰　烟台通汇汽车物流有限公司总经理
姚金花　烟台开发区振华商厦有限公司总经理
李　辉　烟台海信瀚海置业有限公司总经理

烟台经济技术开发区管委
关于表彰2019年度全区金融机构
履行社会责任先进集体和先进个人的决定

烟开〔2020〕10号

各街道（镇）办事处（政府），直属各部门、单位，中央、省、市属驻区各单位：

2019年，全区各金融机构牢牢把握金融服务实体经济的本质要求，全面贯彻落实国家产业政策和货币信贷政策，不断加大对重点项目和中小微企业信贷投放力度，为促进全区高质量发展做出了突出贡献。

为树立典型、表彰先进，管委决定：授予浙商银行股份有限公司烟台分行等43家金融机构“履行社会责任先进集体”称号，给予修渝钧等79名同志记三等功奖励，给予鹿悦军等249名同志通报嘉奖。

希望受表彰的先进集体和先进个人珍惜荣誉、再接再厉、再创佳绩。各金融机构要以先进集体和先进个人为榜样，进一步解放思想、创新进取、强化服务，为建设烟台市现代化滨海新区做出新的更大贡献！

附件：

1. 履行社会责任先进集体名单
2. 记三等功及嘉奖人员名单

烟台经济技术开发区管委

2020年3月19日

附件 1

履行社会责任先进集体名单

浙商银行股份有限公司烟台分行
天津银行股份有限公司烟台分行
日照银行股份有限公司烟台分行
中国民生银行股份有限公司烟台分行
威海市商业银行股份有限公司烟台分行
青岛农村商业银行股份有限公司烟台分行
广发银行股份有限公司烟台分行
韩亚银行（中国）有限公司烟台分行
招商银行股份有限公司烟台分行
德州银行股份有限公司烟台分行
齐鲁银行股份有限公司烟台分行
中信银行股份有限公司烟台分行
渤海银行股份有限公司烟台分行
中国农业银行股份有限公司烟台经济技术开发区支行
中国建设银行股份有限公司烟台开发支行
中国银行股份有限公司烟台开发区支行
中国邮政储蓄银行股份有限公司烟台市开发区支行
中国工商银行股份有限公司烟台开发区支行
上海浦东发展银行股份有限公司烟台开发区支行
烟台农村商业银行股份有限公司开发区支行
中国农业发展银行烟台市经济技术开发区支行
青岛银行股份有限公司烟台开发区科技支行
恒丰银行烟台经济技术开发区支行
中国光大银行股份有限公司烟台经济技术开发区支行
华海财产保险股份有限公司
华海财产保险股份有限公司烟台中心支公司
阳光财产保险股份有限公司烟台中心支公司
光大永明人寿保险有限公司烟台中心支公司
太平养老保险股份有限公司烟台中心支公司
中国人民财产保险股份有限公司烟台经济技术开发区支公司
中国平安财产保险股份有限公司烟台开发区支公司
中国太平洋财产保险股份有限公司烟台开发区支公司
阳光财产保险股份有限公司烟台市经济技术开发区支公司
中国大地财产保险股份有限公司烟台经济技术开发区支公司
中国人寿保险股份有限公司烟台经济技术开发区支公司
中国太平洋人寿保险股份有限公司烟台市开发区支公司
永诚财产保险股份有限公司烟台市开发区支公司
太平人寿保险有限公司烟台开发区支公司
中华联合财产保险股份有限公司烟台市开发区支公司
招商证券股份有限公司烟台长江路证券营业部
中泰证券股份有限公司烟台长江路证券营业部
中银国际证券股份有限公司烟台长江路证券营业部
中信证券（山东）有限责任公司烟台长江路证券营业部

附件 2

记三等功人员名单

（79 人）

修渝钧　罗　栋　王　艳　赵仕贤　孙志明
王云鹏　邹伟杰　马　坤　王军华　孙秀升
吕学彬　王玉磊　李慧玲　许巍巍　白庆瑜
张传田　刘　宇　杨　涛　冷庆辉　林　华
董晓林　乔春伟　陶秀琴　吴　琪　柳建波
张　旭　陈金利　迟文杰　赵旭华　王文慧
王云鹏　徐　静　李良晨　栾慎鹏　吕海鹰
毛晓芸　赵　明　臧　起　林茂茂　于盛清
谭　坤　李东晖　隋苗苗　毛建丽　贾重悦
刘　静　张惠卿　董莉莉　杜均杰　李伟胜
晏　军　杨少琛　王文静　蔡亚东　李家松
乔文江　范丽君　周　喆　赵小鸣　于　江
许波东　余艳丽　时小刚　王　军　梁栋文
李安平　王吉强　孙慧新　唐平平　于宝杰
洪　霞　姜鹏飞　尹　凯　李军臣　王冬青
李　杰　孙经延　张　宏　苏　彬

嘉奖人员名单

（249 人）

浙商银行股份有限公司烟台分行

鹿悦军　丛培帅　刘绍伟　邹建华　徐雪松
周　鑫

天津银行股份有限公司烟台分行

张　强　王平震　罗广锋　韩　岩　董富光
孙萌萌

日照银行股份有限公司烟台分行

奚　杰　邵明文　董振胜

中国民生银行股份有限公司烟台分行

马国栋　曲　俊　孙　冉　牛化南　曲　翔
张铁夏　梁伟伟　孙智慧　刘　晓　刘兴年
王　娇

威海市商业银行股份有限公司烟台分行

王树奇　林　政　刘传宝　秦焕超　李亚南
张金红

青岛农村商业银行股份有限公司烟台分行

鞠　伟　张　岩　李　林　王海燕

广发银行股份有限公司烟台分行

武明国　邱　文　张　侃　姜　璐

韩亚银行（中国）有限公司烟台分行

胡卫平　李广鸿　孙　蓓

招商银行股份有限公司烟台分行

王智华　王　鹏　张　程　郭正龙　孔祥菊
张　磊　李相滨　杨　晶　王宜牧　钱　佳
陈宝民　张　婷　张娴锐　郝广朋　王　锐
彭　穆　刘绍瑜　姜　梅

德州银行股份有限公司烟台分行

张传涛　李文勇　李令令　高　瑞　张　楠
陈礼聪　葛汝鹏　刘　晶　王　鹏　宋　宜

齐鲁银行股份有限公司烟台分行

范学渊　朴春玲　于高见

中信银行股份有限公司烟台分行

蔡伟波　姜海蓉　马秀荣　余　群　曲延年
谭兆良　李新涛　鞠晓飞

渤海银行股份有限公司烟台分行

孙晓旭　毕志军　马　成　刘伟亮　姜瑞明

中国农业银行股份有限公司烟台经济技术开发区支行

张建华　吴有江　隋　伟　范奕奕　杨　霞

孙宇强　王石磊　程晓强　徐　辉　彭长滨
李　琦　刘百广
中国建设银行股份有限公司烟台开发支行
王英翰　孙慧娟　隋璐霞　姜元晓　王　玮
张艳红　梁　华　武　静
中国银行股份有限公司烟台开发区支行
王冠成　汪　晖　范丽娜　王翠凤　陈　刚
张　皓　李杰冰　万　巍　姜　涛
中国邮政储蓄银行股份有限公司烟台市开发区支行
苏光志　赵林海　刘　妮　顾庆莲　姜　娜
袁丽斯
中国工商银行股份有限公司烟台开发区支行
许传兵　栾君明　陈欣欣　刘伟浩　曲永杰
周鲁江　叶　龙
上海浦东发展银行股份有限公司烟台开发区支行
胡庆方　杜春山
烟台农村商业银行股份有限公司开发区支行
史元鹏　谭思伟　王冬冬　李相润　陈峰忠
杨钰瑜　刘常梅　梁　婷　吴　静　綦力黎
路　玉　滕巧丽　牟江涛　吴　雁
中国农业发展银行烟台市经济技术开发区支行
杨　丹　齐　珊
青岛银行股份有限公司烟台开发区科技支行
于　帅　曲俊杰
恒丰银行烟台经济技术开发区支行
孙永朋　杨　琳
中国光大银行股份有限公司烟台经济技术开发区支行
刘斐斐　尚庆乐　李栋辉
烟台银行股份有限公司开发支行
潘　静　于新生　舒　伟　李　翔　赵乙莲
陈泉伦
中信银行股份有限公司烟台自贸区支行
滕伟娜
交通银行股份有限公司烟台经济技术开发区支行
于海鹏
兴业银行股份有限公司烟台开发区支行
苏　栋
招商银行股份有限公司烟台开发区支行
郭殿红　刘学良
烟台福山珠江村镇银行股份有限公司八角支行
王云桦
企业银行（中国）有限公司烟台经济技术开发区支行
孙　静
山东长岛农村商业银行股份有限公司开发支行
赵　虹
平安银行股份有限公司烟台开发区支行
龚　娜
华海财产保险股份有限公司
李　斐　鲁东晓　刘丰恺　黄晓坤　李　冰
朱　鹏　杨怀庆　李明睿　陈忠帅　赵文涛
王春玉　张琬苓　侯天惠　马鹏程　孙旭娜
吴　同　肖　真　张金路　李希斋　罗静谊
宋　航　王俊童
华海财产保险股份有限公司烟台中心支公司
姜　锋　张善平　王艺铭　解　磊　张秀娟
顾成伟　于东正　王海涛　孙营娟　乔美叶
王　琳　黄鹏先　黄　凯　黄秀雪
阳光财产保险股份有限公司烟台中心支公司
曲广农　曲　萍　冯丹丹　毕钧评
光大永明人寿保险有限公司烟台中心支公司
张　杰　刘佳元
太平养老保险股份有限公司烟台中心支公司
隋晓丽　战　伟
中国人民财产保险股份有限公司烟台经济技术开发区支公司
刘宜滨　张圣良　王有春

中国平安财产保险股份有限公司烟台开发区支公司

李雪妍

中国太平洋财产保险股份有限公司烟台开发区支公司

张进军　邵　鹏

阳光财产保险股份有限公司烟台市经济技术开发区支公司

周卫东　周洪宇

中国大地财产保险股份有限公司烟台经济技术开发区支公司

李晓明　朱海莲

中国人寿保险股份有限公司烟台经济技术开发区支公司

曹凤春　林郁栋　姚昱楠

中国太平洋人寿保险股份有限公司烟台市开发区支公司

王　斐　刘美霞

永诚财产保险股份有限公司烟台市开发区支公司

张文祥　许益珲

太平人寿保险有限公司烟台开发区支公司

高　军　柳泓旭

中华联合财产保险股份有限公司烟台市开发区支公司

王宁宁　鲁　宁

永安财产保险股份有限公司烟台中心支公司开发区营销服务部

彭　蕾

利宝保险有限公司烟台市开发区支公司

王　燕

安华农业保险股份有限公司烟台市开发区支公司

孙建华

招商证券股份有限公司烟台长江路证券营业部

邢　娜　罗新华

中泰证券股份有限公司烟台长江路证券营业部

赵占岐　王胜涛

中银国际证券股份有限公司烟台长江路证券营业部

刘玉海　王超君

中信证券（山东）有限责任公司烟台长江路证券营业部

毕双平　王立凡　毕学超　姜雪飞

浙商证券股份有限公司烟台长江路证券营业部

韩　飞

天风证券股份有限公司烟台长江路证券营业部

张　兴

中共烟台市委开发区工委
烟台经济技术开发区管委
关于表彰 2019 年度全区先进集体和先进个人的决定

烟开工〔2020〕8 号

各街道（镇）党委、办事处（政府），直属各部门、单位，中央、省、市属驻区各单位：

2019 年，全区各级党组织、各部门单位和广大干部群众，以习近平新时代中国特色社会主义思想为指导，全面贯彻落实党的十九大和十九届二中、三中、四中全会精神以及习近平总书记视察山东视察烟台重要讲话精神，坚持以新旧动能转换为引领，全力推进自贸区建设，以“一年大突破、三年大提升、六年大变样”为目标，以推动“三重”工作落实为抓手，解放思想、开拓创新，高点定位、担当实干，全区经济社会继续保持了健康平稳发展，各行各业、各条战线涌现出一大批先进集体和先进个人。

为树立典型、表彰先进，工委、管委决定：授予福莱山街道办事处等 18 个部门、单位“先进集体”称号，授予古现街道办事处、法院、财政金融局和公安分局“突出贡献集体”称号，授予原规划管理办公室“双招双引先进集体”称号，给予林成基等 179 名同志记三等功奖励，给予杨克志等 641 名同志通报嘉奖。

工委、管委希望，受到表彰奖励的先进集体和先进个人珍惜荣誉、再接再厉，继续发挥模范表率作用，不断取得更大的成绩。

工委、管委号召，全区上下要以先进为榜样，紧扣“建设烟台市现代化滨海新区”的战略目标，聚焦聚力自贸区，聚焦聚力“三个中心、一个示范区”，加快新旧动能转换，大力实施“十大牛鼻子工程”，抓紧抓好“三重”工作落实，确保全面建成小康社会和“十三五”规划圆满收官。

附件：

1.2019 年度先进集体、突出贡献集体及双招双引先进集体名单

2.2019 年度记三等功及嘉奖人员名单

中共烟台市委开发区工委

烟台经济技术开发区管委

2020 年 3 月 19 日

附件 1

2019 年度先进集体名单

福莱山街道办事处
八角街道办事处
工委办公室
纪工委
原工委组织部
原工委宣传群团部
检察院
经发科创局
招商局
原建设交通局
综合执法局
行政审批局
重点项目推进中心
业达热电集团有限公司
国家安全分局
税务局
烟台海关驻芝罘办事处（开发区）
气象局

2019 年度突出贡献集体名单

古现街道办事处
法院
财政金融局
公安分局

2019 年度双招双引先进集体名单

原规划管理办公室

附件 2

2019 年度记三等功人员名单

（179 人）

林成基　孙文太　马鲁峰　赵　丽　赵　玲　陈绍春　王显江　管培中　刘桂敏　郝瑞锋
魏志伟　孙志杰　李建学　桑　甜　李国鹏　于　宏　王　彬　卜小琨　牟授菡　董方杰
韩　旭　武治平　王远芳　高荣骞　董晓迪　李笃军　万绍杰　王恒臣　初秀红　李春令
陈　涛　于天佐　王艺璇　纪潇潇　陈志新　姜守利　徐卫东　敖爱水　吴思源　张　钰
李　友　时玉强　肖雨涵　王大强　文　琳　艾洪新　李培义　袁堂健　刘永堂　王永松
王天相　邹少文　徐天文　韩　强　邢玉静　吕世春　李德生　段全国　肖　宇　宫培刚
王培彬　马占伟　刘　辉　焦树文　杨悦琪　陈天胜　樊慧峰　孙卫平　曾庆军　彭钦志
苏义茗　王树辉　黄　杰　杨冰峰　李晨鸣　王振丰　王学新　张　俊　史景妍　张育精
王　皓　刘　磊　姜福明　徐富德　李晓阳　孟翔飞　孙景厚　慕晓飞　段　莹　高广阔
张宇飞　王显晖　杨筱丽　吕春燕　刘志波　王华林　王帅彬　董永江　杨　光　高　超

穆亚丽　王俗分　朱为强　车向原　刘大伟
王　毅　王洪泉　朱先俊　王　扬　尹伟英
林　峰　高学军　李陆勇　侯爱丽　孙承华
宋晓峰　唐　敏　李红良　柳　佳　赵　伟
王振光　吴　斌　王大鹏　李　勇　邢华禄
车永利　李鹏飞　张　峰　王栋梁　高　林
周志诚　李凌云　张志峰　于　利　董勤军
王　鹏　曲德文　孙积斌　杨　雪　张家凤
张　浩　王向东　袁启升　吕杲锟　李　潭
杨晓蕾　于晓斐　闫　禄　张建忠　侯　立
李　静　王承浩　李文成　秦华伟　张信泽
刘京熙　李　斌　杨文超　狄崇民　郑　毅
徐晓成　杨　洋　王世红　刘海鹏　孙明增
孙　杰　荆　伟　王仁凤　刘振波　徐永刚
王可兴　张鹏飞　王文娟　张金领　王振强
王　义　李　波　张志强　黄一恒

2019 年度嘉奖人员名单

（641 人）

一、机关事业单位（共 433 人）

工委管委项目专员

杨克志　刘洪光

福莱山街道办事处

车文韬　张吉琨　姚　喆　经世奎　盛智勇
张　凯　魏玉芹　李润琦　吴钧志　车　军
柏　苓　刘安光　曲德强　丁兆鹏　牟秀松
姜铭波　苏修田　刘昭丽　党　华　崔爽娃
张东华　刘　莹　隋世芹　张　慧　潘俊逸

古现街道办事处

张笑晨　李向阳　姚南通　王　静　吕　品
王　蕊　刘化冬　张洪光　邹　倩　王汝海
王常洪　潘志刚　梁维亮　张家胜　林家安
吴文友　王云涛　王学军　张宝连　孙邦建
宋英勋　王承栋　孙好军　蔡乐成　王永刚

大季家街道办事处

曲积海　陈文静　曲金涛　赵　林　郭　彬
辛全雪　张行军　许　玲　苗宜波　曲广惠
王继宁　孙宗权　姜长生　王殿柱　夏仁顺
崔成龙　董传江　顾　强　邹志锋　仵信德
李元文　刘志文

八角街道办事处

杨　城　耿学东　段宝玉　祝　青　尹继军
马晓斌　姜　波　刘　飞　王　杨　李信国
朱文德　张忠军　梁翠玲　孙廷良　刘建增
梁兴波　曲星岩　刘旭光　陈宝龙　于梓文

潮水镇

郭大心　曲传刚　杨振彦　姜仁贵　朱亚森
吴莲华　迟维平　王　芳　唐桂荣　张利强
张锡强　葛运斌　唐淑梅　张竹业　梁　波
初东平　王永国　姜悦永　赵康波　张桥令
邱　顺　郑锡山　孙　霆　王明远　张宗兴
赵日欣　朱厚智　司元永　徐万朋　张树龙
黄晓东　王崇彬　李心路　王家兴　刘绍静
孙忠琴　朱世铎　葛学东　梁士焕

工委办公室

张洪海　胡青春　辜文宣　姜大川　张国峻
魏光兴　杨荣盛

纪工委

徐新涛　张峻玮　王　艳　张元浩　谢索记
李永强

原工委组织部

高鹏志　韩　哲　郑志勇　周渊浩

原工委宣传群团部

姜学军　衣启云　迟荣凤　陈立红　王　聪
于俊洋　魏晓丫　李春泉　宋清宝

原工委政法统战部

王龙庆　王松江　张　海　倪学阳　王宏芸

温军生　唐初春

法院

方广志　刘　旭　张　鲁　韩　刚　刘肖婧
刘　晓　王　辉　马治国

检察院

陈晓丽　赵启旭　赵　娟　赵利军　李　红
曹仁亮　王忠民　王晓波　辛伟伟

经发科创局

姚光磊　邹天峰　赵　星　谭　颖　王海峰
陈　锋　陆瑜真　邢　亮　张晓雷　孙万有

招商局

郭小雷　陈　蛟　王守英　贾佃通　王武东
刘　超　李元鹏

人社局

施先安　张　良　赵丰萍　龙　涛　王卫忠
刘德伟　林　杨　魏文彬　赵　杰

财政金融局

姜海滨　秦玉英　胡　菊　盖永豪　潘志滨
任仪佼　贾娟娟　孙安雷　隋聚勤

原教体卫生局

王小莉　王　杰　唐玉竹　马海华　王景太
王崇宝　隋李明　赵鸿豪　王爱萍　李建芬
赵通海　钟庆红　龙春丽　郝　杰　秦改军
姜佳妤　荣丽颖　于卫杰　张崇红　董少华
于海燕　林少梅　郝晓红　张秋玉　王　莲
乔菲菲　焦守国　王晋东　徐　斌　李　建
姜文科　于　军　杨兴华　丁云艳　石　鹏
于春辉　杜红雷　韩新记　刘　军　李春玲
崔　磊　孔丽丽　李　华　牛富强　季　萱
李　梅　陈玉飞　李海峰　李彩华　臧晓丽
石艳艳　秦乔华　孙世梅　于　征　赵志丽
程艳桃　胡　波　宋永晓　袁　满　刘建勇
赖玉芳　郭永亮

原建设交通局

于　荣　林建福　邹永刚　王海明　王广普
李洪汛　张大任　邹学良　秦　琳　张振兴
李　良　程　粱　龚研滨　夏明远　牟晓丹
魏景松　王孝德

综合执法局

方　力　张凯宁　于文明　徐志杰　鹿朝晖
孙双鹰　凌在远　殷秦月　王可文　翟世春
高玉新　吕　涛　肖敬才　曾庆东　林翠青
王志刚　王全强　王晓雨　戴慧杰　丛国宁
孙　蕾

公安分局

秦韶明　韩郑锋　王文华　乔　锐　尚洪涛
隋　军　周松达　宁卫东　郑岁月　王长鹏
迟卫国　王志刚　郑　垒　魏博全　于志武
郑可新　宋伟丽　王玉峰　姜海陆　刁乃然
孟相涛　周林梅　吉兴亮　董　玮　蒋丛臻
所　慧　谭志超　钟建婷　孙　鹰　叶　明
肖明刚　李朋霏　孙长青　谢　军　周永军
刘明鑫　刘德利　迟少昌　孙　磊　高　丽
张高鹏　丁言峰　高吉林　吕红磊　胡俊超
庄杰鹏　连康伟　朱德强　刘旭年　张　欣
范成新　杨景山　孙建立　亓　凡　刘峻林
季东远　曲　平　李　杰　李晓令　傅志帅

原规划管理办公室

王朝霞　安　宁　张　健

生态环境分局

康亚男　徐　涛

原农海局

赵吉辉　张　颖　薄会芳　王宜海　鲍　磊

原应急管理局

乔志勇　任志友　王建芝　满晓宇　祁芙蓉

原市场监管局

毛德顺　韩乐毅　李松强　王文娟　王　明
李　慧　唐　伟　裴艳妮　葛洪波　姜志明
黄训华　王晓博　孙　静

行政审批局

兰吉强　王再阳　赵峻峰　董　冬　姜美玲
贾忠乐

重点项目推进中心

刘志勇　张少晨　张鹏飞

化学工业园管理中心

刘建伟

八角湾人才港推进中心

江　荣　吴　昊

中韩（烟台）产业园管理中心

于伟星

工委党校

冯立新

城市更新办

杨　光　兰吉文　徐常坤

八角湾海洋经济创新区办公室

黄　巍　淳文军

政务服务窗口

马国胜　孟琳琳　姜庆钧　栾晓蕾　王军军

王　红　史存勇　秦海明

二、公益性企业（共 96 人）

自来水公司

王　毅　王　健　郝　江　牟　平　衣　宁

吴有欣　杨文宇　张先运　纪晓鹏　孙婷婷

周学丽　王永金　于建朝　马天鹏　王晓伟

孙元亭　马　梅　陈广成　孙茂智　胡书卿

业达热电集团有限公司

国学德　迟少丽　于　杰　孙红岩　曲晓庆

李志成　孙文胜　眭　磊　刘圣勇　张建国

韩爱美　苏　洋　梁　波　于洪淋　李文朝

谭新生　刘瑛姝　张大伟　李卫霞　鲁　铭

张维社　王春霆　隋喜斌　王振卿　杨诗礼

王　亮　许树军　梁隆基　于志成　王仁建

于文全　陈　涛　王有旭　刘晓飞　王建勇

宫春波　张顺波　陈方永　李少章　于晓宁

隋世超　战桂杰　范卫东　栾和论　张　琴

包伟杰　孙惠洁　刘锡庆　石珍贵　崔建波

李国玉　王保东　孙萌萌　孙志强　张　霞

张　迈　姜忠禄　宋世君　徐啸宇　王旭文

李鹏辉　刘敏安

烟台银桥融资担保有限公司

陶文淑

业达建设集团

李春雅　连广宇　丁　娟　迟晓宁　宋世臣

张宝光　邢爱慧　曲连军　史　洁　刘世平

孟令迎　周　丽　王　倩

三、派驻机构（共 112 人）

国家安全分局

李天平　牟俞晓　张　虎

税务局

孙成军　程玉民　杨梅晓　高永国　许广军

曲桂华　刁家伟　翟　俊　王小健　张德发

王建英　张秀国　张　冰　董　蕾　钟行强

李冰冰　严　斌　王志萌　龙振明

公路建设养护中心

慕冠福　刘　华　李志坚　于　娜

气象局

张雪冬　陈星宇

八角海事处

刘泽超　李　杰

广播电视中心

孙小梅　赵庆乐

海洋资源与环境研究院

苏　博　于　宁　曹体宏　张　健　李　凡

徐英江　魏　潇　张焕君　黄炳山　姜海滨

省海洋与渔业监督监察总队第三支队

赵元锋　马巨德　葛雪莲　李英波　韩　忠

姚　勇　刘敬一　王　臣

供电公司

季靖峰　柳　清　张少洁　韩振兴　曹　帅

姜　军　高伟东　由庆功　王　深　商　艳

于新龙　马胜玮　赵来鑫　蔡礼仁　宋　辉

孙学光　邹本胜　刘光辉　李　超　吕家超

逄丽杰

邮政公司

张　娜　徐翠翠　张雅楠　谢佳辰　刘爱玲
赵　平　杜宝芳　李婷婷　张延信

水文局

由树春

公交公司

李洪臣　于方金　迟京涛　于利民　孙万全
丁原强　于德双　李成绪　万全堂　李　征
孙传吉　徐振峰　王学涛　郭　涛　宋建喜
栾慎杰　吕德生　张兴华　柳朋军　于世选
王德胜　李志翔　张殿军　刘学新　李旦辉
孙尊言　李国成　林玉杰　赵志雷　车　辉
杨志健

附　录

Appendix

国务院关于印发6个新设自由贸易试验区总体方案的通知

国发〔2019〕16号

各省、自治区、直辖市人民政府，国务院各部委、各直属机构：

现将《中国（山东）自由贸易试验区总体方案》《中国（江苏）自由贸易试验区总体方案》《中国（广西）自由贸易试验区总体方案》《中国（河北）自由贸易试验区总体方案》《中国（云南）自由贸易试验区总体方案》《中国（黑龙江）自由贸易试验区总体方案》印发给你们，请认真贯彻执行。

国务院

2019年8月2日

（此件公开发布）

摘要1

中国（山东）自由贸易试验区总体方案

建立中国（山东）自由贸易试验区（以下简称自贸试验区）是党中央、国务院作出的重大决策，是新时代推进改革开放的战略举措。为高标准高质量建设自贸试验区，制定本方案。

一、总体要求

（一）指导思想。以习近平新时代中国特色社会主义思想为指导，全面贯彻党的十九大和十九届二中、三中全会精神，统筹推进“五位一体”总体布局和协调推进“四个全面”战略布局，坚持稳中求进工作总基调，坚持新发展理念，坚持高质量发展，以供给侧结构性改革为主线，主动服务和融入国家重大战略，更好服务对外开放总体战略布局，解放思想、大胆创新，把自贸试验区建设成为新时代改革开放的新高地。

（二）战略定位及发展目标。以制度创新为核心，以可复制可推广为基本要求，全面落实中央关于增强经济社会发展创新力、转变经济发展方式、建设海洋强国的要求，加快推进新旧发展动能接续转换、发展海洋经济，形成对外开放新高地。经过三至五年改革探索，对标国际先进规则，形成更多有国际竞争力的制度创新成果，推动经济发展质量变革、效率变革、动力变革，努力建成贸易投资便利、金融服务完善、监管安全高效、辐射带动作用突出的高标准高质量自由贸易园区。

二、区位布局

（一）实施范围。自贸试验区的实施范围119.98平方公里，涵盖三个片区：济南片区37.99平方公里，青岛片区52平方公里（含青岛前湾保税港区9.12平方公里、青岛西海岸综合保税区2.01平方公里），烟台片区29.99

平方公里（含烟台保税港区区块二 2.26 平方公里）。

自贸试验区土地开发利用须遵守土地利用、生态环境保护、城乡规划法律法规，符合土地利用总体规划和城乡规划，并符合节约集约用地的有关要求；涉及海洋的，须符合《中华人民共和国海域使用管理法》《中华人民共和国海洋环境保护法》等法律法规有关规定。

（二）功能划分。济南片区重点发展人工智能、产业金融、医疗康养、文化产业、信息技术等产业，开展开放型经济新体制综合试点试验，建设全国重要的区域性经济中心、物流中心和科技创新中心；青岛片区重点发展现代海洋、国际贸易、航运物流、现代金融、先进制造等产业，打造东北亚国际航运枢纽、东部沿海重要的创新中心、海洋经济发展示范区，助力青岛打造我国沿海重要中心城市；烟台片区重点发展高端装备制造、新材料、新一代信息技术、节能环保、生物医药和生产性服务业，打造中韩贸易和投资合作先行区、海洋智能制造基地、国家科技成果和国际技术转移转化示范区。

三、主要任务和措施

（一）加快转变政府职能。

1. 打造国际一流营商环境。深化商事制度改革，推进“证照分离”改革全覆盖。山东省能够下放的经济社会管理权限全部下放给自贸试验区。推行“极简审批”“不见面审批（服务）”，深化“一次办好”改革。全面开展工程建设项目审批制度改革。应用人工智能技术，提高社会治理水平。建立健全以信用监管为核心、与负面清单管理方式相适应的事中事后监管体系。强化竞争政策的基础性地位。配合做好外商投资安全审查工作。

（二）深化投资领域改革。

2. 深入推进投资自由化便利化。全面落实外商投资准入前国民待遇加负面清单管理制度。探索建立外商投资信息报告制度。支持外商投资企业参与氢能源汽车标准制定。支持外商独资设立经营性教育培训和职业技能培训机构。支持外商投资设立航空运输销售代理企业。统一内外资人才中介机构投资者资质要求，由自贸试验区管理机构负责审批，报省级人力资源社会保障部门备案。允许注册在自贸试验区内的符合条件的外资旅行社从事除台湾地区以外的出境旅游业务。

3. 完善投资促进和保护机制。建立健全外商投资服务体系，完善外商投资促进、项目跟踪服务和投诉工作机制。鼓励自贸试验区在法定权限内制定外商投资促进政策。试点建设面向中小企业的双向投资促进公共服务平台。完善企业“走出去”综合服务体系。支持“走出去”企业以境外资产和股权、采矿权等权益为抵押获得贷款。

（三）推动贸易转型升级。

4. 提升贸易便利化水平。探索食品农产品等检验检疫和追溯标准国际互认机制，扩大第三方检验结果采信商品和机构范围。创新出口货物专利纠纷担保放行方式。大力发展过境贸易。集中开展境内外货物中转、集拼和国际分拨配送业务。在海关特殊监管区域全面实施货物状态分类监管。对注册在自贸试验区海关特殊监管区域内的融资租赁企业进出口飞机、船舶、海洋工程结构物等大型设备涉及跨关区的，在确保有效监管和执行现行税收政策的前提下，实行海关异地委托监管。探索取消自贸试验区海关特殊监管区域内企业从事贸易经纪与代理的经营许可或改为备案，法律法规另有规定的除外。对符合国家环保要求允许进口的高附加值数控机床、工程设备、电子设备、通信设备等旧机电设备的进口、加工后再出口，海关给予通关便利。支持在自贸试验区符合条件的片区设立综合保税区。

5. 培育贸易新业态新模式。支持自贸试验区内企业开展跨境电商进出口业务，逐步实现自贸试验区内综合保税区依法依规全面适用跨境电商零售进口政策。在风险可控、依法依规前提下，积极开展飞机零部件循环再制造。支持自贸试验区的汽车整车进口口岸建设。支持青岛片区适时增加汽车平行进口试点企业数量。加快发展数字化贸易。促进文物及文化艺术品在自贸试验区内综合保税区存储、展示等。

6. 持续优化贸易结构。根据石油天然气体制改革进程和产业需要，研究赋予自贸试验区内符合条件的企业原油进口资质。允许自贸试验区内注册企业开展不同税号下保税油品混兑调和。支持具备相关资质的船舶供油企业开展国际航行船舶保税油供应业务。支持依托现有交易场所依法依规开展棉花等大宗商品交易。支持设立食品农产品进口指定监管作业场地，打造食品农产品、葡萄酒进出口集散中心。对海关特殊监管区域外有条件企业开展高附加值、高技术含量、符合环保要求的“两头在外”检测、维修和再制造业态实行保税监管。

（四）深化金融领域开放创新。

7. 扩大人民币跨境使用。探索通过人民币资本项下输出贸易项下回流方式，重点推动贸易和投资领域的人民币跨境使用。支持符合条件的跨国公司按规定开展跨境人民币资金池业务。支持自贸试验区内银行按规定发放境外人民币贷款。探索自贸试验区内金融机构按规定开展跨境资产转让等业务时使用人民币计价结算，并纳入全口径跨境融资宏观审慎管理。

8. 促进跨境投融资便利化。开展资本项目收入支付便利化改革试点。自贸试验区内货物贸易外汇管理分类等级为 A 类的企业货物贸易收入可直接进入经常项目结算账户。研究开展合格境内有限合伙人（QDLP）试点工作。支持在自贸试验区依法依规设立外商投资金融机构。探索设立专业从事境内股权投资类基金公司。支持外资股权投资管理机构、外资创业投资管理机构在自贸试验区发起管理人民币股权投资和创业投资基金。

9. 探索实施金融创新。在严格监管前提下审慎有序进行金融综合经营试点。支持本地法人银行开展股债联动业务试点。探索发展私募股权投资二级交易基金。鼓励创新知识产权保险业务，开展基金管理服务专项改革创新。支持自贸试验区内保险法人机构依法依规开展境外投资。支持符合条件的融资租赁公司在自贸试验区内设立专业子公司。根据期货保税交割业务需要，允许拓展仓单质押融资功能，推动完善仓单质押融资所涉及的仓单确权等工作。加强对重大风险的识别和系统性金融风险的防范。强化反洗钱、反恐怖融资、反逃税工作。

（五）推动创新驱动发展。

10. 加强创新能力建设。支持建设海外创新孵化中心、海外人才离岸创新创业基地等创新平台。支持企业联合金融机构、高校、科研院所建设产业创新平台。支持建设山东产业技术研究院。鼓励外国著名高校来华开展合作办学。推动双元制职业教育发展，设立智能制造技师学院。支持青岛片区开展高水平中德合作办学。

11. 推进医疗医药行业发展。在相关制度安排框架下，允许港澳服务提供者按规定设立独资医疗机构。支持整形美容、先进医疗技术研发和孵化等行业发展。自贸试验区内医疗机构可按有关规定开展干细胞临床前沿医疗技术研究。加快创新药品审批上市，对抗癌药、罕见病用药等临床急需创新药品实施优先审评审批。优化生物医药全球协同研发试验用特殊物品的检疫查验流程。开展医疗器械注册人制度试点，允许自贸试验区内医疗器械注册人委托山东省医疗器械生产企业生产产品。允许引入和创建国际医学组织，承办国际医学会议。给予医疗人才、先进医疗技术优先准入。鼓励在符合条件的人员在医疗机构提供中医治未病服务、医疗机构中医治未病专职医师职称晋升等方面先行先试。

12. 健全知识产权保护和运用体系。建立知识产权争端解决与快速维权机制。支持建立知识产权运营中心。完善知识产权评估机制、质押融资风险分担机制和方便快捷的质物处置机制。探索人才和技术资本化评估机制，实现知识产权可作价、成果转化能估价、人才团队有身价。放宽对专利代理机构股东和合伙人的条件限制。

13. 优化外籍及港澳台人才发展环境。支持港澳台专业人才和符合条件的外籍专业人才到自贸试验区工作。进一步为来自贸试验区开展商务、旅游等活动的外国人提供入出境便利。开展外国高端人才服务“一卡通”试点。在国际会议、对外邀请、使节来访等需审核审批事项上，建立外事审核审批直通车制度。

（六）高质量发展海洋经济。

14. 加快发展海洋特色产业。建设东北亚水产品加工及贸易中心。推进海洋工程装备研究院及重大研发、试验验证平台和智慧码头建设，发展涉海装备研发制造、维修、服务等产业。支持探索建设现代化海洋种业资源引进中转基地，加快优质水产苗种的检疫准入。优化海洋生物种质及其生物制品进口许可程序，加强海洋生物种质和基因资源研究及产业应用。推进国家海洋药物中试基地、蓝色药库研发生产基地建设，将海洋药物按规定纳入国家医保目录。支持自贸试验区内有条件的金融机构提供各类涉海金融服务。

15. 提升海洋国际合作水平。发挥东亚海洋合作平台作用，区内区外联动，深化开放合作。支持涉海高校、科研院所、国家实验室、企业与国内外机构共建海洋实验室和海洋研究中心。支持国际海洋组织在山东省设立分支机构。搭建国际海洋基因组学联盟，开展全球海洋生物基因测序服务。支持涉海企业参与国际标准制定。

16. 提升航运服务能力。建设航运大数据综合信息平台。探索依托现有交易场所依法依规开展船舶等航运要素交易。支持青岛国际海洋产权交易中心试点开展国际范围船舶交易。支持设立国际中转集拼货物多功能集拼仓库。逐步开放中国籍国际航行船舶入级检验。支持开展外籍邮轮船舶维修业务。发挥港口功能优势，建立以“一单制”为核心的多式联运服务体系，完善山东省中欧班列运营平台，构建东联日韩、西接欧亚大陆的东西互联互通大通道。加强自贸试验区与海港、空港联动，推进海陆空邮协同发展。

（七）深化中日韩区域经济合作。

17. 探索三国地方经济合作。强化优势互补，探索共同开拓第三方市场。高标准建设中韩（烟台）产业园，创新“两国双园”合作模式。支持合作建设医养健康中心。推动建立国际化科技成果转移转化平台。支持依规开展人民币海外基金业务。允许国外交易所在自贸试验区内设立办事机构。

18. 推进区域合作交流便利化。加强中日、中韩海关间“经认证的经营者（AEO）”互认合作，构建信息互换、监管互认、执法互助以及检验检疫、标准计量等方面高效顺畅的合作机制。与日本、韩国合作确定鲜活农副产品目录清单，加快开通快速通关绿色通道。创新自由贸易协定缔约方之间班轮卫生检疫“电讯申报、无疫通行”监管模式。

四、保障机制

坚持和加强党对改革开放的领导，把党的领导贯穿于自贸试验区建设的全过程。强化底线思维和风险意识，完善风险防控和处置机制，实现区域稳定安全高效运行，切实维护国家安全和社会安全。在国务院自由贸易试验区工作部际联席会议统筹协调下，充分发挥地方和部门积极性，抓好各项改革试点任务落实，高标准高质量建设自贸试验区。山东省要完善工作机制，构建精简高效、权责明晰的自贸试验区管理体制，加强人才培养，打造高素质管理队伍；要加强地方立法，建立公正透明、体系完备的法治环境。自贸试验区各片区要把工作做细，制度做实，严格监督，严格执纪执法。各有关部门要及时下放相关管理权限，给予充分的改革自主权。本方案提出的各项改革政策措施，凡涉及调整现行法律或行政法规的，按规定程序办理。重大事项及时向党中央、国务院请示报告。

摘要 2

国务院关于同意新设 6 个自由贸易试验区的批复

国函〔2019〕72 号

山东省、江苏省、广西壮族自治区、河北省、云南省、黑龙江省人民政府，商务部：

你们关于新设有关自由贸易试验区的请示收悉。现批复如下：

一、同意设立中国（山东）自由贸易试验区、中国（江苏）自由贸易试验区、中国（广西）自由贸易试验区、中国（河北）自由贸易试验区、中国（云南）自由贸易试验区、中国（黑龙江）自由贸易试验区。

二、中国（山东）自由贸易试验区涵盖济南片区、青岛片区、烟台片区，总面积 119.98 平方公里（具体四至范围见附件，下同）；中国（江苏）自由贸易试验区涵盖南京片区、苏州片区、连云港片区，总面积 119.97 平方公里；中国（广西）自由贸易试验区涵盖南宁片区、钦州港片区、崇左片区，总面积 119.99 平方公里；中国（河北）自由贸易试验区涵盖雄安片区、正定片区、曹妃甸片区、大兴机场片区，总面积 119.97 平方公里；中国（云南）自由贸易试验区涵盖昆明片区、红河片区、德宏片区，总面积 119.86 平方公里；中国（黑龙江）自由贸易试验区涵盖哈尔滨片区、黑河片区、绥芬河片区，总面积 119.85 平方公里。上述 6 个新设自由贸易试验区地块的落桩定界工作，经商务部、自然资源部审核验收后报国务院备案，由商务部、自然资源部负责发布。

三、上述 6 个新设自由贸易试验区内的海关特殊监管区域的实施范围和税收政策适用范围维持不变。

四、山东省、江苏省、广西壮族自治区、河北省、云南省、黑龙江省人民政府和商务部要会同有关部门做好新设自由贸易试验区总体方案的组织实施工作。

附件：

1. 中国（山东）自由贸易试验区四至范围
2. 中国（江苏）自由贸易试验区四至范围
3. 中国（广西）自由贸易试验区四至范围
4. 中国（河北）自由贸易试验区四至范围
5. 中国（云南）自由贸易试验区四至范围
6. 中国（黑龙江）自由贸易试验区四至范围

国务院

2019 年 8 月 2 日

（此件公开发布）

摘要 3

中国（山东）自由贸易试验区四至范围

一、济南片区共 37.99 平方公里

四至范围：东至西巨野河、春博路、春晖路、围子山路、唐冶东路、港西路、凤岐路、长岭山、玉顶山，南至旅游路、港源六路、莲花山、龙奥北路、华奥路、经十路，西至舜华南路、奥体东路、奥体中路、华阳路，北至科创路、经十东路、围子山、兴元街、贞观街、世纪大道、康虹路、工业南路。

二、青岛片区共 52 平方公里

四至范围：东至前湾港，南至嘉陵江路，西至王台镇园区一路，北至龙门河路。

三、烟台片区共 29.99 平方公里

四至范围：东至泰山路，南至嘉陵江路，西至台北路，北至黄河路、八角中心大街。

附 表

Attached Table

附表 1

2019 年世界部分国家 GDP 排名表

排名	国名	GDP（万亿美元）
1	美国	21.43
2	中国	14.36
3	日本	5.08
4	德国	3.84
5	印度	2.85
6	英国	2.82
7	法国	2.70
8	意大利	2
9	巴西	1.83
10	加拿大	1.73

摘自“各种数据控”2020 年 4 月 29 日发布的 IMF（国际货币基金组织）公布的数据。

附表 2

2019 年世界部分国家（地区）人均 GDP 排名一览表

排名	国家或地区	现价（万美元）
1	卢森堡	11.47
2	中国澳门	8.41
3	瑞士	8.20
4	爱尔兰	7.87
5	挪威	7.54
6	冰岛	6.69
7	美国	6.53
8	新加坡	6.52
9	卡塔尔	6.48
10	丹麦	5.98
15	中国香港	4.88
26	日本	4.02
31	韩国	3.18
35	中国台湾	2.48
61	俄罗斯	1.16
	世界（平均）	1.14
66	中国	1.03
110	蒙古国	0.41

续表

排名	国家或地区	现价（万美元）
130	越南	0.2740
139	印度	0.2171
186	南苏丹	0.0275

资料来源：2020 年 7 月 22 日百度文库（世界银行数据库）

附表 3

2019 年全国国内生产总值（GDP）完成情况统计表

指标名称	计量单位	数值	增速 %
国内生产总值	亿元	990865	6.1
第一产业增加值	亿元	70467	3.1
第二产业增加值	亿元	386165	5.7
第三产业增加值	亿元	534233	6.9
第一二三产业比重	%	7.1：39.0：53.9	/
人均国内生产总值	元	70892	5.7

资料来源：国家统计局统计公报（2020 年 2 月 28 日）

附表 4

2019 年各省市自治区 GDP 排名一览表

单位：亿元

排名	省市自治区	数值	增速（%）
1	广东省	107671.07	6.2
2	江苏省	99631.52	6.1
3	山东省	71067.5	5.5
4	浙江省	62352	6.8
5	河南省	54259.2	7.0
6	四川省	46615.82	7.5
7	湖北省	45828.31	7.5
8	福建省	42395	7.6
9	湖南省	39752.12	7.6
10	上海市	38155.32	6.0
11	安徽省	37114	7.5
12	北京市	35371.3	6.1
13	河北省	35104.5	6.8
14	陕西省	25793.17	6.0

续表

排名	省市自治区	数值	增速（%）
15	辽宁省	24909.5	5.5
16	江西省	24757.5	8.0
17	重庆市	23605.77	6.3
18	云南省	23223.75	8.1
19	广西壮族自治区	21237.14	6.0
20	内蒙古自治区	17212.5	5.2
21	山西省	17026.68	6.2
22	贵州省	16769.34	8.3
23	天津市	14104.28	4.8
24	黑龙江省	13612.7	4.2
25	新疆维吾尔自治区	13597.11	6.2
26	吉林省	11726.8	3.0
27	甘肃省	8718.3	6.2
28	海南省	5308.94	5.8
29	宁夏回族自治区	3748.48	6.5
30	青海省	2965.95	6.3
31	西藏自治区	1697.82	8.1

资料来源：中国新闻网（2020 年 1 月 24 日）

附表 5

2019 年山东省生产总值（GDP）完成情况统计表

指标名称	计量单位	数值	增速 %
国内生产总值	亿元	71067.5	5.5
第一产业增加值	亿元	5116.4	1.1
第二产业增加值	亿元	28310.9	2.6
第三产业增加值	亿元	37640.2	8.7
第一二三产业比重	%	7.2：39.8：53.0	/
人均国内生产总值	元	70653	5.2

资料来源：山东省统计局网站（2020 年 3 月 5 日）

附表 6

2019 年山东省各地市 GDP 排名一览表

单位：亿元

排名	地市	数值	增速 %
1	青岛	11741.31	6.5
2	济南	9443.4	7.0
3	烟台	7653.45	5.5
4	潍坊	5688.5	3.7
5	临沂	4600.25	3.0
6	济宁	4370.17	3.8
7	淄博	3642.4	3.5
8	菏泽	3409.98	6.3
9	德州	3022.27	6.1
10	威海	2963.73	3.6
11	东营	2916.19	4.2
12	泰安	2663.6	6.3
13	滨州	2457.19	4.1
14	聊城	2259.82	3.7
15	日照	1949.38	7.2
16	枣庄	1693.91	3.6

资料来源：胶东在线（2020 年 3 月 15 日）

附表 7

2019 年烟台市生产总值（GDP）完成情况统计表

指标名称	计量单位	数值	增速 %
国内生产总值	亿元	7653.45	5.5
第一产业增加值	亿元	550.42	2.6
第二产业增加值	亿元	3185.48	4.1
第三产业增加值	亿元	3917.55	7.1
第一二三产业比重	%	7.2：41.6：51.2	/
人均国内生产总值	元	107343	5.1

资料来源：烟台市统计局网站（2020 年 3 月 27 日）

附表 8

2019 年烟台市各县市区 GDP 排名一览表

单位：亿元

排名	县市区	数值	增速 %
1	开发区	1602.32	7.5
2	龙口市	1074.81	6.1
3	芝罘区	953.87	3.2
4	招远市	682.16	7.4
5	莱州市	663.67	0.6
6	莱阳市	438.41	3.5
7	海阳市	434.83	5.5
8	莱山区	363.90	7.3
9	蓬莱市	356.95	6.1
10	牟平区	332.74	6.7
11	福山区	310.60	6.8
12	栖霞市	297.35	3.1
13	长岛县	74.37	1.5
14	高新区	63.59	8.0
15	昆嵛山	/	/

资料来源：胶东在线（2020 年 3 月 15 日）

附表 9

2019 年国家级经开区综合发展水平前 30 名一览表

排名	开发区名称	省份	2018 年排名
1	苏州工业园区	江苏	1
2	广州经济技术开发区	广东	2
3	天津经济技术开发区	天津	3
4	北京经济技术开发区	北京	4
5	昆山经济技术开发区	江苏	5
6	青岛经济技术开发区	山东	6
7	江宁经济技术开发区	江苏	8
8	烟台经济技术开发区	山东	7
9	南京经济技术开发区	江苏	11
10	武汉经济技术开发区	湖北	12
11	西安经济技术开发区	陕西	17
12	嘉兴经济技术开发区	浙江	13

续表

排名	开发区名称	省份	2018 年排名
13	合肥经济技术开发区	安徽	14
14	杭州经济技术开发区	浙江	9
15	芜湖经济技术开发区	安徽	15
16	广州南沙经济技术开发区	广东	16
17	长沙经济技术开发区	湖南	20
18	宁波经济技术开发区	浙江	21
19	成都经济技术开发区	四川	19
20	上海漕河泾新兴技术开发区	上海	10
21	哈尔滨经济技术开发区	黑龙江	18
22	沈阳经济技术开发区	辽宁	26
23	北辰经济技术开发区	江苏	24
24	镇江经济技术开发区	江苏	22
25	徐州经济技术开发区	江苏	–
26	重庆经济技术开发区	重庆	–
27	连云港经济技术开发区	江苏	23
28	长春经济技术开发区	吉林	25
29	大连经济技术开发区	辽宁	–
30	南通经济技术开发区	江苏	–

资料来源：商务部网站（2020 年 1 月 17 日）

索　引

烟台经济技术开发区年鉴 2020

Index

说明：

1. 本索引为综合性主题索引。
2. 索引款目按汉语拼音字母（同音字按声调）顺序排列。
3. 款目后的阿拉伯数字表示内容所在的页码。
4. 同一主题的内容在文中多处出现的，在其款目后用不同的页码标明。
5. 对特载、附录等栏目不作主题索引。

"10+1"项目引进 …………………………… 133
"百日攻坚"活动 ……………………………29
"大棚房"专项整治 ……………………… 230
"放管服"改革 ……………………219、295
"互联网＋监管"事项目录清单认领 …… 296
"极简审批"环境构建 …………………… 291
"亮剑2019"渔政执法行动 ……………… 115
"三闲"处置 …………………………………31
"三重"项目推进 ……………………………28
"双随机一公开" ………………………… 296
"四减四增"污染防治 …………………… 251
"一二三四奔健康"专项行动 …………… 346
2019（第五届）中国医疗器械供应链峰会暨第四届医院内部物流会议……………… 152
2019烟台金沙滩新年马拉松赛 ………… 334
LG伊诺特电子公司 ……………………… 107
LNG作业区 …………………………………32

A

爱国卫生运动……………………………… 345
安全管理…………………………127、236
安全教育培训……………………………… 285
安全生产…………………………………… 358
安全生产管理……………………………… 182
安全生产行政监督执法…………………… 284
安全生产宣传活动………………………… 280
安全生产责任体系建立…………………… 283
安全生产专项整治活动…………………… 283
安全文化建设……………………………… 284
安全治理…………………………………… 373
案件管理……………………………………94

B

保健食品生产经营监督管理……………… 276
泵站安全运行保障………………………… 240
边防管理……………………………………91
便民服务…………………………………… 373
标准化管理………………………………… 272
殡葬管理与服务…………………………… 351
兵员征集…………………………………… 100
病虫害防治………………………………… 248
渤海银行股份有限公司烟台分行………… 193
不动产登记管理…………………………… 264

C

财源建设…………………………………… 209
财政…………………………………………49
财政管理体制改革………………………… 207
财政监督…………………………………… 209
财政收入…………………………………… 208
财政预算…………………………………… 207

财政支出……………………………………208
餐饮服务食品监督管理…………………277
残疾人管理服务……………………………351
仓储建设……………………………………154
拆迁安置……………………………………361
产品质量管理………………………………273
产业政策……………………………………150
厂车安全专项监督检查…………………280
超级市场……………………………………152
潮水法庭………………………………………97
潮水园区………………………………………28
成人教育……………………………………313
成人礼仪式……………………………………81
城市安全风险辨识评估…………………301
城市更新……………………………………356
城市公共安全体系构建…………………301
城市管理行政执法…………………………299
城市品质示范区建设………………………224
城乡规划行政执法…………………………299
出访……………………………………………75
出口贸易……………………………………137
出口企业选介………………………………140
出入境管理……………………………………88
处方点评……………………………………340
处置问责………………………………………61
传染病防治…………………………………343
创业就业…………………357、360、364、369
创业就业培训…………………………………83
慈善事业……………………………………351
磁山地质公园………………………………161
磁山温泉小镇………………………………160
村级党的建设…………………………………65
村企共建………………………………………84
存贷款………………………………………192

D

打击毒品犯罪…………………………………89
打击经济犯罪…………………………………89
打击食药环犯罪………………………………89
打击刑事犯罪…………………………………88
大丰工业（烟台）有限公司………………105
大季家火车站以南区域规划………………221
大交通衔接计划……………………………220
大气环境质量………………………………253
大型超市选介………………………………152
大型游乐设施安全隐患专项排查…………279
大宇造船海洋（山东）有限公司…………107
大招商体制改革……………………………134
档案管理………………………………59、290
党风政风监督…………………………………60
党建工作……………………………………172
党建引领……………………………………186
党外代表人士工作……………………………72
党校项目建设…………………………………71
党员干部培训…………………………………71
党支部领办合作社…………………………373
党支部品牌创建……………………………310
道路保洁管理………………………………244
道路工程……………………………………222
道路交通运输行政执法……………………300
道路清雪防滑………………………………245
道路与市政设施维护………………………243
德育活动机制………………………………311
德州乐陵扶贫协作……………………………33
德州银行股份有限公司烟台分行…………194
地表水文动态………………………………323
地方金融监管………………………………191
地方志…………………………………………59
地籍管理……………………………………264

地理信息管理与服务………………………… 265
地震观测…………………………………… 302
地质矿产资源管理………………………… 265
第二次全国污染源普查…………………… 251
第二届中国虚拟现实创新创业大赛
“业达杯”全国总决赛 ………………… 151
第四届中国研究型医院学会肝病专委会学术
年会暨中国研究型医院学会肝病专委会
第二届青年肝病医师论坛……………… 151
电力、热力、燃气及水生产和供应业…… 104
电力工程…………………………………… 223
电力供应…………………………………… 237
电梯安全大检查…………………………… 280
电网项目建设……………………………… 237
电站锅炉安全及节能整治………………… 279
电子及通信设备制造业…………………… 103
电子政务和大数据管理……………………56
鼎和财产保险股份有限公司烟台中心支公司
…………………………………………… 201
斗山工程机械（中国）有限公司………… 105
督查督办……………………………………57
督察整改…………………………………… 253
队伍建设…………… 94、97、171、184、329
对外贸易……………………………………49

F

发展实绩……………………………179、180
法规政策落实……………………………… 339
法律援助……………………………………99
法治政府建设………………………………56
防汛抗旱…………………………………… 128
房产交易…………………………………… 229
房地产………………………………………48
房地产行业管理…………………………… 229
房地产开发项目管理……………………… 229
房屋中介管理……………………………… 229
纺织纤维制造业…………………………… 103
非物质文化遗产保护传承………………… 331
非洲猪瘟防控……………………………… 144
分馆及流通站建设………………………… 329
扶贫脱贫…………………………………… 371
服务经济…………………………………… 263
服务全区工作………………………………72
服务业………………………………………48
服务自贸区建设…………………………… 144
辐射安全管理……………………………… 258
妇幼保健…………………………………… 344
富士康（烟台）科技工业园……………… 106

G

干部队伍建设………………………………62
干部管理……………………………………66
干部教育培训………………………………66
干散货作业区………………………………32
港澳台地区和海外统战工作………………73
港区规划……………………………………32
高标准农田建设…………………………… 124
高考………………………………………… 311
高新技术进出口…………………………… 139
高新技术企业……………………………… 319
耕地保护…………………………………… 264
更新项目建设………………………………30
工厂化养殖………………………………… 112
工程建设项目审批制度改革……………… 219
工匠孵化行动………………………………79
工伤 生育保险…………………………… 349
工商联工作…………………………………84
工业 建筑业………………………………47
工业企业信息化建设……………………… 171
工作专班…………………………………… 124

公安队伍建设……91
公共法律服务……98
公共事业性收费……281
公共资源交易……295
公诉……92
公务员日常管理……68
公益行动……333
公益活动……372
公益事业工程建设……223
公益性与普惠性……309
公用工程建设……182
公园广场绿化……246
供热……238
供热服务……239
供热设施建设与改造……238
供水保障……235
供水服务……236
古现中心区规划……221
固定资产投资……48
固定资产投资及效益审计……270
关爱帮扶……358
关心下一代……67
管道检测清淤工程……240
管理体制改革……263、308
管理与服务……178
光大永明人寿保险有限公司烟台中心支公司……202
广发银行股份有限公司烟台分行……193
规范干部选聘管理……66
规范排水许可管理……240
规划编制……221
规划引领与政策供给……263
国防动员……99
国防工程管理……99
国际会展中心……150
国际贸易分析……138
国家海洋督查……117
国家海洋水产养殖综合标准化示范区……114
国家生态工业示范园区建设……251
国内贸易……49
国省公路养护……165
国盛证券有限责任公司烟台长江路证券营业部……200
国土资源行政执法……299
国有企业监督管理……268
国有资本管理……267
国有资本运营……267
国有资本整合重组……183
国有资产分类管理……268
国资国企改革……266

H

海参合作社……371
海水养殖……113
海洋捕捞……112
海洋环境保护……114
海洋监察……115
海洋经济……47
海洋休渔……116
韩亚银行（中国）有限公司烟台分行……195
行业扶贫……124
合作共建栖霞开发区……34
合作混改……186
和谐工业园区……290
河道……128
核心区规划……181
恒丰银行烟台开发区支行……197
户政管理……88
华海财产保险股份有限公司……201
华海财产保险股份有限公司烟台中心支公司……201

华夏银行股份有限公司烟台开发区支行… 197
化工企业集聚区地下水污染防治………… 255
化工特种设备专项整治…………………… 280
化学原料及化学制品制造业……………… 103
化妆品专项检查…………………………… 278
环保设施提升改造………………………… 239
环境统计…………………………………… 252
环境卫生管理……………………………… 245
环境信访…………………………………… 252
环境整治……………………… 362、366、370
环境质量提升……………………………… 245
环卫设施建设与管理……………………… 244
挥发性有机物治理………………………… 255
会计事务管理……………………………… 212
婚姻登记管理……………………………… 351
活动开展…………………………………… 332
火灾防控与救援…………………………… 303

J

机动车尾气治理…………………………… 256
机构改革…………………………………… 111
机关党的建设………………………………64
机关事务管理………………………………60
机关事业单位会计核算…………………… 212
机要保密……………………………………57
基层财政管理……………………………… 212
基层党的建设………………………………63
基层党建… 179、312、355、358、363、366
基层水文服务体系建设…………………… 323
基层文化建设……………………………… 327
基层医卫建设……………………………… 340
基础建设…………………………………… 173
基础配套……………………………………27
基础设施规划设计………………………… 222
基建资金管理……………………………… 210
基金发展…………………………………… 191
急救中心…………………………………… 345
疾病防控…………………………………… 342
计划免疫…………………………………… 344
计量监督管理……………………………… 273
计生服务…………………………………… 345
技术服务与公益活动……………………… 119
技术改造投资管理………………………… 104
绩效考核……………………………………68
加强统计基层基础建设…………………… 271
家庭建设……………………………………83
家庭医生服务……………………………… 346
价格认证…………………………………… 282
监测治理…………………………………… 259
检验检疫…………………………………… 126
减税降费政策落实………………………… 210
建成区道路防汛…………………………… 241
建立健全现代医院管理制度……………… 341
建设项目环境管理………………………… 251
建设用地管理……………………………… 264
建设用地规划与调整……………………… 221
建筑工程设计……………………………… 228
建筑工人工资保障与清欠………………… 228
建筑企业资质管理………………………… 225
建筑施工管理……………………………… 225
建筑施工企业选介………………………… 226
建筑业安全管理…………………………… 226
建筑业资质培训…………………………… 228
健康公共服务……………………………… 340
健康信息化平台建设……………………… 340
健康知识普及教育………………………… 346
交流活动…………………………………… 180
交通管理……………………………………90
交通银行股份有限公司烟台开发区支行… 197
交通运输　邮电……………………………48
交通运输安全管理………………………… 166

教师队伍建设…………………………… 308
教师专业发展…………………………… 311
教文卫体……………………………………50
教育内涵发展…………………………… 310
教育收费管理…………………………… 282
教育信息化 2.0 行动计划 ………………… 308
教育招生考试…………………………… 311
节假日期间特种设备监督检查…………… 280
结构与特色……………………………… 153
金融…………………………………………50
金融创新与服务………………………… 189
金融风险防控…………………………… 191
金融服务自贸区………………………… 190
金融招引………………………………… 189
金沙滩海滨公园………………………… 160
金沙滩景区提升………………………… 158
进出口产品结构………………………… 139
进口贸易………………………………… 137
经济发展……………………… 360、365、368
经济稳定和民生协调发展………………… 263
经济责任审计…………………………… 269
经略海洋规划…………………………… 111
精简整合……………………………………24
精神文明建设……………355、359、363、367
景点建设规划…………………………… 158
净化网络餐饮市场……………………… 279
境外园区建设…………………………… 141
救援服务………………………………… 303
救援演练………………………………… 303
居民生活……………………………………50
居民最低生活保障……………………… 350
居住区配套园专项整治………………… 309
军转干部安置………………………………67

K

开工准备项目………………………………31
开展校园周边食品安全专项整治行动…… 276
科创载体建设………………………………27
科技产业融合发展……………………… 317
科技成果………………………………… 318
科技创新……………………………………46
科技攻关………………………………… 317
科技人才队伍…………………………… 319
科技市场………………………………… 318
科技推广………………………………… 126
科技项目………………………………… 317
科普志愿服务…………………………… 358
课程和教学研究………………………… 311
控告申诉检察………………………………93
快递……………………………………… 168

L

劳动竞赛……………………………………79
劳动与仲裁监察………………………… 291
老干部管理与服务…………………………67
老旧小区提升改造……………………… 230
老年健康服务体系建设………………… 341
乐金电子部品（烟台）有限公司………… 106
乐金显示（烟台）有限公司……………… 108
廉政教育……………………………………61
粮食储备………………………………… 154
粮食宏观调控…………………………… 153
粮食清仓查库…………………………… 153
粮油工业经济…………………………… 153
粮油质量监管…………………………… 153
烈士陵园管理…………………………… 351
流程再造与制度供给…………………… 219

路政管理……………………………… 166
轮巡问民………………………………… 96
落实减税降费政策………………… 214
旅游……………………………………… 48
旅游安全管理……………………… 159
旅游市场推介促销………………… 157
旅游资源…………………………… 157
绿地管理…………………………… 246
绿化工程…………………………… 223

M

马家沟生态旅游度假区………… 161
贸易方式…………………………… 140
民商事审判………………………… 95
民生服务…………………………… 59
民生证券股份有限公司山东第二分公司… 200
民生政策资金管理………………… 210
民事行政和公益诉讼检察………… 93
民主党派工作……………………… 72
民族工作…………………………… 74
目标定位与发展思路……………… 185

N

纳税服务…………………………… 214
年轻干部培养……………………… 67
农村公路建设与管理……………… 165
农村公益文化……………………… 327
农村集体产权制度改革…………… 123
农村人居环境综合整治…………… 123
农村审计监督……………………… 271
农村生活污水治理………………… 255
农村卫生服务……………………… 342
农村饮水安全……………………… 130
农机应用…………………………… 127
农贸市场…………………………… 153
农民专业合作组织………………… 123
农业……………………………………… 47

O

欧瑞传动电气股份有限公司……… 107

P

排污许可证管理…………………… 252
棚改………………………………… 230
平台活动…………………………… 178
平台引建和科创融合……………… 263
评先树优活动……………………… 80
破网打源…………………………… 285
浦发银行股份有限公司烟台开发区支行… 198
普法宣传教育……………………… 98

Q

齐鲁银行股份有限公司烟台分行………… 195
企业服务…………………………… 144
企业监管…………………………… 143
企业民主管理……………………… 79
企业品牌战略……………………… 297
企业选介…………………………… 179
企业银行（中国）有限公司烟台开发区支行
……………………………………… 199
起步推进…………………………… 23
气体充装特种设备安全检查……… 280
气象宣传普及……………………… 322
侨务工作…………………………… 73
青岛农村商业银行股份有限公司烟台分行
……………………………………… 194
青岛银行股份有限公司烟台分行………… 195

青岛银行股份有限公司烟台开发区科技支行……199
青年联谊活动……82
青年企业家活动……82
青年志愿者活动……82
清洁生产审核……252
清理海上违规养殖……114
区划沿革……45
区位布局和功能划分……23
权益保障……83
全国第四次经济普查……271
全国体育赛事……335
全面落实“四个最严”要求……278
全民健身……334
全民阅读推广活动……328
全省第二批新旧动能转换优选项目……264
全域治水三年攻坚行动……129
群众文化活动……330

R

热电设备及改造……238
人才管理与服务……291
人才市场……290
人防设施建设……224
人口　民族……45
人力资源服务……289
人民调解……99
日照银行股份有限公司烟台分行……194
入海排污口排查……255
入团仪式……81

S

赛事　交流……332
扫黑除恶专项斗争……95
扫黄打非……328
森林防火……127
山东东方融资担保有限公司……203
山东融汇典当有限公司……203
山东长岛农村商业银行股份有限公司开发支行……198
山体修复……223
商标广告管理……297
商品市场交易监管……298
商事登记审批……294
上汽通用东岳基地……106
上收下沉……24
设立宗旨与指导思想……185
设施配套推进……29
社会保障……356、359、363、367
社会扶贫……124
社会福利……350
社会化招商引资奖励办法……136
社会事业审批……294
社会责任考评……104
社会志愿服务……330
社会治安综合治理……97
社区服务……362、366
社区食堂……370
社区卫生服务……342
社区整改……369
涉氨特种设备专项检查……279
涉农资金整合……123
深耕税费种管理……214
审计业务培训……271
审批机构管理……294
生态保护与环境治理宣传教育……252
生猪定点屠宰……126
生猪养殖……126
声环境质量……254
省市管理权限下放承接……295

失业保险…………………………………… 349
湿地保护河湖治理………………………… 224
食品安全…………………………………… 144
食品安全联合整治行动…………………… 275
食品加工制造业…………………………… 103
食品生产经营监督管理…………………… 275
世界老年旅游大会………………………… 158
市场管理监督……………………………… 285
市场监管行政执法………………………… 300
市场主体信用监管体系建设……………… 296
市民社区食堂建设………………………… 350
市容环境整治……………………………… 245
市政环卫综合市场化改革………………… 243
事业单位监督管理…………………………68
事业单位招聘……………………………… 290
首届市民文化节…………………………… 327
数字化服务………………………………… 331
双招双引……………………………… 46、177
双重预防体系建设………………………… 284
水产品加工销售…………………………… 113
水环境质量………………………………… 254
水库………………………………………… 128
水情信息服务……………………………… 323
水生态监测工作…………………………… 324
水文测站管理……………………………… 323
水政行政执法……………………………… 300
水质安全…………………………………… 235
水质监测…………………………………… 324
税法宣传…………………………………… 215
税费改革…………………………………… 213
税收征管…………………………………… 213
税收执法…………………………………… 213
税源培植…………………………………… 213
诉讼服务中心建设…………………………96

T

台风利奇马预防…………………………… 117
太平养老保险股份有限公司烟台中心支公司
……………………………………………… 202
特殊教育…………………………………… 309
体育彩票销售与管理……………………… 336
体育产业…………………………………… 335
体育公共服务……………………………… 333
体育设施建设……………………………… 333
体制改革……………………………………60
体制机制改革……………………… 46、94
体制机制改革协调推进……………………55
天风证券股份有限公司烟台长江路证券
营业部…………………………………… 200
天津银行股份有限公司烟台分行………… 193
天然气供应………………………………… 239
通用、专用及交通运输设备制造业……… 103
通用泊位作业区……………………………32
投融资平台建设…………………………… 184
投资建设审批……………………………… 293
投资评审管理……………………………… 211
投资项目选介……………………………… 142
突发事件预警……………………………… 302
图书流动服务……………………………… 329
土地保障…………………………………… 266
土地资产经营……………………………… 266
推动创业创新……………………………… 289
推行“极优服务”新举措………………… 292
推行临床路径管理………………………… 341
推进区域医疗共同体建设………………… 341
推进质量强区建设………………………… 272
退役军人安置……………………………… 352
退役军人信息采集………………………… 352
拓展区规划………………………………… 181

W

外商投资企业服务大使…………………… 135
万华化学集团股份有限公司……………… 105
网络安全管理……………………………… 90
网络服务平台……………………………… 329
网络建设…………………………………… 172
网络交易监管……………………………… 298
危废治理专项行动………………………… 257
威海市商业银行股份有限公司烟台分行… 192
违禁渔具整治……………………………… 116
围填海历史遗留问题处置………………… 116
维护社会稳定……………………………… 98
维护职工合法权益………………………… 80
潍坊银行股份有限公司烟台自贸区支行… 199
卫生健康……………………………361、365
文化公益活动……………………………… 83
文化活动…………………………………… 369
文化旅游发展规划………………………… 157
文化旅游市场行政执法…………………… 299
文化艺术培训……………………………… 331
文化艺术展览……………………………… 330
文化志愿服务……………………………… 331
文秘调研…………………………………… 56
文明城市创建……………………………… 70
文明市场创建……………………………… 296
文体活动……………………………361、365
污水处理厂………………………………… 241
污水工程建设……………………………… 223
物流企业选介……………………………… 149
物业服务收费管理………………………… 282
物业管理……………………………230、357

X

西夫拉姆酒堡……………………………… 161
希望工程…………………………………… 82
下辖机构…………………………………… 24
先进制造业奖补政策……………………… 104
闲置资产盘活……………………………… 186
现代汽车研发中心（中国）有限公司…… 108
现代物流…………………………………… 149
线路调整…………………………………… 242
乡村旅游…………………………………… 158
乡村振兴…………………………………… 47
乡镇财务决算审计………………………… 269
项目扶贫…………………………………… 124
项目建设…………………… 26、181、360、368
项目建设提速推进………………………… 29
项目建设体制机制创新…………………… 28
项目施工…………………………………… 365
项目选介…………………………………… 133
项目专员协调服务………………………… 58
消防装备建设……………………………… 303
消费者权益保护…………………………… 298
小型水库管理体制改革…………………… 129
校舍建设…………………………………… 310
校外培训…………………………………… 331
效益………………………………………… 192
心理健康教育……………………………… 310
新材料产业………………………………… 103
新的社会阶层人士工作…………………… 73
新光电产业………………………………… 103
新旧动能转换……………………………… 46
新时代证券股份有限公司烟台长江路证券营业部……………………………………… 200
新闻宣传…………………………………… 69
新增单位纳统工作………………………… 271

薪酬制度改革…………………………… 290
信访……………………………………… 95
信访举报………………………………… 61
信息化建设与应用……………………… 172
刑事审判………………………………… 95
刑事执行检察…………………………… 93
行政区划及地名管理…………………… 350
行政审判………………………………… 96
行政事业性收费………………………… 281
兴业银行股份有限公司烟台开发区支行… 198
宣传教育…………………………285、304
宣传整治活动…………………………… 302
学生社团活动…………………………… 311
学生资助………………………………… 309

Y

烟台艾迪精密机械股份有限公司………… 106
烟台船舶学校…………………………… 312
烟台创为新能源科技股份有限公司……… 108
烟台工程职业技术学院………………… 312
烟台华润锦纶有限公司………………… 105
烟台开发区磁山金隆民间资本管理有限公司
……………………………………… 203
烟台开发区电视台……………………… 70
烟台开发区宏源民间资本管理有限公司… 203
烟台开发区金桥银通小额贷款有限公司… 203
烟台开发区万川民间资本管理有限公司… 203
烟台开发区易通民间资本管理有限公司… 203
烟台开发时报…………………………… 70
烟台农村商业银行股份有限公司开发区支行
……………………………………… 198
烟台睿创微纳技术股份有限公司………… 107
烟台首钢电装有限公司………………… 105
烟台首钢丰田工业空调压缩机有限公司… 108
烟台泰和新材集团有限公司…………… 104
烟台现代冰轮重工有限公司…………… 106
烟台欣和食品企业工业旅游…………… 161
烟台银行股份有限公司开发支行………… 197
烟台银桥融资担保有限公司…………… 203
烟台正海典当有限公司………………… 203
烟台中金数据系统有限公司…………… 107
沿海防护林建设与保护………………… 127
研究成果选介…………………………… 117
研究基地建设…………………………… 119
扬尘污染治理…………………………… 256
阳光财产保险股份有限公司烟台中心支公司
……………………………………… 201
养老保险………………………………… 349
养老服务体系建设……………………… 352
养殖环境治理…………………………… 125
药品医疗器械化妆品监督管理………… 277
药品专项整治…………………………… 278
业务改革………………………………… 143
液化石油气供应………………………… 239
液体化工作业区………………………… 33
一德期货有限公司烟台营业部………… 200
一户一档………………………………… 237
医疗保险………………………………… 349
医疗费用控制…………………………… 340
医疗器械专项检查……………………… 278
医务人员培训…………………………… 339
医养结合………………………………… 341
医药制造业……………………………… 103
依法执行………………………………… 96
应急队伍管理…………………………… 301
应急气象响应…………………………… 322
应急物资储备…………………………… 154
应急演练………………………………… 302
应急预案编制…………………………… 301
优抚双拥………………………………… 350
优化自贸区政务服务…………………… 293

邮政……167
有害生物防控……126
渔船检验……116
渔业安全生产……116
渔政渔港监督……115
育苗生产……112
预算绩效管理……208
预算执行审计……269
园区党的建设……65
园区建设……181
园区平台特色……177
原油作业区……33
援助新疆喀什疏勒齐鲁工业园……34
援助重庆巫山双龙镇……34
云网融合……173
运输市场整治……166
运营线路设置……242

Z

灾害民生综合保险……302
增殖放流……113
战略定位及发展目标……23
张裕国际葡萄酒城……160
张裕葡萄酒城（张裕工业园）……108
长安期货有限公司山东分公司……201
招才引智……25、67、289
招商推介……133
招商银行股份有限公司烟台分行……195
招商引资……26、49
招商证券股份有限公司烟台长江路证券营业部……199
招投标管理……225
浙商银行股份有限公司烟台分行……194
浙商证券股份有限公司烟台长江路证券营业部……200
侦查监督……92
镇村整治……372
镇街干部队伍建设……66
争创“极速办理”新速度……292
九大中专毕业生专场招聘会……289
政府采购管理……211
政务服务……295
政务建设……171
政务接待……58
政务值班……57
支部大院建设……373
支持教育……361
知识产权保护……320
知识产权服务体系……319
知识产权宣传教育……320
知识产权质押贷款……320
执法监察监测……265
执法监督……96、298
执法检查……127、167
职工服务体系……80
职工文体活动……81
职业病防治……344
植树造林……126
指导思想……23
指导思想与设立宗旨……183
志愿服务活动……69
质量技术认证管理……274
治安管理……90
中国服务贸易开放与发展新年论坛……152
中国工商银行股份有限公司烟台开发区支行……196
中国光大银行股份有限公司烟台开发区支行……197
中国建设银行股份有限公司烟台开发支行……196
中国民生银行股份有限公司烟台分行……192

中国农业发展银行烟台市开发区支行…… 198
中国农业银行股份有限公司开发区支行… 196
中国平安财产保险股份有限公司烟台开发区支公司…………………………………… 202
中国人民财产保险股份有限公司烟台开发区支公司…………………………………… 202
中国人寿保险股份有限公司烟台开发区支公司…………………………………… 202
中国太平洋财产保险股份有限公司烟台开发区支公司……………………………… 202
中国银行股份有限公司烟台开发区支行… 196
中国邮政储蓄银行股份有限公司烟台市开发区支行……………………………… 198
中华人民共和国成立 70 周年暨建区 35 周年文化活动……………………………… 328
中煤财产保险股份有限公司烟台中心支公司………………………………………… 201
中日韩青年创新创业论坛…………… 81、152
中泰证券股份有限公司烟台长江路证券营业部………………………………… 199
中小企业………………………………… 103
中小企业双向投资平台建设……………… 135
中信银行股份有限公司烟台分行………… 193
中信证券（山东）有限责任公司烟台长江路证券营业部……………………………… 199
中医医院………………………………… 342
中银国际证券股份有限公司烟台长江路证券营业部………………………………… 200
中州期货有限公司烟台分公司…………… 200
重大动物疫病防控……………………… 125
重点工程建设…………………………… 236
重点项目建设…………………………… 185
重污染天气应急管理…………………… 257
主题教育…………………356、359、364、368
主要气象事件及其影响………………… 321
主要气象要素变化……………………… 321
主要任务和措施…………………………… 23
主要业务板块…………………………… 183
住房保障体系…………………………… 228
住房公积金管理………………………… 211
专科疾病防治…………………………… 344
专利成果………………………………… 320
专项审计和审计调查…………………… 270
专项资金监督管理……………………… 349
专业技术职务评聘……………………… 291
资本市场服务…………………………… 190
资源 环境………………………………… 51
自然保护区调整………………………… 221
自然环境…………………………………… 45
自然灾害应急救援……………………… 302
宗教工作…………………………………… 74
综合协调…………………………………… 55
综合医院………………………………… 342
综合治理………………………………… 357
总体定位…………………………………… 25
总体思路…………………………………… 27
最严格水资源管理制度落实…………… 129
做好经济运行分析，为各级领导当好参谋………………………………………… 271